Wolfgang Uhlmann
Lothar Vogt

Gute Läufer – schlechte Läufer

Strategie für die Schachpraxis

Sportverlag

Uhlmann, Wolfgang:
Gute Läufer – schlechte Läufer : Strategie für die Schachpraxis / Wolfgang Uhlmann ; Lothar Vogt. – 1. Aufl. – Berlin : Sportverl., 1988
NE: 2. Verf.:

ISBN 3-328-00237-5

Erste Auflage
Lizenznummer: 140 355/56/88
9095
Lektor: Peter Schulze
Einband und Schutzumschlag: Erika und Peter Baarmann
Printed in the German Democratic Republic
Gesamtherstellung: Karl-Marx-Werk Pößneck V 15/30
Redaktionsschluß: 15. 11. 1987
671 732 2

01500

Einleitung

Der Erfolg eines Schachspielers hängt in nicht geringem Maße von seiner Fähigkeit ab, entsprechend den praktischen Erfordernissen des modernen Schachkampfes richtige strategische Entscheidungen zu treffen. Aus dem großen Gebiet der Schachstrategie haben wir deshalb ein Thema von besonderer Bedeutung herausgegriffen den Läufer.
In vielen Partien spielt er eine wichtige Rolle. Nicht selten entscheidet sein Einsatz – sowohl als Solofigur als auch im Paar – über Sieg oder Niederlage.
Die Schachpraxis beweist, daß gerade der Lernende oft Schwierigkeiten hat, die vielfältigen Möglichkeiten dieser leistungsfähigen Leichtfigur, der gerade im Endspiel ein hoher Stellenwert zukommt, zu erkennen und bewußt auszunutzen. Eine fundierte Darstellung des guten (aktiven) und schlechten (passiven) Läufers sowie des Läuferpaares, ihr Zusammenwirken mit den verschiedensten strategischen und taktischen Erscheinungen ist deshalb das Ziel dieses Buches.
Da sich schachbezogenes Denken am besten im praktischen Training entwickelt, demonstrieren wir die Spielführung mit Läufer und Läuferpaar in den unterschiedlichsten Phasen der Schachpartie an einer Vielzahl von Großmeisterpartien. Indes wurde jedoch nur jener Teil der Partie ausführlich kommentiert, in dem der gute oder der schlechte Läufer bzw. das Läuferpaar für die Wahl und Ausführung des strategischen Planes bestimmend sind. Die Stellungseinschätzung zu Beginn der Kommentierung besitzt deshalb besondere Bedeutung, vor allem in Hinblick auf das Zusammenwirken des guten oder schlechten Läufers bzw. des Läuferpaares mit anderen strategischen und taktischen Gesichtspunkten.
Beim gründlichen Studium der mehr als 130 Partiebeispiele kann der Leser natürlich nicht zuletzt seine Kenntnisse in Eröffnung, Mittel- und Endspiel erweitern.
Das abschließende Kapitel des Buches enthält Partien mit Punktbewertung. Hier kann man sein neuerworbenes Wissen anwenden und testen. In die Punktbewertung haben wir

neben den Zügen auch die Charakterisierung der jeweiligen Stellung und die Wahl des stellungsgerechten Planes einbezogen. Das Erkennen des stellungsgerechten Planes ist nämlich ganz ohne Frage Voraussetzung für das Finden der besten Züge.

Die Autoren

1. Der gute und der schlechte Läufer

Die einzelnen Schachfiguren haben nicht immer auf die gleiche Art und Weise gezogen. In dem vor rund 2 000 Jahren ersonnenen indischen Tschaturanga hieß der Urläufer noch Elefant (Fil) und besaß nur einen äußerst geringen Aktionsradius. Im nachfolgenden persischen Tschatrang blieb er weiterhin der unbedeutendste Offizier im Spiel. „Er konnte nur schräg über ein Feld, dies mochte leer oder besetzt sein, hinweg ins dritte vorwärts oder rückwärts springen. Er hatte also im Ganzen nur acht Felder auf dem Brette, welche er besetzen konnte, und diese Felder vermochte keiner der drei anderen ‚Alten' zu erreichen. Ich glaube, die Verwendung des alten Läufers hat hauptsächlich darin bestanden, eine feindliche Bauernreihe womöglich zu brechen. Für zwei Bauern gab man ihn dabei mit Vorteil hin." So beschreibt Tassilo von Heydebrand und der Lasa in seinen Forschungen „Zur Geschichte und Literatur des Schachspiels" trefflich die alte Gangart des Läufers.
Nach Europa kam das Schachspiel als Folge der weitgehenden Eroberung Spaniens durch die Araber. Eine grundlegende Reform des arabischen Schachspiels vollzog sich jedoch erst in der Zeit der Renaissance. Der Läufer, den man zuvor in Deutschland zumeist den Alten nannte, seltener den Pfaffen (Bischof), war nunmehr zu einer weitschrittigen Figur geworden. Das macht ihn auch heute im modernen Schachspiel sehr wichtig. Nach ihrer Ausstrahlungskraft und Wirkung werden Läufer dabei in gute (aktive) und schlechte (passive) unterteilt.

1.1. Der typische gute Läufer

Ein guter Läufer kann sich frei bewegen und beherrscht Diagonalen. Er unterstützt das Kampfgeschehen oder übernimmt selbst eine Führungsrolle. Die eigenen Bauern können seine Ausstrahlung vergrößern, wenn sie nicht auf der Farbe des Läufers postiert sind. Im Diagramm hat Weiß einen schwarzfeldrigen Läufer, während alle Bauern auf weißen Feldern stehen.

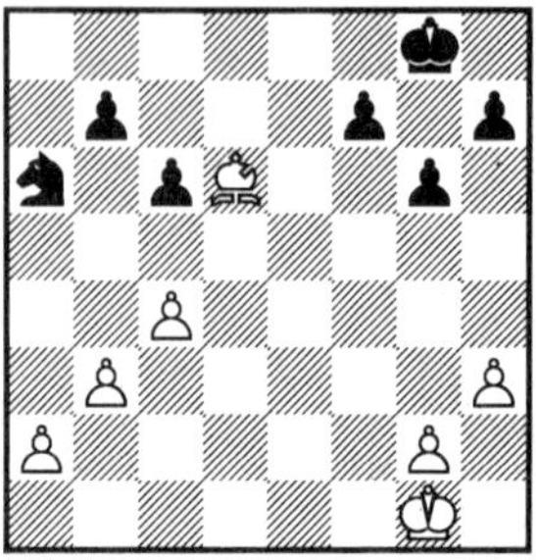

Wir zeigen den guten Läufer in typischen Situationen, wo er als Akteur das Geschehen bestimmt. Dies trifft auf die Abschnitte 1.1.1. (Läufer mit starker Diagonalwirkung), 1.1.2. (Taktik durch den Läufer) und 1.1.3. (Läufer im Endspiel) zu. Als wichtiger Faktor im Hintergrund tritt der Läufer in den Abschnitten 1.1.4. (Läufer in Verbindung mit einer Bauernmajorität) und 1.1.5. (Läufer im Zusammenspiel mit Freibauern) auf. Hier sind zwar die Bauern treibende Kraft, versichern sich aber der Unterstützung des aktiven Läufers.

1.1.1. Läufer mit starker Diagonalwirkung

In diesem Abschnitt wollen wir Läufer betrachten, die auf einer Diagonale gewissermaßen zu Helden avancieren. Sie beherrschen ihre Diagonale, dulden keinen Kontrahenten, werden selbst aktiv oder setzen andere Figuren geschickt auf der Diagonale ein. Diese wird gleichsam zum Umschlagplatz der partieentscheidenden Aktionen, bei denen der gute Läufer stets eine wichtige Rolle spielt.

Partie Nr. 1
Georgadse–Vogt,
Lublin 1972
1.e4 e5 2.♘f3 ♘c6 3.♗b5 a6 4.♗:c6 dc 5.0–0 ♕d6 6.d4 ed 7.♘:d4 ♗d7 8.♗e3 ♕g6 9.♘d2 (gebräuchlich ist 9.♘c3) 9. ... 0–0–0 10.♕e2 h5 11.c3 ♘f6 12.f3 h4 (der h-Bauer soll den weißen Königsflügel beunruhigen) 13.♘c4 c5 14. ♘b3 ♕h5 15.♗f4? (fehlerhaft, weil dadurch das Vordringen des schwarzen g-Bauern à tempo ermöglicht wird) 15. ... ♗e7 16.♖fd1 g5 17.♗e5 g4 18.f4 ♖he8 19.♗:f6 ♗:f6 20.e5 ♗e7 21.♕e3 ♗e6 22.♘cd2 h3 (die Diagonale h1–a8 wird weiter geöffnet) 23.g3 b6 24.♕e2 ♔b7 25.♘f1 ♗d5

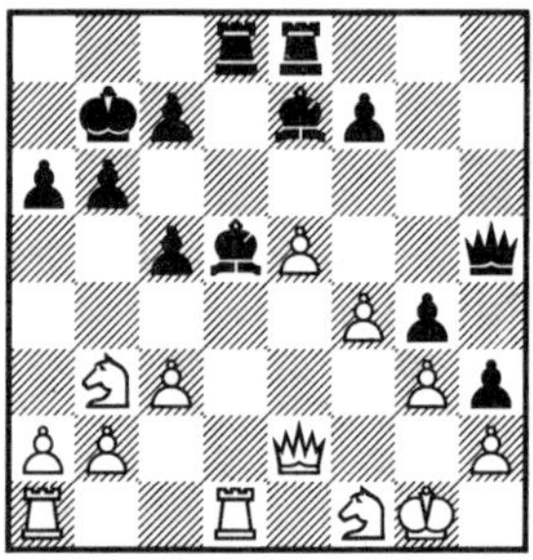

Einschätzung der Stellung: Bereits nach dem 4. Zug kommt der Nachziehende in der Abtauschvariante der Spanischen Partie in Besitz des Läuferpaars. Dieser Umstand gibt dem bisherigen Partieverlauf das Gepräge. Das strategische Ziel des Schwarzen, das in der Diagrammstellung erreicht ist, lautete: Öffnung der Diagonale h1–a8 als Operationsbasis für den weißfeldrigen Läufer. Schwarz hat es verstanden, bei heterogenen Rochaden seinem König einen sicheren Unterschlupf zu schaffen und die weiße Königsstellung zu lockern. Letzteres geschah vor allem durch das Vordringen der schwarzen Königsflügelbauern. Weiß hingegen hat es versäumt, Gegenspiel am Damenflügel zu erlangen oder Vorteile aus seiner Bauernmajorität am Königsflügel zu erzielen. So ist er machtlos gegen die Aktivitäten auf der entscheidenden Diagonale h1–a8.

26.♘b3–d2

Um Qualitätsverlust durch 26. … ♗f3 zu verhindern.

26. … c5–c4!

Damit wird noch eine Diagonale für den schwarzfeldrigen Läufer geöffnet, der einen Verteidiger der Diagonale h1–a8 bindet und dann durch Abtausch beseitigt.

27.♘f1–e3 ♗e7–c5
28.♔g1–f1 ♗c5:e3
29.♕e2:e3 ♕h5–g6

Die uneingeschränkte Herrschaft des Läufers auf „seiner" Diagonale ermöglicht es, mit der Dame über die Diagonale in die weiße Stellung einzudringen. Die dazu nötige Umgruppierung ist das letzte strategische Teilziel, um eine schnelle Entscheidung zu erzwingen.

30.♖a1–c1 ♔b7–a7
31.♔f1–g1 ♗d5–b7
32.♘d2–f1 ♕g6–c6

Jetzt fallen die schwarzen Figuren in der richtigen Anordnung – Dame vor dem Läufer – über den weißen König her.

33.♔g1–f2 ♕c6–h1

Auch 33. … ♕g2+ gewinnt natürlich. Jetzt droht 34. … ♗g2, und der wichtige Bauer h2 ist nicht zu halten.

34.♖d1:d8

Damit überläßt Weiß in hoffnungsloser Lage dem Nachziehenden auch noch die offene d-Linie.

34. … ♖e8:d8
35.♕e3–e2 ♖d8–d3
36.♕e2:g4 ♖d3–f3+

Weiß gab auf, da er das schnelle Matt nicht parieren kann.

Partie Nr. 2
Djurić–Vogt,
Tallinn 1981
1.d4 ♘f6 2.c4 g6 3.♘c3 ♗g7

4.e4 d6 5.f3 0–0 6.♗g5 h6 7.♗e3 e5 8.♘ge2 c6 9.♕d2 ♘bd7 10.0–0–0 (10.♗:h6 ♘:e4 11.♘:e4 ♕h4+ 12.g3 ♕:h6 13.♕:h6 ♗:h6 14.♘:d6 ed 15.♘:d4 ♘c5, und die Schwäche der schwarzen Felder im weißen Lager sowie der Entwicklungsrückstand des Anziehenden sind ausreichende Kompensation für den geopferten Bauern) 10. … h5 11.♔b1 a6 12.h3 (besser ist 12.d5) 12. … b5 13.c5 b4 14.♘a4 ♕a5 15.de ♘:e5 16.♘b6 ♗e6 17.♘c1 ♖ad8 18.♘b3 (schlecht wäre 18.cd c5! 19.♘d5 ♘:d5 20.ed ♗f5+ 21.♔a1 c4, und Schwarz hat entscheidenden Angriff) 18. … ♗:b3 19.ab dc

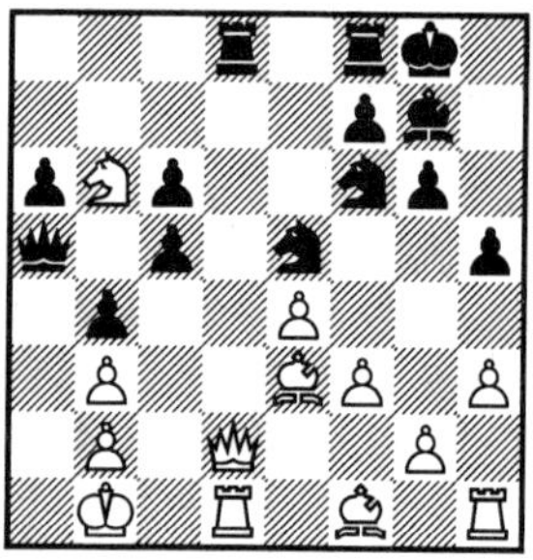

Einschätzung der Stellung: Schwarz ist bereit, zwei Türme gegen die Dame zu tauschen. Das ist rein materiell gesehen kein gutes Geschäft. Aber jede Stellung hat ihre Besonderheiten, in diesem Fall, daß die weißen Figuren kein Zusammenspiel erlangen. Der schwarze Läufer beherrscht die Diagonale a1–h8. Er wird später mit seiner Dame das ganze Brett kontrollieren und natürlich die Schwächen in der weißen Bauernstruktur bloßlegen.
Da Weiß zudem eine Reihe von Zwangszügen ausführen muß, ist er nicht in der Lage, die Situation zu seinen Gunsten zu verändern. Seine Figuren erhalten keine Stützpunkte und werden in Bälde zum Spielball der schwarzen Dame und des guten Läufers.

20.♕d2:d8	♖f8:d8
21.♖d1:d8+	♔g8–h7
22.♖d8–b8	♘f6–d7
23.♘b6:d7	♘e5:d7
24.♖b8–a8	

Die letzte Chance, den schwarzen Spielfluß zu unterbinden, bestand in 24.♖b7, obwohl nach 24. … ♗:b2 25.♔:b2 ♕a3+ 26.♔c2 ♕a2+ 27.♔d1 ♕:b3+ 28.♔e2 ♘e5 29.♔f2 ♕c2+ 30.♔g1 b3 die schwarzen Bauern kaum zu bremsen sind.

24. …	c5–c4!

Durch dieses feine Bauernopfer erreicht Schwarz das ideale Zusammenspiel von Dame und aktivem Läufer.

25.♗f1:c4

Das Schlagen mit dem Bauern, 25.bc, führt nach 25. … b3 zum schnellen Ende.

25. … ♕a5–e5
26.♗e3–c1 ♘d7–b6
27.♖a8:a6 ♘b6:c4
28.b3:c4 ♕e5–d4

Nun wird auch noch die d-Linie besetzt, so daß der weiße Turm auf h1 nicht ins Geschehen eingreifen kann.

29.♖a6–a8

Der Bauer c6 ist tabu, da 29. … ♕a7, gefolgt von 30. … b3, leicht gewinnt.

29. … b4–b3
30.♖a8–a4 h5–h4

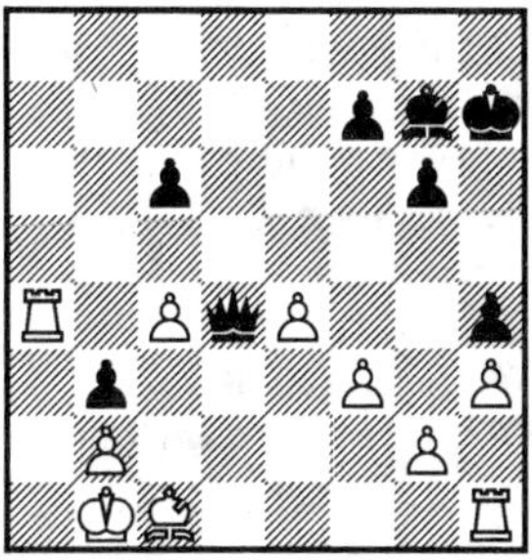

Einschätzung der Stellung: Weiß hat zwei Türme sowie einen Bauern als Äquivalent für die schwarze Dame und ist trotzdem fast im Zugzwang. Die weißen Bauern können sich nach 30. … h4 nicht mehr bewegen, und der Läufer ist an b2 gebunden. 31.♖e1 scheitert an 31. … ♕f2. Auch 31.♖b4 ♕d3+ 32.♔a1 c5 33.♖a4 ♕e2 ist hoffnungslos. Die schwarze Dame in Verbindung mit dem langen Diagonalläufer dominiert. Weiß kann das Ende nur noch hinauszögern.

31.♖a4–a3 ♕d4:c4
32.♖h1–e1 ♗g7–d4
33.e4–e5 ♕c4–c2+
34.♔b1–a1 ♗d4–c3

Schwarz beschreitet den einfachen Weg. 34. … c5 35.e6 c4 36.ef c3 ist natürlich spektakulärer.

35.♖e1–g1

Ohne Chancen verbleibt Weiß auch nach 35.bc ♕:c3+ 36.♔b1 ♕:e1 37.♖:b3 ♕:e5.

35. … ♗c3:e5
36.♖a3–a4 ♔h7–g7
37.♖g1–e1 ♗e5–f6
38.♖a4–e4 c6–c5
39.f3–f4 c5–c4
40.♖e4–e2 ♕c2–f5
41.♗c1–d2 ♕f5–d7
42.♗d2–c3

Weiß gab auf wegen 42. … ♕a4+ 43.♔b1 ♕a2+ 44.♔c1 ♗:c3 45.bc ♕a1+ 46.♔d2 ♕b2+.

Partie Nr. 3
Vogt–Gheorghiu,
Băile Herculane 1984
1.e4 c5 2.♘f3 e6 3.d4 cd 4.♘:d4 a6 5.♗d3 ♘f6 6.0–0 d6 7.c4 b6 8.♘c3 ♗b7 9.f4 ♘c6 10.♘:c6 ♗:c6 11.♕e2 ♗e7 12.♔h1 0–0 13.b3 ♘d7 14.♗b2 g6 15.♖ad1 ♖e8 16.♗b1 ♗f8? (16. … ♕c7 hätte die folgende Abwicklung erst einmal verhindert) 17.e5 de 18.♗e4 ♕c7 (18. … ♗:e4

19.♘:e4 ♗g7 20.♗:e5 ♗:e5 21.fe ♔g7 22.♕f2 ♕e7 23.♕f6+! ♔g8 24.♕:e7 ♖:e7 25.♖:d7 oder auch 22. … ♖e7 23.♘g5 ♕g8 24.♘:f7 ♖f8 25.♖:d7 konnte Schwarz natürlich nicht gefallen) 19.♕f3 ♗:e4 20.♘:e4 f5 (unbefriedigend ist auch 20. … ♗g7 21.fe ♘:e5 22.♘f6+ ♔h8 23.♗:e5, und Weiß gewinnt entscheidendes Material) 21.♖:d7 fe 22.♕d1 ♕c6 (22. … ♕c8 führt nach 23.♗:e5 ♖d8 24.♖:d8 ♕:d8 25.♕e2 ♕d3 26.♕:d3 ed 27.♖d1 ♖d8 28.♗c7 ♖d4 29.♗:b6 ♖:f4 30.♔g1 zu einem für Schwarz verlorenen Endspiel) 23.♗:e5

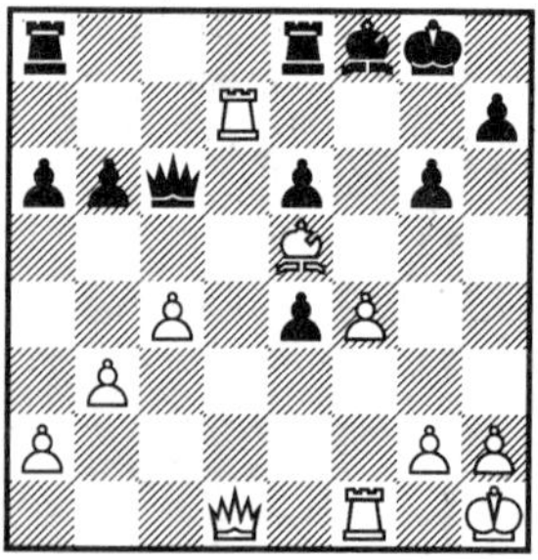

Einschätzung der Stellung: Mit taktischen Mitteln – 21.♖:d7 und der Drohung 22.♘f6+ – hat sich Weiß endgültig die Vorherrschaft über die Diagonale a1–h8 erkämpft. Gleichzeitig kontrolliert der schwarzfeldrige Läufer durch seine starke Zentralstellung auf e5 auch noch den Damenflügel. Schwarz kann diesen unangenehmen Langschreiter nicht vertreiben, da Weiß mit dem Turm auf d7 eine zweite ideal postierte Figur besitzt. Dieser Turm dominiert nicht nur auf der 7. Reihe, sondern besitzt auch noch die einzige offene Linie. Zieht man noch die löchrige schwarze Königsstellung und die Bauernschwäche e4 hinzu, kann das Fazit nur lauten: Der weiße Vorteil ist erdrückend.

23. …	♖a8–c8
24.♕d1–d4	♗f8–e7

Da Schwarz schon nicht die Wirkung des weißen Läufers einschränken kann, versucht er wenigstens, die Ausstrahlung des aktiven Turms einzudämmen. Ein schönes Matt hätte sich nach 24. … ♗c5 25.♖g7+ ♔f8 26.♗d6+ ♕:d6 27.♕f6 matt ergeben!

25.f4–f5!!

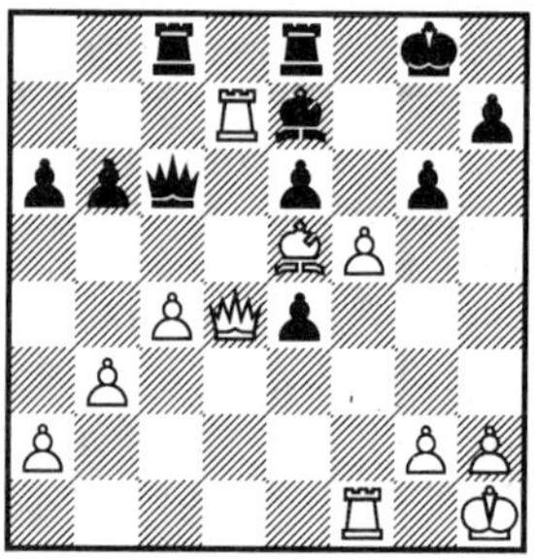

Dieser unerwartete, taktisch begründete Bauernzug bringt die schnelle Entscheidung. Das Kuriosum ist, daß dieser

Bauer nicht geschlagen werden kann, wie folgende Varianten zeigen: 25. … ef 26.♗h8 ♗f8 27.♖g7+ ♔:h8 28.♖:g6+ oder 25. … gf 26.♗h8 ♗f8 – 26. … e5 27.♕:e5 ♗f6 28.♕:f5 – 27.♖:f5 ef 28.♖g7+ ♔h8 29.♖g6+.
Auch die schwarze Antwort kann am Resultat nichts mehr ändern.

25. …	♖c8–d8
26.♖d7:e7	e6:f5

Wie schnell zu sehen ist, scheitert 26. … ♖:d4 an 27.♖g7+ ♔f8 28.fg matt.

27.♖e7:e8+	♕c6:e8
28.♕d4:b6	

Schwarz gab auf.

Partie Nr. 4
Lobron–Portisch,
Wijk aan Zee 1985
1.e4 e5 2.♘f3 ♘c6 3.♗b5 a6 4.♗a4 ♘f6 5.0–0 ♗e7 6.♖e1 b5 7.♗b3 d6 8.c3 0–0 9.h3 ♘b8 10.d4 ♘bd7 11.♘bd2 ♗b7 12.♗c2 ♖e8 13.♘f1 d5? (diese Öffnung des Spiels gibt nur Weiß Angriffschancen) 14.♘:e5 ♘:e5 15.de ♘:e4 16.f3 ♘g5 17.♘g3 ♗c5+ 18.♔h2 f6

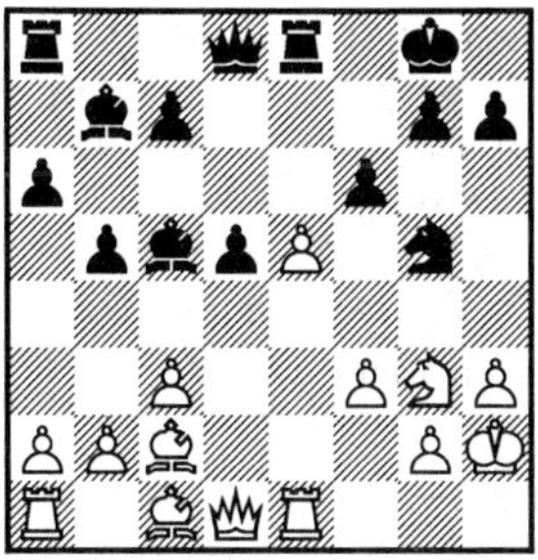

Einschätzung der Stellung: Die weißen wie auch die schwarzen Läufer zielen zum gegnerischen Königsflügel, aber mit unterschiedlicher Ausstrahlung. Durch geschickte Manöver sichert sich Weiß die Diagonale b1–h7 und entfaltet auf dieser optimale Angriffswirkung. Auch der weiße Springer steht zum Angriff bereit. Schwarz gelingt es nicht mehr, die weißen Felder unter Kontrolle zu bringen, und es fehlt Zeit, die Wirkung des eigenen Läuferpaars zu erhöhen. Der Angriff wird von Weiß kraftvoll geführt.

19.♗c1:g5	f6:g5
20.♕d1–b1	h7–h6

Nach 20. … g6 würde das Standardopfer 21.♗:g6 mit der Folge 21. … hg 22.♕:g6+ ♔f8 – 22. … ♔h8 23.♘h5 – 23.♘f5 ♖e7 24.b4 schnell zum Sieg für Weiß führen.

21.♕b1–d1

Nun übernimmt folgerichtig die weiße Dame die Angriffsführung. Es droht 22.♕d3. Der weiße Läufer indes, der die entscheidende Bresche in die Diagonale b1–h7 geschlagen hat, braucht im weiteren Partieverlauf nur noch abwartend in Bereitschaft zu stehen. Die Messe für Schwarz ist längst gelesen.

21. ...	♖e8–e6
22.♘g3–f5	h6–h5
23.♕d1–d2	♗c5–f8
24.f3–f4	g5:f4
25.♕d2:f4	c7–c5
26.♖e1–e3	♕d8–c7
27.♖a1–f1	

Jetzt sind alle weißen Figuren am Angriff beteiligt. Schwarz ist es nicht gelungen, Gegenspiel zu entfalten – seine Königsstellung ist sturmreif.

27. ...	♖a8–e8
28.♘f5–d6	♕c7–e7

Andere Möglichkeiten sind nicht besser, z. B. 28. ... ♗:d6 29.ed ♕d7 30.♗f5 oder 28. ... ♖b8 29.♕f5 ♖h6 30.♘f7, jeweils mit entscheidendem weißem Vorteil.

29.♕f4–f5	g7–g6
30.♖e3–g3	♗f8–g7
31.♖g3:g6	♖e6:e5
32.♕f5–f7+	

Schwarz gab auf.

Partie Nr. 5
Larsen–Bednarski,
Havanna 1967
1.e4 c5 2.♘f3 d6 3.♗b5+ ♗d7 4.a4 (meist wird 4.♗:d7+ gespielt) 4. ... ♘f6 5.d3 (5.e5? wäre bereits eine Ungenauigkeit wegen 5. ... de 6.♘:e5 ♗:b5 7.ab ♕d5) 5. ... e6 6.0–0 ♗e7 7.e5 de 8.♘:e5 a6 (besser ist 8. ... 0–0) 9.♗:d7+ ♘b:d7 10.♘:d7 ♕:d7 11.♘d2 0–0 (positionell sollte 11. ... b6 geschehen, aber nach 12.♕f3 ♕d5 13.♘e4 ♘:e4 14.de ♕c6 15.♕g3 0–0 16.♗h6 ♗f6 17.e5 oder 13. ... 0–0 14.♗g5 sieht es für Schwarz taktisch nicht gut aus) 12.♘c4 ♘d5 13.a5 ♖fe8 14.♖e1 ♗f8 15.♗d2 ♖ad8 16.♖e4 ♕c7 17.♕f3 e5? (in schwieriger Stellung vergrößert Schwarz durch den letzten Zug seine Probleme) 18.♕e2! f6 19.f4 ♗e7 20.♖e1 (Weiß kann verstärken, denn 20.fe? f5 wäre fehlerhaft) 20. ... g6 21.♕f3 ef (21. ... ♘:f4 22.♗:f4 ef 23.♕e2 mit dem Plan ♘b6–c4–d5 konnte Schwarz nicht gefallen) 22.♘b6 ♘:b6 23.ab ♕d7 24.♕:f4 f5

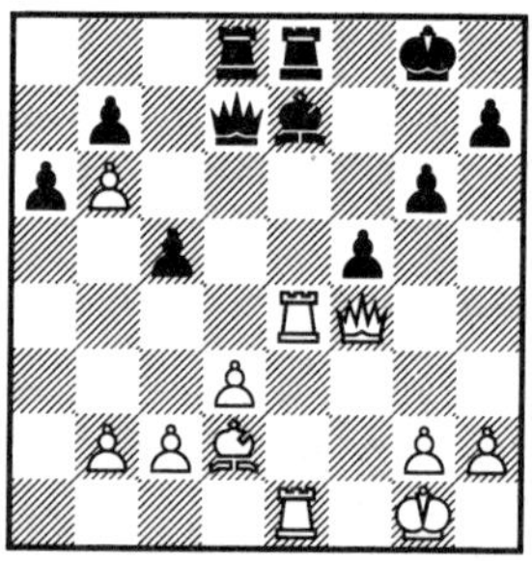

Einschätzung der Stellung:

Schwarz meinte gerade, seine Probleme nach 25.♖4e2 ♗f6 gelöst zu haben, wie sich jedoch zeigt, ist das ein großer Irrtum. Eine genaue Analyse beweist, daß bereits nach 13.a5 die schwarze Bauernstruktur am Damenflügel ungünstig festgelegt ist. Schwarz muß schon zu diesem Zeitpunkt eine passive Stellung ohne annehmbaren Plan akzeptieren. Der Fehler 17. … e5? ermöglicht es schließlich dem Weißen, die e-Linie zu öffnen und mit seinen Schwerfiguren starken Druck auszuüben. Schwarz öffnet deshalb die Diagonale a1–h8. Aber da erscheint der weiße schwarzfeldrige Läufer und bringt das sehenswerte Ende.

25.♗d2–c3 f5:e4

Schwarz hat keine Wahl, denn 25. … ♗f8 scheitert an 26.♖:e8 ♖:e8 27.♕c4+ ♕f7 28.♖:e8.

26.♕f4–e5 ♗e7–f8

Die Alternative 26. … ♗d6 27.♕h8+ ♔f7 28.♕:h7+ ♔e6 29.♖:e4+ ♔d5 30.♕:d7 ♖:d7 31.♖:e8 ist ebenfalls hoffnungslos.

27.♕e5–h8+

Die Wirkung von Dame und Läufer auf der geöffneten Diagonale ist vernichtend.

27. … ♔g8–f7
28.♖e1–f1+ ♕d7–f5

Das einzügige Matt – 28. … ♔e7 bzw. ♔e6 29.♕f6 – wird verhindert.

29.♖f1:f5+ g6:f5
30.♕h8–f6+ ♔f7–g8
31.♕f6–g5+ ♔g8–f7
32.♕g5:f5+ ♔f7–g8
33.♕f5–g5+ ♔g8–f7
34.♕g5–f6+ ♔f7–g8
35.♕f6–h8+ ♔g8–f7
36.♕h8:h7+ ♔f7–e6
37.♕h7:e4+ ♔e6–d6
38.♕e4:b7

Wäre Bednarski nicht in hoher Zeitnot gewesen, hätte er sicher längst die Waffen gestreckt.

38. … ♖d8–d7
39.♕b7:a6 ♔d6–e6
40.b6–b7+ ♗f8–d6
41.♕a6–c4+

Schwarz gab auf.

Partie Nr. 6
Miles–Timman,
Tilburg 1984
1.c4 e5 2.♘c3 ♘f6 3.♘f3 ♘c6 4.g3 d5 5.cd ♘:d5 6.♗g2 ♘b6 7.0–0 ♗e7 8.a3 ♗e6 9.d3 0–0 10.b4 f6 (besser ist 10. … f5) 11.♘e4 ♕d7 12.♗b2 a6 13.♕c2 ♗h3 (vorbeugend, 13. … ♔h8 oder 13. … ♖fd8 ist genauer) 14.♘c5 ♗:c5 15.♗:h3 ♕:h3 16.♕b3+ ♔h8 17.bc ♘d7 18.d4 (18.♕:b7 ♕e6! mit der Idee 19. … ♖ab8 oder ♘:c5 bringt nur Weiß in Schwierigkeiten) 18. … ♖ab8 (Schwarz sollte mittels 18. … ed die Diago-

nale stabilisieren) 19.de ♘d:e5 20.♘:e5 fe 21.♖ad1 ♖f6 (droht 22. … ♖h6) 22.f4

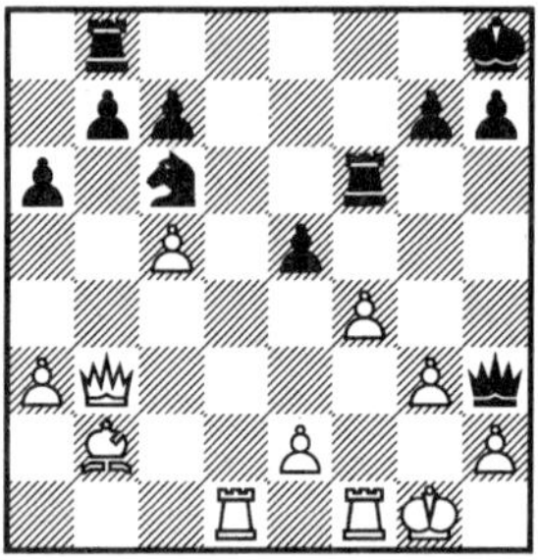

Einschätzung der Stellung: Mit einem taktischen Schlag gelingt es Weiß, die Diagonale a1–h8 so zu öffnen, daß der Punkt g7 zur entscheidenden Schwäche im schwarzen Lager wird. Die Drohung gegen h2 kann mit ♖f2 leicht verhindert werden. Mit 13. … ♗h3 begannen die Schwierigkeiten des Schwarzen. Die weiße Dame fand auf b3 ein ausgezeichnetes Feld. Von dort drückt sie vor allem gegen b7, erzielt aber auch im Zentrum und auf dem Königsflügel Wirkung. Die teilweise Öffnung der Diagonale a1–h8 bringt den Läufer auf b2 mehr zur Geltung. Schließlich ist Weiß auch noch Beherrscher der offenen d-Linie.

22. … ♖f6:f4
23.♖f1:f4 e5:f4
24.♕b3–f7 ♖b8–g8
25.♖d1–f1

Weiß muß nicht zu 21.♕:f4 greifen, sondern kann den Bauern in Ruhe mit dem Turm beseitigen und gleichzeitig eine weitere Figur zum Angriff führen.

25. … ♕h3–g4

25. … fg scheitert an 26.♕:g7+!

26.♖f1:f4 ♕g4–g5
27.♔g1–g2 ♕g5:c5
28.♖f4–e4

Wiederum droht 29.♕:g7+ mit Grundlinienmatt.

28. … ♕c5–f8
29.♕f7–h5 ♘c6–e7
30.♕h5–g5 ♘e7–g6?

Damit wählt Schwarz ein Ende mit Schrecken. Bei 30. … ♘c6 oder ♘c8 hätte der Marsch des weißen h-Bauern entschieden. 30. … ♘f5 verliert wegen 31.♖f4.

31.♕g5:g6

Schwarz gab auf, denn 31. … hg scheitert an 32.♖h4 matt!

Partie Nr. 7
Larsen–Jussupow,
Reykjavik 1985
1.c4 ♘f6 2.♘c3 c5 3.g3 e6 4.♘f3 d5 5.cd ♘:d5 6.♗g2 ♘c6 7.0–0 ♗e7 8.♘:d5 ed 9.d4 0–0 10.dc ♗:c5 11.♗g5 f6 12.♗d2 (die Idee des Anziehenden besteht in 13.e3, gefolgt von ♗c3. Nach 12. … d4 13.♕b3+ ♔h8 14.♖ac1 ♗b6 15.♖fd1 sind die weißen Figuren harmonisch postiert)

12. … ♗e6 (aktiver ist 12. … ♗f5 und danach ♗e4) 13.e3 d4 14.ed ♘:d4 15.♗e3 (ungünstig für Weiß wäre 15.♘:d4 ♕:d4 16.♗:b7 ♖ab8) 15. … ♘:f3+ 16.♕:f3 ♕b6 (bei 16. … ♗:e3 17.♕:e3 ♖e8 18.♗:b7 ♖b8 19.♗g2 ♖:b2 20.♕:a7 behält Weiß einen Mehrbauern) 17.♖fe1 ♗:e3 18.♕:e3 ♕:e3 19.♖:e3

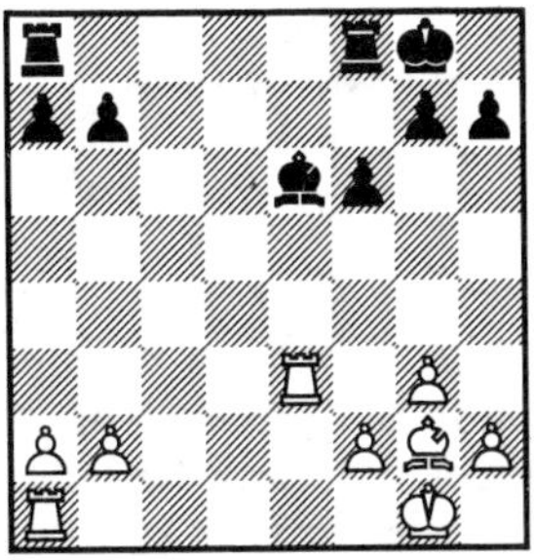

Einschätzung der Stellung: Durch den Abtausch vieler Figuren wurde direkt von der Eröffnung ins Endspiel übergegangen. Eine Mittelspielphase hat es eigentlich nicht gegeben. Schwarz konnte zwar seinen isolierten d-Bauern auflösen, muß dafür aber in der entstandenen Stellung andere Nachteile in Kauf nehmen: Weiß ist besser entwickelt. Der Turm auf e3 steht sehr aktiv, und der Läufer g2 beherrscht seine Diagonale. Beide Figuren greifen gegnerisches Material an. Obendrein bietet die Schwäche des Feldes e6 Möglichkeiten für taktische Schläge. Klarer weißer Vorteil lautet die richtige Schlußfolgerung.

19. … ♔g8–f7

Die Variante 19. … ♖fe8? 20.♗:b7 ♖ab8 21.♖:e6 verdeutlicht bereits die Probleme des Feldes e6.

20.b2–b3 ♖a8–e8

Will Schwarz Bauernverlust vermeiden, müßte er zu 20. … ♖ab8 greifen. Aber auch hier ist wieder die Schwäche e6 Dreh- und Angelpunkt, z. B. 21.♖ae1 ♖fe8 22.♖:e6 ♖:e6 23.♗d5 ♖be8 24.f4 f5 25.g4 ♔f6 26.g5+ ♔f7 27.♖e5 g6 28.♔f2 oder 25. … g6 26.g5, und Schwarz verliert durch Zugzwang.

21.♖a1–e1 ♗e6–d7

21. … b7–b6 führt zu den Zugzwangvarianten.

22.♗g2–d5+ ♔f7–g6
23.♗d5:b7

Weiß hat einen Mehrbauern und verwertet diesen technisch sauber.

23. … ♖e8:e3
24.♖e1:e3 ♖f8–b8
25.♗b7–a6 ♖b8–b6
26.♗a6–c4 a7–a5
27.a2–a4 ♖b6–d6
28.♔g1–f1 ♖d6–d2
29.♔f1–e1 ♖d2–d4
30.♖e3–d3 ♖d4:d3
31.♗c4:d3+ ♔g6–f7
32.♔e1–d2

Natürlich nicht 32.♗:h7? g6,

und Weiß verliert seinen Läufer.

32. … h7–h6
33.♔d2–c3 ♔f7–e6
34.b3–b4 ♗d7:a4
35.b4:a5 ♔e6–d6
36.♔c3–d4 ♗a4–c6
37.a5–a6

Schwarz gab auf. Nach der Fehleinschätzung, den isolierten Bauern aufzulösen, mußte der Nachziehende zwangsläufig in ein verlorenes Endspiel geraten. Der Vollstrecker war wiederum ein aktiver Läufer auf „seiner" Diagonale.

Partie Nr. 8
Nikolić–Ribli,
Portorož/Ljubljana 1985
1.♘f3 ♘f6 2.c4 e6 3.♘c3 d5 4.d4 c5 5.cd ♘:d5 6.e3 ♘c6 7.♗c4 cd 8.ed ♗e7 9.0–0 0–0 10.♖e1 ♗f6 11.♘e4 b6 12.a3 ♗b7 13.♕d3 ♖c8 14.♘fg5 (es droht 15.♗:d5 ed 16.♘:f6+ ♕:f6 17.♕:h7 matt) 14. … ♗:g5 15.♗:g5 f6 16.♗d2 ♕d7 17.♖ad1 ♘ce7 18.♗a2 ♖fe8 19.h4 (Weiß plant, seinen Angriff über die Diagonale b1–h7 vorzutragen) 19. … ♔h8 20.♗b1 g6 21.♕h3 ♘f5

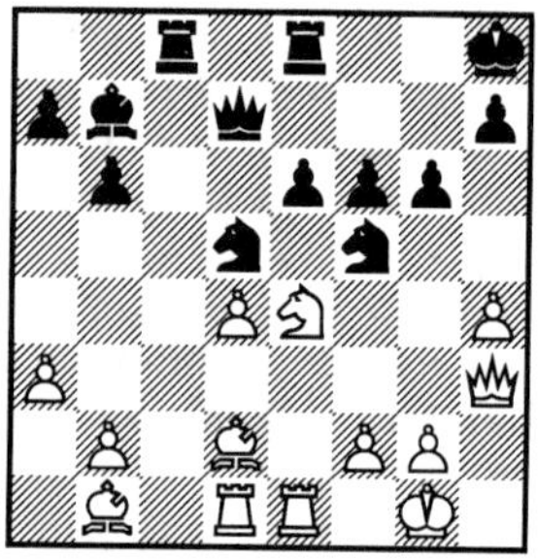

Einschätzung der Stellung: Beide Parteien waren bestrebt, ihre Figuren so zu postieren, daß sie einen hohen Wirkungsgrad besitzen. Dies ist Schwarz besser gelungen, weil er das Blockadefeld d5 des weißen Isolanis d4 durch einen Springer kontrolliert. Der andere schwarze Springer auf f5 greift den schwachen Bauern d4 an und schützt gleichzeitig den König. Schwarz hat auch die einzige offene Linie mit einem Turm besetzt. Eine kleine, aber leicht zu deckende Schwäche ist sein Bauer f6. Weiß besitzt zwar das Läuferpaar, es hat aber wesentlich geringere Ausstrahlung als das schwarze Springerduo. Ein Pluspunkt für den Anziehenden ist der starke Springer auf e4.

22.♗b1–a2

Die Drohung lautet 23.♗:d5, gefolgt von 24.♘:f6.

22. … ♖e8–f8
23.♘e4–g3 ♖c8–c2

23. … ♘:d4? 24.♗h6!

24.♗d2–c1

Die schwarzen Figuren sind so postiert, daß ein taktisches Manöver gegen das Feld g2 in der Luft liegt.

24. ... a7–a5
25.♗a2–b1

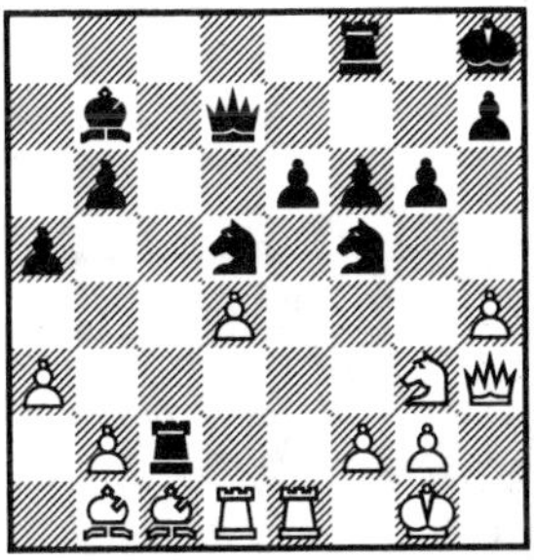

Einschätzung der Stellung: Schwarz konnte seine Stellung noch verstärken, indem er seinen Turm aktivierte (23. ... ♖c2) und eine weitere weiße Figur zu Verteidigungsaufgaben zwang (24.♗c1). Um Druck gegen e6 auszuüben, hat Weiß seine zentrale Springerstellung aufgegeben – sicher auch keine glückliche Entscheidung. Mit einem Qualitätsopfer erobert Schwarz das Feld f4. Der Läufer auf der Diagonale a8–h1 in Verbindung mit den beiden Springern und der Dame bringt die schnelle Entscheidung. Die weißen Figuren können nicht mehr eingreifen.

25. ... ♖c2:c1
26.♖d1:c1 ♘d5–f4
27.♕h3–g4 ♘f4:g2
28.♖e1–d1 ♘f5–h6
29.♕g4–e2 ♘g2–f4
30.♕e2–d2 e6–e5

Nun greift auch noch die schwarze Dame in den Angriff ein.

31.d4–d5

So hofft Weiß, den schwarzen Langstrahler auf b7 auszuschalten. 31.de ♕h3 würde die weißen Qualen sofort beenden.

31. ... ♕d7–h3
32.♗b1–e4 ♘h6–g4
33.♘g3–f1 ♕h3:h4
34.♗e4–g2 ♗b7–a6

Da steht der gute Läufer wieder auf einer anderen wichtigen Diagonale.

35.♖d1–e1 ♗a6:f1

Weiß gab auf, da er 36.♔:f1 ♘h2+ 37.♔g1 ♕g4 sah.

Partie Nr. 9
Schmidt–Sznapik,
Warschau 1984
1.d4 ♘f6 2.c4 g6 3.♘c3 ♗g7 4.e4 d6 5.f3 0–0 6.♗e3 ♘c6 7.♘ge2 a6 8.♕d2 ♖b8 9.h4 h5 10.0–0–0 b5 11.♘d5 bc 12.♘:f6+ ef 13.g4 ♘b4 (es droht 14. ... ♘d3+) 14.♘c3

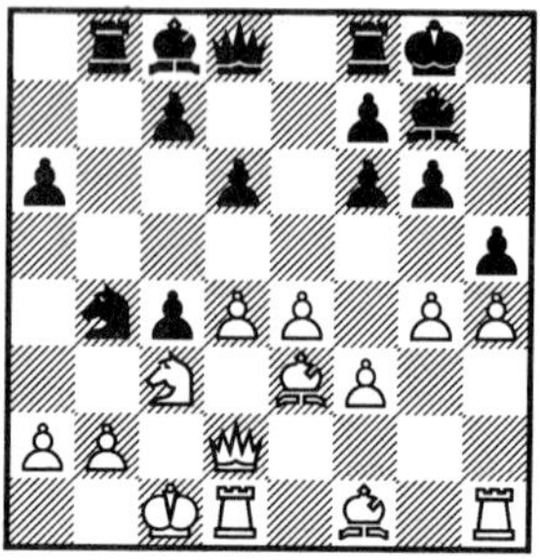

Einschätzung der Stellung: Eine typische Konstellation für den Fall, daß Zeit bedeutend wichtiger als Material ist. Die Frage ist: Wer kommt mit seinen Figuren schneller an den gegnerischen König heran? Weiß ist bereit, die Bauernformation vor dem schwarzen König zu zerschlagen. Als Gegengewicht besitzt Schwarz die aktiver stehenden Figuren (♘b4, ♖b8). Aber beide Parteien benötigen Nachschub für einen erfolgreichen Angriff. Die Chancen sind also verteilt.

14. … c7–c5

Dieser Bauernzug beginnt die Diagonale a1–h8 für den Läufer g7 zu öffnen. Außerdem ermöglicht er der schwarzen Dame den Ausfall nach a5, wo sie sich in den Angriff einschalten wird.

15.d4:c5

Andere Möglichkeiten bestanden in 15.♗:c4 cd 16.♗:d4 ♕c7 17.♗b3 ♗e6 mit beiderseitigen Chancen oder 15.gh ♕a5 16.a3 cd 17.♗:d4 ♘c6 18.♗e3 ♕:h5, und von einem weißen Angriff ist nichts mehr zu sehen.

15. … ♗c8–e6
16.g4:h5

Nach 16.a3 ♘c6 17.♕:d6 ♕c8 18.♘d5 ♕b7 hat Schwarz das Sagen.

16. … ♕d8–a5
17.a2–a3

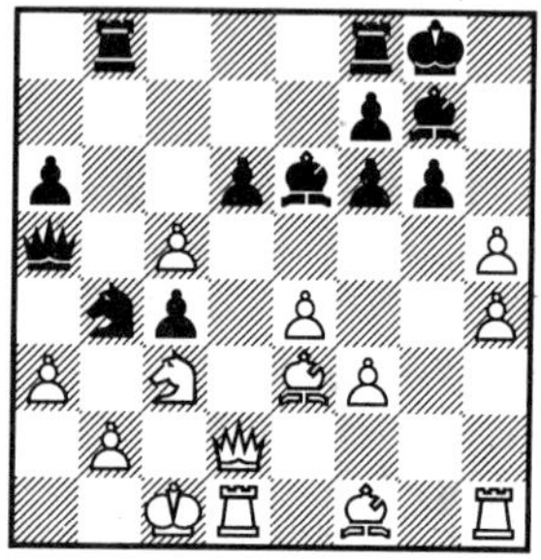

Einschätzung der Stellung: Weiß hat die nötige Konsequenz vermissen lassen. Wertvolle Zeit ging verloren, die Schwarz für seine Angriffsbemühungen nutzte. Könnte der Läufer g7 noch eingreifen, wäre das Schicksal des weißen Königs besiegelt. Das Ziel von Schwarz liegt auf der Hand.

17. … d6:c5
18.h5:g6

Die Folgen von 18.ab cb würde Weiß nicht überstehen.

18. … f6–f5!

Konsequent!

19.g6:f7+ ♔g8–h7

Bei 19. … ♖:f7 20.♖g1 kann Weiß den Läufer g7 noch ausschalten.

20.a3:b4 c5:b4
21.♖h1–g1

Die Alternativen sind 21.♘b1 c3 oder 21.♗d4 ♕a1+ 22.♘b1 c3 23.♕c2 ♗h6+. Beide Fortsetzungen erweisen sich jedoch als nicht erstrebenswert.

21. … ♗g7:c3

Schwarz gab bereits auf, da 22.bc ♕a1+ 23.♔c2 b3 zum Matt führt. Die Wirkungszeit des guten Läufers war kurz, aber nachhaltig!

Partie Nr. 10
Möhring–Uhlmann,
Salzwedel 1982
1.e4 e6 2.d4 d5 3.e5 c5 4.c3 ♘c6 5.♘f3 ♕b6 6.♗e2 cd 7.cd ♘h6 8.♘c3 ♘f5 9.♔f1 (besser ist 9.♘a4) 9. … ♗d7 (9. … ♘c:d4? 10.♘a4 verliert für Schwarz) 10.♘a4 ♕d8 11.♗f4 ♗e7 12.g4 (schlecht ist 12.♘c5? wegen ♘f:d4) 12. … ♘h4 13.♘:h4 ♗:h4 14.♘c5 ♗c8 (14. … 0–0? 15.g5 mit der Idee ♖g1–g4 bringt Schwarz Probleme) 15.♕d2 f6 16.♔g2 0–0 17.♗g3 fe 18.de d4

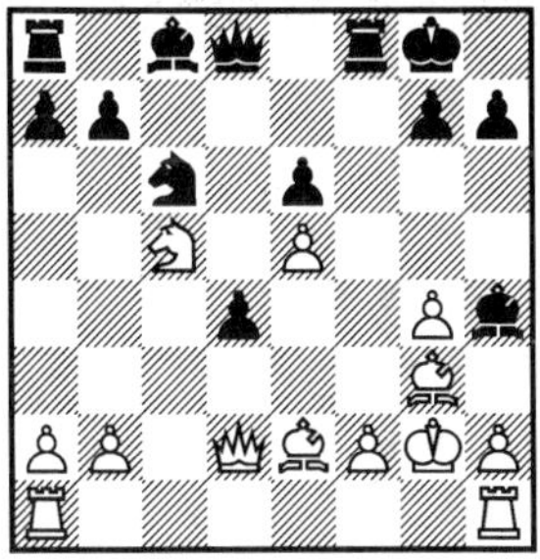

Einschätzung der Stellung: Durch seinen letzten Zug macht Schwarz unmißverständlich klar, daß er auf der Diagonale h1–a8 seine Angriffsbemühungen verstärken möchte. Seine Trümpfe sind dabei der Turm in der halboffenen f-Linie und der Läufer h4, die nicht zuletzt ein mögliches weißes Gegenspiel mittels h2–h4 unterbinden. Viele kleine Schwächen im weißen Lager, wie z. B. der etwas in der Luft hängende Bauer e5, sind gleichbedeutend mit schwarzem Vorteil.

19.♗g3:h4

Interessante Abspiele ergeben sich nach 19.♗c4 ♘a5 (19. … ♘:e5? 20.♗:e5 ♖:f2+ 21.♕:f2 ♗:f2 22.♘:e6 ♗:e6 23.♗:e6+ ♔h8 24.♔:f2 ♕e7 25.♖he1) 20.♘:e6 (20.♗:e6+ ♗:e6 21.♘:e6 ♕d5+ 22.♔h3 ♗:g3 23.fg ♕:e6 24.♕:a5 ♖f2!) 20. … ♘:c4 21.♘:d8 ♘:d2 22.♗:h4 ♗:g4 mit schwarzem Vorteil.

19. … ♕d8:h4

20.♘c5–d3

Ein Fehler ist 20.f4? wegen 20. … ♘:e5 21.fe ♕f2+ 22.♔h3 ♖f3+, und Schwarz gewinnt.

20. … b7–b6

Das schwarze Spiel auf der Diagonale h1–a8 nimmt nun für Weiß seinen tödlichen Lauf.

21.f2–f4 ♗c8–b7
22.♗e2–f3

Ob Weiß damit gegenhalten kann?

22. … ♘c6–a5
23.h2–h3

Bei 23.♘f2 ♗:f3+ 24.♔:f3 g5 bringt Weiß die Schwäche in der f-Linie das Aus.

23. … ♘a5–c4
24.♕d2–e2

Die beste Verteidigung bestand noch in 24.♕f2 ♘e3+ 25.♔g1 ♕e7, allerdings auch mit deutlichem schwarzem Vorteil.

24. … ♘c4–e3+
25.♔g2–h2 ♖a8–c8
26.♖a1–c1 ♗b7–a6!

Der Verteidiger von f4 muß beseitigt werden, wonach die weiße Stellung wie ein Kartenhaus zusammenbricht.

27.♗f3–e4 ♗a6:d3
28.♗e4:d3 ♘e3:g4+
29.♕e2:g4 ♕h4–f2+
30.♕g4–g2 ♕f2:f4+
31.♕g2–g3 ♖c8:c1

Weiß gab auf.

Partie Nr. 11
Uhlmann–Bönsch,
DDR 1979
1.c4 c5 2.♘f3 ♘f6 3.♘c3 e6 4.g3 ♘c6 5.♗g2 a6 6.0–0 ♗e7 7.d4 cd 8.♘:d4 0–0 9.b3 ♕c7 10.♗b2 d6 11.♖c1 ♘:d4 12.♕:d4 ♗d7 13.♖fd1 ♖fd8 (Weiß hat durch die Diagonalwirkung seiner Läufer und den Raumvorteil das angenehmere Spiel) 14.h3 ♗f8 15.g4 h6 16.♕f4 ♕b6 17.♖d3 ♗c6 18.g5 ♘h5 (bei 18. … hg 19.♕:g5 werden die Probleme mit dem Feld g7 für Schwarz zu groß) 19.♕g4 g6

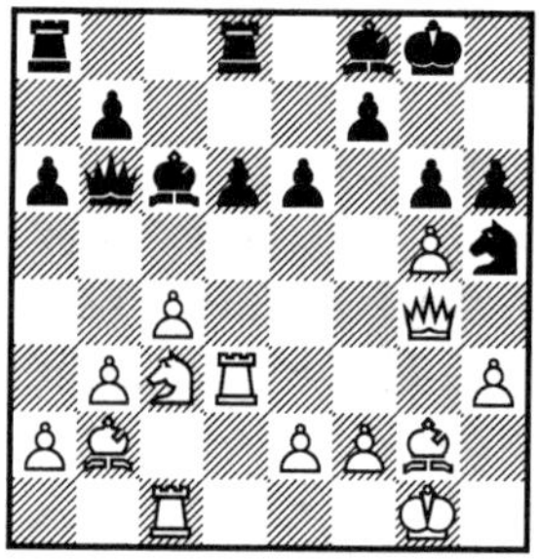

Einschätzung der Stellung: Durch das energische Vorprellen des weißen g-Bauern wurde Schwarz gezwungen, die Diagonale a1–h8 zu öffnen. Ansonsten hätten die weißen Schwerfiguren in der halboffenen g-Linie große Angriffswirkung erlangt. Da auch die weiße Dame und der

Turm auf d3 wesentlich aktiver als ihre Kollegen agieren, hat der Anziehende Vorteil. Schwarz muß versuchen, die Diagonale a1–h8 zu neutralisieren und mit seinen Figuren dem gefährdeten König zu helfen.

20.♘c3–e4 ♕b6–a5

20. ... ♗:e4 21.♗:e4 würde das weiße Übergewicht nur vergrößern, da Weiß dann auch noch die Diagonale h1–a8 beherrscht.

21.♘e4–f6+ ♘h5:f6
22.♗b2:f6 ♖d8–d7
23.g5:h6 ♗f8:h6
24.♖c1–d1 ♗c6:g2

Schwarz hofft, den weißen Stellungsdruck durch Tausch zu verringern.

25.♔g1:g2 ♕a5:a2

25. ... ♗g7 26.♗:g7 ♔:g7 27.♖:d6 ♖:d6 28.♖:d6 ♕:a2 29.♕f3 führt durch die Drohung ♖d7 zu weißem Bauerngewinn.

26.e2–e4 ♗h6–g7
27.e4–e5 d6–d5

Abermals kann Schwarz die Läufer nicht tauschen, z. B. 27. ... ♗:f6 28.ef ♕b2 29.♖d4 ♕c2 30.♖f4 e5 31.♕g5 ef 32.♕h6 ♕e4+ 33.♔h2 oder 30. ... g5 31.♖e4, und gegen Matt gibt es keine Verteidigung.

28.h3–h4

Dem h-Bauern kommt die ehrenvolle Aufgabe zu, die schwarze Königsstellung zu öffnen.

28. ... ♕a2–b2
29.♖d1–d2 ♕b2–a1
30.♕g4–g5 ♗g7:f6
31.e5:f6

Die schwarze Majestät ist dem Wirbel der weißen Schwerfiguren schutzlos ausgeliefert.

31. ... ♔g8–h7
32.h4–h5 ♖a8–g8

Diese Hilfe kommt zu spät!

33.♖d3–h3

Schwarz gab auf.

1.1.2. Der Läufer bestimmt die Taktik

In den folgenden Partiebeispielen löst der Läufer direkt taktische Aufgaben oder wirkt im Zusammenspiel mit seinen Schwerfiguren im taktischen Bereich. Er opfert sich gegen schützende Bauern, schlägt Breschen für andere Figuren, die sein Werk vollenden. Wir betrachten Standardopfer auf h7 (h2) und h6 (h3), aber auch Läufer, die mit taktischer Raffinesse gegnerische Könige zu ihrem Spielball werden lassen. Zunächst ein Schlußakkord als Einstimmung.

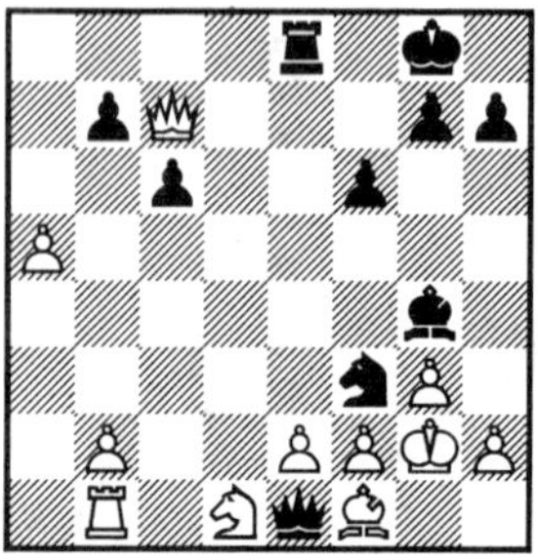

Torre–Timman, Hamburg 1982
1. ... ♕:f1+! Weiß gab auf (2.♔:f1 ♗h3 matt).

Partie Nr. 12
Arnason–Hjorth,
Dubai 1986
1.e4 e5 2.♘f3 ♘c6 3.♗b5 a6 4.♗a4 ♘f6 5.0–0 ♗e7 6.♖e1 b5 7.♗b3 ♗b7 8.d3 0–0 9.♘bd2 ♖e8 10.c3 d5?! 11.ed ♘:d5 12.♘:e5 ♘:e5 13.♖:e5 ♕d7 (schlechter ist 13. ... ♘f4? 14.♖f5 ♘:g2 15.♗:f7+ ♔h8 16.♕h5!, und mit der Drohung 17.♕:h7+! steht Weiß auf Gewinn) 14.♕f3 c6 15.♘e4 ♖ad8 16.♗e3 ♕c7? 17.♕g3!

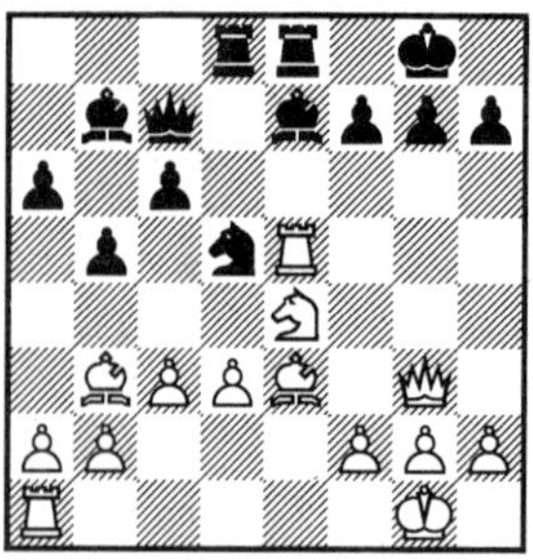

Einschätzung der Stellung: Die Eröffnungsphase ging deutlich an Weiß. Schwarz hat es nicht verstanden, für den geopferten Bauern Entwicklungsvorsprung und aktives Figurenspiel zu erreichen. Die weißen Figuren sind besser postiert und stehen zum Angriff bereit. Der materielle und positionelle Vorteil des Anziehenden ist Garant für einen schnellen Sieg. Die direkten Drohungen sind 18.♗h6 bzw. 18.♗:d5 cd 19.♘f6+ ♗:f6 20.♖:e8+ ♖:e8 21.♕:c7.

17. ... ♔g8–f8
18.♗e3–h6!!

Die Läufer schlagen jetzt die entscheidenden Breschen, um den schwarzen König im Sturm zu erobern.

18. ... g7:h6
19.♗b3:d5 ♕c7–d7

Schneller gewinnt Weiß nach 19. ... cd 20.♘f6! ♗:f6 21.♖:e8+ ♖:e8 22.♕:c7.

20.♗d5–b3 c6–c5
21.♕g3–f4 ♗e7–g5
22.♘e4:g5 h6:g5
23.♕f4–f6 ♖e8:e5
24.♕f6–h8+ ♔f8–e7
25.♕h8:e5+ ♔e7–f8
26.♕e5–h8+ ♔f8–e7
27.♖a1–e1+

Die letzte bisher noch nicht am Angriff beteiligte Figur greift in das Geschehen ein.

27. ... ♔e7–d6

28.♕h8–f6+ ♔d6–c7
29.♖e1–e7

Schwarz gab auf.

Partie Nr. 13
Polugajewski–Torre,
London 1984
1.d4 d5 2.c4 c6 3.♘f3 ♘f6 4.♘c3 dc 5.a4 ♗f5 6.e3 e6 7.♗:c4 ♗b4 8.0–0 0–0 9.♕e2 ♘bd7 10.e4 ♗g6 11.♗d3 ♗h5 12.♗f4 ♖e8 13.e5 ♘d5 14.♘:d5 cd 15.h3 ♗e7 16.♖fc1 a6 17.♖c3 ♗:f3 18.♕:f3 ♘b8?

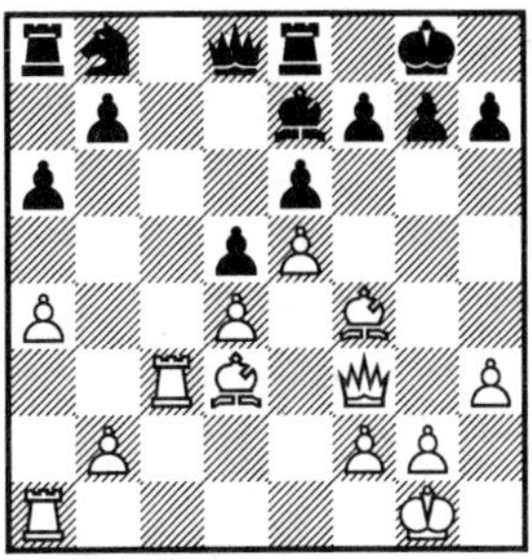

Einschätzung der Stellung: Die weißen Figuren schauen drohend zum schwarzen König, wobei vor allem die 3. Reihe als Angriffsbasis für die Türme wichtig ist. Schwarz plant, mit seinem Springer von c6 aus Druck gegen den Bauern d4 auszuüben. Der Springer hätte aber besser auf f8 Verteidigungsaufgaben übernehmen sollen, da dieses Unternehmen gegen d4 schon aus Zeitmangel scheitern muß. Weiß kann die Partie bereits kombinatorisch entscheiden.

19.♗d3:h7+ ♔g8:h7
20.♕f3–h5+ ♔h7–g8
21.♖c3–g3 g7–g6

Schwarz mußte sich zwischen zwei Verteidigungswegen entscheiden. Die andere Möglichkeit war 21. ... ♗f8 mit der Folge 22.♗g5 ♗e7 23.♗h6 ♗f8 24.♖:g7+ ♗:g7 25.♕g4 ♔f8 26.♕:g7+ ♔e7 27.♗g5+ oder 22. ... ♕b6 23.♗f6 ♘c6 24.♕h6, und Weiß gewinnt.

22.♖g3:g6+

Erzwungen, aber natürlich auch gut!

22. ... f7:g6
23.♕h5:g6+ ♔g8–h8
24.♕g6–h6+ ♔h8–g8
25.♕h6:e6+ ♔g8–h8
26.♕e6–h6+ ♔h8–g8
27.♕h6–g6+ ♔g8–h8
28.♕g6–h5+ ♔h8–g8
29.♗f4–h6

Der nächste weiße Läufer wird für den Angriff benötigt.

29. ... ♗e7–f8

Zum schnellen Ende wäre es nach 29. ... ♗f6 30.♕g6+ ♔h8 31.ef gekommen.

30.♕h5–g6+ ♔g8–h8
31.♗h6:f8 ♖e8:f8
32.♕g6–h6+ ♔h8–g8
33.♖a1–a3

Auch der zweite weiße Turm kommt über die 3. Reihe zum Hauptkampfplatz. Schwarz gab auf, da es nach 33. ... ♔f7

34.♖f3+ ♔e7 35.♕g7+ oder 34. ... ♔g8 35.♖g3+ ♔f7 36.♖g7+ kein Entrinnen mehr gibt.

Partie Nr. 14
Sokolow–Wyschmanawin, Lwow 1984
1.e4 c5 2.♘f3 e6 3.d4 cd 4.♘:d4 ♘c6 5.♘c3 a6 6.♗e2 ♘ge7 7.0–0 ♘:d4 8.♕:d4 ♘c6 9.♕d3 ♕c7 10.♗g5 ♗d6 11.♕h3 (ein ideales Feld für die Dame, h2 wird verteidigt, h7 attackiert) 11. ... 0–0 12.♖ad1 ♗e5 13.♔h1 f6 14.♗c1 b5 15.f4 ♗d4 16.♖d3 (der Turm wird zur Angriffsseite überführt) 16. ... b4 17.♘d1 d5 18.ed ed 19.f5 (der Läufer c8 ist somit von der Verteidigung ausgeschlossen) 19. ... ♕e5 20.♗g4 a5 21.♕h4 ♗a6 22.♖e1 ♕c7 23.♖h3 h6

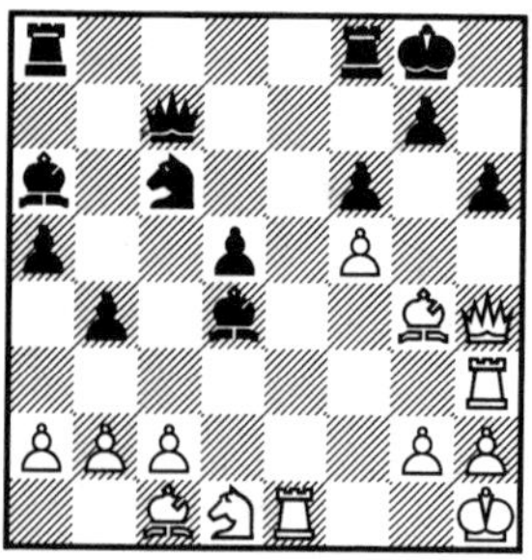

Einschätzung der Stellung: Alle weißen Figuren – ausgenommen der Springer d1 – sind auf Angriff orientiert, wobei die Aufstellung der weißen Dame und des Turms in der h-Linie besonders bedrohlich ausschaut. Die schwarzen Figuren sind normal entwikkelt, und der Nachziehende besitzt das schöne Zentralfeld e5 als Stützpunkt. Aber leider ist die Mehrzahl der schwarzen Offiziere auf dem Damenflügel konzentriert und kann somit keine Verteidigungsaufgaben übernehmen. Weiß wird deshalb die letzte Bastion von Schwarz erfolgreich im Sturm nehmen.

24.♗c1:h6

Dieses Opfer ist zwingend und muß angenommen werden.

24. ... g7:h6
25.♗g4–f3

Die Schwäche des Bauern d5 gewinnt ein wichtiges Tempo für Weiß, was zur Öffnung der g-Linie genutzt wird.

25. ... ♖a8–d8
26.♕h4:h6 ♕c7–g7

Es gibt keine andere Verteidigung.

27.♖h3–g3 ♕g7:g3
28.h2:g3 ♖d8–d7
29.♗f3:d5+

Schwarz gab auf, ohne sich 29. ... ♖:d5 30.♕g6+ ♔h8 31.♖e4 zeigen zu lassen.

Partie Nr. 15
Heinig–Uhlmann, DDR 1983
1.d4 ♘f6 2.c4 g6 3.♘c3 ♗g7

4.e4 d6 5.♗e2 0–0 6.♗g5 ♘bd7 7.♕d2 e5 8.♘f3 c6 9.0–0 ♖e8 10.♖ad1 ed 11.♘:d4 ♘c5 12.f3?

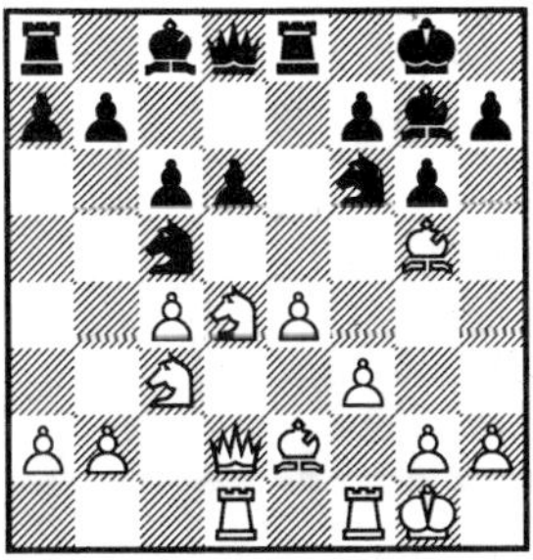

Einschätzung der Stellung: Der letzte weiße Zug ermöglicht es Schwarz, mit taktischen Mitteln positionellen Vorteil zu erlangen. Dabei werden die weißen Schwächen auf den schwarzen Feldern und eine minderwertige Bauernstruktur erbarmungslos ausgenutzt. 12.♗f3 hielt dagegen die Stellung im Gleichgewicht.

12. … ♘f6:e4!
13.f3:e4 ♗g7:d4+
14.♕d2:d4

Nach 14.♔h1? ♗:c3 15.bc ♘:e4 16.♗:d8 ♘:d2 verbleibt Weiß mit entscheidendem Materialnachteil.

14. … ♕d8:g5
15.♕d4:d6 ♗c8–e6
16.♔g1–h1

Der weiße König entzieht sich den drohenden Schachgeboten.

16. … ♖a8–d8
17.♕d6–c7 ♖d8:d1
18.♖f1:d1 ♕g5–e3
19.h2–h3 h7–h5
20.♕c7–e5 ♘c5–a4

Wie lange wird das weiße Figurengefüge wohl dieser ernsten Prüfung standhalten?

21.♖d1–d3 ♕e3–c1+
22.♘c3–d1 ♕c1–c2
23.♗e2–f1 ♕c2:c4

Dieser Bauer war nicht mehr zu halten. Zum positionellen kommt nun für Schwarz noch das materielle Plus hinzu.

24.b2–b3 ♕c4–c5

Diese Tricks mußten von Schwarz natürlich bedacht werden.

25.♕e5–c7 ♕c5–b6
26.♕c7–e5 ♘a4–c5
27.♖d3–g3 ♕b6–d8
28.♕e5:c5 ♕d8:d1
29.♖g3–f3 ♗e6:h3!

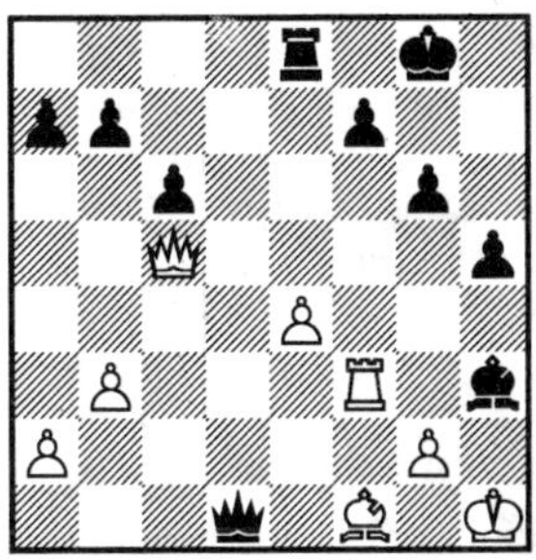

Einschätzung der Stellung: Der Läufer ist nicht gut zu schlagen. Schwarz konnte seine Stellung weiterhin verbessern. Er behält einen Mehrbauern und steht auf Gewinn.

30.♕:a7 ♗g4 31.♖f2 ♕e1 32.♔g1 ♖e7 33.♕b8+ ♔g7 34.♕f4 ♕a1 35.♔h2 ♕e5 36.♔g3 g5 37.♕:e5 ♖:e5 38.♗d3 f5! 39.♖f1 h4+ 40.♔f2 fe

Weiß gab auf.

Partie Nr. 16
Uhlmann–Holzhäuser, Kecskemét 1984
1.c4 ♘f6 2.♘c3 e6 3.♘f3 ♗b4 4.♕c2 ♘c6 (den Vorzug verdient 4. ... 0–0) 5.g3 0–0 6.♗g2 d5 7.a3 ♗:c3 8.♕:c3 d4 (Schwarz gewinnt Raum, muß aber Weiß das Läuferpaar überlassen) 9.♕c2 e5 10.d3 a5! 11.b3 h6 12.0–0 ♗f5 13.♗b2 ♕e7 14.♕d2 ♖fe8 15.h3 ♗h7 16.e3 ♗:d3 (Schwarz will vereinfachen) 17.♖fe1 (präziser war 17.♕:d3 e4 18.♕d1 ef 19.♕:f3 de 20.♖fe1 ef+ 21.♕:f2 ♕d8 22.♔h2 ♖:e1 23.♖:e1, und das weiße Läuferpaar ist überlegen oder 20. ... e2 21.♖a2 mit der Idee 22.♗:f6 und besserem Endspiel) 17. ... de 18.♖:e3 ♗e4 (nicht 18. ... e4 19.♘e1, gefolgt von ♘:d3 und weißem Vorteil) 19.♖ae1 ♖ad8 20.♕e2 ♗:f3 (falsch wäre 20. ... ♘d4 21.♘:d4 ed 22.♖:e4 ♘:e4 23.♗:e4 d3 24.♕d2 nebst ♖e3 oder g4) 21.♗:f3 ♘d4 22.♗:d4 ♖:d4 23.♗:b7 ♕:a3 24.♖:e5 ♖b8 25.♕f3

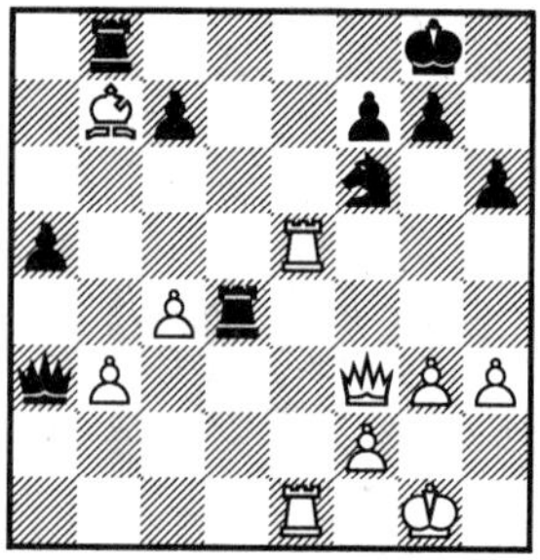

Einschätzung der Stellung: Der langschrittige Läufer ist in dieser Stellung dem Springer klar überlegen. Sollte es dem Nachziehenden jedoch gelingen, die weißen Damenflügelbauern zu attackieren, könnte er Materialvorteil erzielen. Weiß muß die Kraft des Läufers mit der Wirkung seiner Schwerfiguren vereinigen, wobei den Feldern e8 und f7 eine entscheidende Rolle zukommt.

25. ... a5–a4

Schwarz kann nicht auf Bauerngewinn spielen, da dies an taktischen Raffinessen scheitert. So führt 25. ... ♕b4? 26.♗c6! ♕:b3? 27.♖e8+! ♘:e8 28.♖:e8+ ♔h7 29.♕f5+ g6 30.♕:f7 zum Matt.

26.b3:a4 ♕a3:a4

Der Damentausch 26. ... ♕:f3 erweist sich wegen 27.♗:f3 ♖:c4 28.♖a1 als unbefriedigend, denn der freie a-Bauer ist danach kaum zu bremsen.

27.c4–c5 ♕a4–b4

28.♗b7–c6! ♖d4–c4

Weiß gewinnt nun forciert.

29.♗c6–d5! ♖c4–d4

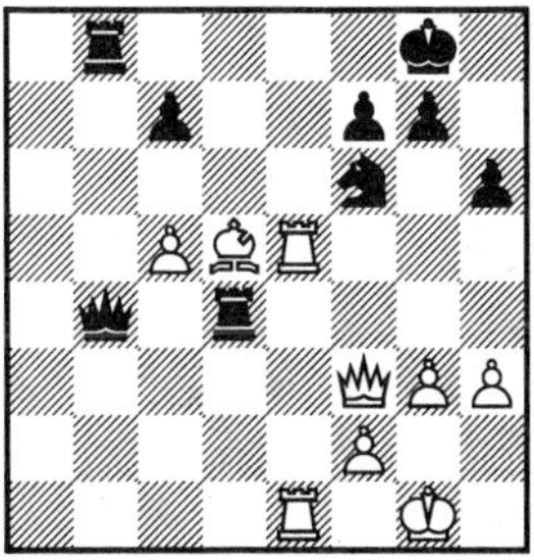

Einschätzung der Stellung: Es gibt keine Verteidigung mehr. So scheitert 29. … ♘:d5 an 30.♖e8+ ♖:e8 31.♖:e8+ und ♕f5+ bzw. 29. … ♖:c5 an 30.♖e8+!! ♖:e8 (30. … ♘:e8 31.♕:f7+ ♔h7 32.♕g8+ ♔g6 33.♖e6+ ♘f6 34.♖:f6+ ♔:f6 35.♕e6+ ♔g5 36.h4+ ♔h5 37.♗f3+ ♕g4 38.♗:g4 matt) 31.♖:e8+ ♘:e8 32.♕:f7+ ♔h7 33.♕f5+! g6 (33. … ♔h8 34.♕f8+ ♔h7 35.♗g8+ ♔g6 – 35. … ♔h8 36.♗f7+ – 36.♕f7+ ♔g5 37.f4+ mit Gewinn) 34.♕f7+ ♘g7 35.♕g8 matt. Diese Varianten zeigen deutlich, welche taktischen Möglichkeiten durch das optimale Zusammenwirken von Läufer und Schwerfiguren den Partieablauf bestimmen.

30.♖e5–e8+!! ♘f6:e8

Falls 30. … ♖:e8, so 31.♖:e8+ ♘:e8 32.♕:f7+ ♔h7 33.♕g8+ ♔g6 34.♕:e8+ ♔g5 (34. … ♔h7 35.♗g8+) 35.h4+ ♖:h4 36.♕e5+ ♔g6 37.gh mit leichtem Gewinn.

31.♕f3:f7+ ♔g8–h7
32.♕f7–f5+! g7–g6

Wiederum führt 32. … ♔h8 nach 33.♕f8+ ♔h7 34.♗g8+ ♔g6 35.♕f7+ ♔g5 36.♖e5 zum Matt.

33.♖e1–e7+ ♘e8–g7
34.♕f5–f6

Schwarz gab auf, da 34. … ♖d1+ 35.♔h2 ♕b2 36.♖:g7+ ♔h8 37.♖g8+ ♔h7 38.♕:g6 mit Matt endet.

Partie Nr. 17
Alatorzew–Boleslawski,
Moskau 1950

1.d4 ♘f6 2.c4 d6 3.♘c3 e5 4.e4 ed 5.♕:d4 ♘c6 6.♕d2 g6 7.b3 ♗g7 8.♗b2 0–0 9.♗d3 ♘g4 10.♘f3 (10.0–0–0 f5! 11.ef ♘b4 12.♗e4 ♖:f5! 13.♗:f5 ♗:f5 ist sehr gefährlich für Weiß) 10. … ♘ge5 11.♗e2 (11.♘:e5 de kann Weiß nicht gefallen) 11. … ♘:f3+ 12.♗:f3 ♘d4 13.♗d1 f5 14.ef ♗:f5 15.♘e2 (nötig war 15.0–0) 15. … ♘:e2 16.♗:e2 (kaum akzeptabel ist 16.♗:g7 ♘f4! 17.♕:f4 ♕e7+ 18.♗e2 ♔:g7 19.♕e3 ♕:e3 20.fe ♖ae8 oder 17.♗:f8 ♕f6! 18.f3 ♖e8+ 19.♔f2 ♘d3+ 20.♔g3 g5!) 16. … ♗:b2 17.♕:b2 ♕g5 18.g3 (18.0–0?

♗h3, und Schwarz gewinnt die Qualität) 18. … ♖ae8

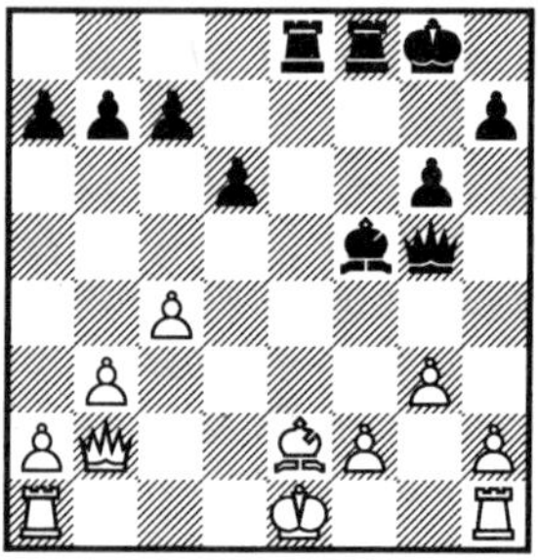

Einschätzung der Stellung: Weiß hat durch ungeschickte Manöver in der Eröffnung viel Zeit verloren und ist in Entwicklungsrückstand geraten. Alle schwarzen Figuren stehen zum Angriff bereit. Die direkten Drohungen auf der e-Linie zwingen Weiß, seinen König in eine andere Gefahrenzone zu übersiedeln. Dort sind es vor allem die geschwächten weißen Felder, die dem Anziehenden große Probleme bereiten. Weiß ist in der Verteidigung so stark gebunden, daß keine Zeit für ein Gegenspiel bleibt. Der schwarze Vorteil ist schon entscheidend.

19.0–0 ♗f5–h3
20.f2–f4

Erzwungen, da ein Turmzug den Nachziehenden zum Einschlagen auf f2 einladen würde; z. B. 20.♖fc1 ♖:f2! 21.♔:f2 ♕e3+ 22.♔e1 ♗g4 23.♖c2 ♕g1+ mit schnellem Ende.

20. … ♗h3:f1!

Ein Damenschach auf c5 könnte Weiß mit ♖f2 parieren. Nach dem Textzug, der immerhin ein Damenopfer anbietet, behält Schwarz seine starke Initiative.

21.f4:g5 ♖e8:e2
22.♕b2–c3

Forciert gewinnt Schwarz bei 22.♕d4 mit der Folge 22. … ♗h3 23.♕h4 ♗g2 24.♖e1 ♖:a2 25.♕g4 ♗f3 26.♕e6+ ♖f7 27.♕h3 ♗c6 28.b4 ♖f5 29.b5 ♖g2+ 30.♕:g2 ♗:g2 31.♔:g2 ♖:g5.

22. … ♗f1–g2
23.♕c3–d3 ♗g2–f3
24.♖a1–f1

Es gibt kein Entrinnen, wie auch die Varianten 24.♔f1 ♖:h2 25.♕d4 c5 26.♕c3 ♗c6+ 27.♔e1 ♖f3 28.♕a5 ♖h1+ oder 26.♕:d6 ♗c6+ 27.♔e1 ♖h1+ 28.♔d2 ♖:a1 29.♕e6+ ♖f7 30.♕c8+ ♔g7 zeigen.

24. … ♖e2–g2+
25.♔g1–h1 ♗f3–c6
26.♖f1:f8+ ♔g8:f8
27.♕d3–f1+ ♖g2–f2+

Weiß gab auf.

Partie Nr. 18
Karpow–Sax,
Linares 1983
1.e4 c5 2.♘f3 d6 3.d4 cd 4.♘:d4 ♘f6 5.♘c3 e6 6.g4 h6 7.♖g1 ♗e7 8.♗e3 ♘c6

9.♕e2 ♗d7 10.h4 ♘:d4 11.♗:d4 e5 12.♗e3 ♗c6 13.♕d3 ♕a5 (13. … ♘h7 14.g5 hg 15.♘d5 ist vorteilhaft für Weiß) 14.0–0–0 ♘:e4 (die Alternative 14. … 0–0–0 15.g5 d5 16.gf de 17.♕c4 konnte Schwarz nicht gefallen) 15.♘:e4 d5 16.♕b3! (starken Angriff erhält Schwarz nach 16.♘d2 ♕:a2 17.♘b3 a5) 16. … de 17.♗c4

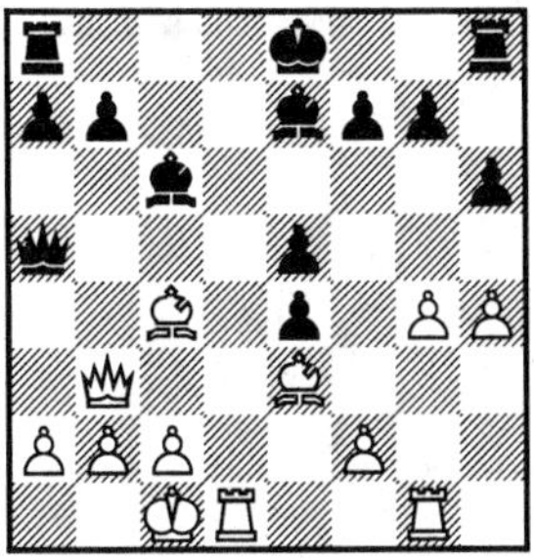

Einschätzung der Stellung: Durch die Rückgabe der Figur konnte Weiß Entwicklungsvorsprung erzielen. Ein geschützter König und zwei angriffsorientierte Türme dokumentieren dies. Die weiße Dame und der Läufer auf der Diagonale a2–g8 bedrohen den Bauern f7, der nur durch den Turm gedeckt werden kann. Bei einer Rochade würde Weiß mit 18.g5 einen übermächtigen Angriff am Königsflügel erhalten. So muß der schwarze König im Zentrum verbleiben und wird auch dort keinen ruhigen Zeiten entgegensehen. Weiß hat mehr als ausreichende Kompensation für den geopferten Bauern.

17. … ♖h8–f8
18.♖d1–d5

Auch nach 18.g5 hat Weiß Angriff, aber der Partiezug ist aggressiver. Schwarz ist gezwungen, das Qualitätsopfer anzunehmen.

18. … ♗c6:d5

Dieser Läufer hielt die schwarze Stellung zusammen, aber auf 18. … ♕c7 ist Weiß mit 19.♖gd1 weiter am Drücker.

19.♗c4:d5 ♖a8–d8

Das Endspiel nach 19. … ♕b4 20.♗:b7 ♕:b3 21.ab ♖b8 22.♗c6+ ♔d8 23.♗:a7 ♔c7 24.♗:b8+ ♖:b8 25.♗:e4 spricht klar für einen weißen Sieg.

20.♗d5–c4 ♗e7–b4
21.c2–c3 b7–b5
22.♗c4–e2 ♗b4–d6
23.♕b3–d5 ♔e8–e7
24.♗e3–c5 ♗d6:c5

Schwächer ist 24. … f6 mit der Folge 25.♗c4! ♖d7 26.♖d1, und Weiß steht auf Gewinn.

25.♕d5:e5+ ♔e7–d7
26.♕e5:c5 ♕a5–c7
27.♕c5–f5+ ♔d7–e7

Der schwarze König wird von Dame und Läufer erbarmungslos gejagt, ohne daß ihm seine Schwerfiguren zu Hilfe eilen können.

28.♕f5:e4+ ♔e7–d7
29.♕e4–f5+ ♔d7–e7
30.♖g1–e1 ♖d8–d6
31.♗e2–c4+ ♔e7–d8
32.♗c4:b5 a7–a6
33.♗b5–a4

Der Läufer unterstützt auf der Diagonale a4–e8 optimal seine Königin.

33. ... g7–g6
34.♕f5–f3 ♔d8–c8
35.♖e1–e7 ♖d6–d1+

Die Kraft des Läufers demonstriert eindrucksvoll folgende Variante: 35. ... ♕:e7 36.♕a8+ ♔c7 37.♕a7+ ♔d8 38.♕b8 matt.

36.♔c1:d1 ♕c7:e7

Das Damenendspiel nach 36. ... ♖d8+ 37.♖d7 ♖:d7+ 38.♗:d7+ ♕:d7+ 39.♔c1 ist leicht gewonnen für Weiß.

37.♕f3–a8+ ♔c8–c7
38.♕a8–a7+ ♔c7–d6
39.♕a7–b6+

Schwarz gab auf, da der Läufer sonst nach 39. ... ♔d5 40.♕d4+ ♔e6 mit 41.♗b3+ den Schlußpunkt setzt.

1.1.3. Läufer im Endspiel

Häufig treten in der Praxis Endspiele vom Typ Turm/Läufer gegen Turm/Springer oder in ihrer Fortsetzung Läufer gegen Springer auf. Sind dabei Bauern auf beiden Flügeln vorhanden und trägt die Stellung einen offenen Charakter, so daß der Läufer nicht durch Bauernketten behindert wird und sich frei bewegen kann, ist der langschrittige Läufer dem wesentlich langsameren Springer überlegen. Der Läufer kann je nach Lage der Dinge schnell von einem Flügel zum anderen beordert werden, wozu ein Springer doch einige Zeit benötigt. Ein Randspinger muß zudem immer auf der Hut sein, nicht Gefangener eines zentral postierten Läufers zu werden.

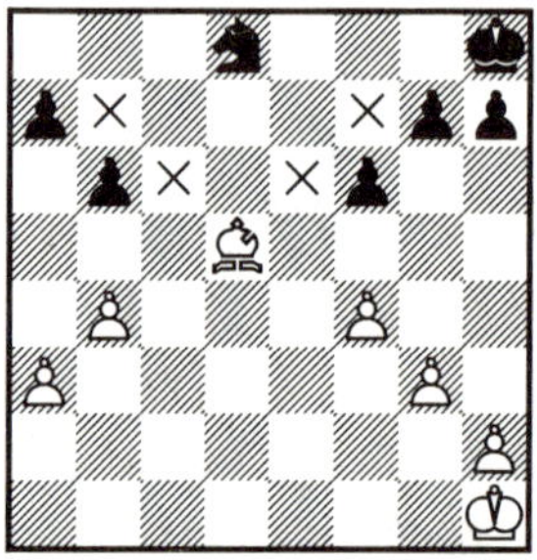

Die folgenden Partien werden die getroffenen Aussagen bestätigen. Sie zeigen das harmonische Zusammenspiel von Turm und Läufer und geben Einblick, wie der Einsatz des Langschreiters zu erfolgen hat.

Partie Nr. 19
Ghinda–Uhlmann,
Zinnowitz 1983
1.e4 e6 2.d4 d5 3.♘c3 ♗b4 4.e5 ♘e7 5.a3 ♗:c3+ 6.bc c5 7.♘f3 ♗d7 8.♗d3 ♗a4 9.♘g5?! (besser ist 9.♖b1

oder 9.0–0) 9. … h6 10.♕h5 g6 11.♕h4 ♘f5 (11. … c4 12.♘:f7 ♔:f7 13.♕f6+ ♔g8 14.♕:e6+ ♔g7 15.♕f6+ ♔g8 ergibt Ausgleich oder nach 16.♗:g6 ♕f8 unklares Spiel) 12.♗:f5 gf 13.♕h5 ♕e7 14.♘h3 ♘d7 15.♗g5 ♕f8 16.♗h4 cd 17.cd ♕g7 18.♘f4 ♘:e5! 19.♘:e6! ♕:g2 20.0–0–0 ♕e4 21.♕:f5! ♕:f5 22.♘g7+ ♔d7 23.♘:f5 ♘f3 24.♖d3 (nach 24.♗g3 ♖ac8 25.♘e3 ♖c6 bekommt Weiß Schwierigkeiten mit dem Bauern c2) 24. … ♘:h4 25.♘:h4

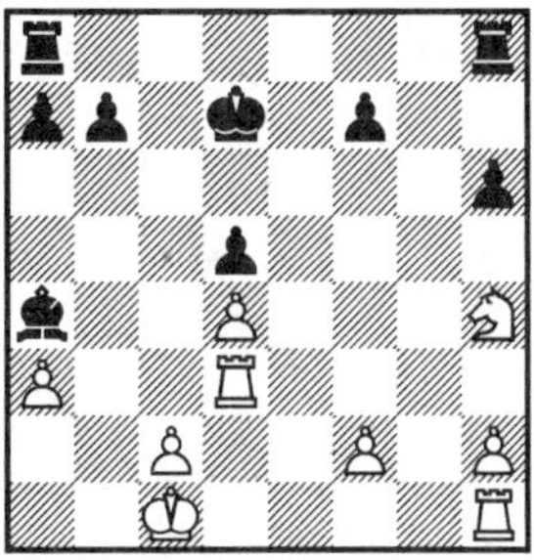

Einschätzung der Stellung: Wie so oft, ist nach den vielen taktischen Schlägen ein Endspiel mit gleichem Material entstanden. Beide Seiten sind mit Bauernschwächen behaftet, aber Schwarz ist als erster am Zug und kann somit seine Türme wirkungsvoll einsetzen. Weiß muß sich in der folgenden Partiephase aufs Reagieren beschränken. Da der Kampf auf beiden Flügeln geführt wird, ist der langschrittige Läufer dem Springer überlegen. Deutlich wird vor allem auch das wirkungsvolle Zusammenspiel von Turm und Läufer.

25. … ♖a8–c8
26.c2–c3 ♖h8–e8
27.♔c1–d2

Mehr Gegenspiel versprach 27.♖f3 ♖e4 28.♘f5 ♖c6, ohne den schwarzen Vorteil in Frage zu stellen.

27. … ♗a4–b5
28.♖d3–e3 ♖e8:e3
29.f2:e3 ♖c8–g8

Schwarz besetzt die einzige offene Linie und droht sofort 30. … ♖g4.

30.h2–h3 ♖g8–g3!

Bei 30. … ♔e6 31.♔e1, gefolgt von ♔f2, könnte Weiß seine Stellung stabilisieren. Nach dem Partiezug verbleibt der weiße König in seiner unsicheren Position. Der Läufer schränkt seine Möglichkeiten stark ein.

31.♖h1–h2 ♗b5–c4
32.♘h4–g2

Auch die aktive Verteidigung nach 32.♖f2 ♖:h3 33.♖:f7+ ♔e6 34.♖f4 ♖h2+ 35.♔c1 ♗d3! 36.♘f3 ♖c2+ 37.♔d1 ♖:c3 ändert nichts an der klar besseren schwarzen Position.

32. … ♖g3–g6

Es droht 33. … ♖a6.

33.♘g2–e1 ♔d7–e7
34.♖h2–f2 ♖g6–g3
35.♖f2–f3 ♖g3–g1
36.♖f3–f2 ♖g1–h1
37.♘e1–f3 f7–f6

Das Feld e5 wäre zu schön für den Springer.

38.♘f3–h4 ♖h1:h3
39.♘h4–g6+ ♔e7–f7
40.♘g6–e5+ ♔f7–e6
41.♘e5–g6?!

Aktiver war 41.♘g4 f5 42.♘e5 h5 43.♖g2 h4 44.♖g6+ ♔e7 45.♖g7+ ♔e6 46.♖:b7 ♖h2+ 47.♔e1 ♖e2+ oder 47.♔d1 h3 48.♖h7 ♗e2+ 49.♔e1 ♗g4 bei anhaltender schwarzer Initiative.

41. … ♖h3–h1
42.♘g6–f8+ ♔e6–e7
43.♘f8–g6+

Schwächer ist 43.♘h7 ♖f1 44.♖h2 ♔f7 45.♖:h6 ♔g7 46.♖h2 ♖a1, und Schwarz steht auf Gewinn.

43. … ♔e7–f7
44.♘g6–e5+ ♔f7–e6
45.♘e5–g4

Jetzt kommt Weiß doch noch zum Gegenspiel, jedoch mit günstigerer Turmstellung von Schwarz.

45. … f6–f5
46.♘g4–e5 ♖h1–a1
47.♖f2–f3 ♖a1–a2+
48.♔d2–e1 ♖a2:a3
49.♖f3–h3 ♖a3:c3
50.♖h3:h6+ ♔e6–e7

Mit seinen zwei Mehrbauern läßt Schwarz nichts mehr anbrennen. Da sein König allerdings auch keinen sicheren Schutz hat, gibt es noch kleine technische Probleme bei der Verwertung des Vorteils.

51.♖h7+ ♔f6 52.♔f2 (noch schlechter ist 52.♖:b7 ♖:e3+ 53.♔f2 ♖a3) 52. … ♖b3 53.♔f3 ♖b1 54.♘d7+ ♔g5 55.♖g7+ ♔h6 56.♖g3 ♖f1+ 57.♔g2 f4 58.ef ♖:f4 59.♘e5 ♖:d4 60.♘f7+ ♔h5.

Weiß gab auf.

Partie Nr. 20
Barlov–Archipow,
Sotschi 1985
1.d4 d5 2.c4 e6 3.♘f3 c6 4.♕c2 ♘f6 5.g3 ♘bd7 6.♗g2 ♗b4+ 7.♗d2 ♗e7 8.0–0 0–0 9.♗g5 ♘e4 10.♗:e7 ♕:e7 11.e3 f5 12.♘c3 b6 13.♖fc1 ♗b7 14.cd ed 15.♕b3 ♖ae8 16.♖e1 (die Drohung ♘:f2 mußte beachtet werden) 16. … ♔h8 17.♖ad1 g5 18.♕c2 ♕f6 19.♘d2 ♖e6 20.♘f1 ♖fe8 21.♕d3 ♘f8 22.f3 ♘d6 23.e4 (dieser Vorstoß wurde von Weiß gründlich vorbereitet) 23. … fe 24.fe de 25.♘:e4 ♘:e4 26.♖:e4 ♖:e4 27.♗:e4 ♗a6 28.♕f3 ♕:f3 29. ♗:f3 ♖e6 30.♔f2 ♗:f1 31.♖:f1

Einschätzung der Stellung: Nach einer Mittelspielphase, die durch beiderseitiges Lavieren gekennzeichnet war, ist ein Endspiel vom Typ Turm/Läufer gegen Turm/Springer entstanden. Auf beiden Flügeln befinden sich bewegliche Bauern, und so ist der Läufer durch seine Reichweite dem Springer überlegen. Ein weiteres weißes Plus besteht darin, daß der König schneller als sein Kollege ins Zentrum gelangt. Der weiße Isolani auf d4 spielt keine Rolle, da er nicht blockiert und jederzeit aufgelöst werden kann. Weiß hat also Vorteil.

31. …	♖e6–d6
32.♔f2–e3	♘f8–e6
33.♖f1–d1	♔h8–g7
34.d4–d5	c6:d5
35.♖d1:d5	♖d6:d5
36.♗f3:d5	

Einschätzung der Stellung: Ohne Türme wird die Überlegenheit des Läufers noch deutlicher. Wichtig ist vor allem aber auch die bessere Königsstellung, die den Übergang in ein reines Bauernendspiel für Schwarz unmöglich werden läßt. Die folgende Variante soll dies verdeutlichen: 36. … ♔f6? 37.♗:e6 ♔:e6 38.♔e4 b5 39.b4 h5 40.h4 gh 41.gh ♔d6 42.♔f5 ♔d5 43.♔g5 ♔c4 44.♔:h5 ♔:b4 45.♔g4 ♔a3 46.h5, und Weiß gewinnt. Auch andere mögliche Zugfolgen von Schwarz führen zum gleichen Ergebnis.

36. …	♘e6–c7
37.♗d5–c4	

Der Wirkungshorizont des Springers wird weiterhin eingeschränkt.

37. …	♔g7–f6
38.♔e3–e4	a7–a5
39.a2–a4	h7–h6
40.g3–g4	♔f6–e7

Ein weiteres Eingeständnis. Die schwarzen Bauernzüge haben sich erschöpft, und der

Springer kann nicht ziehen, da der weiße König sonst am Damenflügel eindringen würde.

41.♔e4–e5 ♘c7–e8
42.♗c4–b5

Nun muß sich der Springer für einen Flügel entscheiden, wonach der weiße König die Bauern auf der anderen Seite erobert. Weiß steht auf Gewinn: 42. … ♘f6 43.h3 ♔f7 44.♔d6 h5 45.gh ♘:h5 46.♔c6 ♘f4 47.♗f1 ♔e6 48.♔:b6 ♔d6 49.♔:a5 ♔c7 50.♔b5.
Schwarz gab auf.

Partie Nr. 21
Short–Adianto,
Lugano 1986
1.e4 c5 2.♘f3 d6 3.d4 cd 4.♘:d4 ♘f6 5.♘c3 ♘c6 6.♗g5 e6 7.♕d2 a6 8.0–0–0 h6 9.♗e3 ♗d7 10.f3 b5 11.g4 ♖c8 12.h4 b4 13.♘ce2 ♘e5 14.♘f4 ♕a5 15.♔b1 ♗b5 (hinterläßt Bauernschwächen) 16.♗:b5+ ab 17.♕e2 ♘c4 18.♘b3 ♕c7 19.♗d4 ♘d7 20.♘d3 ♘c5 (dem Bauern b4 ist nicht mehr zu helfen) 21.♘:b4 ♘a4 22.♘d2 d5 23.♘:c4 dc 24.c3 ♗:b4 25.cb 0–0 26.g5 h5 27.♕h2!

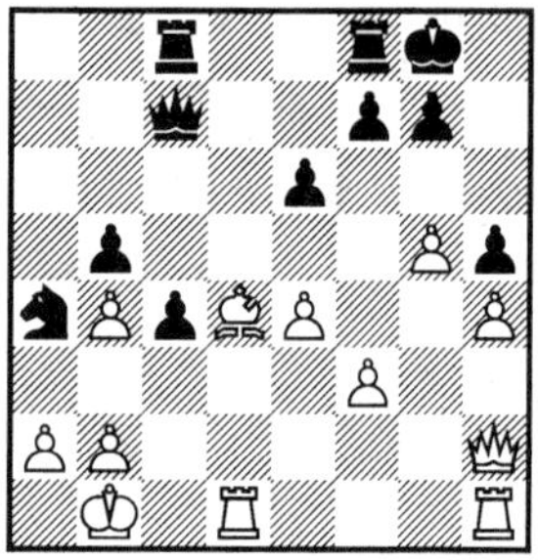

Einschätzung der Stellung: Schwarz kann dem Damentausch nicht ausweichen, da 28.♕e5 sofort die Entscheidung bringen würde. Nach dem Damentausch dominiert der zentrale Läufer klar über den Randspringer. Auch der Mehrbauer und die bessere Königsstellung sprechen für den Anziehenden. Der Besitz der d-Linie wird für den Partieausgang wichtig sein. Weiß hat Vorteil.

27. … ♖f8–d8
28.♕h2:c7 ♖c8:c7
29.♗d4–e5 ♖c7–d7
30.♖d1:d7 ♖d8:d7
31.♔b1–c2 ♖d7–d3

Schwarz kann nur durch aktives Spiel versuchen, sich in den Remishafen zu retten. Nach 31. … ♘b6 32.♖d1 ♖:d1 33.♔:d1 ♔f8 34.♗c7 ♘d7 35.♔d2 ♔e7 36.a4 ba 36.♔c3 ist er ohne Chance. In dieser Variante ist deutlich zu sehen, wie weit der schwarze König vom eigentlichen Kampfgeschehen entfernt ist.

32.b2–b3!

So gelingt Weiß die Auflösung der Damenflügelbauern.

32. … ♘a4–b6
33.♗e5–c7 ♘b6–a8

Schwarz ist in jedem Fall verloren, so auch nach 33. … ♘d7 34.bc bc 35.♖d1.

34.♗c7–a5

Der schwarze Springer hat seinen „Käfig" gefunden.

34. … ♖d3:f3
35.b3:c4 ♖f3–f2+
36.♔c2–c3 b5:c4
37.♖h1–d1

Schwarz gab auf.

Partie Nr. 22
Geller–Tal,
UdSSR-Meisterschaft 1983
1.e4 c5 2.♘f3 d6 3.d4 cd 4.♘:d4 ♘f6 5.♘c3 e6 6.♗e2 ♘c6 7.♗e3 ♗e7 8.0–0 0–0 9.f4 e5 10.fe de 11.♘f5 ♗:f5 12.♖:f5 ♕:d1+ (nach neueren Erkenntnissen gilt 12. … g6 als genauer) 13.♖:d1 g6 14.♖f2 ♘d4 15.♗h6 ♘:c2? (richtig war 15. … ♖fc8) 16.♗g5 (aber nicht 16.♗:f8 ♖:f8, und die Beherrschung der schwarzen Felder sichert Schwarz volle Kompensation für die Qualität)

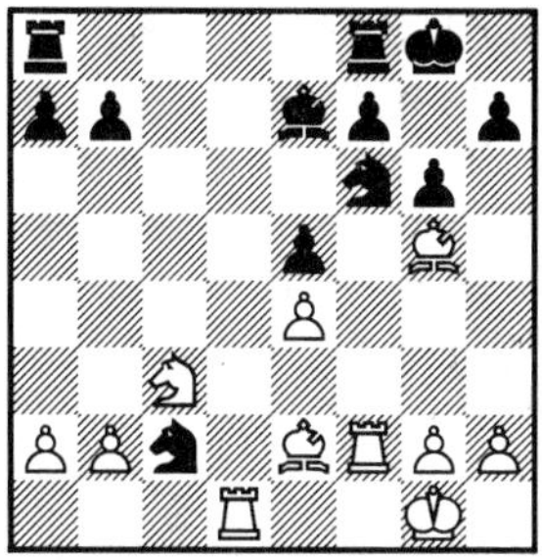

Einschätzung der Stellung:
Der Druck auf der f-Linie gegen die Punkte f6 und f7 kann von Weiß noch verstärkt werden, vor allem durch den Läufer e2 und den Turm d1. Die Schwäche des Bauern e4 ist von Schwarz hingegen nicht zu nutzen, der wegen des Druckspiels gegen f6 auch kampflos das Feld d5 aufgeben muß. Weiß erhält dort einen weiteren starken Stützpunkt.
Für Schwarz wird es wichtig sein, den materiellen Vorteil zu behalten. Sollte dies nicht gelingen, verbleibt der Nachziehende mit deutlichem Stellungsnachteil.

16. … ♘f6–d5

Die Alternative 16. … ♔g7 führt nach 17.♖df1 ♘g8 18.♗:e7 ♘:e7 19.♗c4 zu einer hoffnungslosen Stellung für Schwarz.

17.♗g5:e7 ♘d5:e7
18.♖d1–d7 ♘e7–c6
19.♗e2–c4

Durch den Abzug des Läufers

gewinnt Weiß ein wichtiges Tempo gegen den Springer c2.

19. … ♘c2–e3
20.♖f2:f7 ♖f8:f7
21.♗c4:f7+ ♔g8–h8
22.♘c3–d5 ♘e3:d5
23.♗f7:d5

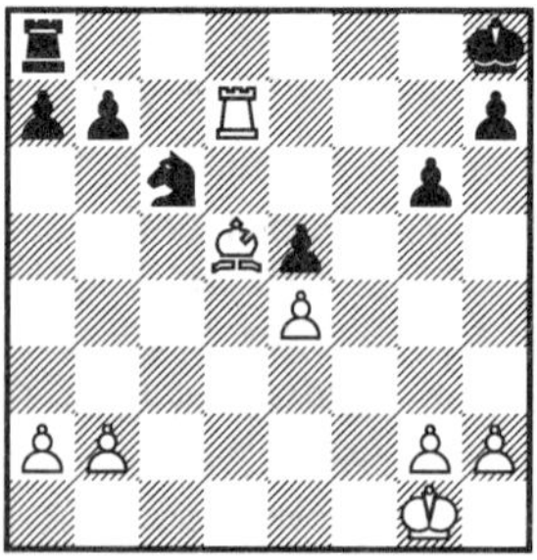

Einschätzung der Stellung: Schwarz ist es nicht gelungen, sein materielles Übergewicht zu behaupten. Die weißen Figuren, mit Turm auf der 7. Reihe und zentralem Läufer auf dem Stützpunkt d5, sind ideal postiert. Die Einnahme der 7. Reihe wird zum Materialgewinn führen. Auch kann Weiß ohne Probleme seinen König zum Kampfgeschehen überführen. Schwarz sind die Hände gebunden. Ein Gegenspiel ist nicht zu sehen. Weiß steht auf Gewinn, obwohl rein technisch gesehen noch ein Stück Arbeit zu bewältigen ist.

23. … ♘c6–d4
24.♗d5:b7 ♖a8–b8
25.b2–b3

Ein Fehler wäre 25.b4, da 25. … ♘c2 26.b5 ♘a3 zum Ausgleich führt.

25. … ♘d4–e2+
26.♔g1–f2 ♘e2–c1
27.♗b7–d5 ♘c1:a2
28.♖d7:a7 ♘a2–c1
29.♖a7–a3 ♘c1–d3+
30.♔f2–e3 ♘d3–b4
31.♖a3–a7 ♘b4–c2+
32.♔e3–d3 ♘c2–d4
33.♖a7–a3 h7–h5
34.h2–h4 ♔h8–g7
35.♗d5–c4 g6–g5

Schwarz, auf der Suche nach Gegenspiel, verliert weiteres Material.

36.♖a3–a5 ♘d4:b3
37.♖a5:e5 g5:h4
38.♔d3–c3 ♘b3–c1

Der Springer findet keine Ruhe und wird inzwischen vom Läufer völlig kontrolliert.

39.♖e5:h5 ♖b8–f8
40.♖h5:h4

Bei zwei Mehrbauern und diesem dominierenden Läufer gibt es auch keine technischen Probleme mehr.
40. … ♖f2 41.♖g4+ ♔f6 42.♔d4 ♖d2+ 43.♔c3 ♖f2 44.♖g8
Schwarz gab auf.

1.1.4. Läufer in Verbindung mit einer Bauernmajorität

Entsteht durch den Partieverlauf eine Bauernmajorität, also eine Bauernüberlegenheit einer Partei an einem Flügel, so kann diese zu einem wichtigen positionellen Faktor werden. Das Ziel lautet, mit dieser Bauernmajorität Raumgewinn zu erzielen und in der Endkonsequenz einen gefährlichen Freibauern zu bekommen. Eine bewegliche Bauernmajorität muß sich gewöhnlich der Unterstützung ihrer Mitstreiter versichern. Die ausgewählten Beispiele werden zeigen, daß ein aktiver Läufer ausgezeichnet dazu in der Lage ist.

Partie Nr. 23

Romanischin–Balaschow, Moskau 1984

1.e4 c5 2.♘c3 ♘c6 3.g3 g6 4.♗g2 ♗g7 5.d3 d6 6.♘h3 e6 7.0–0 ♘ge7 8.♗e3 0–0 9.♕d2 ♘d4 10.♗h6 ♗:h6 11.♕:h6 f6 (♘g5 mußte beachtet werden) 12.♕d2 e5 (es droht 13. ... ♗:h3, gefolgt von ♘f3+) 13.♔h1 ♗e6 14.f4 ♕d7 15.♘g1 ♖ae8 16.♖f2 ♔g7 17.♖af1 b6 18.♘d1 ef 19.♖:f4 d5 20.♘c3 de 21.♘:e4 ♘d5 (Schwarz hat bereits die Initiative) 22.♖4f2 f5 23.♘g5 ♗g8 24.c3 ♘c6 25.♖e1 ♖:e1 26.♕:e1 ♖e8 27.♖e2 (die e-Linie ist zu wichtig, als daß eine Seite sie aufgeben könnte) 27. ... ♖:e2 28.♕:e2 ♕e7 29.♘5h3 ♕:e2 30.♘:e2 ♘e5 31.♘f2 ♘e3 32.b3 ♘:g2 33.♔:g2 ♗d5+

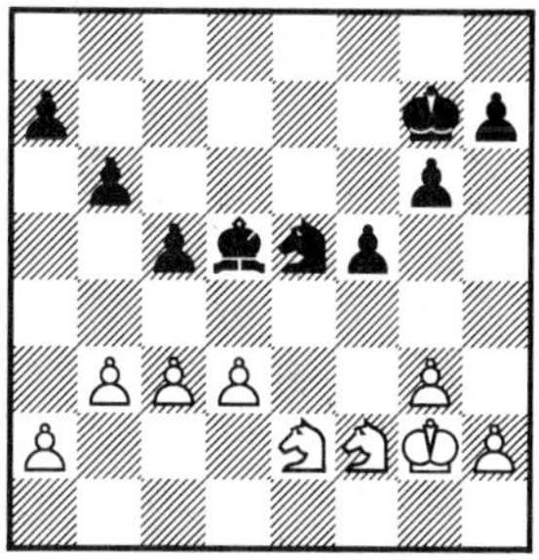

Einschätzung der Stellung: Bereits auf den ersten Blick ist ersichtlich, daß die schwarzen Figuren einen wesentlich größeren Wirkungsbereich besitzen. Der Läufer in seiner zentralen Position beherrscht das ganze Brett. Er kann somit alle Aktivitäten des Nachziehenden unterstützen. Auch der Raumvorteil des Schwarzen ist beträchtlich. Es ist nicht zu sehen, wie Weiß die Bildung eines schwarzen Freibauern verhindern soll. Seine Springer sind sehr inaktiv. Diese Fakten sprechen für eine schwarze Überlegenheit.

34.♔g2–f1	g6–g5

Den weißen Springern wird der letzte Aktivposten, das Feld f4, genommen.

35.h2–h3	♘e5–f3
36.♘f2–d1	♔g7–f6
37.♔f1–f2	♗d5–b7
38.♔f2–e3	h7–h5
39.d3–d4	h5–h4
40.g3:h4	c5:d4+
41.♘e2:d4	♘f3:h4

Schwarz hat nun seinen Freibauern. Seine Königsflügelbauern werden durch den „Läufer im Hintergrund" ausgezeichnet assistiert. Die Schwäche des Bauern h3 ist offensichtlich. Weiß konnte keinerlei Gegenspiel einleiten und wird für sein passives Spiel die Quittung erhalten.

42.♘d1–f2 ♘h4–g2+
43.♔e3–d2

Der weiße König wird abgedrängt. So gibt es keinen genügenden Schutz mehr für den Bauern h3.

43. … ♘g2–f4
44.c3–c4 ♗b7–g2
45.♘d4–b5 ♘f4:h3
46.♘f2–d3 ♗g2–e4
47.♘b5:a7

Dieser schwarze Bauer ist unwichtig. Weiß ist in jedem Fall verloren.

47. … g5–g4
48.♘a7–b5 g4–g3

Läufer und Springer kontrollieren die Felder des g-Bauern.

49.♘d3–e1 g3–g2

Weiß gab auf.

Partie Nr. 24
Yates–Aljechin,
Den Haag 1921
1.e4 c5 2.♘f3 e6 3.d4 cd 4.♘:d4 ♘f6 5.♘c3 ♗b4 6.♗d3 (der Textzug ist zu harmlos; nur mit 6.e5 ist Vorteil zu erzielen) 6. … e5 7.♘e2 (7.♘f5 0–0 8.♗g5 d5 ist günstig für Schwarz) 7. … d5 8.ed ♘:d5 9.0–0 ♘c6 10.♘:d5 ♕:d5 11.a3 ♗a5 12.b4 ♗c7 13.♖e1 f5 14.c4 ♕f7 15.♘c3 0–0 16.♘d5 ♗e6 17.♗b2 e4 (schlecht ist 17. … ♗:d5 18.cd ♕:d5 19.♗:f5 ♕:d1 20.♗e6+, und Weiß hat das Sagen) 18.♘:c7 ♕:c7 19.♗f1 ♘e5 20.♗:e5 ♕:e5 21.♕c2 ♖ad8 22.♖ad1 ♖:d1 23.♕:d1 (23.♖:d1 wird mit f4 beantwortet) 23. … ♕c3 24.♕c1 ♕:c1 25.♖:c1 ♖d8

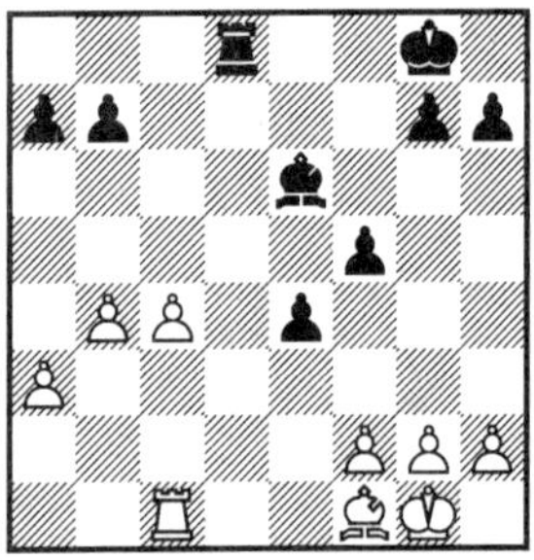

Einschätzung der Stellung: Weiß hat die Bauernmehrheit am Damenflügel und Schwarz am Königsflügel. Durch den Besitz der d-Linie und die Möglichkeit, schnell mit seinem König ins Zentrum zu gelangen, kann Schwarz seine Majorität besser einsetzen. Weiß muß ein Gegenspiel am Damenflügel inszenieren.

26.g2–g3

Ein schnelles Vorprellen der schwarzen Bauern soll verhindert werden.

26. … ♔g8–f7
27.c4–c5 ♔f7–f6
28.♗f1–c4 ♗e6–c8
29.a3–a4 g7–g5
30.b4–b5 f5–f4
31.♔g1–f1

Weiß plant, nach ♔e1 mit ♖d1 in der d-Linie zu opponieren.

31. … ♖d8–d2
32.♔f1–e1 ♖d2–b2
33.g3:f4 g5:f4
34.♗c4–e2

Schwächer ist 34.♖d1, denn 34. … ♗g4 35.♖d6+ ♔e7 36.♖d4 ♗f3, gefolgt von 37. … e3, bringt Schwarz den schnellen Sieg.

34. … ♔f6–e5
35.c5–c6 b7:c6
36.♖c1:c6

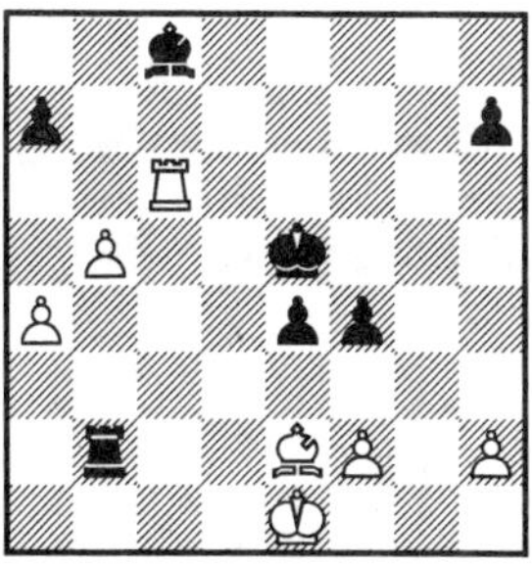

Einschätzung der Stellung: Weiß ist es nicht gelungen, die Aktivität des Nachziehenden durch ein Gegenspiel am Damenflügel einzudämmen. Bei 36.bc f3 37.♗d1 e3 38.♗:f3 ef+ 39.♔f1 ♗a6+ oder 37.♗f1 e3 38.fe f2+ 39.♔d1 ♗g4+ verliert Weiß zwangsläufig. Schwarz hat einen aktiven König und Turm sowie zwei verbundene Bauern auf der 4. Reihe. Sein Läufer wartet auf den optimalen Einsatz. Der weiße König befindet sich in großer Gefahr.

36. … ♗c8–e6
37.♗e2–d1 ♖b2–b1
38.♖c6–c5+

Die Fesselung mit 38.♔d2 aufzuheben, scheitert an 38. … e3+ 39.fe fe+ 40.♔c2 ♗f5+.

38. … ♔e5–d4
39.♖c5–c2 e4–e3
40.f2:e3+ f4:e3
41.♖c2–c6 ♗e6–g4
42.♖c6–d6+ ♔d4–c5
43.h2–h3 ♗g4–h5

Die Drohung 44. … e2 ist zu kräftig.
Weiß gab auf.

Partie Nr. 25
Aljechin–Teichmann,
Berlin 1921
1.e4 e5 2.♘f3 ♘c6 3.♗b5 a6 4.♗a4 ♘f6 5.0–0 ♘:e4 6.d4 b5 7.♗b3 d5 8.de ♗e6 9.c3 ♗e7 10.♗e3 0–0 11.♘bd2 ♗g4 (besser ist 11. … ♘c5) 12.♘:e4 de 13.♕d5 ♕:d5 (nach 13. … ef 14.♕:c6 fg 15.♕:g2 ♕d7 16.♕g3 erhält Weiß gute Angriffschancen in der g-Linie) 14.♗:d5 ef 15.♗:c6 fg 16.♔:g2 ♖ad8 17.a4 f6 18.ab (schlecht ist 18.ef ♖:f6 19.ab ab 20.♗:b5

♖g6, und Weiß steht auf Verlust) 18. … ab 19. ♗:b5 fe 20.♗c4+ ♔h8 21.f3 ♗h5 22.♖a5 ♖d1 23.♗d5 (23.♖:e5 ♖:f1 24.♔:f1 ♖:f3+ 25.♗f2 ♗h4 26.♖:h5 ♖:f2+ 27.♔g1 ♖f4 endet mit Remis) 23. … ♖:f1 24.♔:f1 ♗:f3 25.♗:f3 ♖:f3+ 26.♔e2 ♖f8 27.♔d3

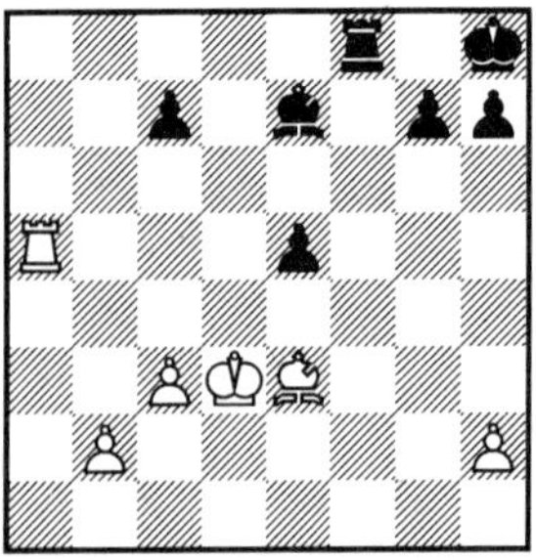

Einschätzung der Stellung: Bereits der letzte weiße Zug verdeutlicht, daß der Anziehende am Rückgewinn seines Bauern nicht interessiert ist. Weiß will die aktive Aufstellung seiner Figuren einschließlich König dazu nutzen, seine Damenflügelbauern voranzutreiben. Ohne die Hilfe ihres Königs werden die schwarzen Figuren dieses Unterfangen kaum stören können, aber dieser hat zum Tatort einen sehr weiten Weg. Sowohl 27. … h5 als auch 27. … g5 sind wegen 28.♖:e5 jedoch kaum zu empfehlen. Weiß kann in Ruhe seine Idee ausführen und hat somit deutlichen Vorteil.

27. … ♔h8–g8

Die besten Remischancen bot noch 27. … e4+, um dem schwarzen Läufer Spielmöglichkeiten zu geben.

28.♔d3–e4 ♖f8–b8
29.b2–b4 ♔g8–f7
30.b4–b5 ♔f7–e6
31.c3–c4 ♔e6–d7
32.♖a5–a7 ♗e7–d6

Schwarz hofft auf 33.c5, um seinen Läufer gegen zwei Bauern opfern zu können. Doch Weiß hat Höheres im Sinn.

33.♔e4–d5 e5–e4
34.b5–b6

Der Läufer im Hintergrund sichert das Voranschreiten der Bauern.

34. … ♖b8–f8

Auch 34. … ♗:h2 ist hoffnungslos, wie folgende Variante zeigt: 35.c5 ♔c8 36.♔c6 cb 37.♖:g7.

35.c4–c5 ♖f8–f5+
36.♔d5–c4

Schwarz überzeugte sich von der Aussichtslosigkeit seines Kampfes und gab auf; z. B. 36. … ♗:h2 37.b7 ♖f8 38.♖a8.
In dieser Partie wird besonders deutlich, wie der Läufer, ohne direkt ins Kampfgeschehen einzugreifen, den Vormarsch seiner Bauern dirigiert.

1.1.5. Läufer im Zusammenspiel mit Freibauern

Im folgenden werden Partien von dem Stadium an ausführlich analysiert, in dem Freibauern bereits eine gegebene Tatsache sind. Unser Augenmerk wird also nicht wie im Abschnitt 1.1.4. auf den Problemen zur Bildung von Freibauern liegen, sondern sich darauf richten, wie diese zum Ziel geführt werden. Die Freibauern sind zwar die Akteure, aber selten stark genug (außer im Bauernendspiel), um ohne Unterstützung zum Umwandlungsfeld zu gelangen. Der Läufer mit seiner Langschrittigkeit kann ihnen dabei ausgezeichnete Dienste leisten.

Partie Nr. 26
Karpow–Browne,
Bath 1983
1.c4 c5 2.♘f3 ♘f6 3.♘c3 e6 4.g3 b6 5.♗g2 ♗b7 6.0–0 ♗e7 7.d4 cd 8.♕:d4 d6 9.♗g5 a6 10.♗:f6 (nicht sehr aggressiv, aber auch nicht ohne Gift) 10. … ♗:f6 11.♕f4 ♗:f3 12.♗:f3 ♖a7 13.♖fd1 ♗e5 14.♕d2 0–0 15.♖ac1 b5 (besser ist das ruhige 15. … ♕e7, gefolgt von 16. … ♖d8) 16.♕e3 (nichts bringt 16.cb ab 17.♘:b5 ♖:a2) 16. … ♖d7 17.cb ab 18.b4 ♗:c3 19.♖:c3 d5

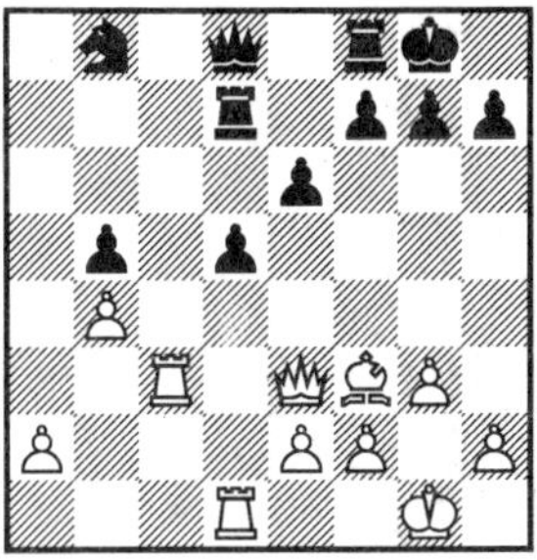

Einschätzung der Stellung: Schwarz ist es vorläufig gelungen, die Wirkungskraft des weißen Läufers auf der Diagonale stark einzuschränken. Dafür hat der Nachziehende allerdings zu viele andere Nachteile auf sich genommen. Weiß beherrscht die c-Linie und wird sie als Operationsbasis für seine Schwerfiguren nutzen. Der schwarze Bauer auf b5 ist sehr gefährdet, und sollte er fallen, entstehen zwei gefährliche weiße Freibauern am Damenflügel. Auch die Entwicklung des Springers ist problematisch, da sie Zeit kostet und das einzige erstrebenswerte Feld c4 praktisch nicht zu erreichen ist. Schwarz muß deshalb Gegenspiel mit seinen Zentrumsbauern suchen. Dann wird jedoch der weiße Läufer wieder aktiviert. Weiß steht besser.

20.♕e3–c5 ♕d8–f6

Bei 20. … ♖b7 21.e4 ♘d7 22.♕d4 ♘f6 23.ed ed 24.♖c5 sind die schwarzen Bauernschwächen entscheidend.

21.♖d1–c1 d5–d4

Schwarz bemüht sich um Gegenspiel im Zentrum, aber dafür wird der weiße Läufer zur Macht.

22.♖c3–d3

Die Hoffnung 22.♖a3? d3 erfüllt sich für Schwarz nicht.

22. ... e6–e5
23.♕c5:b5

Der Bauer auf b5 war nicht zu halten. Nun muß aber zumindest der weiße Läufer ausgeschaltet werden. Sollte er noch die Freibauern unterstützen, bringt das die Entscheidung.

23. ... ♕f6–e6
24.♖c1–c5 ♖d7–e7

Geplant war 24. ... e4, aber nach 25.♖e5 ed 26.♖:e6 d2 27.♕d3 fe 28.♕:d2 kann Schwarz die Damenflügelbauern nicht aufhalten. Der gute Läufer kontrolliert die wichtigen Felder b7 und a8.

25.♗f3–d5

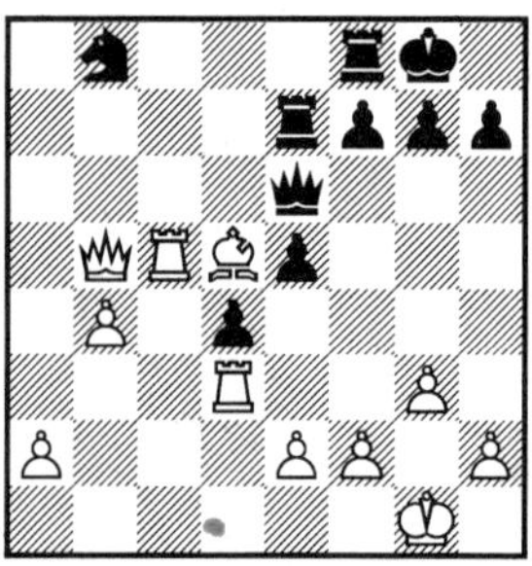

Einschätzung der Stellung: Weiß ist am Ziel seiner Wünsche. Seine Figuren stehen aktiv, und er besitzt einen Mehrbauern. Ein schwarzes Gegenspiel im Zentrum wurde verhindert. Im Zusammenspiel mit den gut postierten weißen Figuren garantieren die beiden Freibauern am Damenflügel einen leichten Sieg.

25. ... ♕e6–d6
26.a2–a4 ♔g8–h8
27.♕b5–c4 ♕d6–d8
28.a4–a5 ♘b8–d7
29.♖c5–c6 e5–e4

Dies ist der letzte hoffnungslose Versuch eines Gegenspiels. Gegen die weißen Freibauern ist aber kein Kraut gewachsen.

30.♖d3:d4 ♘d7–e5
31.♕c4–c5 ♖e7–d7

Auch 31. ... ♘:c6 32.♗:c6 ♕c7 33.♖d7 wäre hoffnungslos.
Schwarz gab auf.

Partie Nr. 27
Uhlmann–Schinzel,
Warschau 1980
1.c4 e6 2.♘c3 ♘f6 3.e4 d5 4.e5 d4 5.ef dc 6.bc ♕:f6 7.d4 e5 8.♕e2 ♗e7 9.♕:e5 ♕:e5 10.de ♘c6 11.♘f3 ♗g4 12.♗e2 0–0–0 13.♗f4 f6 14.♘d4 (in dieser Variante gibt es praktisch keine Mittelspielphase; es geht direkt von der Eröffnung ins Endspiel) 14. ... ♗:e2 15.♘:c6 bc 16.♔:e2 fe 17.♗e3!

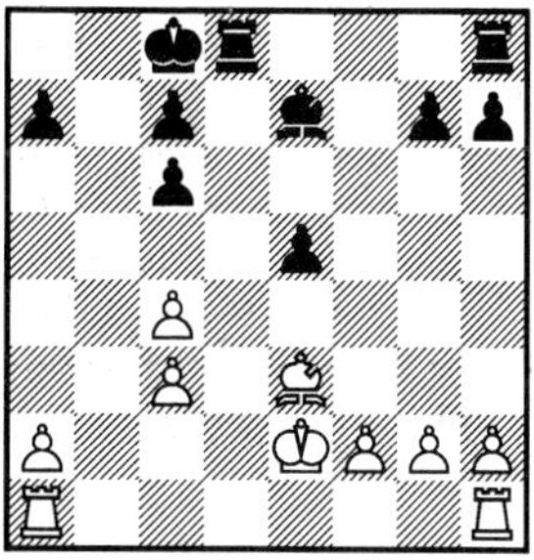

Einschätzung der Stellung: Weiß tut gut daran, den schwarzen Zentrumsbauern nicht zu nehmen. Ein schwarzer Turm in der e-Linie würde dann noch größere Vereinfachungen herbeiführen und die Stellung ausgleichen. Jetzt hat Schwarz zwar das materielle Gleichgewicht gewahrt, ist aber durch den direkten Angriff auf den Bauern a7 und den zur Schwäche neigenden Isolani e5 deutlich benachteiligt. Nicht unwichtig ist schließlich, daß der weiße König viel schneller ins Kampfgeschehen eingreifen kann.

17. … e5–e4
18. ♖a1–b1

Nicht zu empfehlen wäre 18.♗:a7, denn nach 18. … c5 19.♖ab1 ♔d7 20.♖b5 ♔c6 würde der weiße Läufer in der Falle sitzen.

18. … a7–a6
19. ♖b1–b3 ♖h8–f8
20. ♖h1–b1 ♖f8–f5
21. ♖b3–b8+ ♔c8–d7
22. ♖b1–d1+ ♔d7–e8
23. ♖d1:d8+ ♗e7:d8
24. c4–c5

Weiß verhindert, daß der schwarze Turm über a5 aktiv ins Geschehen eingreifen kann. Diesen passiven Teil übernimmt der weiße Läufer in Verbindung mit seinen Bauern. Der eigene Turm bekommt so freie Hand und wird dies zu nutzen verstehen.

24. … ♔e8–d7
25. ♖b8–a8 ♗d8–f6
26. ♖a8:a6 ♗f6:c3
27. ♖a6–a4 ♖f5–e5
28. ♖a4–c4 ♗c3–a1
29. h2–h4

Dies soll weiteren Raumgewinn erzielen bzw. Schwächen im schwarzen Lager schaffen.

29. … h7–h6
30. g2–g4 g7–g5

Es drohte 31.h5, wonach die schwarzen Königsflügelbauern auf der Farbe des weißen Läufers festgelegt würden. Allerdings ist der Bauer g5 eine weitere Schwäche.

31. h4:g5 h6:g5
32. a2–a4 ♖e5–e8

Schwarz muß auf den Lauf des Freibauern reagieren.

33. ♗e3:g5 ♖e8–g8
34. ♗g5–f4 ♖g8:g4
35. ♖c4:e4

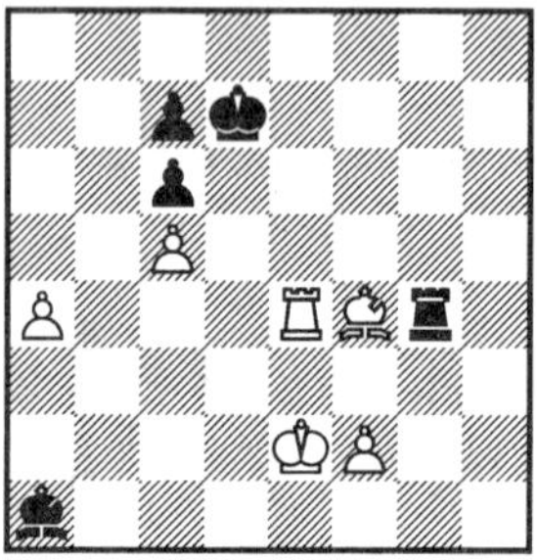

Einschätzung der Stellung: Die vielen Schwächen in der schwarzen Stellung führten zwangsläufig zu Materialgewinn. Der Vorteil des Mehrbauern wird noch dadurch verstärkt, daß Weiß zwei Freibauern besitzt, die wechselseitig in Aktion treten können. Alle weißen Figuren unterstützen das Bestreben der Freibauern. Dem hat der Nachziehende nichts entgegenzusetzen. Weiß steht auf Gewinn.

35. … ♗c3 36.♔d3 ♗e1 37.♗e3 ♖g8 38.♗d4 ♗b4 39.♔c4 ♗d2 40.♖h4 ♖a8 41.♔d3 ♗a5 42.♖h7+ ♔e6 43.♔e4, und Schwarz gab auf. Weiterer Materialgewinn nach 43. … ♖g8 44.f4 ♖g4 45.♗e5 ist nicht zu verhindern.

Partie Nr. 28

Uhlmann–August,
DDR 1980

1.c4 c5 2.♘f3 ♘f6 3.♘c3 d5 4.cd ♘:d5 5.g3 ♘c6 6.♗g2 ♘c7 7.d3 e5 8.♘d2 ♗d7 9.♘c4 ♗e7 10.0–0 f6 11.f4 b5 12.♘e3 ef 13.gf ♖b8 14.♘ed5 0–0 15.♘:c7 ♕:c7 16.a4 b4 17.♘d5 (der Stützpunkt d5 ist fest in der Hand des Anziehenden) 17. … ♕d8 18.f5 ♗d6 19.♗f4 ♘e5 20.e4 ♕e8 21.b3 ♗c6 22.d4 cd 23.♕:d4 ♕f7 24.♖ac1 ♗:d5 (der weiße Springer lähmt das schwarze Spiel) 25.ed

Einschätzung der Stellung: Weiß hat einen starken Freibauern auf d5, der im Moment allerdings noch blockiert ist. Mit Unterstützung des Läufers g2 wird der Anziehende versuchen, über den Stützpunkt c6 seinen Druck in der c-Linie zu verstärken. Derzeit kontrolliert Schwarz noch die wichtigen Einbruchsfelder c6 und c7 mit seinen gut postierten Leichtfiguren. Für Schwarz wird es darauf ankommen, ein Druckspiel in der c-Linie und das Vorrücken des weißen Freibauern zu unterbinden. Die Chancen von Weiß sind als günstiger einzuschätzen.

25. … ♖f8–c8

Schwarz setzt auf die c-Linie.

26.♔g1–h1 ♕f7–d7
27.♖c1–c6

Das ist spielbar, da Schwarz nach 27. … ♘:c6 28.dc ♖:c6 29.♕d5+ Material verliert. Der weiße Läufer auf g2 unterstützt diese Aktion, ermöglicht also weiteren Raumgewinn und Verstärkung des Drucks in der c-Linie.

27. … ♖c8–e8
28.♖f1–c1 ♖b8–b7
29.a4–a5

Schwarz wird immer weiter zurückgedrängt und entschließt sich deshalb, seinen Stützpunkt e5 freiwillig preiszugeben – sicher eine schwere Entscheidung. Die Eroberung des Bauern f5 und ein Gegenspiel in der e-Linie sollen die erhoffte Entlastung bringen.

29. … ♘e5–f7
30.♗f4:d6 ♘f7:d6
31.♕d4–c5

Der Bauer f5 ist natürlich unwichtig. Die Entscheidung bringt der Freibauer, der von seinen Schwerfiguren und dem Läufer prächtig unterstützt wird.

31. … ♘d6:f5
32.d5–d6 ♘f5–e3
33.♖c6–c8 ♖b7–b5

Der Läufer kann nicht beseitigt werden, da Weiß nach 33. … ♘:g2 34.♖:e8+ ♕:e8 35.♕c8 ♖b8 36.d7 forciert gewinnt.

34.♖c8:e8+ ♕d7:e8
35.♕c5–c8 ♕e8:c8
36.♖c1:c8+ ♔g8–f7
37.d6–d7 ♖b5:a5
38.h2–h3

Schwarz gab auf.

Partie Nr. 29
Minić–Spiridonow,
Opatija 1984
1.e4 c6 2.d4 d5 3.ed cd 4.c4 ♘f6 5.♘c3 e6 6.♘f3 ♗b4 7.cd ♘:d5 8.♕b3 ♘c6 9.♗d3 0–0 10.0–0 ♘:c3 (genauer ist 10. … ♗e7) 11.bc ♗e7 12.♖e1 b6?! (dies ermöglicht Weiß, seine Dame mit Tempo zum Königsflügel zu überführen; besser ist 12. … g6) 13.♕b5 ♕e8 14.♕h5 g6 15.♕h6 f6 16.♘h4 f5 17.♗b5 (17.♘f3 sieht gut aus) 17. … ♗d7 18.♗:c6 ♗:c6 19.♖:e6 ♕d7 20.♖e1 ♖ae8 21.♗f4 ♗f6 22.♗e5 ♕e7 23.♘f3 ♗:f3 24.gf ♗g5 25.♕h3 ♗d2 26.♖ed1 ♗:c3 27.♖ac1 ♖c8 28.f4

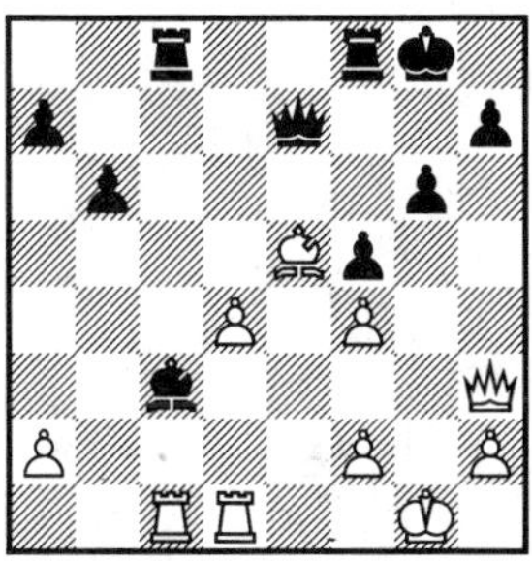

Einschätzung der Stellung: Bei gleichem Material hat

Weiß einen hervorragend postierten Läufer. Auch die Türme stehen gut und unterstützen das Vorrücken des d-Bauern. Nur die weiße Dame wartet noch im Abseits auf ihren Einsatz. Positionell gesehen, sind fünf Einzelbauern natürlich eine Schwäche. In dieser Stellung hat das aber keine Bedeutung. Wichtig ist, daß die Diagonalen zum schwarzen König hin offen sind und der Nachziehende dadurch Schwierigkeiten hat, den Marsch des Freibauern zu stoppen. Weiß hat das bessere Spiel.

28. … ♗c3–a5
29.♕h3–b3+ ♕e7–f7
30.d4–d5 b6–b5?!

Der schwarze Läufer soll für einen Einsatz gegen f2 aktiviert werden und so helfen, den d-Bauern zu stoppen. Sicher war für dieses Bauernopfer ausschlaggebend, daß der Nachziehende keine bessere Idee fand.

31.♕b3:b5 ♗a5–b6
32.a2–a4 g6–g5
33.a4–a5 ♖c8:c1
34.♖d1:c1 ♗b6–d8
35.d5–d6 g5:f4
36.♔g1–h1

Jetzt muß Schwarz zu allem Übel noch in der g-Linie aufpassen, die er selbst zum Zweck eines Gegenspiels geöffnet hat. Der Zusammenbruch ist nur eine Frage der Zeit.

36. … ♗d8–f6

Schon erzwungen, da sonst 37.♖g1+ tödlich ist.

37.d6–d7 ♕f7–e7

Schneller verliert 37. … ♗:e5 38.♕:e5, und gegen 39.♖g1+ ist jeder Widerstand zwecklos.

38.♕b5–d5+ ♔g8–h8

Auf 38. … ♔g7 entscheidet 39.♗d6 ♕:d7 40.♗:f8+.

39.♖c1–c8 ♖f8–d8
40.♖c8:d8+ ♕e7:d8
41.♕d5–f7

Weiß spielt schön. Einfach gewann 41.♗:f6+.
Schwarz gab auf.

Partie Nr. 30
Boleslawski–Suetin,
Moskau 1952
1.e4 c5 2.♘f3 ♘c6 3.d4 cd 4.♘:d4 ♘f6 5.♘c3 d6 6.g3 ♗g4 7.f3 ♗d7 8.♗e3 g6 9.♗g2 (aggressiver ist 9.♕d2 ♗g7 10.0–0–0) 9. … ♗g7 10.0–0 0–0 11.♘d5 ♖c8 12.c3 ♘e5 13.♕e2 ♖e8 14.♗f2 a6 15.♖fe1 b5 16.♖ad1 ♘c4 17.♘e3 ♕c7 18.♘:c4 ♕:c4 19.♕d2 ♖ed8 20.♗f1 ♕c7 21.♘c2 a5 22.♘e3 ♕b7 23.a3 ♖b8 24.♘d5 ♘:d5 25.ed e6? (das passive 25. … ♖e8 verdiente den Vorzug) 26.de ♗:e6 27.♗g2 b4? (eine weitere Ungenauigkeit, da Weiß die Bildung eines Freibauern erleichtert wird) 28.cb ab 29.f4 d5 30.♗d4 (der schwarze Frei-

bauer ist blockiert) 30. … ba 31.ba ♗:d4+ 32.♕:d4 ♕b2 33.a4

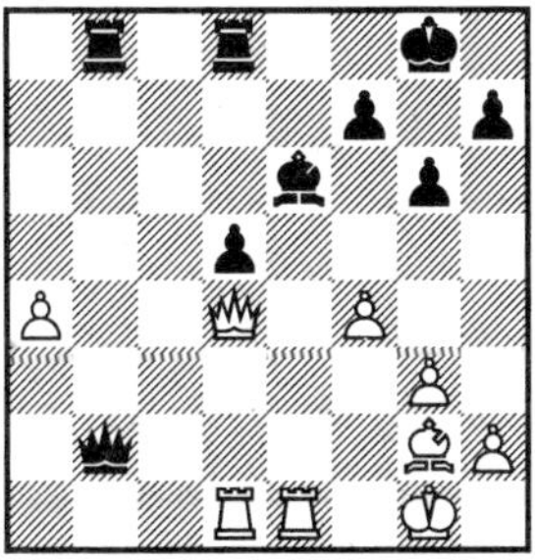

Einschätzung der Stellung: Beide Seiten haben einen Freibauern, die aber von unterschiedlicher Wirkung sind. Der weiße Freibauer kann munter laufen, während sein schwarzer Kollege gestoppt wurde. In einem zu erwartenden Endspiel hat der weiße Läufer einen großen Aktionsradius und der König über f2, e3, d4 eine angenehme Marschroute. Der schwarze Läufer wird dagegen in seiner Bewegungsfreiheit durch die eigenen Bauern eingeschränkt. Weiß steht besser.

33. … ♕b2:d4+
34.♖d1:d4 ♖b8–b2

Schwarz möchte auf der zweiten Reihe aktiv werden, aber es fehlt die Zeit.

35.♖e1–a1 ♖d8–b8

Zu langsam ist 35. … ♖c8 36.a5 ♖8c2 37.♗h1, und Schwarz kann nichts ausrichten, da der a-Bauer unwiderstehlich davonläuft.

36.a4–a5 ♔g8–f8
37.a5–a6 ♖b2–b1+
38.♖d4–d1 ♖b1:d1+
39.♖a1:d1 ♖b8–a8
40.♖d1–a1 ♔f8–e7
41.♔g1–f2 ♔e7–d6
42.♔f2–e3 ♔d6–c5
43.♗g2–f1 ♗e6–d7

Der Traum des Nachziehenden, seinen Freibauern mit 43. … d4+ in Bewegung zu setzen, scheitert an 44.♔d2 ♗d5 45.♖a5+ und 46.♖:d5!

44.♖a1–c1+

Der Freibauer wird zuverlässig vom Läufer geschützt, so daß sich der weiße Turm anderen Aufgaben widmen kann.

44. … ♔c5–d6
45.♔e3–d4

Das Idealfeld für den weißen König wurde erreicht.

45. … ♗d7–c6
46.♖c1–b1 ♖a8–e8
47.♗f1–d3 ♔d6–c7
48.♗d3–b5 ♖e8–e4+
49.♔d4–c5 ♗c6–a8

Erzwungen, da 49. … ♗:b5 50.♖:b5 völlig hoffnungslos ist.

50.♖b1–c1 f7–f5
51.♗b5–d3 ♖e4–e6
52.♔c5–d4+ ♔c7–b8

52. … ♔d6 scheitert an 53.♖c8.

53.♖c1–c2 ♖e6–e1
54.♖c2–e2 ♖e1–d1

Natürlich ist ein reines Läuferendspiel wegen der Königsstellung und der schlechten Aufstellung der schwarzen Bauern chancenlos für den Nachziehenden.

55.♖e2–e8+ ♔b8–a7
56.♖e8–e7+ ♔a7–b6
57.♖e7:h7

Die Ernte beginnt, und Schwarz konnte an dieser Stelle auch aufgeben. Der Freibauer, gestützt vom Läufer, bindet den schwarzen König und den Läufer am Damenflügel. Schutzlos wird der Königsflügel Beute des weißen Turms.
57. … ♗c6 58.a7 ♗b7 59.♖g7 ♔:a7 60.♖:g6 ♔b8 61.h4 ♔c7 62.h5 ♗c6 63.h6
Schwarz gab auf.

Partie Nr. 31
Portisch–Beljawski,
Tilburg 1981
1.d4 d5 2.c4 c6 3.♘c3 ♘f6 4.cd cd 5.♗f4 ♘c6 6.e3 ♗f5 7.♘f3 e6 8.♘e5 ♘d7 9.♘:c6 bc 10.♗e2 ♗e7 11.0–0 0–0 12.♖c1 c5 (12. … ♕a5 13.♕a4! ist ungünstig für Schwarz) 13.♘b5 a6 (sowohl 13. … cd 14.♗c7, gefolgt von 15.♘d6, als auch 13. … c4 14.b3 a6 15. ♘c7 ♖a7 16.bc e5 17.de ♖:c7 18.e6! führt zu deutlichem weißem Vorteil) 14.♘d6 ♗g6 15.dc ♘:c5 16.♖:c5 ♗:d6 17.♗:d6 ♕:d6 18.♕d4 ♖ac8 19.b4 (19.♖fc1 ermöglicht das Gegenspiel 19. … e5!) 19. … ♖:c5 20.bc ♕c6 21.♖c1 ♖b8 22.♕f4 ♖c8 (Schwarz sollte mit 22. … ♖d8, gefolgt von f6, e5, d4, Gegenspiel anstreben) 23.♕b4 f6 24.a4 ♖c7 25. ♕a5 ♗e8 26.h3 ♔f8 27.♗d1 ♖c8 28.♕c3 h6 29.a5 ♕b7 30.♗g4 ♖c6 31.♕d3 ♕c7 32.♕a3 ♕b8 33.♗e2 ♔g8 34.♗d3 ♕b7 35.e4!

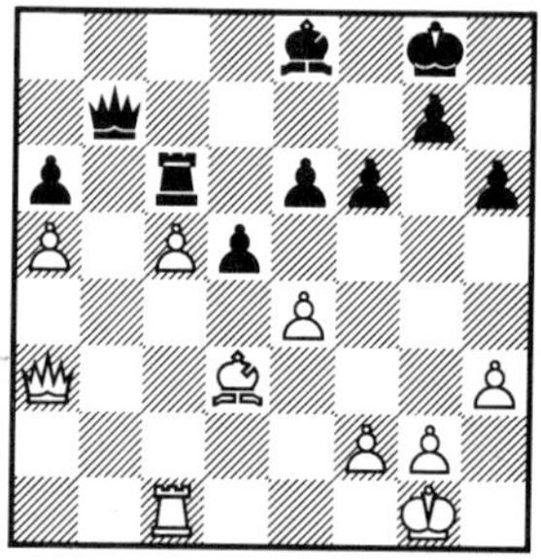

Einschätzung der Stellung: Der vorgerückte Freibauer auf c5 verschafft Weiß mehr Raum und dadurch die Möglichkeit, besser mit seinen Figuren zu manövrieren. Schwarz hat Bauernschwächen auf a6 und im Zentrum. Auch die weißen Felder in der schwarzen Stellung hinterlassen einen wenig erfreulichen Eindruck, wobei vor allem die Diagonale b1–h7 ins Auge sticht. Das Vorrücken des weißen Freibauern konnte Schwarz bisher unterbinden. Sollte es Weiß jedoch gelingen, größere Schwächen im schwarzen Lager hervorzurufen und Verteidigungskräfte anderweitig zu binden, kann der Freibauer eine Macht werden. Weiß hat Vorteil.

35. … ♕b7–d7

Schlecht ist 35. … d4 36.e5 fe 37.♗e4 bzw. 36. … f5 37.♕a2, gefolgt von 38.♕c4.

36.e4:d5 e6:d5

Das Nehmen mit der Dame – 36. … ♕:d5 – kann nach 37.♗e2 und 38.♗f3 kaum gefallen.

37.♗d3–e2 ♕d7–e7
38.♗e2–f3 ♗e8–f7
39.♕a3–b4 ♕e7–c7
40.♗f3–d1 ♖c6–e6
41.♗d1–b3

Weiß hat genug Zeit, zu probieren, wo der Läufer am stärksten steht.

41. … ♖e6–e4

Dies ist die erste Aktivität von Schwarz in dieser Partie.

42.♕b4–b6 ♕c7–f4
43.♖c1–b1

Bei 43.♖f1 ♖b4 44.♕d8+ ♔h7 45.♗c2+ f5 46.♕d7 ♗g6 47.♕:d5 ♕c4 erhält Schwarz Gegenspiel.

43. … ♖e4–e2
44.♖b1–f1 ♔g8–h7
45.c5–c6

Einschätzung der Stellung: Weiß ist es gelungen, die schwarzen Figuren abzulenken. Die zeitweilige schwarze Aktivität wird mit dem Vorwärtsschreiten des weißen Freibauern bezahlt. Schwarz kann sich auch nicht um seinen Bauern a6 kümmern. So wird ein zweiter weißer Freibauer entstehen. Das Partieende ist in Sichtweite.
45. … ♗e6 46.♕:a6 ♖b2 47.♕d3+ ♕f5 48.♕d1 (nach 48.♕:f5+ ♗:f5 49.♗:d5 ♖b5 kann Schwarz noch kämpfen) 48. … ♕g5 49.♔h1 ♖d2 50.♕e1 ♗c8 51.c7 ♖b2 52.♕c3 ♕d2 53.♕:d2 ♖:d2 54.♖a1 ♗a6 55.♖c1 ♗c8 56.♗d1 ♖b2 57.♗c2+ f5 Schwarz gab auf. 58.a6 ♖a2 59.♗d3, gefolgt von ♖b1, ♖b8, gewinnt forciert.

Partie Nr. 32
Waganjan–Popović, Sarajevo 1987
1.♘f3 ♘f6 2.g3 b5 3.♗g2 ♗b7 4.♘a3 a6 5.c4 b4 (nach 5. … e6 6.cb ♗:a3 7.ba ♘:a6 8.ba ♘c5 hat Schwarz ausrei-

chende Kompensation für den Bauern) 6.♘c2 c5 7.d4 cd 8.0–0 e6 9.♘c:d4 ♗e7 10.♗f4 0–0 11.♖c1 ♕b6 12.♘b3 ♖c8 13.c5 ♕d8 (Schwarz mußte erkennen, daß 13. ... ♗:c5 14.♘:c5 ♖:c5 15.♕d4 ♖c6 16.♕:b6 ♖:b6 17.♗e3 ♖c6 18.♘e5 schlecht ist) 14.♗d6 ♗d5 15.♗:e7 ♕:e7 16.♘e5 ♖a7 17.♘c4 ♗:c4 (deshalb wollte Schwarz die Läufer nicht tauschen) 18.♖:c4 a5 19.♕d2 ♘a6 20.♘:a5 ♘:c5 21.♕:b4 d5 22.♖c2 ♕d8 23.♖fc1 ♖:a5 24.♖:c5 ♖c:c5 25.♖:c5 ♖:a2

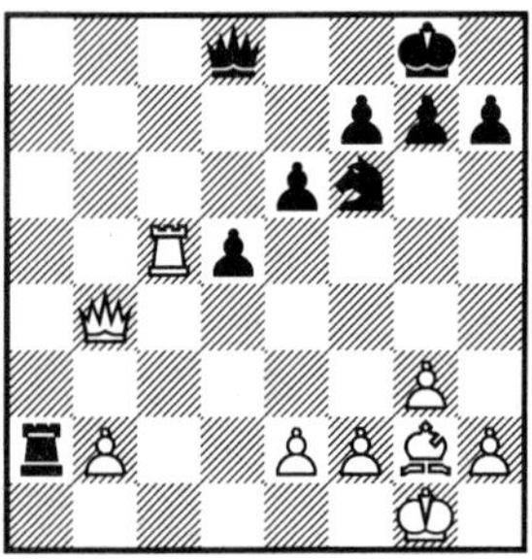

Einschätzung der Stellung: Diese Position hatte Schwarz wohl mit 19. ... ♘a6 angestrebt. Wegen der eingeschränkten Wirkungskraft des weißen Läufers und seines scheinbar aktiv handelnden Turms glaubte er, Ausgleich zu haben. Aber der Anziehende weist schnell nach, daß diese Einschätzung trügerisch ist. Zu einem spielentscheidenden Faktor wird vielmehr der weiße Freibauer, prächtig unterstützt von seinen Figuren. Beide Seiten müssen ihrer Grundreihe Beachtung schenken. Die schwarzen Zentrumsbauern haben Schwierigkeiten, sich wirkungsvoll in Szene zu setzen. Weiß hat Vorteil.

26.♕b4–c3 ♖a2–a1+
27.♗g2–f1 ♖a1–a8

Erzwungen, da 28.♖c8 droht.

28.f2–f3 h7–h6

Auch Schwarz schafft sich ein Luftloch für den König.

29.e2–e3

Der Läufer soll aktiv eingreifen.

29. ... e6–e5
30.b2–b4 e5–e4
31.f3–f4 ♔g8–h7
32.♗f1–h3 ♖a8–a2
33.♖c5–a5

Der schwarze Turm auf der 2. Reihe wird nicht geduldet.

33. ... d5–d4

Schwarz sucht mit Macht ein Gegenspiel.

34.e3:d4 ♘f6–d5
35.♕c3–c5 ♖a2:a5
36.b4:a5 e4–e3
37.♗h3–f1

Der Läufer stoppt den schwarzen Freibauern und unterstützt gleichzeitig den eigenen.

37. ... ♘d5–f6
38.a5–a6 g7–g6

39.a6–a7	♕d8–a8
40.♕c5–e7	♔h7–g7
41.♗f1–g2	

Schwarz verliert entscheidendes Material und gab auf. Der weiße Freibauer, assistiert von Dame und Läufer, konnte nicht aufgehalten werden. Wichtige Aufgaben fielen dem Läufer zu. Er war nach 32.♗h3 durch die positionelle Drohung ♖c8 am Turmtausch beteiligt, stoppte den schwarzen Freibauern und erzwang die Umwandlung des eigenen Bauern bzw. Materialgewinn.

Partie Nr. 33

Jussupow–Elvest,
Minsk 1987

1.d4 ♘f6 2.c4 g6 3.♘c3 ♗g7 4.e4 d6 5.♗d3 0–0 6.♘ge2 ♘c6 7.0–0 (Jussupow geht gern einmal vergessene Wege) 7. ... e5 8.d5 ♘d4 9.♘:d4 ed 10.♘b5 ♖e8 11.♖e1 ♘g4 12.h3 a6 13.hg ab 14.cb ♕h4 15.g3 (15.f3 ♗e5 ermöglicht Schwarz einen kräftigen Angriff) 15. ... ♕:g4 16.♕:g4 ♗:g4 17.♔g2 f5 18.a4 fe 19.♖:e4 ♖:e4 20.♗:e4 ♗e2 21.♖a3 ♔f7 22.f3 h5 23.♔f2 d3 24.a5 h4? (24. ... d2 25.♗:d2 ♗:b5 sollte für Ausgleich genügen, aber Schwarz strebt nach höheren Zielen) 25.gh ♗f6 26.♔g3 ♗e5+ 27.♔g4 d2 (nun werden die weißen Bauern doch zu gefährlich) 28.♗:d2 ♗:b5 29.♗c3 ♔f6 30.♗:e5+ de 31.b4

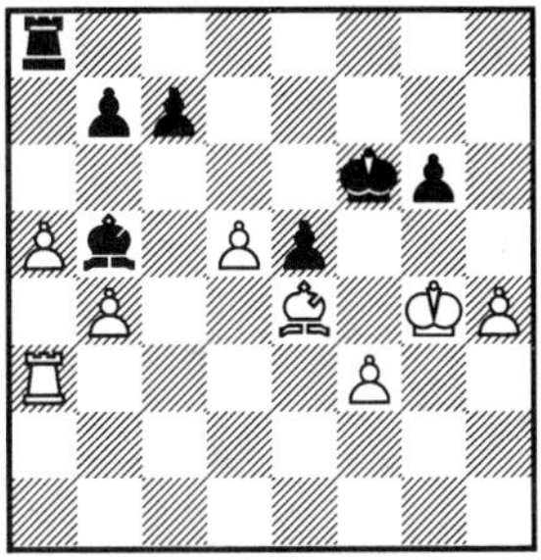

Einschätzung der Stellung: Weiß hat einen Mehrbauern und einen aktiveren König. Seine Damenflügelbauern können, unterstützt durch ♗e4–d3, einen Freibauern bilden. Eine noch gefährlichere Drohung liegt aber mit d5–d6 in der Luft, wobei die Schwäche b7 entscheidend markiert würde. Alles spricht für einen deutlichen weißen Vorteil.

31. ...	♗b5–d7+
32.♔g4–g3	♔f6–e7
33.d5–d6+	

Eine Drohung verwirklicht sich. Läufer und a-Bauer wirken partieentscheidend.

33. ...	♔e7:d6
34.♗e4:b7	♖a8–a7
35.a5–a6	♗d7–b5
36.♔g3–g4	c7–c6
37.♔g4–g5	♔d6–d5
38.♖a3–a5	♔d5–c4
39.♔g5:g6	♔c4:b4
40.♖a5:b5+	

Gegen die Umwandlung des h-Bauern gibt es keine Verteidigung mehr.
Schwarz gab auf.

1.2. Der typische schlechte Läufer

Der schlechte Läufer ist eine tragische Figur, denn er ist in seiner Beweglichkeit so stark eingeschränkt, daß er meist nur seine eigenen Mitstreiter stört, Gefahr läuft, erobert zu werden, und funktionell oft wie ein Bauer wirkt. Sollte er aber verlorengehen, so ist es eben nicht ein Bauern-, sondern ein Figurenverlust.
Der schlechte Läufer wird meist von den eigenen oder gegnerischen Bauern in seiner Ausstrahlungskraft gehemmt. Meist sind es ineinander verschachtelte Bauernketten oder blockierte Bauern, hinter denen der Läufer eingeschlossen ist. Für eine Partieanlage gilt also die Faustregel, nie die Läufer hinter den eigenen Bauern zu verstecken. Läufer brauchen Bewegungsfreiheit und große Diagonalen, um ihre Wirkungskraft voll auszuschöpfen.

1.2.1. Die Abhängigkeit des Läufers von der eigenen Bauernstruktur

Vor allem unerfahrene Spieler erfassen zu spät, daß während des Partieverlaufs viele eigene Bauern auf die Farbe des Läufers festgelegt werden und dieser dadurch nicht zur Geltung kommt. Im Extremfall ist der Läufer plötzlich von eigenen Bauern eingeschlossen. Es ist nicht zu sehen, wie er wieder ins Spiel gebracht werden soll.

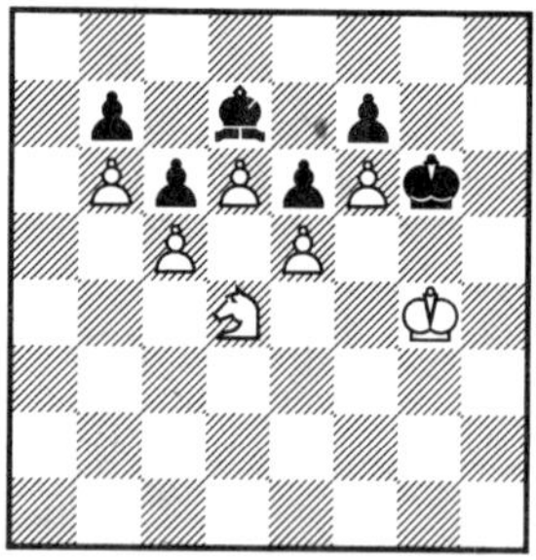

Der schwarze Läufer in dieser Stellung ist natürlich extrem schlecht. Die Partiebeispiele werden aber zeigen, daß auch Läufer mit geringer Beweglichkeit Anlaß zu großen Problemen sind.

Partie Nr. 34
Boleslawski–Sucharow, Kiew 1958
1.d4 ♘f6 2.c4 e6 3.♘c3 ♗b4 4.e3 c5 5.♗d3 d5 6.♘f3 0–0 7.0–0 dc 8.♗:c4 ♘bd7 9.♕e2 a6 10.a4 cd 11.ed ♘b6 12.♗b3 ♘bd5 13.♘:d5 ed (nach 13. … ♘:d5 14.♘e5 ♗d7 15.♖d1, gefolgt von ♖d3, kommt Weiß zum Angriff) 14.♗g5 ♗e6 15.♕d3 ♗e7 16.♖fe1 ♘e4 17.♗:e7 ♕:e7 18.♘d2 ♘:d2 (schwächer ist 18. … ♕b4, da ♘f1–e3 folgt und der Bauer d5 unter Beschuß gerät) 19.♕:d2 ♕d6 20.♖e3

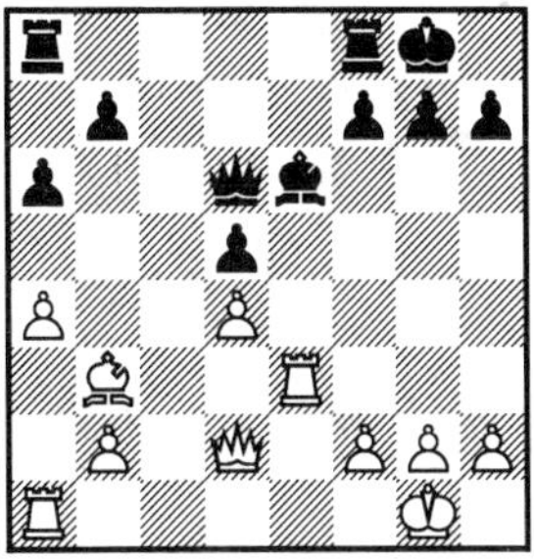

Einschätzung der Stellung: Die Stellung trägt symmetrischen Charakter, wobei Weiß durch die Turmstellung auf der dritten Reihe etwas besser entwickelt ist. Dies ermöglicht ihm kleine Aktivitäten am Königsflügel. Die c-Linie könnte von Belang werden. Es ist aber vorerst nicht zu sehen, was außer einem Generalabtausch der Schwerfiguren dort geschehen sollte. Der eigentliche Unterschied liegt in der Position der Läufer. Der weiße kann sich frei bewegen und drückt, wenn auch nur in bescheidenem Maße, gegen d5. Sein weißfeldriger schwarzer Kollege hingegen wird durch seine eigenen Bauern in seiner Bewegungsfreiheit eingeschränkt. Fünf von sechs schwarzen Bauern stehen auf Feldern mit der Farbe des Läufers. Weiß hat die besseren Chancen.

20. … ♖a8–c8

Schwarz hat schon Schwierigkeiten zu überwinden. Dies soll folgende Variante unterstreichen: 20. … f6 21.♖ae1 ♖fe8 22.♕c3, und 22. … ♖ac8 scheitert an 23.♖:e6 bzw. 22. … ♗f7 23.♖:e8+ ♖:e8 24.♖:e8+ ♗:e8 25.♕c8!

21.♖a1–e1 ♖c8–c6
22.♖e3–e5 ♖c6–b6
23.♖e1–e3 ♕d6–b4
24.♕d2–d3 ♖b6–c6
25.h2–h4 g7–g6

Auch der sechste schwarze Bauer ist nun auf die Läuferfarbe gewechselt. Man könnte sich auf e6 auch gut einen schwarzen Bauern vorstellen, aber dies kann natürlich nicht die normale Rolle eines Läufers sein.

26.♖e3–e1 ♗e6–f5
27.♕d3–e3 ♗f5–e6?

Schwarz sollte unbedingt 27. … ♗e4 versuchen, wonach 28.a5 ♔g7 29.♗:d5 ♗:d5 30.♖:d5 ♖e6 31.♖e5 ♖fe8 32.h5 ♖:e5 33.de ♕:a5 34.h6+ ♔f8 zwar zu weißem Vorteil führt, aber die Schwerfiguren Remischancen bieten. Vor allem würde Schwarz in dieser Variante seinen schlechten Läufer abtauschen.

28.h4–h5 ♖c6–b6

Schwarz ist gebunden und hat wenig Spielideen.

29.♗b3–c2 ♗e6–d7

29. … ♕:b2 scheitert an 30.♖b1.

30.b2–b3 ♖b6–c6

31.♗c2–d1 ♖c6–e6
32.♖e5:e6 ♗d7:e6
33.♗d1–f3 ♖f8–c8
34.♕e3–e5 ♕b4–d2

Der weiße b-Bauer ist wegen 35.h6 natürlich tabu.

35.♖e1–d1 ♖c8–c1
36.♖d1:c1 ♕d2:c1+
37.♔g1–h2 g6:h5

Schwarz schaltet die Drohung h6 aus, aber auf Kosten weiterer Bauernschwächen.

38.♗f3:h5 ♕c1–h6
39.♔h2–g3 ♕h6–g7+
40.♕e5:g7+ ♔g8:g7
41.♔g3–f4 ♔g7–f6
42.a4–a5!

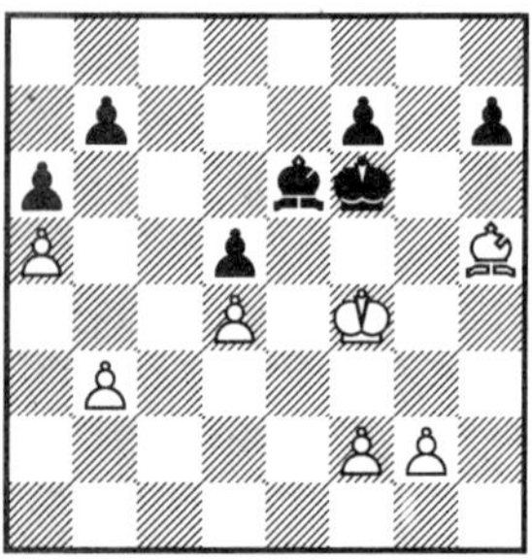

Einschätzung der Stellung: Durch längeres Manövrieren und Abtausch der Schwerfiguren konnte Weiß seinen Vorteil vergrößern. Der Anziehende besitzt mehr Raum, was durch die Königsstellung demonstriert wird. Sein Läufer ist beweglich und kann die auf weißen Feldern festgelegten schwarzen Bauern angreifen. Mit seinem letzten Zug hat Weiß den schwarzen Damenflügel lahmgelegt. Schwarz findet keine Angriffspunkte im weißen Lager. Weiß hat eine technische Gewinnstellung.

42. … h7–h6

Zwei andere Varianten sollen die weißen Möglichkeiten hervorheben: 42. … ♗c8 43.♗g4 ♗:g4 44.♔:g4 ♔g6 45.♔f4 f6 (45. … ♔f6 46.f3 h6 47.g3 ♔e6 48.♔g4 ♔f6 49.♔h5 ♔g7 50.g4 f6 51.f4 ♔h7 52.g5 hg 53.fg f5 54.g6+ ♔g7 55.♔g5 f4 56.♔:f4 ♔:g6 57.♔e5!) 46.f3 h6 47.♔g4 f5+ 48.♔f4 ♔f6 49.g4 fg 50.fg ♔g6 (50. … ♔e6 51.g5 h5 52.♔g3 ♔f5 53.♔h4 ♔g6 54.b4!) 51.♔e5 ♔g5 52.♔:d5 ♔:g4 53.♔e5! h5 54.d5 h4 55.d6 h3 56.d7 h2 57.d8♕ h1♕ 58.♕g8+, und Weiß gewinnt; 42. … ♗d7 43.♗g4 ♗b5 44.♗f5! h6 45.♗c8 ♗c6 46.f3 ♔e7 47.♔e5 ♔d8 (47. … f6+ 48.♔f5 ♔f7 49.♗e6+ ♔g7 50.f4 h5 51.g3!, und Schwarz ist im Zugzwang) 48.♗g4 ♔e7 49.♗h5! f6+ 50.♔f5, und Schwarz kann aufgeben.

43.♗h5–g4

Auch hier lenkt Weiß in ein gewonnenes Bauernendspiel ein.

43. … ♗e6:g4
44.♔f4:g4 ♔f6–g6
45.♔g4–f4 ♔g6–f6
46.f2–f3 ♔f6–e6

47.♔f4–g4 ♔e6–f6
48.♔g4–h5 ♔f6–g7
49.g2–g4 f7–f6
50.f3–f4

Schwarz gab auf, ohne sich 50. … ♔h7 51.g5 hg 52.fg f5 53.g6+ ♔g7 54.♔g5 f4 55.♔:f4 ♔:g6 56.♔e5 zeigen zu lassen.

Partie Nr. 35
Thomas–Aljechin,
Baden-Baden 1925
1.e4 ♘f6 2.d3 (der Hauptzug ist 2.e5) 2. … c5 3.f4 ♘c6 4.♘f3 g6 5.♗e2 ♗g7 6.♘bd2 d5 7.0–0 0–0 8.♔h1 b6 9.ed ♕:d5 10.♕e1 ♗b7 11.♘c4 ♘d4 12.♘e3 ♕c6 13.♗d1 ♘d5 14.♘:d4 (ein schlechtes Endspiel erhält Weiß nach 14.♘:d5 ♕:d5 15.♕:e7 ♖fe8 16.♕g5 ♘:f3 17.♗:f3 ♕:g5 18.fg ♗:f3 19.gf ♖e2) 14. … cd 15.♘:d5 ♕:d5 16.♗f3 ♕d7 17.♗:b7 ♕:b7 18.c4 (Weiß beseitigt die Schwäche c2) 18. … dc e. p. 19.bc ♖ac8 20.♗b2 ♖fd8 21.♖f3 ♗f6 22.d4

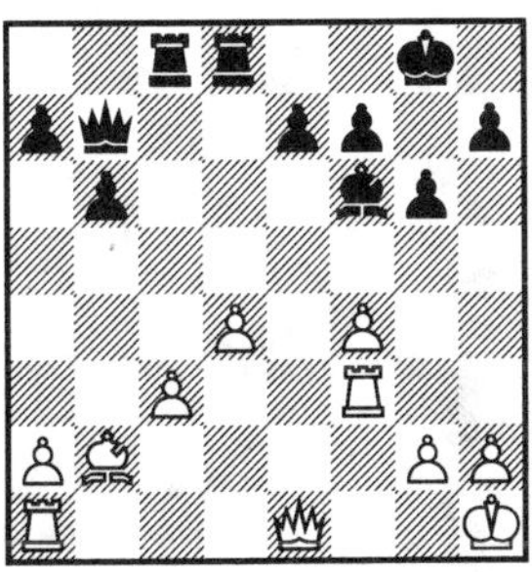

Einschätzung der Stellung: Der letzte weiße Zug bedeutet die positionelle Kapitulation. Das Grundübel ist eine passive Eröffnungsbehandlung, als deren Ergebnis schwache weiße Zentrumsbauern verblieben. Um sie nicht zu verlieren, entscheidet sich Weiß für die Aufgabe der weißen Felder und einen katastrophalen Läufer, der – eingemauert von seinen Bauern – nie mehr ins Spiel kommen wird. Schwarz kann auf den weißen Feldern seine Gewinnstellung langsam zum Sieg führen.

22. … ♕b7–d5
23.♕e1–e3 ♕d5–b5
24.♕e3–d2 ♖d8–d5
25.h2–h3 e7–e6
26.♖a1–e1 ♕b5–a4
27.♖e1–a1 b6–b5
28.♕d2–d1 ♖c8–c4

Auch 28. … ♕:d1+ war gut. Schwarz hat die weißen Felder total unter Kontrolle.

29.♕d1–b3 ♖d5–d6
30.♔h1–h2 ♖d6–a6
31.♖f3–f1 ♗f6–e7
32.♔h2–h1 ♖c4–c6

Schwarz plant, seine Figuren noch aktiver einzusetzen. Die Dame soll von c4 und die Türme von a4 und a6 gegen den Bauern a2 drücken.

33.♖f1–e1 ♗e7–h4!
34.♖e1–f1

Der Nachziehende testet die Aufmerksamkeit von Weiß. Bei 34.♖e2 ♕:b3! 35.ab

♖:a1+ 36.♗:a1 ♖a6 37.♗b2 ♖a2 38.b4 – 38.♔h2 a5! – 38. … ♗g3 39.d5 ♗:f4 gewinnt Schwarz schnell.

34. … ♕a4–c4
35.♕b3:c4 ♖c6:c4
36.a2–a3 ♗h4–e7
37.♖f1–b1 ♗e7–d6
38.g2–g3 ♔g8–f8
39.♔h1–g2 ♔f8–e7
40.♔g2–f2 ♔e7–d7
41.♔f2–e2 ♔d7–c6
42.♖a1–a2 ♖c4–a4
43.♖b1–a1 ♔c6–d5
44.♔e2–d3 ♖a6–a5
45.♗b2–c1 a7–a6
46.♗c1–b2 h7–h5

Es droht 47. … h4.

47.h3–h4

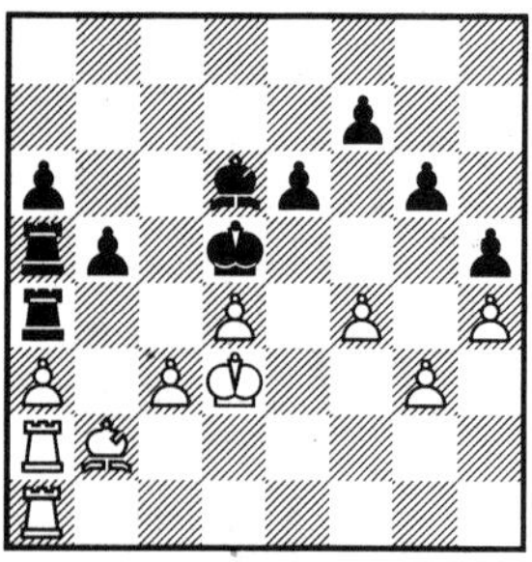

Deutlicher sind schon rein optisch ein guter und ein schlechter Läufer nicht zu unterscheiden. Alle weißen Bauern stehen auf der Farbe des eigenen Läufers und halten ihn gefangen. Die schwarzen Bauern hingegen sind nicht auf der Farbe des Läufers postiert und ermöglichen ihm somit optimale Bewegungsfreiheit.

47. … f7–f6

Um zu gewinnen, muß Schwarz die weiße Stellung aufreißen.

48.♗b2–c1 e6–e5
49.f4:e5 f6:e5
50.♗c1–b2

Schnell gewinnt Schwarz auch nach 50.de ♗:e5 51.♗f4 ♗:f4 52.gf ♔e6!

50. … e5:d4
51.c3:d4 b5–b4!

Weiß gab auf.

Partie Nr. 36
Uhlmann–Antoschin,
Zagreb 1965
1.d4 ♘f6 2.c4 e6 3.♘f3 d5 4.♘c3 c6 5.e3 ♘bd7 6.♗d3 ♗b4 7.0–0 0–0 8.♗d2 ♕e7 9.♘e5 ♘:e5 10.de ♘d7 11.f4 dc 12.♗:c4 ♖d8 13.♕e2 ♘b6 14.♗b3 ♗d7 15.♕h5 ♘d5 16.♖f3 g6 17.♕g4 ♘:c3 18.bc ♗c5 19.♖h3 ♕f8

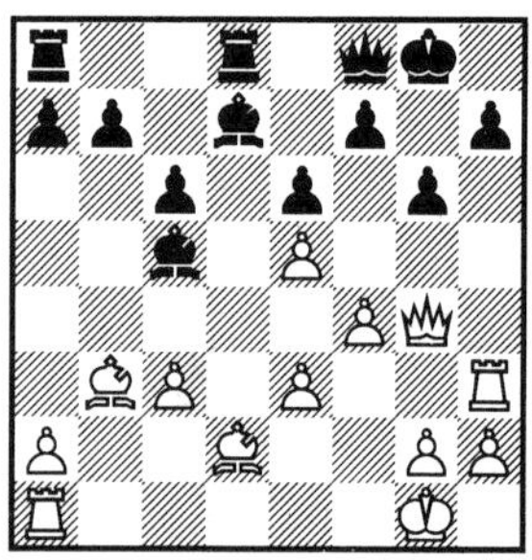

Einschätzung der Stellung:

Weiß hat auf c3 und e3 Bauernschwächen. Sein schwarzfeldriger Läufer steht schlecht, kann aber schnell zum Einsatz gebracht werden. Die weiße Dame und der Turm auf h3 beunruhigen den schwarzen König und sichern Weiß die Initiative. Schwarz hat eine gesunde Bauernstellung. Hier ist es der weißfeldrige Läufer, der – eingeengt von seinen Bauern – passiv steht.
Schwarz besetzt die d-Linie. Erst der weitere Partieverlauf wird zeigen, ob die Initiative des Anziehenden oder seine positionellen Schwächen zum Tragen kommen.

20.♗d2–e1

Der schlechte Läufer sucht bereits seinen Einsatzpunkt.

20. … ♗c5–e7
21.♗e1–h4 h7–h5
22.♕g4–g3 ♗e7:h4
23.♕g3:h4 ♗d7–e8

Schwarz möchte die d-Linie zum Gegenspiel nutzen.

24.g2–g4 ♕f8–h6
25.♖a1–d1

Jetzt kann Schwarz auch in der d-Linie nichts mehr ausrichten.

25. … ♖d8:d1+
26.♗b3:d1 ♔g8–f8
27.♔g1–f2 ♖a8–c8

Der schwarze Turm wird für die Verteidigung benötigt. Es bleibt keine Zeit, den schwarzen Läufer durch c6–c5 wieder zum Leben zu erwecken.

28.♗d1–b3 ♖c8–c7
29.♕h4–f6

Es droht 30.♗:e6.

29. … ♕h6–g7
30.g4:h5 ♕g7:f6
31.e5:f6 g6:h5
32.♖h3:h5 ♔f8–g8
33.♖h5–g5+ ♔g8–h8
34.e3–e4 ♖c7–d7
35.♔f2–e3

Auch das letzte Gegenspiel wird verhindert. Weiß steht auf Gewinn.

35. … b6 36.♖g7 ♖d8 37.e5 c5 38.f5 ♗b5 (der schwarze Läufer beteiligt sich wieder am Spiel, aber natürlich zu spät) 39.fe ♖d3+ 40.♔f4 fe 41.♗:e6
Schwarz gab auf.

Partie Nr. 37
Uhlmann–Bukić,
Szombathely 1966
1.d4 ♘f6 2.c4 g6 3.♘c3 ♗g7 4.e4 d6 5.♘f3 0–0 6.♗g5 ♗g4 7.♗e2 ♘fd7 8.d5 ♘c5 9.♘d4 ♗:e2 10.♘d:e2 c6 11.0–0 cd 12.cd ♘bd7 (12. … a5 war besser) 13.b4 ♘a6 14.♕b3 ♘f6 15.a4 ♕d7 16.f3 ♖fc8 17.♖ac1 e6 18.♖fd1 e5 19.♗e3 ♘e8 20.♘b5 b6 21.♖d2 ♖:c1+ 22.♘:c1 ♖c8 23.♘d3 ♘b8 24.♘a3 f5 25.♖c2 fe 26.fe ♘f6 27.♖:c8+ ♕:c8 28.♘f2 ♗f8 29.♕c4 ♕d7

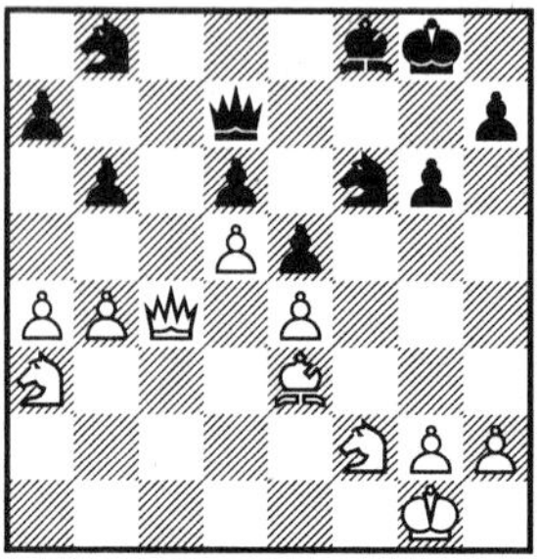

Einschätzung der Stellung: Offensichtlich ist der große Raumvorteil für Weiß. Seine Kräfte sind stark am Damenflügel konzentriert. Nur der Springer auf f2 hat Verteidigungsaufgaben (Bauer e4 und das Feld g4) übernommen. Der weiße schwarzfeldrige Läufer schaut zum Damenflügel und kontrolliert ebenso das Feld h6. So ist es dem schwarzen Pendant unmöglich, seinen „Käfig" zu verlassen. Außerdem hat Weiß noch die offene c-Linie in seinem Besitz. Die schwarzen Figuren, außer dem Springer f6, sind an die Verteidigung gebunden und müssen vor allem das Eindringen der weißen Figuren verhindern. Weiß ist deutlich im Vorteil.

30.♕c4–c2 ♗f8–e7
31.h2–h3 ♗e7–d8
32.b4–b5 ♗d8–c7
33.♕c2–c4 ♘f6–e8
34.♘a3–c2

Die Marschroute dieses Springers lautet c2–b4–c6, wo er gewaltig stehen dürfte.

34. ... ♔g8–g7
35.♘c2–b4 h7–h5
36.♘f2–d3 ♔g7–f8
37.♘b4–c6

Der Eindringling muß beseitigt werden, da sonst der Bauer a7 fällt.

37. ... ♘b8:c6
38.d5:c6 ♕d7–f7
39.♕c4:f7+ ♔f8:f7

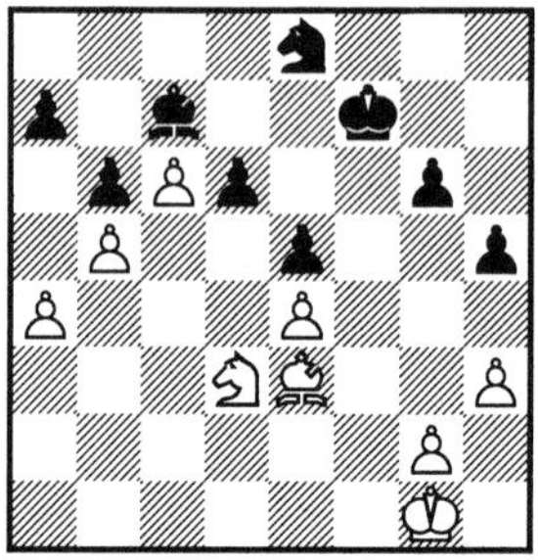

Einschätzung der Stellung: Weiß steht auf Gewinn. Der gedeckte Freibauer auf c6 und die Bauernmehrheit am Damenflügel lassen taktische Wendungen zu. Der weiße Läufer drückt gegen die Bauern b6 und a7, der Springer findet auf d5 bzw. a6 prächtige Felder. Dagegen hat Schwarz nur einen passiven Springer und einen Läufer, der fast mit einem Bauern verwechselt werden könnte.

40.♘d3–b4 ♗c7–d8
41.♔g1–f2 ♘e8–c7
42.♘b4–a6 ♔f7–e6

Bei Abtausch der Springer entscheidet a4–a5.

43.♘a6:c7 ♗d8:c7
44.♔f2–e2 d6–d5
45.e4:d5+ ♔e6:d5
46.a4–a5 ♔d5–d6

Schön gewinnt Weiß nach 46. … ♔c4 durch 47.♗:b6!

47.♔e2–d3 b6:a5
48.♗e3:a7

Die weißen Bauern entscheiden nun schnell den Ausgang der Partie.

48. … a4 49.♔c4 ♗a5 50.♗c5+ ♔c7 51.♔d5 ♗b6 52.♗:b6+ ♔:b6 53.♔d6 Schwarz gab auf, ohne sich 53. … a3 54.c7 a2 55.c8♕ a1♕ 56.♕b8+ ♔a5 57.♕a7+ zeigen zu lassen.

Partie Nr. 38
Timman–van der Vliet, Amsterdam 1983
1.♘f3 ♘f6 2.c4 e6 3.d4 b6 4.♘c3 ♗b4 5.e3 ♗b7 6.♗d3 0–0 7.0–0 d5 8.cd ed 9.a3 ♗d6 10.b4 ♘bd7 11.♕b3 c6 12.♖e1 ♖e8 13.♗b2 ♖b8 (mit der Idee 14. … c5) 14.♕c2 ♖c8 15.♖ad1 a6 16.♗f5 ♖c7 17.♘a4 h6 18.♘e5 b5 (schlecht ist 18. … ♘:e5 19.de ♗:e5 20.♗:e5 ♖:e5 21.♘:b6, und Weiß steht positionell auf Gewinn) 19.♘:d7 ♘:d7 20.♘c5 ♘:c5 21.dc ♗e5 22.♗:e5 ♖:e5

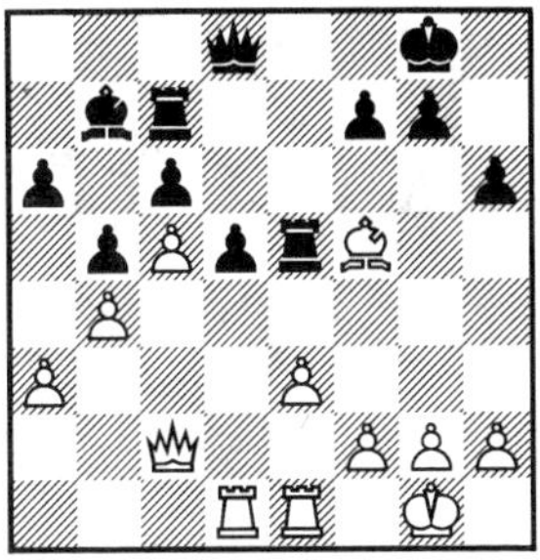

Einschätzung der Stellung: Die weißen Figuren sind harmonisch miteinander verbunden und wirken als geschlossene Einheit. Dagegen fehlt den schwarzen Figuren die Bindung. Sie treten als Einzelkämpfer in Erscheinung. Auffallend negativ steht der schwarze Läufer, eingeengt hinter seinen Bauern. Er müßte fraglos aktiviert werden. Wenig günstig für den Nachziehenden dürfte auch die Gegenüberstellung von weißem Turm und schwarzer Dame in der d-Linie sein. Im übrigen ist jedes Läuferendspiel mit schwarzen Damenflügelbauern, die auf weißen Feldern festgelegt sind, klar vorteilhaft für Weiß. Der Anziehende steht besser.

23.e3–e4

Eine Schwäche auf d5 soll den weißen Vorteil vergrößern.

23. … ♕d8–e8

Wie schlecht der schwarze Läufer ist, wird in folgender Nebenvariante deutlich: 23. …

g6 24.f4 ♖e8 25.ed gf 26.d6 ♖d7 27.♕c3 ♔h7 28.♖:e8 ♕:e8 29.♖e1 ♕d8 30.♖e3 bzw. 29. ... ♕h8 30.♕:h8+ ♔:h8 31.♖e7 ♗c8 32.♖e8+, und Schwarz steht hoffnungslos.

24.♕c2–c3 ♖e5–e7

Sofort verliert 24. ... de 25.♕:e5 oder 24. ... ♖ce7 25.f4.

25.e4:d5 c6:d5
26.♔g1–f1

Jetzt gibt es keine Tricks mit d4, wonach der schwarze Läufer wieder mitspielen könnte.

26. ... ♗b7–c6
27.h2–h4 g7–g6
28.♕c3–g3 ♖c7–a7
29.h4–h5 g6–g5
30.♗f5–c2 ♖e7:e1+
31.♖d1:e1 ♖a7–e7
32.♖e1:e7 ♕e8:e7
33.♕g3–c3

Die große Diagonale wird wieder besetzt.

33. ... ♕e7–e6
34.♕c3–d4 ♕e6–e7
35.♗c2–f5 ♗c6–b7

Schwarz ist total zur Passivität verurteilt.

36.f2–f3 f7–f6
37.f3–f4 g5:f4
38.♕d4:f4 ♕e7–e5?

Dieser Fehler beschleunigt das Ende. Es gibt für den Nachziehenden keine Aussicht auf Rettung mehr.

39.♕f4:e5 f6:e5
40.♗f5–d7

Schwarz gab auf.

Partie Nr. 39
Ljubojević–Hübner,
Tilburg 1985

1.e4 e5 2.♘f3 ♘c6 3.♗b5 a6 4.♗a4 ♘f6 5.0–0 ♗e7 6.♖e1 b5 7.♗b3 0–0 8.a4 ♗b7 9.d3 d6 10.♘c3 b4 11.♘d5 ♘:d5 12.♗:d5 ♘a5 13.♗:b7 ♘:b7 14.c3 c5 15.cb cb 16.♕b3 ♘c5 17.♕d5 ♕e8 18.b3 ♖c8 19.♗e3 ♕c6 20.♕:c6 ♖:c6 21.♖ac1 ♖fc8 22.♗:c5 ♖:c5 23.♖c4

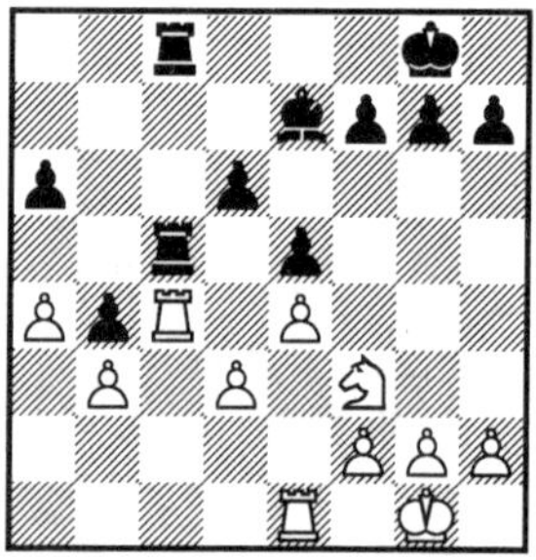

Einschätzung der Stellung: Aus dem bisherigen Partieverlauf geht hervor, daß Weiß bestrebt ist, Figuren zu tauschen. Wenn möglich, sollen nur der Springer und der Läufer auf dem Brett bleiben. Der schwarze Läufer hat zwar die Möglichkeit, am Spiel teilzunehmen, ist aber durch die Bauern b4, d6, e5 stark in seiner Ausstrahlung gehemmt. Auch findet er keine Angriffsobjekte im feindlichen Lager. Ganz anders der weiße Springer. Die schutzlosen weißen Felder sind ihm ein willkommener Tummelplatz. In der c-Linie hat nur Schwarz Probleme. Wird etwa der Turm auf c4 getauscht, so verbleibt er mit einem rückständigen Bauern auf d6. Weiß hat Vorteil.

23. … g7–g6
24.♔g1–f1

24.♖:b4 ♖c3 gibt Schwarz gutes Gegenspiel.

24. … ♖c5:c4
25.d3:c4 f7–f5
26.e4:f5 g6:f5
27.♘f3–d4 f5–f4

Ein weiterer Bauer wird auf ein schwarzes Feld getrieben, da 27. … ed den Nachziehenden mit schlimmen Bauernschwächen beläßt.

28.♘d4–f5 ♔g8–f7
29.g2–g3

So gelangt Weiß in den Besitz des Feldes d5, wo der Zentralspringer seine Überlegenheit gegenüber dem Läufer demonstriert.

29. … f4:g3
30.h2:g3 ♔f7–e6
31.♘f5–e3 a6–a5
32.♘e3–d5 ♖c8–h8
33.♔f1–g2 h7–h5
34.f2–f4

Die positionelle Drohung ist 35.f5+.

34. … ♗e7–d8
35.♔g2–f3 ♔e6–f5
36.♖e1–h1

Es droht 37.♖:h5+ ♖:h5 38.g4+ ♔g6 39.gh+ ♔:h5 40.fe de 41.♔e4, und Schwarz kann kapitulieren.

36. … e5–e4+
37.♔f3–g2 ♔f5–g6
38.g3–g4 ♖h8–h7
39.♔g2–g3 h5–h4+

Gegen die verbundenen weißen Freibauern ist Schwarz machtlos.
40.♔h3 ♖h8 41.♖d1 ♔f7
42.♖e1
Schwarz gab auf.

1.2.2. Der Einfluß gegnerischer Bauern auf die Beweglichkeit des Läufers

Gelingt es gegnerischen Bauernketten, einen Läufer „zu fangen“, dann stehen die Chancen für seine Befreiung noch schlechter, denn sie sind zum großen Teil vom Spiel des Kontrahenten abhängig. Dieser wird aber kaum gewillt sein, kampflos das „Gefängnis“ zu öffnen. So bleibt meist nur Stillhalten und Hoffen oder Opfern, wenn es dadurch die Möglichkeit einer Kompensation gibt. In der Partie Miles–Smyslow bekommt der Läufer nie eine Chance und wartet nur auf das Partieende. Bei Sokolow–Ribli kalkuliert der ungarische Großmeister in der entscheidenden Phase falsch, nachdem ihm sein sowjetischer Kollege noch einmal Kontermöglichkeiten zugesteht. Ribli–Haik zeigt, wie mit taktischen Mitteln der gefangene Läufer zur Strecke gebracht wird.

Partie Nr. 40
Miles–Smyslow,
Dortmund 1986
1.d4 d5 2.c4 c6 3.♘f3 ♘f6 4.♘c3 dc 5.♘e5 b5 6.g3 ♘g4 7.♗f4 ♘:e5 8.♗:e5 ♘d7 9.♗g2 ♘:e5 10.de ♗d7 11.a4 b4 12.♘e4 ♕c7 13.♕d4 ♖d8 14.0–0–0 ♗e6 15.♕:d8+ ♕:d8 16.♖:d8+ ♔:d8 17.♘g5 ♔c7 18.♘:e6+ fe

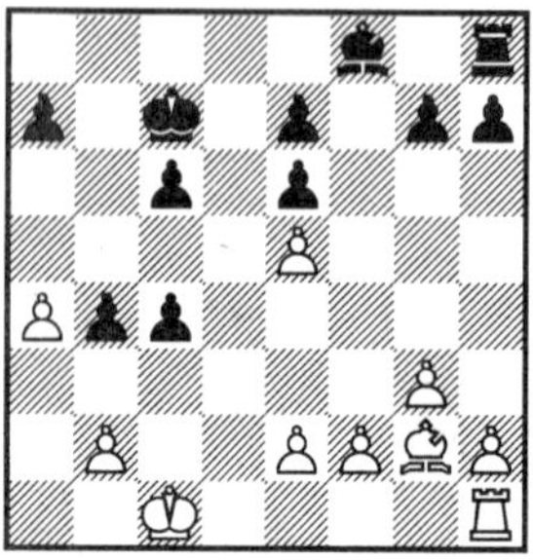

Einschätzung der Stellung: Beide Seiten haben sich in der Eröffnung nichts geschenkt und sind ohne Mittelspielphase in ein Endspiel übergegangen. Weiß ist besser entwickelt und kann sofort die schwarzen Bauernschwächen aufs Korn nehmen. Schwarz muß erst einmal seine Figuren ins Spiel bringen, wird aber dabei mit der Entwicklung des Läufers Probleme bekommen. Eine natürliche Entwicklung des Langschreiters verhindert der eigene Doppelbauer, während die Fianchettierung im weißen „Bauerngefängnis“ e5–f4–g3–h4 enden soll. Der schwarze Mehrbauer spielt keine Rolle. Die weißen Chancen müssen als deutlich besser eingeschätzt werden.

19.h2–h4 g7–g6
20.f2–f4

Schon ist das „Gefängnis“ zu, von dessen Öffnung die schwarzen Überlebenschancen abhängen.

20. … h7–h6
21.♔c1–d2 ♗f8–g7

So kann wenigstens der schwarze Turm mitspielen.

22.♖h1–c1 ♖h8–d8+
23.♔d2–e3 c4–c3
24.b2:c3 b4–b3
25.♖c1–b1 ♖d8–b8
26.♗g2–e4 g6–g5
27.h4–h5!

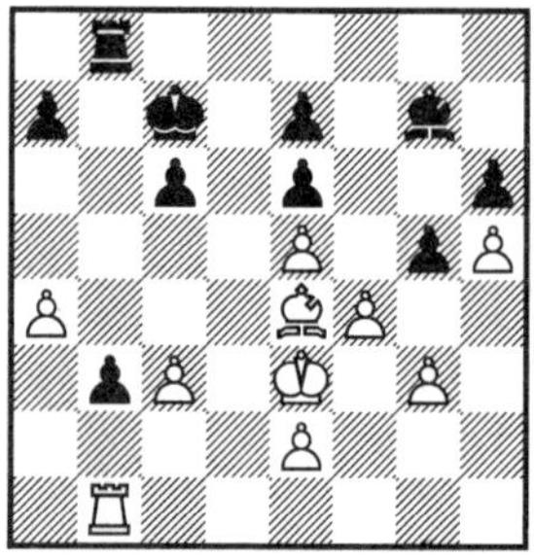

Danach ist nicht zu sehen, wie der schwarze Läufer noch einmal ins Spiel kommen soll. Weiß wird die Partie mit einer „Mehrfigur“ beenden und steht hier bereits auf Gewinn. 27. … b2 28.♔d2 ♖b3 29.♗c2 ♖b6 30.♗d3 ♖b3 (Zeitnot) 31-♗c2 ♖b6 32.c4 c5 33.♔c3 a5 34.♗b3 gf 35.gf ♔d7 36.♖:b2 ♔e8 37.♖b1 ♔f7 38.♖g1 ♗h8 39.♗c2 ♗g7 40.♗g6+ ♔g8 41.♖d1. Ein schwarzer Bauer auf dem Damenflügel wird erobert und der entstehende weiße Freibauer umgewandelt. Schwarz gab auf. Das „Einmauern“ des schwarzen Läufers durch die weißen Bauern wurde sehr zielstrebig verfolgt und durchgeführt.

Partie Nr. 41
Sokolow–Ribli,
Montpellier 1985
1.e4 c5 2.♘f3 d6 3.d4 cd 4.♘:d4 ♘f6 5.♘c3 a6 6.f4 ♕c7 7.♗e2 e6 8.0–0 ♗e7 9.♔h1 0–0 10.a4 ♘c6 11.♗e3 ♖e8 12.♗f3 ♖b8 13.♕d2 ♗d7 (13. … ♘a5 14.♕f2 ♘c4 15.♗c1, gefolgt von 16.b3 und 17.♗b2, ist günstig für Weiß) 14.♘b3 b6 15.g4 ♗c8 (der Läufer soll auf der Diagonale a8–h1 zum Einsatz kommen und gleichzeitig dem Springer das Feld d7 räumen) 16.g5 ♘d7 17.♗g2 ♘a5 18.♕f2 ♗f8 19.♖ad1 ♘c4 20.♗c1 b5 21.ab ab 22.♖d3 (über die dritte Reihe kann der Turm günstig ins Angriffsgeschehen eingreifen) 22. … g6 23.♖h3 ♗g7 24.f5 ♘ce5 25.♕h4 ♘f8 26.f6 ♗h8

Einschätzung der Stellung: Nach turbulentem Eröffnungsverlauf ist eine spannende Mittelspielstellung entstanden, in der beide Seiten ihre Chancen haben. Weiß ist in der h-Linie mit zwei Schwerfiguren drohend aufmarschiert, aber der Springer auf f8 schützt die schwarze Majestät zuverlässig. Um seinen Angriff zu verstärken, wird Weiß frische Kräfte heranführen müssen. Am Damenflügel hingegen hat Weiß Probleme. Seine beiden Springer stehen unglücklich, und der Bauer c2 ist schutzbedürftig. Nicht unerwähnt bleiben darf der hervorragend postierte schwarze Zentralspringer, der sowohl das Zentrum als auch beide Flügel kontrolliert. Entscheidend für den weiteren Partieverlauf wird sein, ob Schwarz in der Lage ist, seinen Läufer auf h8 zu befreien, oder Kompensation für dessen unbefriedigende Stellung erreicht.

27.♘b3–d4 b5–b4
28.♘c3–d1 ♗c8–a6
29.♖f1–e1 ♖e8–c8

Schwarz verstärkt seinen Druck gegen c2. Vorerst fällt die schlechte Position des Läufers h8 kaum ins Gewicht.

30.♘d1–e3 h7–h5
31.♘d4–f3

Das „Schlagen im Vorübergehen" (31.gh e. p.) kam nicht in Betracht, da der Bauer f6 auf Dauer nicht zu halten wäre und der gefangene Läufer ohne Probleme die Freiheit erlangen würde. Stärker war sicher 31.♘df5! ♖e8 32.♘g3, und das Springeropfer auf h5 hängt wie ein Damoklesschwert über der schwarzen Stellung. 31. ... ♖e8 ist freilich noch die beste Verteidigung, denn 31. ... ef 32.♘d5 ♕:c2 33.♘e7+ ♔h7 34.♕:h5+ mit folgendem Matt ist nicht spielbar. Nicht besser ergeht es Schwarz nach 31. ... gf 32.♕:h5 ♘eg6 33.ef. In all diesen Varianten ist ausschlaggebend, daß der weiße Bauer f6 und der eingesperrte schwarze Läufer h8 dem schwarzen König so gut wie alle Fluchtmöglichkeiten nehmen.

31. ... ♘f8–d7

Dieser Springer ist nicht mehr an h7 gebunden, und so kann er seinen Zentrumskollegen stützen.

32.♘f3–d2

Weiß muß die h-Linie aufreißen, und dies ist nur mit einem Opfer auf h5 möglich. Also wird ein Springer nach g3 beordert.

32. ... ♔g8–f8
33.♘d2–f1 b4–b3
34.♘f1–g3 ♔f8–e8
35.♘g3:h5

Weiß muß entschieden etwas unternehmen, sonst sieht es am Damenflügel schlecht für ihn aus. Also wird wie geplant, der Springer geopfert.

35. ... g6:h5
36.♕h4:h5 ♘e5–g6
37.♘e3–f5

Schwarz muß sich ein Fluchtfeld für den König schaffen. Da er eine Mehrfigur besitzt, sollte er mit 37. ... ♘de5 auch weiterhin auf die Dienste seines Läufers h8 verzichten. Bei einem Rückopfer auf f6 ist die Kontrolle der schwarzen Felder wichtig, und so kann nur 37. ... ♘:f6 38.gf ♗:f6 empfohlen werden. In beiden Varianten hätte Schwarz auf keinen Fall die schlechteren Chancen. Sicher in Zeitnot und unter dem Eindruck der Partie, in welcher der Läufer h8 immer das Sorgenkind des Nachziehenden war, entscheidet er sich „logisch", diesen zurückzuopfern.

37. … ♗h8:f6?
38.g5:f6 e6:f5

So hatte es sich Schwarz vorgestellt, aber plötzlich entscheidet doch noch die Batterie in der h-Linie.

39.e4:f5+ ♘g6–e5
40.♕h5–h8+ ♘d7–f8
41.♕h8:f8+

Schwarz gab auf.

Partie Nr. 42
Ribli–Haik,
Saloniki 1984
1.♘f3 b6 2.c4 ♗b7 3.d4 e6 4.a3 ♘f6 5.♘c3 ♘e4 (besser ist 5. … d5, denn jetzt baut sich Weiß ein starkes Zentrum auf) 6.♘:e4 ♗:e4 7.♘d2 ♗b7 8.e4 ♕f6 9.d5 c6 10.♘f3 cd 11.cd ♗c5 12.♗d3 a5 (nach 12. … ed 13.e5 erhält Weiß starke Initiative) 13.0–0 e5

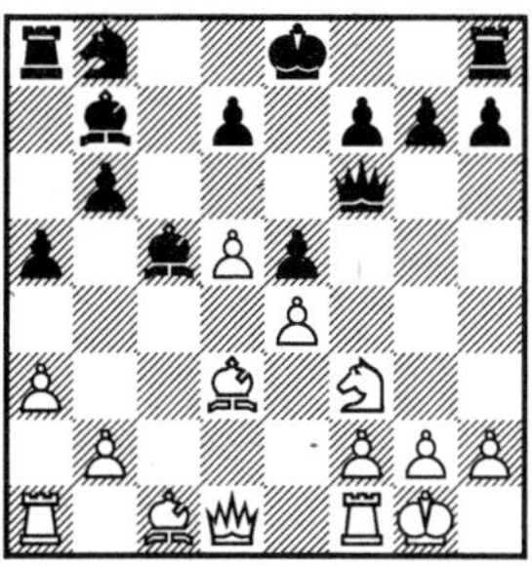

Einschätzung der Stellung: Durch seinen Entwicklungsrückstand ist Schwarz bestrebt, eine Öffnung der Stellung zu verhindern. Dies verdeutlicht sein letzter Zug. Allerdings ist jetzt der Läufer b7 auf der Diagonale a8–h1 ohne Aussicht auf Zukunft. Er soll deshalb auf der Diagonale a6–f1 ins Spiel kommen oder getauscht werden. Eine taktische Finesse von Weiß unterbindet diese Absichten und bringt dem weißfeldrigen schwarzen Läufer große Probleme. Weiß hat klaren Vorteil.

14.b2–b4! a5:b4
15.♗c1–g5 ♕f6–d6
16.a3:b4 ♗c5:b4
17.♖a1:a8 ♗b7:a8
18.♕d1–a1 f7–f6

So gut wie erzwungen, da sonst 19.♘:e5 den wichtigen Zentrumsbauern verliert. Schwarz kann nur noch versuchen, Schlimmeres zu verhindern.

19.♗g5–d2! ♗b4–a3

Etwas länger konnte sich Schwarz in der folgenden Variante halten: 19. … ♗:d2 20.♘:d2 ♗b7 21.♕a7 ♕c7 22.♘c4, gefolgt von 23.♖c1, aber auch hier ist Materialverlust nicht zu verhindern.

20.♗d2–c1!

Schwarz gab auf, da 20. … ♗:c1 21.♖:c1 ♗b7 22.♕a7 eine Figur verliert. Die Bauern e4 und d5 in Verbindung mit der offenen a-Linie und dem Entwicklungsvorsprung des Anziehenden ließen die Probleme des weißfeldrigen schwarzen Läufers schnell partieentscheidend werden.

2. Die ungleichfarbigen Läufer

Ungleichfarbige Läufer sind ein wichtiger Komplex der Schachstrategie. Sie sind dadurch gekennzeichnet, daß sie sich auf verschiedenen Farben bewegen, sich also nicht tauschen oder behindern können und ausschließlich auf der ihnen in der Grundstellung zugewiesenen Farbe agieren.

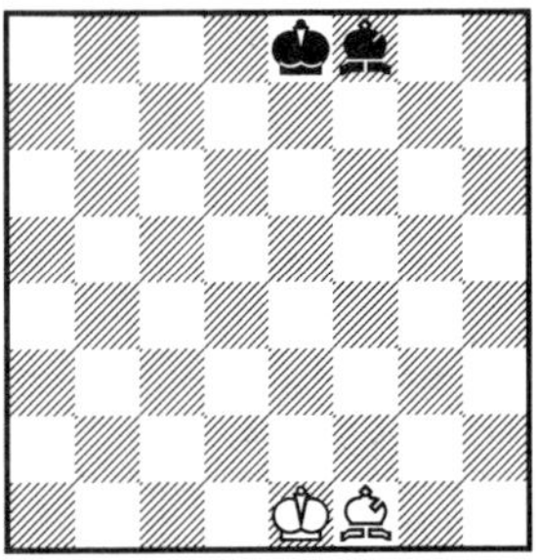

2.1. Die ungleichfarbigen Läufer im Mittelspiel

In dieser Partiephase haben ungleichfarbige Läufer vor allem die Aufgabe, Druck auf schwache Punkte in der gegnerischen Stellung auszuüben und aktiv den Angriff zu unterstützen. Die unterschiedliche Farbe des Weges ist oft nur äußeres Zeichen ihrer Ungleichheit. Häufig unterscheiden sie sich beträchtlich in ihrer Wirksamkeit und Ausstrahlungskraft.

2.1.1. Die ungleichfarbigen Läufer speziell im Angriff

Bei der Unterstützung eines Angriffs, sogar bei der Angriffsführung, spielen ungleiche Läufer oft eine entscheidende Rolle. Das kann einfach damit erklärt werden, daß der Gegner keinen Läufer gleicher Farbe mehr besitzt und so eine Angriffsdiagonale kaum neutralisieren kann. Auf dieser Diagonale wird der Läufer zum uneingeschränkten Herrscher. Gelingt es ihm noch, die Dame vor sich auf der Diagonale einzusetzen, ist es um den gegnerischen König meist geschehen.

Partie Nr. 43
Vogt–Bielczyk,
Zinnowitz 1977
1.e4 c5 2.♘f3 ♘c6 3.d4 cd 4.♘:d4 ♘f6 5.♘c3 d6 6.♗g5 e6 7.♕d2 a6 8.0–0–0 ♗d7 9.f4 b5 10.♗:f6 gf (bekanntlich ist 10. … ♕:f6 11.e5 de 12.♘:b5 vorteilhaft für Weiß) 11.♔b1 ♕b6 12.♘:c6 ♗:c6 13.♗d3 ♕c5 (13. … h5 14.♖hf1 0–0–0 15.f5 sieht Weiß im

Vorteil) 14.♖hf1 0–0–0 15.f5 d5? (relativ besser ist 15. ... ♗e7 16.fe fe 17.♘e2 mit der Idee 17.♘f4, und der weiße Vorteil hält sich in Grenzen) 16.ed ed 17.♗e4! ♗d6 (schutzlos bleibt der schwarze König bei 17. ... d4 18.♗:c6 ♕:c6 19.♕d3 ♕:g2 20.♖f4) 18.♘:d5 ♗:d5 19.♗:d5 ♗:h2

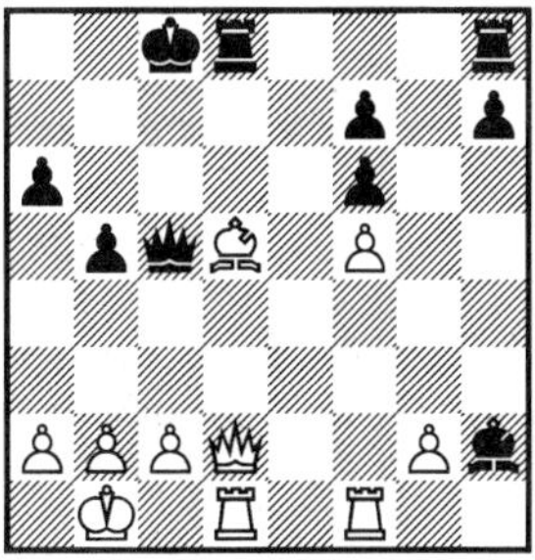

Einschätzung der Stellung: Bei gleichem Material hat Weiß auf dem Damenflügel eigentlich einen Mehrbauern, da die schwarzen Königsflügelbauern entwertet sind. Mehr zu Buche schlägt allerdings die stark geschwächte schwarze Königsstellung. Die schwarzen Damenflügelbauern sind vorgerückt und somit für Verteidigungsaufgaben unbrauchbar. Die Diagonalen zum schwarzen König sind offen wie Scheunentore. Da ungleiche Läufer auf dem Brett sind, wird der weiße Läufer auf seiner Angriffsdiagonale h1–a8 nicht zu bremsen sein. Da die Läufer nicht nur ungleich in der Farbe, sondern vor allem auch in der Wirkung sind, ist die weiße Königsstellung absolut sicher. Die Fesselung in der d-Linie kann von Schwarz nicht ausgenutzt werden. Weiß erhält starken Angriff.

20.♖f1–f3 ♗h2–e5

Die Drohung 21.♖c3 konnte noch problemlos abgewehrt werden.

21.♖f3–d3

Die Konzentration der weißen Schwerfiguren in der d-Linie sieht imposant aus, ist aber auch mit der konkreten Drohung 22.♗b7+ verbunden.

21. ... ♖d8–d6

Sofort zum Verlust führt 21. ... ♖d7 22.♗e6!

22.♗d5:f7 ♖h8–d8

Schwarz hofft auf Tausch der Schwerfiguren und opfert, um Zeit zu gewinnen, einen Bauern. In einem reinen Endspiel mit ungleichen Läufern wären seine Remischancen groß. Weiß hat natürlich andere Vorstellungen.

23.♗f7–d5 ♔c8–b8
24.g2–g4 h7–h6?
25.♗d5–h1

25.b4, gefolgt von 26.♕:h6, würde einen weiteren Bauern gewinnen. Weiß setzt jedoch auf die Angriffsdiagonale h1–a8. 26.♕g2 ist nicht mehr zu verhindern.

25. … ♔b8–a7
26.♕d2–g2

Für eine optimale Angriffsgestaltung haben die weiße Dame und der Läufer genau die richtige Aufstellung eingenommen. Sie sind von dieser Diagonale nicht mehr zu vertreiben und werden nun die Attacke steuern.

26. … ♕c5–c7
27.♖d1–c1 ♖d6–d4
28.♖d3:d4 ♖d8:d4
29.c2–c3 ♖d4–d8
30.♕g2–e4 ♕c7–b6
31.♗h1–f3

Weiß möchte seinen Turm auf der h-Linie zum Einsatz bringen.

31. … a6–a5
32.♖c1–h1 b5–b4
33.c3–c4 b4–b3
34.a2–a3 a5–a4
35.g4–g5!

Weiß steht auf Gewinn, da 35. … hg an 36.♖h7+ ♗c7 37.c5 oder 36. … ♔a6 37.c5 ♕b5 38.♗e2 scheitert.

35. … ♗e5:b2
36.c4–c5!

Damit wird das letzte schwarze Strohfeuer ausgelöscht.
36. … ♕b5 37.♔:b2 ♖e8 38.♕d4 ♖e2+ 39.♔b1 ♖e5

40.c6+
Schwarz gab auf.

Partie Nr. 44
Hulak–Spasski,
Toluca 1982
1.d4 ♘f6 2.c4 e6 3.♘c3 d5 4.♗g5 ♗e7 5.cd ed 6.e3 0–0 7.♗d3 ♘bd7 8.♕c2 ♖e8 9.♘ge2 c6 10.h3 ♘f8 11.0–0–0 a5 12.♔b1 b5 13.g4 a4 14.♘g3 a3 15.b3 ♕a5 16.♖hg1 ♔h8 (vorbeugend tritt der König aus der g-Linie) 17.♘ce2 ♗d7 18.♘f5 ♗:f5 19.gf ♖ac8 20.♘f4 ♘8d7 21.♕e2 c5 (es hat den Anschein, daß Schwarz mit seinen Angriffsbemühungen besser vorankommt) 22.dc ♘:c5 23.♗:f6?! ♗:f6 24.♘:d5

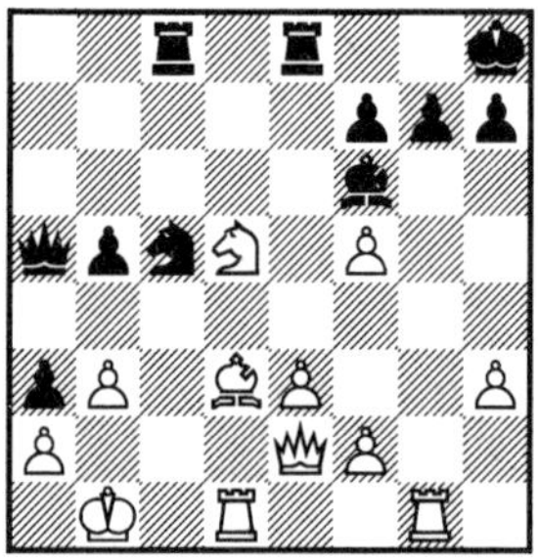

Einschätzung der Stellung: Dieser Bauerngewinn auf d5 war sicher keine glückliche Entscheidung von Weiß. Als Folge einer taktischen Riposte wird Schwarz den starken Angriffsläufer auf der Diagonale a1–h8 halten und den weißen König nicht mehr zur Ruhe kommen lassen. Auch die schwarze Dame kann auf dieser Diagonale schnell zum

Einsatz kommen. Die Königsstellung des Nachziehenden wirkt sicher, zumal der Angriffsläufer auch noch das Feld g7 überdeckt. Schwarz hat eine anhaltende Initiative und ist im Vorteil.

24. … ♘c5–a4!
25.♖d1–c1

Zum schnellen Matt führt 25.ba ba.

25. … ♘a4–c3+
26.♘d5:c3?

Hier verpaßt Weiß seine letzte Chance, Gegenspiel zu erlangen. Geschehen mußte 26.♖:c3 ♗:c3 27.f6.

26. … ♖c8:c3
27.♖g1–d1 ♕a5–b4
28.♗d3–c2 ♖c3:e3!
29.♕e2–d2

29.fe scheitert nach 29. … ♕c3 wieder daran, daß Weiß keinerlei Kontrolle über die Diagonale a1–h8 besitzt.

29. … ♖e3–c3

Es ist klar, daß Schwarz am Damentausch kein Interesse hat. Die Dame soll in Verbindung mit dem Läufer den Angriff erfolgreich abschließen.

30.♖d1–e1 ♖e8:e1
31.♕d2:e1

Nach 31.♖:e1 h6 würde sofort ♖:b3+ drohen.

31. … h7–h6
32.♖c1–d1 ♔h8–h7

Da der schwarze Läufer nicht die Absicht hat, seinen idealen Standpunkt zu verlassen, steht der König auf h7 sicher.

33.♕e1–e2 ♖c3:h3
34.♕e2–e1 ♕b4–c5
35.♔b1–c1

Dieser Königszug ermöglicht einen schönen Abschluß.

35. … ♖h3:b3!
36.a2:b3 a3–a2

Großer Materialverlust ist nicht zu vermeiden.
Weiß gab auf.

Partie Nr. 45
Chandler–Ribli,
London 1984
1.e4 c5 2.♘f3 d6 3.d4 cd 4.♘:d4 ♘f6 5.♘c3 a6 6.♗e3 e6 7.f4 b5 8.♕f3 ♗b7 9.♗d3 ♘bd7 10.g4 b4 11.♘ce2 ♘c5 12.♘g3 ♘fd7 13.0–0–0 g6 14.♖hf1 ♗g7 15.f5 ♘e5 16.♕e2 0–0 17.♔b1 ♖e8 18.♖f2 ♖c8 19.♖df1 d5 (der weiße Flügelangriff wird mit einem Gegenspiel im Zentrum beantwortet) 20.♘:e6 ♘:e6 (nach 20. … fe 21.f6 gewinnt Weiß die Figur unter günstigen Umständen zurück) 21.fe ♖:e6 22.♗c1 ♖c7 23.♘f5 de (23. … gf 24.gf gibt Weiß ausgezeichnete Angriffschancen in der g-Linie) 24.♘:g7 ♔:g7 (Schwarz hätte sich für 24. … ed 25.♘:e6 de 26.♘:d8 ef♕ 27.♖:f1 ♗e4 entscheiden müssen) 25.♗:e4 ♘:g4 26.♕:g4 ♖:e4 27.♕g3

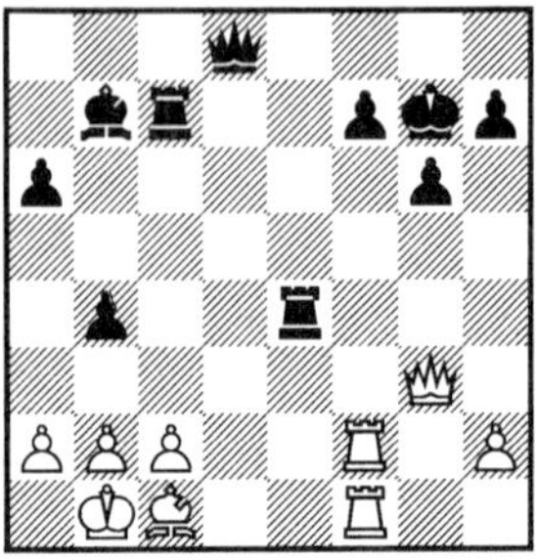

Einschätzung der Stellung: Nach scharfer Eröffnungsbehandlung und vielen Verwicklungen im Mittelspiel sind die Rauchschwaden erst einmal verzogen. Aber sicher nicht lange, denn dic heterogenen Rochaden, die ungleichfarbigen und ungleichwertigen Läufer sowie die angriffsorientierten Schwerfiguren sorgen für genug Zündstoff. Schwarz hat einen Mehrbauern, der jedoch vorerst kaum ins Gewicht fällt. Viel interessanter ist, wer schneller Drohungen gegen den feindlichen König aufstellen kann. Da scheint Weiß, mit dem Schach auf b2, das bessere Ende für sich zu haben. Schwarz sollte versuchen, den Druck gegen c2 zu verstärken, oder er wird in die Verteidigung gedrängt. Die Chancen sind als etwa gleichwertig einzuschätzen.

27. ... ♖c7–d7
28.b2–b3 ♔g7–g8
29.♖f2–f4 a6–a5
30.h2–h4 h7–h5

Der Lauf des weißen h-Bauern muß gestoppt werden, sonst werden noch mehr Linien gegen den schwarzen König geöffnet.

31.♖f4–f6 ♖e4–g4
32.♕g3–e5 ♗b7–e4

Das Gegenspiel auf c2 kommt zu spät. Weiß forciert bereits den Mattangriff. Die Ungleichheit der Läufer entscheidet wiederum die Partie. Schwarz hat jegliche Kontrolle über die Diagonale a1–h8 verloren.

33.♖f6–b6!

Deutlicher ist die Schwäche der schwarzen Felder nicht zu demonstrieren. Es droht 34.♖b8, und 33. ... ♕:b6 scheitert an 34.♕e8+ ♔g7 35.♗b2+. Auch 33. ... ♖c7 34.♗b2 führt zu einem schnellen Sieg.

33. ... ♗e4:c2+

Ein letzter Versuch, ohne Aussicht auf Erfolg. 34.♔:c2 ♖c7+ 35.♔b1 ♕d3+ 36.♔a1 ♕c3+ 37.♗b2 ♕:e5 38.♖b8+!
Schwarz gab auf, da noch ein Turm auf der Verlustliste erscheint.

Partie Nr. 46
Karpow–Kasparow,
4. WM-Matchpartie,
Moskau 1985
1.d4 d5 2.c4 e6 3.♘c3 ♗e7 4.♘f3 ♘f6 5.♗g5 h6 6.♗:f6 ♗:f6 7.e3 0–0 8.♕c2 ♘a6 9.♖d1 c5 10.dc ♕a5 11.cd

♘:c5 12.♕d2 (12.d6 war möglich, aber Schwarz erhält nach 12. ... ♗d7 und 13. ... ♖ac8 eine starke Initiative) 12. ... ♖d8 13.♘d4 ed 14.♗e2 ♕b6 15.0–0 ♘e4 16.♕c2 ♘:c3 17.♕:c3 ♗e6 18.♕c2 ♖ac8 19.♕b1 ♖c7 20.♖d2 ♖dc8 21.♘:e6 fe (nach 21. ... ♕:e6 ist d5 eine deutliche Schwäche)

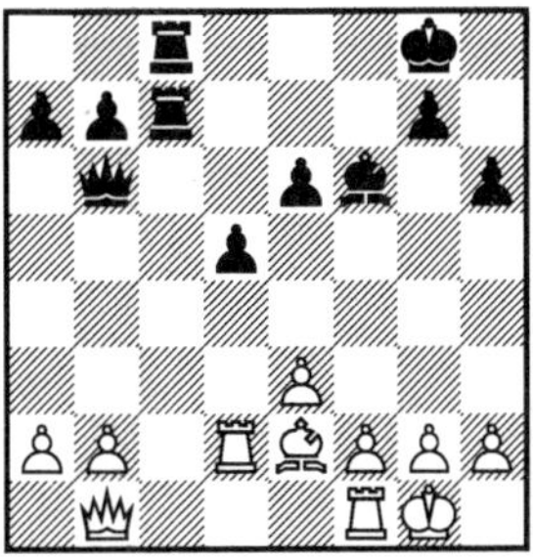

Einschätzung der Stellung: Mit seinem 21. Zug traf Weiß eine wichtige strategische Entscheidung. Der Tausch des Zentralspringers gegen den Läufer geschah mit der Idee, die Diagonale b1–h7 zu schwächen. Da nur der Anziehende einen weißfeldrigen Läufer besitzt, kann diese Diagonale als Aufmarschbasis für einen Angriff gegen den schwarzen König dienen. Der Schutzwall des weißen Königs ist besser intakt. Schwarz vertraut auf die aggressive Stellung seiner Türme und den Druck gegen b2. Das materielle Gleichgewicht ist nicht gestört. Weiß hat jedoch – wegen der Schwäche der Diagonale b1–h7 und des Bauern e6 – das bequemere Spiel. In der folgenden Manövrierphase werden wir sehen, ob es Weiß gelingt, die Diagonale zu nutzen.

22.♗g4 (die schwarze Dame wird an e6 gebunden; 22.♖fd1 ♕b4 mit der Idee 23. ... ♕:d2 führt zu gleichem Spiel) 22. ... ♖c4 23.h3 ♕c6 24.♕d3 ♔h8 25.♖fd1 a5 (Schwarz wird am Damenflügel aktiv) 26.b3 ♖c3 27.♕e2 ♖f8 28.♗h5 ♗d8 29.♗g6 b5 30.♗d3 b4 31.♕g4 (die Drohung 32.♕g6 ist deutlich) 31. ... ♕e8 32.e4 ♗g5 33.♖c2 (33.♖e2 ♖f4 ist nicht zu empfehlen) 33. ... ♖:c2 (nach 33. ... ♕c6 34.♕e2 ♖c8 35.♖:c3 bc 36.ed ed 37.♗c2 erobert Weiß bereits die Diagonale b1–h7) 34.♗:c2 ♕c6 35.♕e2 ♕c5 (36. ... ♖:f2 37.♕:f2 ♗e3 ist die versteckte Drohung) 36.♖f1 ♕c3 37.ed ed 38.♗b1 ♕d2 39.♕e5 ♖d8 (Schwarz mangelt es an brauchbaren Zügen, da 39. ... d4 40.♕e4 ♔g8 41.♗d3 noch ungünstiger aussieht) 40.♕f5

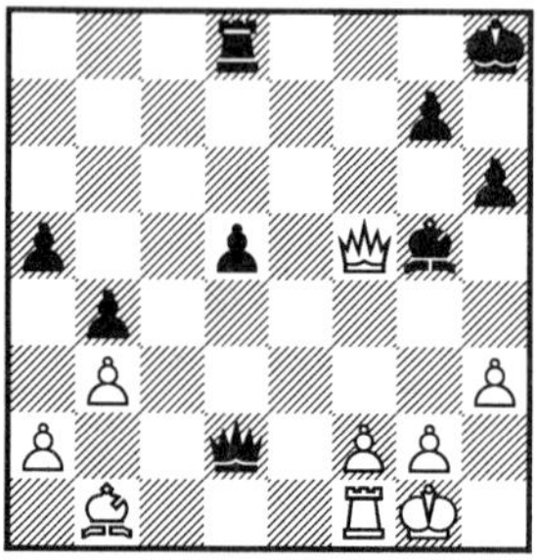

Einschätzung der Stellung: Weiß konnte ein wichtiges Teilziel erreichen. Die Diagonale b1–h7 ist in seinem Besitz, und Schwarz kann nichts dagegen unternehmen. Nun wird es darauf ankommen, das Zusammenspiel der weißen Figuren zu optimieren. Vor allem der Turm muß ins Spiel einbezogen werden. Es genügt nicht, den schwarzen König einfach nach f7 zu treiben. Weitere Drohungen müssen folgen. Schwarz ist zur Passivität verurteilt. Er muß sich darauf beschränken, Drohungen abzuwehren. Der Anziehende darf nur nicht zulassen, daß der d-Bauer seinen Läufer einsperrt. Weiß ist im Vorteil.

40. … ♔h8–g8
41.♕f5–e6+ ♔g8–h8

Es ist klar, daß 41. … ♔f8? 42.♗g6 ♕f4 43.♖e1 mit der Drohung 44.♕e8+ nicht geht.

42.♕e6–g6 ♔h8–g8
43.♕g6–e6+ ♔g8–h8
44.♗b1–f5 ♕d2–c3
45.♕e6–g6 ♔h8–g8
46.♗f5–e6+ ♔g8–h8
47.♗e6–f5

Zeitgewinn!

47. … ♔h8–g8
48.g2–g3 ♔g8–f8
49.♔g1–g2 ♕c3–f6
50.♕g6–h7

Damentausch ist natürlich nicht im Sinne von Weiß.

50. … ♕f6–f7

Mit 50. … g6 51.♗:g6 ♕g7 52.f4 ♗f6 53.♖d1 konnte Schwarz zwar Damentausch erzwingen, aber unter Preisgabe eines wichtigen Bauern.

51.h3–h4 ♗g5–d2
52.♖f1–d1 ♗d2–c3
53.♖d1–d3

Der weiße Turm nimmt am Angriff teil.

53. … ♖d8–d6

Schlechter ist 53. … ♕g8 54.♕g6 ♕f7 55.♕b6, und die schwarze Verteidigungskunst ist überfordert.

54.♖d3–f3 ♔f8–e7

Widerlegt wird 54. … ♖f6 durch 55.♖e3 ♖:f5 56.♕h8+ ♕g8 57.♖e8+ ♔:e8 58.♕:g8+ ♔d7 59.f4.

55.♕h7–h8 d5–d4

Das Turmschach auf e3 muß verhindert werden.

56.♕h8–c8

Alle weißen Figuren sind nun

am Angriff auf den schwarzen König beteiligt. Die Vollstrekkung sollte nicht mehr lange auf sich warten lassen.

56. ... ♖d6–f6
57.♕c8–c5+ ♔e7–e8
58.♖f3–f4

Nun bekommt der weiße Turm über die 4. Reihe Flügel.

58. ... ♕f7–b7+
59.♖f4–e4+ ♔e8–f7

Hübsch ist noch die Variante 59. ... ♖e6 60.♕c4 ♖:e4 61.♕g8+ ♔e7 62.♕:g7+.

60.♕c5–c4+ ♔f7–f8
61.♗f5–h7 ♖f6–f7
62.♕c4–e6 ♕b7–d7
63.♕e6–e5

Schwarz gab auf, ohne sich Varianten wie 63. ... ♕d8 64.♕c5+ ♖e7 65.♗g6 ♕c7 66.♖:e7 ♕:e7 67.♕c8+ oder 63. ... ♖e7 64.♖f4+ ♖f7 65.♕c5+ ♕e7 66.♕c8+ ♕e8 67.♖:f7+ ♔:f7 68.♗g6+ zeigen zu lassen.
Karpow demonstrierte die unterschiedliche Wirksamkeit der Läufer durch ein hervorragendes Angriffspiel auf den weißen Feldern.

2.1.2. Die ungleichfarbigen Läufer im Zusammenspiel mit Schwerfiguren

Ungleichfarbige Läufer sind prädestiniert, mit Hilfe der Schwerfiguren im gegnerischen Lager Schwächen aufzuspüren und diese unter Druck zu setzen. Es ist ein einfaches Rechenbeispiel, bei dem ein weißfeldriger Läufer einen schwachen Punkt auf einem weißen Feld angreifen kann, da der Gegner nicht in der Lage ist, dieses Feld mit dem schwarzfeldrigen Läufer zu schützen. Sollte in diesem Fall kein Gegenangriff möglich sein, kommt es zu Materialverlust, wie uns das Beispiel Vogt–Frommelt zeigt. Der Druck gegen einen schwachen Punkt kann aber auch für eine günstige Abwicklung genutzt werden. Lehrreich ist in dieser Hinsicht die Partie Larsen–Gligorić. Da die ungleichfarbigen Läufer ausschließlich auf ihrer Farbe agieren, erfolgt auch der Einsatz der Schwerfiguren häufig über die Läuferfarbe. Sie können dort ungehindert auftreten und laufen nicht Gefahr, vom gegnerischen Läufer angegriffen zu werden. Die Partie Smejkal–Vokač unterstreicht diese Aussage. Das abgestimmte Auftreten ungleichfarbiger Läufer und Schwerfiguren im taktischen Bereich kann kaum besser als in Ljubojević–Nogueiras demonstriert werden. Exweltmeister Karpow verwirklicht durch ein kraftvolles Zusammenspiel dieser Figurenkonstellation die Bildung eines Freibauern und dessen Umwandlung gegen Portisch.

Partie Nr. 47
Vogt–Frommelt,
Nordhausen 1986
1.e4 c5 2.♘c3 d6 3.♘ge2 ♘f6 4.d4 cd 5.♘:d4 a6 6.a4 e5 7.♘f3 ♗e7 8.♗g5 ♗e6 9.♗:f6 (Weiß erobert das Feld d5) 9. … ♗:f6 10.♘d5 ♗:d5 (der Springer behindert das schwarze Spiel, doch durch den Tausch verliert Schwarz die Kontrolle über die weißen Felder) 11.♕:d5 ♕c7 12.♗c4 ♘c6 13.c3 0–0 14.0–0 ♖ac8 15.♗a2 ♘e7 16.♕d3 ♘g6 17.g3 (der schwarze Springer hat am Königsflügel keine Perspektive) 17. … ♖fd8 18.♘d2 ♘e7 19.♖fd1 ♖d7 20.a5 ♖cd8 21.♘c4 ♖f8 (21. … d5 scheitert an 22.♘b6) 22.♕f3 ♕d8 23.♘b6 ♖c7

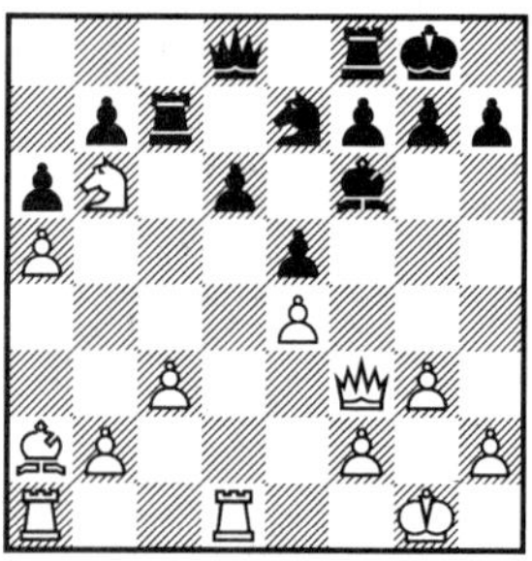

Einschätzung der Stellung: Die Aussage, daß alle weißen Figuren – Ausnahme ♖a1 – aktiver postiert sind als ihre schwarzen Kollegen, hat volle Gültigkeit. Weiß besitzt zwei Leichtfiguren, die das schwarze Spiel einengen und mit d5 einen angenehmen Stützpunkt fest in der Hand halten. Dieses Feld vor dem rückständigen Bauern zu kontrollieren ist strategisch von Bedeutung. Der rückständige Bauer kann nicht aufgelöst werden und bleibt eine entscheidende Schwäche, die bereits einen Turm in die d-Linie gelockt hat. Weiterhin spricht für Weiß, daß er die schwarzen Damenflügelbauern festlegen konnte und der schwarze Läufer von seinen eigenen Bauern behindert wird. Weiß hat Vorteil.

24.♖d1–d3

Weiß verstärkt den Druck auf den rückständigen Bauern.

24. … ♖c7–c6
25.♖a1–d1 ♘e7–c8
26.♘b6–d5 ♗f6–e7

26. … ♕:a5? 27.♘:f6+ gf 28.♗d5 ♖b6 29.b4 hinterläßt eine schwarze Ruine.

27.b2–b4 b7–b6

Ein notwendiger Befreiungsversuch, der allerdings eine weitere Schwäche auf a6 hinterläßt.

28.a5:b6 ♘c8:b6
29.♗a2–b3 g7–g6
30.♖d1–a1 ♘b6:d5
31.♗b3:d5

Schwarz kann diesen lästigen Springer nicht auf dem Brett lassen. Natürlich ist ihm der Läufer auf d5 auch nicht angenehm.

31. … ♖c6–b6
32.♖d3–d2

Der Bauer a6 ist die größere Schwäche.

32. … ♕d8–d7
33.♖d2–a2 ♕d7–a7
34.♕f3–d3

Weitere Kräfte sind nicht notwendig, da der zentrale Läufer das Feld a8 kontrolliert und somit die Verteidigung chancenlos ist.

34. … ♔g8–g7
35.♖a2:a6 ♖b6:a6
36.♕d3:a6 ♕a7:a6
37.♖a1:a6

Der Mehrbauer in Verbindung mit dem zentralen Läufer ist Garant des Sieges.
37. … f5 38.b5 ♖b8 39.b6 ♗d8 40.b7 ♗c7 41.♖a4 ♗b6 42.♔f1 (der Marsch des weißen Königs entscheidet schnell) 42. … ♔f6 43.♔e2 h6 44.♖a8 ♗c7 45.♔d3 ♔e7 46.♔c4 ♖d8 47.♔b5 ♔d7 48.♗e6+
Schwarz gab auf.

Partie Nr. 48
Larsen–Gligorić,
Moskau 1956
1.♘f3 c5 2.e4 d6 3.d4 cd 4.♘:d4 ♘f6 5.♘c3 a6 6.♗e2 e5 7.♘b3 ♗e7 8.0–0 0–0 9.♗g5 ♘bd7 10.a4 b6 (10. … h6 ist eine gute Alternative) 11.♗c4 ♗b7 12.♕e2 ♕c7 (12. … ♘:e4 13.♘:e4 ♗:g5 14.♘:d6 oder 12. … h6 13.♗:f6 ♘:f6 14.♖fd1 muß günstig für Weiß eingeschätzt werden) 13.♖fd1 ♖fc8 14.♘d2 h6 15.♗:f6 ♘:f6 16.♗b3 ♗c6 17.♘c4 (Schwarz muß etwas unternehmen, denn 18.a5 oder 18.♘e3 sind starke positionelle Drohungen) 17. … ♘:e4 (17. … b5 18.ab ab 19.♖:a8 ♖:a8 20.♘e3 kann nicht befriedigen, da 20. … ♘:e4 21.♘cd5 ♕d7 – 21. … ♕b7 22.♘f5 – 22.♘:e7+ ♕:e7 23.♘d5 ♕h4 24.g3 eine Figur verliert) 18.♘:e4 d5 19.a5! dc (19. … ba 20.♘:a5 de 21.♘:c6 ♕:c6 22.♗d5 gewinnt die Qualität) 20.♕:c4 ♖f8 21.ab ♕:b6 22.♘d6 ♗b5 23.♘:b5 ab 24.♕d5 ♖:a1 25.♖:a1 ♗c5 (25. … ♕c5 sollte geschehen, obwohl Weiß nach 26.♕b7 die besseren Karten besitzt)

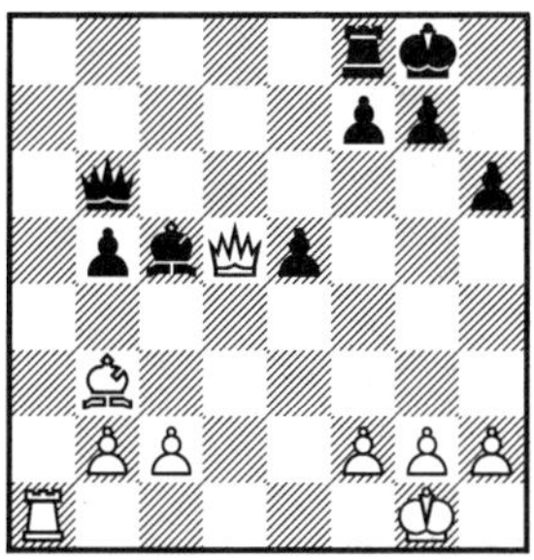

Einschätzung der Stellung: Die Bauern f2 und f7 sind die schwachen Punkte. Weiß hat mit der Dame vor dem Läufer die aggressivere Aufstellung eingenommen. Sollte es ihm gelingen, den Verteidiger von f7 abzulenken, ist mit gefährlichen Drohungen gegen den schwarzen König zu rechnen. Als wichtig für Schwarz kann sich das Luftloch erweisen. Der günstig postierte weiße Turm und die Majorität am Damenflügel sprechen für den Anziehenden. Weiß müssen die besseren Chancen eingeräumt werden.

26.♖a1–a8!

Weiß verstärkt seinen Druck gegen den Bauern f7.

26. ... ♗c5:f2+??

Verliert forciert und muß deshalb mit einem doppelten Fragezeichen versehen werden. Die versteckte Abwicklung ist allerdings auch leicht zu übersehen. Problematisch für Schwarz sind auch die Alternativen: 26. ... ♖:a8 27.♕:a8+ ♗f8 28.♕d5 ♕a7 29.h4 b4 30.♕:e5 ♕e7 31.♕f5 ♕f6 32.♕d5 oder 26. ... ♕c7 27.♖:f8+ ♔:f8 28.♕a8+ ♔e7 29.♕e4 ♔f8 30.♕f5 g6 31.♕f6 h5 32.♕h8+ ♔e7 33.♕g8 ♔f6 34.♕e8 b4 35.♗:f7.

27.♔g1–f1 ♕b6–f6

Sofort verliert 27. ... ♖:a8 28.♕:a8+ ♔h7 29.♗:f7.

28.♕d5:f7!

Diesen Einschlag hatte Schwarz sicher übersehen. Hervorragend, wie das harmonische Zusammenspiel der weißen Figuren diese Abwicklung ermöglicht. Die Majorität am Damenflügel garantiert den Sieg im Bauernendspiel.

28. ... ♕f6:f7
29.♗b3:f7+ ♔g8:f7
30.♖a8:f8+ ♔f7:f8
31.♔f1:f2 ♔f8–e7
32.♔f2–e3 ♔e7–d6
33.♔e3–e4 b5–b4

Weiß meistert den „Rest" ohne Probleme. 33. ... ♔e6 34.c3 ♔d6 35.b3 ♔e6 36.h4 h5 37.c4 bc 38.bc ♔d6 39.g3 g6 40.c5+ ♔:c5 41.♔:e5 ist die Alternativvariante.

34.c2–c3 b4–b3
35.c3–c4 g7–g6
36.g2–g4 h6–h5
37.g4:h5 g6:h5
38.h2–h4

Schwarz befindet sich im Zugzwang, da 38. ... ♔c5 39.♔:e5 ♔:c4 40.♔e4 zum Gewinn des schwarzen b-Bauern führt.

38. ... ♔d6–c6
39.♔e4:e5 ♔c6–c5
40.♔e5–f5

Auch dieses Endspiel hat noch Tücken, allerdings nicht für einen Experten wie Larsen. So ergibt 40.♔e4? nach 40. ... ♔:c4 41.♔e3 ♔d5 42.♔d3 ♔e5 nur ein Unentschieden. Der weiße König darf erst nach e4, wenn der schwarze König auf c4 geschlagen hat!

40. … ♔c5–d4
41.♔f5–f4 ♔d4–c5
42.♔f4–e5

Zwingt den schwarzen König zum Schlagen auf c4.

42. … ♔c5:c4
43.♔e5–e4 ♔c4–c5
44.♔e4–d3 ♔c5–d5

Der Sieg ist nun eine einfache Additionsaufgabe.
45.♔c3 ♔e4 46.♔:b3 ♔f5 47.♔c3
Schwarz gab auf.

Partie Nr. 49
Smejkal–Vokač,
ČSSR 1986
1.♘f3 ♘f6 2.c4 g6 3.d4 ♗g7 4.g3 0–0 5.♗g2 d6 6.♘c3 c6 7.0–0 ♕a5 8.e4 e5 9.h3 ♘bd7 10.♖e1 ♖e8 11.d5 (Weiß verschließt das Zentrum, um Aktivitäten am Damenflügel zu eröffnen) 11. … cd 12.cd b5 (Schwarz schwächt unnötig dadurch das Feld c6) 13.a3 a6 14.♗e3 ♕c7 15.♘d2 ♘b6 16.a4 (nach Vorbereitung beginnt die weiße Attacke am Damenflügel) 16. … ♘:a4 (schlechter ist 16. … b4 17.a5 ♘bd7 18.♘a4, und Schwarz bekommt Probleme mit dem b-Bauern) 17.♘:a4 ba 18.♕:a4 ♗d7 19.♕a3 ♖ec8 20.♗f1 ♗f8 21.♘c4 ♖cb8 22.♗g5 ♔g7 23.♖ac1 ♕d8 24.♘a5 (dieser Springer steuert sein eigentliches Ziel c6 an) 24. … h6 25.♘c6! ♗:c6 26.dc ♕c7 27.♗:f6+ ♔:f6

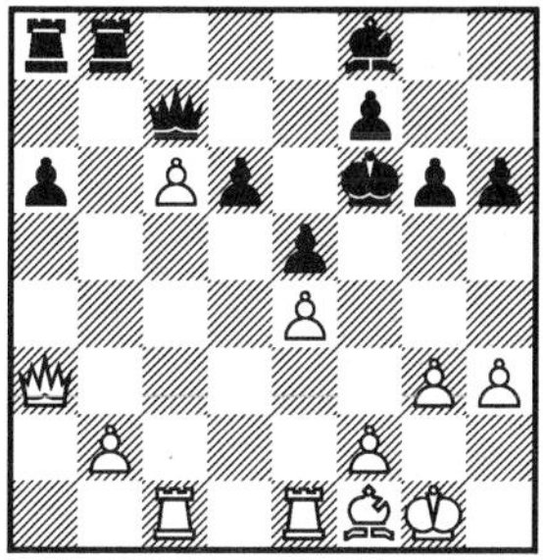

Einschätzung der Stellung: Weiß hat alle Vorteile in seiner Hand. Es ist berechtigt, von einer positionellen Gewinnstellung zu sprechen. So besitzt er einen starken Freibauern, der auch noch von der stärksten schwarzen Figur blockiert werden muß.
Der weiße Läufer wird auf d5 ein Prachtfeld besetzen und von dort seinen Einfluß auf das gesamte Brett ausüben. Sein schwarzer Kollege muß viel Zeit investieren, um hinter seinen Bauern hervorzukommen und sich ins Spiel einzuschalten. Die Schwäche von b2 fällt nicht ins Gewicht und wird durch a6 kompensiert. Trotzdem liegen in der b-Linie die schwarzen Gegenchancen. Mit Unterstützung des starken Läufers auf d5 werden die weißen Schwerfiguren einen Angriff gegen den schwarzen Königsflügel inszenieren.

28.♗f1–c4 ♔f6–g7

Der König muß erst einmal wieder in Sicherheit gebracht werden.

29.♗c4–d5

Deutlicher als in dieser Position kann der Unterschied der Läufer in Wirkung und Ausstrahlung nicht demonstriert werden.

29. … ♗f8–e7

Der schwarze Läufer beginnt seinen langen Weg auf der Suche nach einem geachteten Platz.

30.♖c1–c3 ♗e7–d8
31.♖c3–f3

Turm und Läufer schwächen in Zusammenarbeit den schwarzen Königsflügel.

31. … f7–f6
32.♖e1–d1 a6–a5
33.g3–g4 ♖b8–b4
34.♖f3–g3 ♖a8–b8

Die erste schwarze Drohung kann zwar leicht abgewehrt werden, läßt den Nachziehenden aber doch wenigstens am Spiel teilnehmen.

35.♖d1–d2 ♕c7–e7
36.h3–h4 ♗d8–b6

Der schwarze Läufer hat seinen Wunschplatz gefunden, doch schon ziehen Gewitterwolken am Königsflügel auf.

37.h4–h5 a5–a4
38.♖d2–c2 ♗b6–c5
39.♕a3–a2

Die weiße Dame muß noch zum Königsflügel überführt werden, um den Angriff in Schwung zu bringen.

39. … ♖b4–d4
40.♔g1–g2 ♕e7–c7
41.h5:g6 ♔g7:g6
42.♕a2–a1 ♖b8–h8
43.♕a1–h1

Überraschend kommt die Dame auf der ersten Reihe zum Ort des Kampfes.

43. … ♔g6–g7
44.♕h1–h5

Durch den Angriff gegen f7 im 31. Zug wurde g6 geschwächt. Als Ergebnis dieser Unternehmen besitzt Weiß jetzt die totale Überlegenheit auf den weißen Feldern.

44. … ♕c7–e7
45.♕h5–f5 ♖d4–b4
46.♖g3–f3

Schon droht 47.c7, da das Feld f6 überlastet ist.

46. … ♖h8–f8
47.g4–g5!

Elegant gespielt, wonach Schwarz nichts mehr entgegensetzen kann. 47. … fg scheitert an 48.♕:f8+ ♕:f8 49.♖:f8 ♔:f8 50.c7, und 47. … hg 48.♖h3 ♖h8 49.♖:h8 ♔:h8 50.♕c8+ ♔g7 51.♕g8+ ♔h6 52.♖c1 ist nicht besser.

47. … ♖bb8 48.gh+ ♔h8 49.♖g3 ♕h7 50.♖g6

Schwarz gab auf. Weiß kann zwischen mehreren Gewinnmethoden entscheiden, z. B. droht 51.c7 ♖bc8 52.♖c3

♖:c7 53.♖cg3 ♖cc8 54.♖g8+ ♖:g8 55.♕:f6+.

Partie Nr. 50
Ljubojević–Nogueiras,
Wijk aan Zee 1987
1.e4 e6 2.d4 d5 3.♘c3 ♗b4 4.e5 ♘e7 5.♗d2 c5 6.a3 ♗:c3 7.♗:c3 ♘bc6 8.♘f3 cd 9.♘:d4 ♘:e5 10.♘:e6 (Weiß beschreitet ungewöhnliche Pfade) 10. ... ♗:e6 11.♗:e5 0–0 12.♗d3 ♘c6 13.♗c3 (die weißen Läufer schauen zum schwarzen König, aber 13.♗g3 mit Kontrolle von e5 war vorzuziehen) 13. ... d4 14.♗d2 ♘e5 15.♗:h7+? (geschehen mußte 15.0–0) 15. ... ♔:h7 16.♕h5+ ♔g8 17.♕:e5

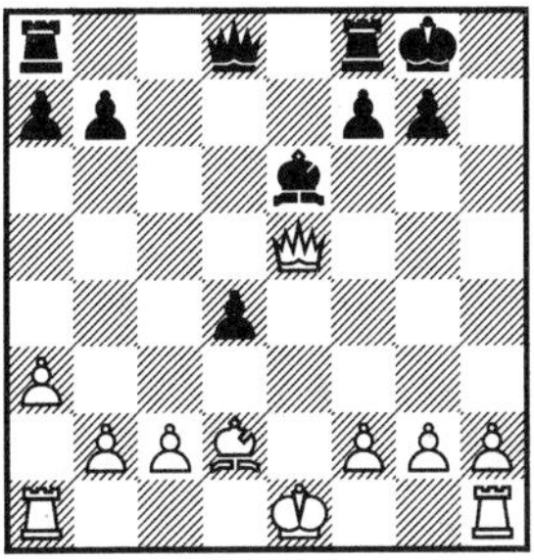

Einschätzung der Stellung: Der weitere Partieverlauf zeigt, daß Weiß an dem Bauerngewinn keine Freude hat. Sein König wird nicht rochieren, und somit ist jegliches Zusammenspiel der weißen Figuren gestört. Die schwarzen Figuren dagegen harmonieren prächtig miteinander und werden dem weißen König keine Ruhe gönnen. Schwarz hat klaren Vorteil.

17. ... ♖f8–e8
18.♕e5–g3

18.0–0 verliert nach 18. ... ♗c4 die Qualität.

18. ... ♗e6–c4+
19.♔e1–d1 ♖a8–c8

Dieser Turm nimmt den Punkt c2 ins Visier.

20.b2–b3 ♗c4–e2+
21.♔d1–c1 d4–d3

Der schwarze d-Bauer wird dem Anziehenden noch viel Kummer bereiten, deshalb ist guter Rat teuer.

22.c2–c3 ♗e2–h5

Schafft Platz für die einfallenden schwarzen Türme.

23.♖a1–a2 ♖e8–e2
24.♔c1–b1 ♖c8–c6
25.f2–f3 ♗h5–g6

Der Läufer in Verbindung mit dem d-Bauern und den Türmen sorgt für taktischen Zündstoff.

26.♖h1–d1 b7–b5
27.a3–a4 b5–b4
28.c3–c4

Natürlich kann Weiß dem schwarzen Turm nicht auch noch das Einbruchsfeld c2 überlassen.

28. ... a7–a5
29.h2–h4 ♖c6–e6
30.♕g3–h3 ♖e2–e1!

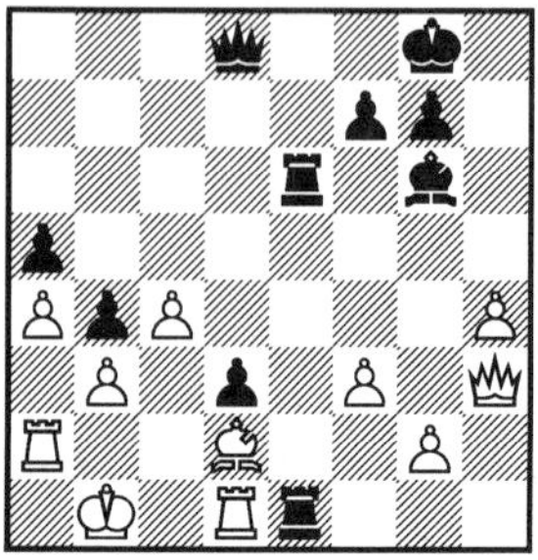

Einschätzung der Stellung: 31.♖:e1 ♖:e1+ 32.♗:e1 d2+ entscheidet sofort für Schwarz. So muß sich Weiß weiter einschnüren lassen. Das Zusammenspiel der schwarzen Figuren ist optimal abgestimmt. Schwarz steht auf Gewinn.

31.♖d1–c1 ♕d8–d4
32.♕h3–h2

Wie harmlos und abseits ist doch die weiße Königin postiert!

32. … ♕d4–c3!

Nun beteiligt sich auch noch die schwarze Dame an der Königsjagd.

33.♕h2–b8+ ♖e6–e8
34.♖c1:e1 ♖e8:b8
35.♗d2:c3 d3–d2+
36.♔b1–a1 b4:c3

Weiß gab auf.

Partie Nr. 51
Karpow–Portisch,
London 1982
1.e4 c5 2.♘f3 d6 3.d4 cd 4.♘:d4 ♘f6 5.♘c3 a6 6.♗e2 e5 7.♘b3 ♗e7 8.0–0 0–0 9.♗e3 ♗e6 10.♕d2 ♘bd7 11.a4 ♖c8 12.a5 ♕c7 13.♖fc1 (mit der Idee, den Bauern c2 zu überdecken, um den Springer c3 bewegen zu können) 13. … ♕c6 14.♗f3 ♗c4 15.♖a4 ♖fd8 16.♖b4 (dieses Turmmanöver sieht riskant aus, ist aber durch den Druck gegen b7 gerechtfertigt) 16. … ♕c7 17.♘d5 ♘:d5 18.ed f5 (Schwarz versucht, im Zentrum aktiv zu werden) 19.♗e2 ♗:b3 (19. … ♗:e2 20.♕:e2 ♖f8, gefolgt von ♘f6, verspricht mehr Gegenspiel) 20.♖:b3 f4 (nach 20. … ♗f6 verstärkt Weiß seinen Druck gegen b7 mit 21.♕b4) 21.♗b6 ♘:b6 22.♖:b6

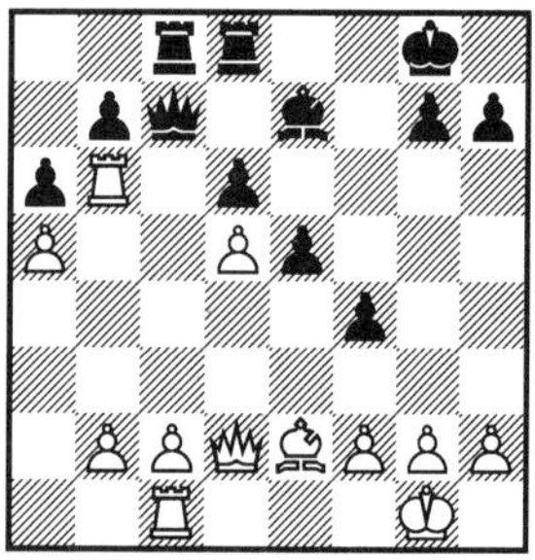

Einschätzung der Stellung: Weiß besitzt die Majorität am Damenflügel und Schwarz das stärkere Zentrum. Es wird von großer Bedeutung sein, welche Bauern schneller in Bewegung kommen. Diesbezüglich hat Weiß günstigere Perspektiven. Seine Schwerfiguren sind darauf ausgerichtet, die weiße Bauernlawine zu unterstützen.

Besonders der Turm auf b6 steht sehr aktiv. Schwarz müßte seine Schwerfiguren umgruppieren, damit sein Zentrum beweglich wird. Dafür steht jedoch keine Zeit zur Verfügung, zumal Weiß für seinen Läufer eine prächtige Diagonale mit Stützpunkt auf e6 besetzen kann. Der Anziehende ist deutlich im Vorteil.

22. … ♗e7–g5
23.♗e2–g4 ♖c8–b8
24.♖c1–e1

Der Turm ist nicht mehr an c2 gebunden. Er wird das Vorprellen des e-Bauern verhindern und über e4 ins Kampfgeschehen eingreifen.

24. … ♕c7–c5
25.♖e1–e4 ♖d8–f8
26.b2–b4 ♕c5–c7
27.c2–c4

Die Bauernwalze rollt, und es ist nicht zu sehen, wer sie aufhalten soll. Alle weißen Figuren unterstützen ihren Vormarsch.

27. … ♔g8–h8
28.c4–c5! d6:c5
29.d5–d6

Abermals geht es mit Tempogewinn vorwärts.

29. … ♕c7–d8
30.b4:c5 f4–f3
31.♕d2–d5 f3:g2
32.♖e4:e5 ♕d8–f6
33.♖e5–f5

Ein Zahnrad greift ins andere. Der d-Bauer ist nicht mehr aufzuhalten. Weiß steht auf Gewinn.

33. … ♕a1+ 34.♔:g2 ♗f6 35.d7 ♕:a5 36.♖:b7 (auch 36.♖f:f6 gf 37.♕d4 ♔g7 38.♗f5 entscheidet schnell) 36. … ♖:b7 37.♕:b7 ♕d8 38.c6 a5 39.c7 ♕:d7 40.♖f4. Zum Schluß greift der Läufer noch einmal ins Geschehen ein.

Schwarz gab auf.

2.2. Die ungleichfarbigen Läufer im Endspiel

Im Endspiel mit ungleichfarbigen Läufern steht ein Problem im Mittelpunkt: Der eigene Läufer kann einem Bauern nicht das Überschreiten von Feldern der Farbe des gegnerischen Läufers ermöglichen. Dazu benötigt er Unterstützung. Wir werden uns nun mit Endspielen beschäftigen, wo Schwerfiguren diese Aufgabe übernehmen, aber auch reine Endspiele mit ungleichfarbigen Läufern betrachten.

2.2.1. Die ungleichfarbigen Läufer im Zusammenspiel mit den Türmen

Auch im Endspiel steht für ungleichfarbige Läufer beim Zusammenspiel mit den Türmen die Aufgabe, gemeinsam Schwächen zu bekämpfen. Nur hat sich die Anzahl der

Angreifer und Verteidiger verringert. Es sind weniger taktische Momente vorhanden, und das Spiel ist überschaubarer geworden. Trotzdem kann mit geringerem Figurenmaterial, also Läufer und Turm, ein gefährlicher Mattangriff inszeniert werden. Die noch vorhandenen Figuren müssen nur wirksam postiert sein. Dieser Fall ist in der Praxis häufig anzutreffen. Meist nutzt der Angreifer dabei seinen Raumvorteil, den frei beweglichen König und die momentane Handlungsschwäche des Gegners, um Material zu gewinnen oder Freibauern zur Umwandlung zu führen. Die folgenden Partien sind Beispiele für ein effektiv abgestimmtes Auftreten von ungleichfarbigen Läufern und Türmen.

Partie Nr. 52

Utasi–Uhlmann,
Szirak 1985

1.d4 ♘f6 2.c4 g6 3.♘f3 ♗g7 4.e3 (recht harmlos) 4. ... 0–0 5.♗e2 d6 6.♘c3 ♗f5 7.0–0 ♘e4 8.♘d2 ♘:c3 9.bc c5 10.e4 ♗d7 11.♘b3 ♗a4 12.♗e3 ♘c6 13.dc dc 14.♕:d8 ♘:d8 15.♘:c5 ♗c6 16.f3 ♗:c3 17.♖ab1 b6 (etwa Gleichgewicht) 18.♘a6 ♘e6 19.c5 ♘d4 20.♔f2 ♘:e2 21.♔:e2 ♗e5 22.♔f2 ♖fc8 (22. ... ♗:h2?? verliert nach 23.g3 eine Figur) 23.♖fc1 bc 24.♗:c5 e6 25.g3 ♗e8 26.f4 ♖c6 27.fe ♖:a6 28.a3 ♖c8 29.♗e7

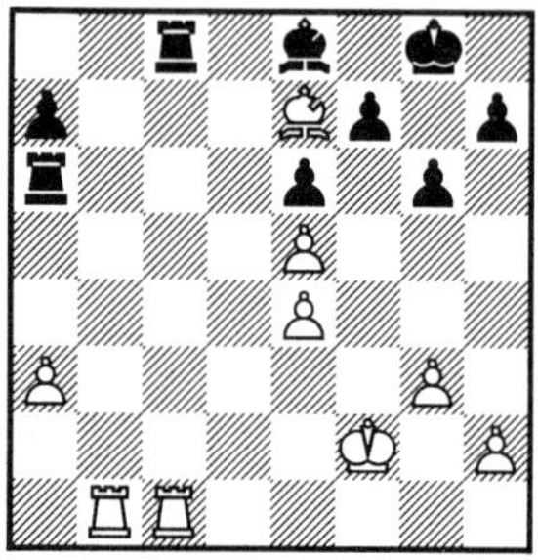

Einschätzung der Stellung: Bei gleichem Material, ohne Freibauern und mit einem leicht zu deckendem Doppelbauern, sollte es eigentlich ein schnelles Remis geben. Und doch gibt es in der Stellung einen Unterschied von entscheidender Bedeutung: Der weiße König kann sich frei bewegen und aktiv am Kampfgeschehen teilnehmen, sein schwarzer Kollege dagegen ist vom Spielgeschehen ausgeschlossen und Mattgefahren ausgesetzt. Offensichtlich hat Weiß das angenehmere Spiel, obwohl nicht zu sehen ist, wie daraus Nutzen gezogen werden kann.

29. ... ♖ac6 30.♖:c6 ♗:c6 31.♔e3 a5 32.g4 a4 (auch dieser Bauer ist zuverlässig geschützt, was kann Schwarz eigentlich schon geschehen!) 33.h4 h6 34.♔d4 ♗e8 35.♖b7 ♗c6 36.♖a7 ♗b5 37.♗d6 ♖c4+ 38.♔e3 ♖c3+ 39.♔d2 ♖c8 (Schwarz darf sich nicht zu Aktivitäten verleiten lassen, z. B. 39. ... ♖d3+ 40.♔c2 ♖g3 41.♗e7 ♖:g4 42.♖a8+

♔h7 43.♗f6 g5 44.h5 und folgendem Matt) 40.♖a5 ♗c6 41.♔d3 ♗e8 42.g5 ♗c6 43.♖a7 h5 44.♔d4 ♔g7 45.♔c5

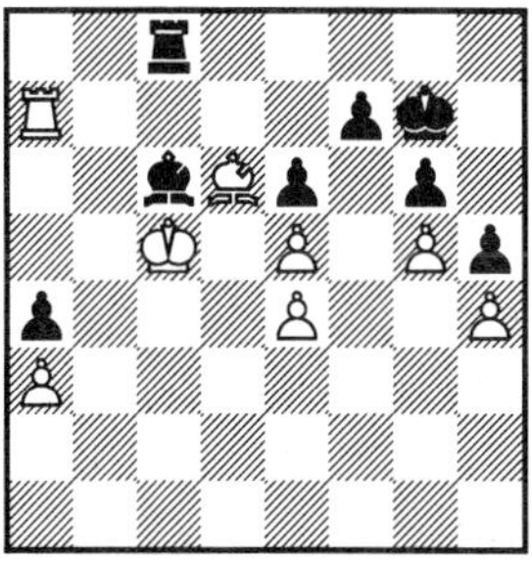

Einschätzung der Stellung: Eine längere Manövrierphase ohne besondere Höhepunkte liegt hinter uns. Die Bauern am Königsflügel blockieren sich, die Lage für den schwarzen König ist nicht luftiger geworden. Weiß opfert jetzt einen unbedeutenden Doppelbauern, um seinen König zum Damenflügel zu führen. Er rechnet mit den begrenzten Zugmöglichkeiten von Schwarz und plant, diese so weit einzuschränken, daß der schwarze a-Bauer fällt. Gelingt dies, wird der weiße a-Bauer die Entscheidung bringen.

45. ... ♗c6:e4+
46.♔c5–b5 ♗e4–c6+

46. ... ♗c2 ist die Alternative, wonach der schwarze Turm große Probleme bekommt: 47.♗c7 ♗b3 48.♔c6 ♗c2 49.♔d7 ♖g8 50.♗d8, und der Verlust des Bauern f7 bringt die Entscheidung.

47.♔b5–b6 ♔g7–g8
48.♖a7–a5 ♔g8–g7
49.♗d6–c7 ♗c6–d7
50.♔b6–b7 ♔g7–f8

Jetzt eilt der schwarze König zu Hilfe, jedoch vergeblich.

51.♖a5–c5 ♔f8–e7

51. ... ♔e8 52.♖c3 führt zum gleichen Gewinnmanöver.

52.♗c7–d6+ ♔e7–d8
53.♗d6–e7+!

Das folgende Bauernendspiel ist für Weiß einfach zu gewinnen, da Schwarz seinen a-Bauern nicht verteidigen kann.
53. ... ♔:e7 54.♖:c8 ♗:c8+ 55.♔:c8 ♔e8 56.♔c7 f5 (ein letzter untauglicher Versuch) 57.gf e. p. g5 58.♔d6 ♔f7 (58. ... gh 59.♔:e6 h3 60.f7+ ♔f8 61.♔f6 h2 62.e6 mit folgendem Matt) 59.hg h4 60.g6+ ♔:g6 61.♔:e6 Schwarz gab auf wegen 61. ... h3 62.f7 h2 63.f8♕ h1♕ 64.♕g8+ ♔h5 65.♕h8+.

Partie Nr. 53
Short–Sax,
Hastings 1983–84
1.e4 c5 2.♘f3 d6 3.d4 cd 4.♘:d4 ♘f6 5.♘c3 g6 6.♗e3 ♗g7 7.f3 ♘c6 8.♕d2 0–0 9.g4 (inzwischen ist dieser Zug recht populär) 9. ... ♗e6 10.0–0–0 ♘:d4 11.♗:d4 ♕a5 12.a3 ♖fc8 13.h4 ♖ab8 14.♘d5 (14.h5 wurde auch

schon häufig gespielt) 14. ... ♕:d2+ 15.♖:d2 ♘:d5 (15. ... ♗:d5 16.ed ♘d7 17.♗e2, Karpow–Miles, oder 17.♗h3, Miles–Keene, jeweils London 1982, ergab weißen Vorteil) 16.♗:g7 (bei 16.ed ♗:d5 17.♗:g7 ♗:f3 18.♖h3 ♗:g4 19.♖g3 erhält Schwarz drei Bauern für die Figur, was hier mit ausreichender Kompensation gleichzusetzen ist) 16. ... ♘e3 17.♗d4 ♘:f1 18.♖:f1 b6 19.g5 h5 (die Öffnung der h-Linie muß verhindert werden, da dann den weißen Türmen ein Mattüberfall gelingen würde)

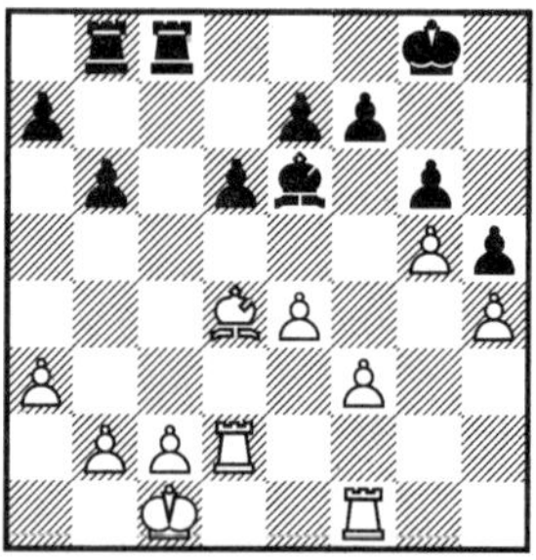

Einschätzung der Stellung: Wie schon im vorangegangenen Beispiel läßt die Stellung auf den ersten Blick einen friedlichen Ausgang vermuten, es gibt keine ernsten Schwächen. Und doch besteht ein wesentlicher Unterschied: Trotz reduzierten Materials läuft der eingeengte schwarze König Gefahr, einem Angriff ausgesetzt zu werden. Diesen kann der vorprellende weiße f-Bauer in Verbindung mit dem zentral postierten weißen Läufer einleiten. Günstig für Weiß ist auch sein aktiver König.

20.f3–f4

Konsequent, denn 20.gh e. p. f6, gefolgt von ♔f7 und ♖h8, bringt nichts.

20. ...	♗e6–h3
21.♖f1–f2	♖c8–c6
22.f4–f5	♖b8–e8
23.b2–b3	♗h3–g4
24.♔c1–b2	

Weiß droht, mit Hilfe des Königs auch noch am Damenflügel Unruhe zu stiften.

24. ...	a7–a6
25.a3–a4	b6–b5
26.a4:b5	a6:b5

Die Einengung am Damenflügel ist jetzt zwar verhindert, dafür steht aber der schwarze b-Bauer sehr wacklig.

27.♗d4–c3	♖c6–c5
28.f5–f6	

Es droht 29.fe ♖:e7 30.♖:d6, und die achte Reihe wäre tödlich schwach.

28. ...	♖c5–c6
29.♖d2–d5	e7:f6
30.♗c3:f6	♖e8:e4
31.♖d5:b5	♗g4–c8
32.♖f2–d2	♔g8–f8

Der schwarze König versucht, den drohenden Fesseln zu entrinnen. Schlecht ist 32. ... ♖:h4?, denn nach 33.♖b8 und 34.♖:d6 ist es um den Nachziehenden sofort geschehen.

33.c2–c4 ♔f8–e8
34.♖b5–d5 ♖e4:h4

34. ... ♖e6 35.c5 brächte das Zusammenwirken des weißen Läufers mit seinen Türmen voll zur Geltung.

35.♖d5:d6 ♖c6:d6
36.♖d2:d6 ♗c8–d7
37.c4–c5

Schwarz gab auf. Der Lauf des c-Bauern entscheidet.

Partie Nr. 54
Boleslawski–Kotow,
Moskau 1942
1.e4 c5 2.♘f3 e6 3.d4 cd 4.♘:d4 ♘f6 5.♘c3 ♘c6 6.♘db5 d6 7.♗f4 e5 8.♗g5 a6 9.♗:f6 gf 10.♘a3 b5 11.♘d5 ♗e6 (inzwischen ist die Theorie natürlich weiter, und 11. ... f5 spart ein Tempo) 12.c3 ♗g7 13.♘c2 f5 14.ef ♗:f5 15.♘ce3 ♗e6 16.♕f3 0–0 17.♗d3 (der Anziehende besitzt die Kontrolle über die weißen Felder und nutzt dies) 17. ... ♘e7 18.♘:e7+ ♕:e7 19.0–0 ♕g5 20.♗e4 ♖ad8 21.♗d5 ♕f4 22.♖fd1 ♖fe8 23.g3 ♕:f3 24.♗:f3 ♗h6 25.♘d5 ♗:d5 26.♗:d5

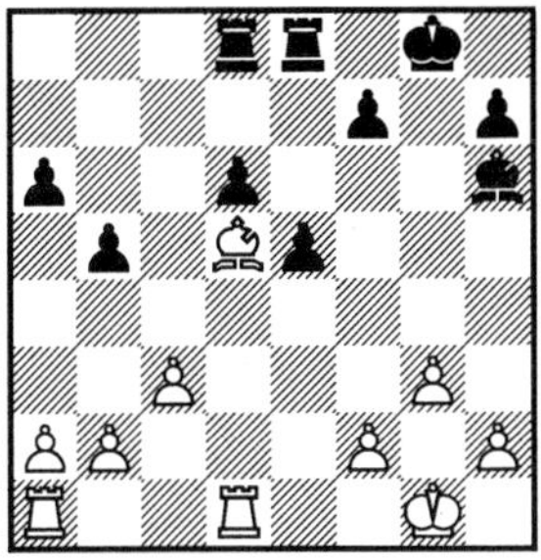

Einschätzung der Stellung: Weiß besitzt einen dominierenden Läufer, der durch seine zentrale Position das gesamte Brett beherrscht. Seine Bauernformation ist ohne schwachen Punkt. Die schwarze Stellung krankt an Bauernschwächen. Da ist das unbewegliche Zentrum mit dem rückständigen Bauern auf d6, aber auch der Bauer h7 und der Damenflügel sind Angriffsobjekte. Die geschwächten weißen Felder im schwarzen Lager werden zum Zielpunkt der aktiven Figuren des Anziehenden. Weiß hat Vorteil.
26. ... ♖b8 (schon 27.a4 mußte unterbunden werden, da Weiß auch noch in den Besitz der offenen a-Linie gelangt) 27.♗e4 ♗f8 28.♖d3 ♖ec8 29.♗d5 ♖c7 30.♔g2 ♔g7 31.g4! (verhindert 31. ... f5 und sichert die Dominanz des Anziehenden auf den weißen Feldern) 31. ... ♗e7 32.♔g3 h6 33.♖f3 (langwierige Manöver mit dem Ziel, Schwächen zu schaffen, sind

gefragt) 33. ... ♗f6 34.♖d1 b4 35.c4 (natürlich ist Weiß an einer Öffnung des Damenflügels jetzt nicht interessiert, da er sein Spiel auf den Königsflügel verlagert hat) 35. ... ♖b6 36.b3 a5 37.h4 ♖a6 38.♔h3 a4 39.♖g1 ab 40.ab ♗d8

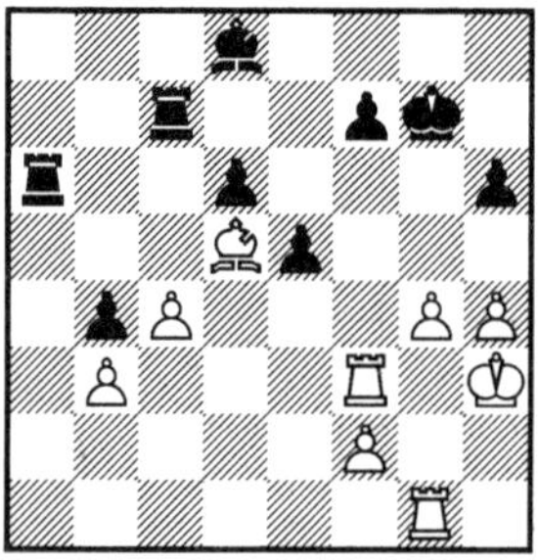

Einschätzung der Stellung: Weiß konnte seine Kräfte ungehindert am Königsflügel zusammenziehen und droht nun der schwarzen Majestät mit einem gefährlichen Angriff. Sein Läufer nimmt weiterhin die dominierende Stellung ein. Schwarz ist es zwar gelungen, die a-Linie zu öffnen und in seinen Besitz zu bringen, aber Gewinn kann daraus nicht erzielt werden. Die Bauernschwäche auf b3 wird von Weiß ohne Probleme überdeckt. Der Anziehende beginnt einen erfolgversprechenden Angriff.

41.g4–g5 h6:g5
42.h4:g5 ♖a6–a2
43.♔h3–g4

Die Marschroute des weißen Königs sind die weißen Felder.

43. ... ♖c7–a7
44.♔g4–f5

Die Drohung 45.g6 zeigt, wie gefährdet der schwarze König steht.

44. ... e5–e4
45.g5–g6!

Die Angriffslawine rollt ohne Halt.

45. ... f7–f6

Bei 45. ... ef 46.gf+ ♔f8 47.♖g8+ wird Schwarz matt.

46.♖f3–h3 ♖a2:f2+

Ein Strohfeuer, das schnell verlischt.

47.♔f5–e6 ♖a7–e7+
48.♔e6:d6

Mit Unterstützung der Türme und des Läufers wird der weiße g-Bauer entscheidendes Material gewinnen. Die Realisierung des Vorteils ist problemlos.
48. ... f5 49.♖h7+ ♔f6 50.g7 ♗c7+ 51.♔c6 ♖:g7 52.♖h6+ ♔e5 53.♖:g7 ♗d8 54.♖g8 e3 55.♖:d8 f4 56.♔c5 e2 57.♖f8 Schwarz gab auf.

Partie Nr. 55
Hort–Hebden,
Genf 1987
1.d4 ♘f6 2.♘f3 c5 3.d5 g6 4.♘c3 ♗g7 5.e4 0–0 6.h3 d6 7.♗g5 h6 8.♗e3 b5 (das

harmlose weiße Spiel gibt Schwarz bereits die Initiative) 9.♗:b5 ♘:e4 10.♘:e4 ♕a5+ 11.♕d2 (11.♘c3 ♗:c3+ 12.bc ♕:b5 13.♗:h6 ♖e8 konnte Weiß nicht gefallen) 11. ... ♕:b5 12.♗:h6 ♕c4 13.♘c3 ♗:c3 14.♕:c3 ♕:c3+ 15.bc ♖e8 (die Bauernschwächen im weißen Lager entschädigen Schwarz für den Bauernverlust) 16.0–0–0 ♘d7 17.♘d2 ♘b6 18.c4 ♗a6 19.♖he1 ♘:c4 20.♘:c4 ♗:c4 21.♖e4 ♗a6 (21. ... ♗:a2?? 22.♖a4 verliert eine Figur) 22.♖de1

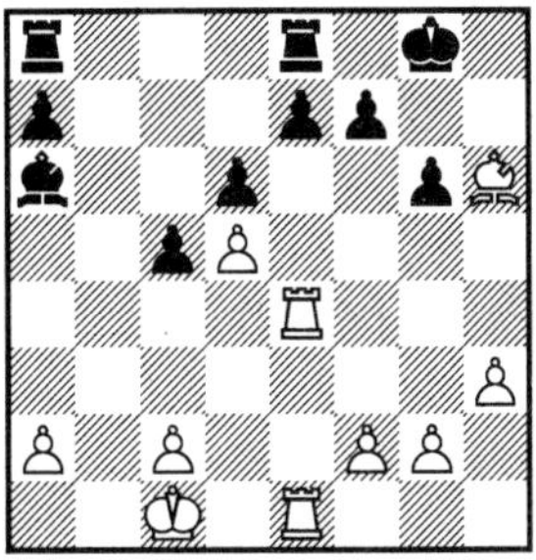

Einschätzung der Stellung: Der Druck gegen e7 schafft auch in der schwarzen Stellung Bauernschwächen und kompensiert die Anfälligkeit der weißen Bauern. Gleichzeitig werden die schwarzen Felder am Königsflügel geschwächt und der schwarze König beunruhigt. Kommt die Majorität am Königsflügel zum Tragen, kann ein gefährlicher weißer Freibauer entstehen, zumal Weiß mit seinem Läufer das Feld h8 kontrolliert. Der weiße König ist beweglich und wird ins Kampfgeschehen eingreifen. Schwarz muß schnell seinen Eckturm aktivieren und die weißen Bauernschwächen belagern. Dieses Gegenspiel sollte für ein Unentschieden ausreichen, obwohl Weiß das angenehmere Spiel hat.

22. ... ♗b7 23.♖:e7 ♖:e7 24.♖:e7 ♗:d5 25.g4 ♗:a2 26.♗f4 d5 27.♗d6 a5 (27. ... c4?? 28.♔b2 verliert den Läufer) 28.♔b2 ♗c4 29.♗:c5 ♗f1 (Schwarz möchte seinen Läufer zentralisieren, treibt aber auch die weißen Königsflügelbauern nach vorn) 30.h4 ♗g2 31.♗d4 (zwingt den schwarzen Turm, auf der achten Reihe zu verweilen) 31. ... ♗e4 32.c3 a4 33.♔a3 ♗c2 34.♖d7 ♗b3 35.f4

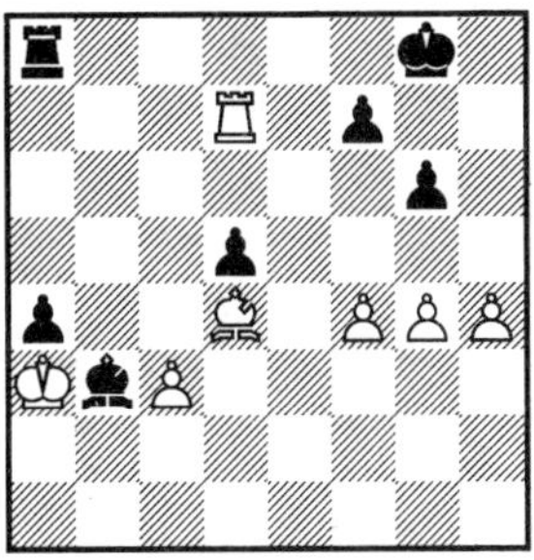

Einschätzung der Stellung: Die zurückliegende Partiephase ging nach Punkten eindeutig an Weiß. Der Anziehende konnte seine Bauernschwächen geschickt durch Tausch beseitigen. Er besitzt jetzt einen hervorragend postierten Läufer, der dem schwarzen König schlaflose Nächte bereiten wird, das Umwandlungsfeld h8 kontrolliert und den schwarzen Turm an die Grundreihe bindet. Der weiße König blockiert aktiv den schwarzen Freibauern, und der weiße Turm steht auf der siebenten Reihe angriffsorientiert. Die wuchtige Bauernmajorität am Königsflügel ergänzt das vorteilhafte Bild der weißen Stellung. Schwarz kann nichts Gleichwertiges entgegensetzen.

35. ... ♗b3–d1
36.g4–g5 ♗d1–f3
37.♗d4–f6 ♗f3–e4
38.♗f6–e5 ♗e4–f3
39.♖d7–d6

Weiß droht mit 40.f5 gf 41.♖h6.

39. ... ♔g8–f8
40.♗e5–d4 ♔f8–e7
41.♗d4–c5 ♔e7–e8

Dem Mattnetz ist der schwarze König entronnen, doch sicheren Zeiten kann er im Zentrum auch nicht entgegensehen. Außerdem hat er sich von der weißen Bauernmajorität entfernt.

42.♖d6–b6 ♗f3–g4
43.♗c5–d4 ♔e8–e7
44.♗d4–f6+ ♔e7–e8
45.♗f6–e5 ♔e8–e7
46.♗e5–d4

Weiß sucht einen Plan, wie er seine Königsflügelbauern ins Rennen bringen kann.

46. ... ♔e7–d7
47.♖b6–f6 ♔d7–e7
48.f4–f5!

Geht es nicht auf normalem Weg, muß die Taktik helfen.

48. ... g6:f5

Erwidert Schwarz 48. ... ♗:f5, kann er nach 49.♗c5+ ♔e8 50.h5 den Randbauern nicht mehr stoppen.

49.♗d4–c5+ ♔e7–d7?

Der Nachziehende hofft auf die Aktivitäten seines Königs, aber die weißen Freibauern werden zu stark. Unbedingt mußte 49. ... ♔e8 geschehen. Nach 50.♖h6 ♔d7 51.h5 ♖g8 ist der Ausgang noch nicht so klar.

50.♖f6:f7+ ♔d7–c6
51.♗c5–f8

Der schwarze Turm wird vom Königsflügel abgeschnitten.

51. ... d5–d4
52.c3:d4 ♖a8–b8
53.g5–g6 ♖b8–b3+
54.♔a3:a4 ♗g4–d1
55.d4–d5+

Weiß muß genau spielen, z. B. 55.♔a5 ♖b5+ 56.♔a6 ♗e2 57.g7 f4!, und ein Gewinn ist nicht mehr zu sehen.

55. ... ♔c6–b6
56.♖f7–f6+ ♔b6–b7
57.g6–g7 f5–f4

58.♔a4–a5 ♖b3–g3
59.♖f6–f7+ ♔b7–c8
60.♗f8–c5

Der Umwandlung des weißen g-Bauern, eingeleitet durch 61.♖f8+, steht nichts mehr im Wege.
Schwarz gab auf.

Partie Nr. 56
Karpow–Portisch,
Mailand 1975
1.e4 e5 2.♘f3 ♘c6 3.♗b5 a6 4.♗a4 d6 5.0–0 ♗e7 (5. ... ♗d7 ist gebräuchlich) 6.♗:c6+ bc 7.d4 ed 8.♘:d4 c5 9.♘c6 ♕d7 10.♘a5 ♗f6 11.♕d3 ♘e7 12.♘c3 ♖b8 13.♖b1 0–0 14.♗d2 ♗:c3 15.♗:c3 ♘c6 16.a3 (nach 16.♘c4 ♘b4 17.♕g3 ♕g4 steht Schwarz nicht schlechter) 16. ... ♘:a5 17.♗:a5 ♖e8 18.♖fe1 ♖e6 19.c4 ♗b7 20.f3 ♖be8 21.♕d2 ♗c6 (aktiver war 21. ... ♖g6 mit der Idee ♖e5, ♖eg5 und Druck auf die weiße Königsstellung) 22.b3 ♕e7 (plant 23. ... f5) 23.♕f4 ♖b8 24.♗c3 f6 25.♔f2 ♕f7 26.h4 ♖ee8 27.g4 (Weiß aktiviert seinen Königsflügel, um gegebenenfalls anzugreifen) 27. ... ♖b7 28.♖b2 (die Verteidigung von b3 hat erst einmal Vorrang) 28. ... ♖eb8 29.♖eb1 ♖f8 30.♖g1 ♗d7 31.♕e3 ♕e6 32.♕d3 ♗c6 33.b4 cb 34.ab ♗e8 35.♖d2 ♖b6 36.♕d4 ♕e5? (danach kann Weiß in ein vorteilhaftes Endspiel einlenken; bessere Chancen boten das passive 36. ... ♕e7 oder aktiv 36. ... c5 37.bc dc 38.♕d5 – 38.♕:c5 ♖c6 39.♕d5 ♕:d5 – 38. ... ♗f7 39.♖gd1, und Weiß hat noch viel Arbeit vor sich, will er erfolgreich sein) 37.♕:b6 ♕h2+ (erzwungen, da 37. ... ♕:c3 38.♕d4 ♕:b4 39.♖a1 klarer weißer Vorteil ist) 38.♔e1 ♕:d2+ 39.♔:d2 cb 40.♖a1 ♗f7 (Schwarz sollte durch 40. ... a5 41.ba ba 42.♖:a5 wenigstens die Schwäche b6 auflösen)

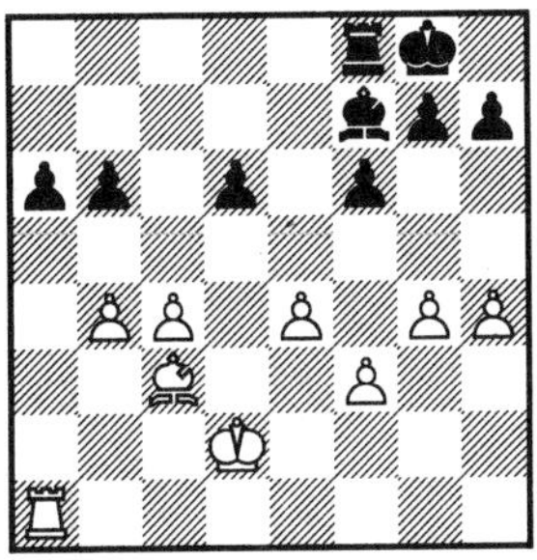

Einschätzung der Stellung:
Mit Sicherheit war 36. ... ♕e5 die Folge eines Rechenfehlers, denn Schwarz verliert zwangsläufig einen Bauern. Außerdem sind b6 und d6 fixierte Bauernschwächen im schwarzen Lager, die sich auf der Farbe des weißen Läufers befinden. Auch der weiße König ist bereits im Kampffeld. Hoffnung hat Schwarz nur durch das Vorhandensein der ungleichfarbigen Läufer und damit verbundener natürlicher Remistendenzen, die aber

durch die noch vorhandenen Türme stark eingeschränkt werden. Weiß besitzt deutlichen Stellungsvorteil.

41.♖a1:a6 ♖f8–b8
42.♔d2–d3 h7–h5

Nach 42. ... ♖c8 43.♖:b6 ♗:c4+ behält Weiß einen gefährlichen Freibauern.

43.b4–b5 h5:g4
44.f3:g4 ♖b8–c8
45.♖a6–a4

Auch 45.♖:b6 war gut.

45. ... ♗f7–e6
46.g4–g5 f6–f5

Schwächer ist 46. ... fg 47.hg ♔h7 48.♗d4 ♔g6 49.♗:b6 ♔:g5 50.♗d4, und Weiß gewinnt leicht.

47.e4:f5 ♗e6:f5+
48.♔d3–d4 ♔g8–f7
49.♗c3–b4 ♔f7–e6
50.♖a4–a6

Wechselseitig attackieren Turm und Läufer die schwarzen Bauernschwächen.

50. ... ♖c8–b8

Abermals verliert die aktive Verteidigung schnell: 50. ... ♖h8 51.♖:b6 ♖:h4+ 52.♔c3 ♖h3+ 53.♔b2 ♖d3 54.c5.

51.h4–h5 ♗f5–g4
52.h5–h6 g7:h6
53.g5:h6 ♗g4–f5
54.♗b4–d2 ♖b8–g8
55.♗d2–f4

Technisch sauber gespielt. Der Läufer schützt den König vor Seitenschachs, deckt gleichzeitig den Freibauern und drückt gegen die Schwäche d6. Bei 55.♖:b6 ♖g4+ 56.♔c3 ♖g3+ 57.♔b4 ♖g4 kann Schwarz noch mitspielen.

55. ... ♖g8–b8
56.♖a6–a7 ♔e6–f6
57.♖a7–g7

Droht ein zweizügiges Matt!

57. ... ♗f5–e6
58.♖g7–c7 ♖b8–h8
59.♖c7–c6

Schwarz verliert weiteres Material und damit jegliche Aussichten auf ein Remisergebnis. 59. ... ♖g8 60.♖:d6 ♔f5 61.♖:b6 ♖g4 62.♖:e6 ♔:e6 63.♔e4 ♖g1 64.b6
Schwarz gab auf.

Partie Nr. 57
Karpow–Kavález,
Nizza 1974
1.c4 c5 2.♘f3 g6 3.d4 cd 4.♘:d4 ♘c6 5.e4 ♘f6 6.♘c3 d6 7.♗e2 ♘:d4 8.♕:d4 ♗g7 9.♗g5 0–0 10.♕d2 ♗e6 11.♖c1 ♕a5 12.f3 ♖fc8 13.b3 a6 14.♘a4 ♕:d2+ (von 14. ... ♕d8 15.c5 dc 16.♕:d8+ ♖:d8 17.♘b6 hat Schwarz nichts) 15.♔:d2 ♖c6 (Aufmerksamkeit verdient 15. ... ♘d7 mit der Idee 16. ... f5, da 16.♗:e7? ♗h6+ die Qualität verliert) 16.♘c3 ♖ac8 17.♘d5 ♔f8 18.♗e3 ♘d7 19.h4 (ein anderer Plan ist 19.f4, gefolgt von 20.♗f3)

19. … ♗:d5 (19. … h5 20.♘f4 sieht Weiß im Vorteil) 20.ed ♖6c7 21.h5 ♔g8 22.f4 (Weiß nutzt seinen Raumvorteil zu Aktivitäten am Königsflügel) 22. … ♘c5 23.♗g4 ♘e4+ 24.♔d3 f5 25.♗f3 b5 (Schwarz sucht das Gegenspiel) 26.g4 (sowohl 26.cb ♖c3+ 27.♔e2 ♘g3+ als auch 26.♗:e4 bc+ 27.bc fe+ 28.♔:e4 ♖:c4+ 29.♔d3 ♖c3+ kann Weiß nicht empfohlen werden) 26. … bc+ 27.♖:c4 (der Tausch eines Turmpaares nimmt dem schwarzen Druck am Damenflügel etwas Wind aus den Segeln) 27. … ♖:c4 28.bc ♘c5+ 29.♗:c5

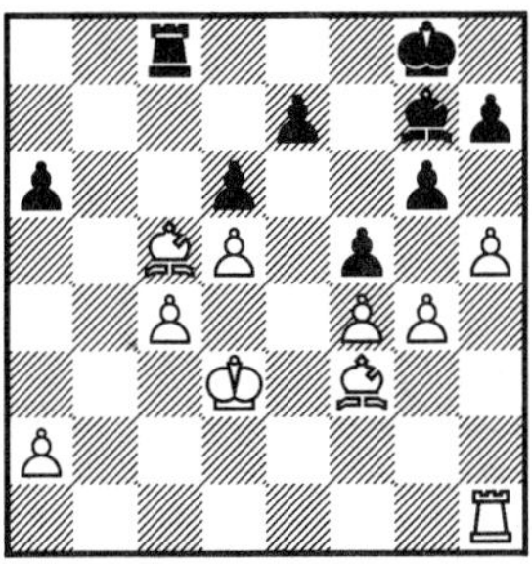

Einschätzung der Stellung: Wie sich Schwarz beim Schlagen auf c5 auch entscheidet, es wird zu seinem Nachteil sein. Er kann zwischen einem passiven Turm und einem passiven Läufer wählen, wobei er sich richtig für letzteren entscheidet. Bei 29. … dc 30.h6 ♗d4 31.♖b1 wird der weiße Turm kräftig in der offenen b-Linie auftrumpfen, und Schwarz kann nichts unternehmen. Im anderen Fall übernimmt der Nachziehende zwar auch den passiven Part, aber der schwarze Turm hat über c5 immer die Möglichkeit, ins Spiel zu kommen. Die weiße Raumüberlegenheit und die aktivere Stellung seiner Figuren, einschließlich des Königs, sind das Unterpfand des weißen Vorteils.

29. … ♖c8:c5
30.h5–h6 ♗g7–f8

Falsch ist 30. … fg 31.♗:g4 ♗f8 (31. … ♗f6 32.♗e6+ ♔f8 33.♖b1) 32.♗e6+ ♔h8 33.f5 ♖a5 34.♖b1 ♖a3+ 35.♔e2 ♖:a2+ 36.♔f1 ♗:h6 37.f6, und Schwarz steht auf Verlust.

31.♔d3–c3

Hier verschlechtert 31. … ♖a5 nach 32.♔b3 nur die schwarze Turmstellung.

31. … f5:g4
32.♗f3:g4 ♔g8–f7

Schwarz bringt den König aus der Gefahrenzone. Die Aktivierung des schwarzen Turms war eine mögliche Alternative: 32. … ♖c7 33.♗e6+ ♔h8 34.f5 ♖b7, und 35.♗f7 wird mit 35. … ♗:h6 36.♖:h6 ♔g7 beantwortet.

33.♗g4–e6+ ♔f7–f6
34.♗e6–g8 ♖c5–c7

In diesem Fall war 34. …

♗:h6 falsch, da 35.♖:h6 ♔g7 36.♖:h7+ ♔:g8 37.♖:e7 zu einem für Weiß gewonnenen Turmendspiel führt.

35.♗g8:h7 e7–e6

Abermals konnte Schwarz fehlgreifen: 35. … ♔f7 36.f5 g5 37.f6 ef 38.♗f5 ♔g8 39.h7+ ♔h8 40.♖b1, und Weiß gewinnt.

36.♗h7–g8 e6:d5
37.h6–h7

37.♗:d5 ♖h7 sollte im Remishafen enden.

37. … ♗f8–g7?

Der entscheidende Fehler. Gute Verteidigungschancen bot 37. … ♖:c4+ 38.♔d3 ♗g7 39.♗:d5 ♖c5 oder auch 39.h8♕ ♗:h8 40.♖:h8 ♖c8! 41.f5 ♔g7 42.♖h7+ ♔:g8 43.fg.

38.♗g8:d5 ♗g7–h8

Schwarz kann nur abwarten.

39.♔c3–d3 ♔f6–f5
40.♔d3–e3 ♖c7–e7+
41.♔e3–f3 a6–a5
42.a2–a4 ♖e7–c7
43.♗d5–e4+ ♔f5–f6
44.♖h1–h6 ♖c7–g7

Forciert verliert 44. … ♔g7 45.♖:g6+ ♔:h7 46.♖g1+ ♔h6 47.♖h1+ ♔g7 48.♖h7+ und 49.♖:c7.

45.♔f3–g4

Mit vereinter Kraft wird g6 erobert, ohne daß der Nachziehende etwas dagegen unternehmen kann.
Schwarz gab auf.

2.2.2. Die ungleichfarbigen Läufer unter sich

Reine Endspiele mit ungleichfarbigen Läufern tendieren zum Remisausgang, da der eigene Läufer einem Bauern über ein vom gegnerischen Läufer kontrolliertes Feld keinen Geleitschutz geben kann. Der König muß deshalb zu Hilfe eilen. Er wird aber nur dann etwas ausrichten, wenn das Feld nicht unter Kontrolle des gegnerischen Königs steht. Die auf Gewinn spielende Seite muß dann einen zweiten entfernten Freibauern oder ein Freibauernpaar bilden. Mit diesem Gewinnverfahren werden wir uns in den folgenden Beispielen beschäftigen.

Partie Nr. 58
Kurajica–Karpow,
Skopje 1976
1.e4 e5 2.♘f3 ♘c6 3.♗b5 a6 4.♗a4 ♘f6 5.♗:c6 dc 6.♘c3 ♗d6 7.d4 ♗b4 8.♘:e5 (schlecht ist 8.de? ♗:c3+ 9.bc ♕:d1+ 10.♔:d1 ♘:e4 und auch 8.0–0 ed 9.♕:d4 ♕:d4 10.♘:d4 ♗:c3) 8. … ♘:e4 9.0–0 ♗:c3 10.bc 0–0 (natürlich nicht 10. … ♘:c3? 11.♕f3, und Weiß gewinnt) 11.♗a3 ♘d6 12.c4 f6 13.♘g4 ♖e8 14.♘e3 ♘f5 15.♘:f5 ♗:f5 16.♕d2 ♗e6 17.♕c3 ♕d7

18.♖fe1 ♕f7 19.♕b2 b6 20.c5 b5 21.♗b4 a5 22.♗d2 ♗d5 23.f3 ♖:e1+ 24.♖:e1 b4 (24. … ♗:a2 25.♖a1 ergibt Ausgleich) 25.a4 (schwächer ist 25.c3 wegen 25. … ♗:a2 26.cb a4) 25. … ba e. p. 26.♕:a3 a4 27.♗b4 ♕g6 28.♕c3 h5 29.♗a3 ♖e8 30.♖:e8+ ♕:e8 31.♔f2 ♕g6 32.♕d3 (es sollte erst 32.h4 geschehen und danach der Damentausch angestrebt werden) 32. … ♕:d3 33.cd h4

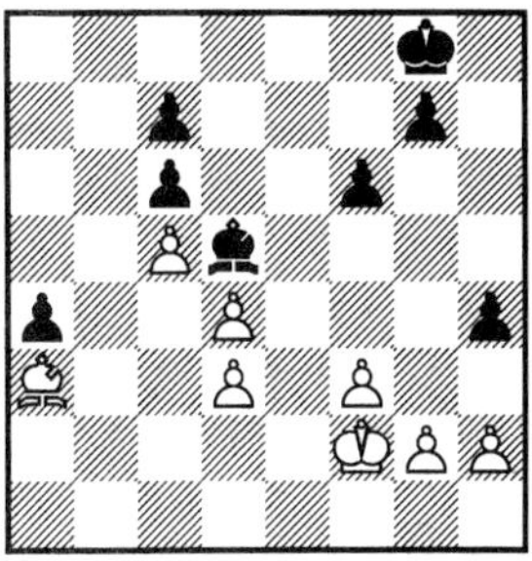

Einschätzung der Stellung: Eigentlich ist es unnötig zu betonen, daß Schwarz Vorteil hat. Unklar erscheint es aber, ob dies zum Gewinn ausreicht. Schwarz besitzt einen zentralisierten Läufer und einen Freibauern in der a-Linie, der den weißen Läufer bindet. Dieser Bauer ist schon eine Macht, kann allerdings nur mit Hilfe des Königs über das Feld a3 „gehoben“ werden. Um dies bewerkstelligen zu können, muß der schwarze König aber erst einmal in die weiße Stellung eindringen. Das ist eine Aufgabe, die über das Resultat der Partie entscheidet.

34.g2–g3 ♔g8–f7
35.♔f2–e3

Das Schlagen auf h4 wäre schlecht. Da der weiße König die Schwächen h4 und d3 nicht gleichzeitig verteidigen kann, würden Einbruchsfelder für den schwarzen König entstehen.

35. … f6–f5
36.♔e3–f4 ♔f7–g6
37.♔f4–e3

Mit einem schwarzen Bauern auf f5 war 37.gh möglich, in der Praxis jedoch schwer zu berechnen: 37. … ♔h5 38.♔:f5 ♗:f3 39.♗b2 ♗d5 40.♗c1 ♗f7 41.♗b2 ♔:h4 42.d5!, und Weiß remisiert.

37. … ♔g6–h5
38.♗a3–b4 g7–g5

Eine reale Drohung ist 39. … f4+ 40.gf g4! 41.fg+ ♔:g4, wonach der schwarze König eindringt.

39.♔e3–f2 ♗d5–a2
40.♗b4–a3 ♗a2–b1
41.♔f2–e2 ♗b1–a2
42.♗a3–c1 ♗a2–e6
43.♔e2–f2 ♗e6–c8
44.d4–d5?

Unnötig und schlecht! Weiß zeigt Nerven und öffnet dem schwarzen König die Stellung. Mit 44.♔e2 ♗a6 45.♔e3 f4+ 46.gf g4 47.f5! erreicht der Anziehende das Unentschieden.

44. …	c6:d5
45.d3–d4	f5–f4
46.g3:f4	

Schon ist 46.g4+ nicht mehr möglich. Auf der Marschroute g6–f7–e6–d7–c6–b5–c4 fällt der schwarze König in die weiße Stellung ein, da sein Gegenüber an die Bauernschwäche f3 gebunden bleibt.

46. …	g5–g4
47.♔f2–g2	♗c8–f5
48.♔g2–f2	g4:f3
49.♔f2:f3	♗f5–e4+
50.♔f3–f2	♔h5–g4

Für dieses Königsfeld hat Schwarz lange gekämpft!

51.♗c1–b2

Besseres ist nicht zu sehen.

51. …	♔g4:f4
52.♗b2–c1+	♔f4–g4
53.♗c1–b2	c7–c6
54.♗b2–c1	♔g4–h3
55.♔f2–g1	♗e4–g6
56.♗c1–a3	♗g6–h5
57.♗a3–c1	♗h5–d1!

Weiß darf weder den König noch den Läufer bewegen, befindet sich also im Zugzwang. Die Varianten 58.♔h1 ♔g4 59.♔g2 ♔f5 60.♔h3 ♔e4 und 58.♗b2 ♔g4 59.♔g2 ♗f3+ 60.♔f2 ♔f4 61.♔e1 ♔e3 überzeugten den Anziehenden von der Aussichtslosigkeit seines Kampfes.
Weiß gab auf.

Partie Nr. 59
Wasjukow–Boleslawski, Charkow 1956
1.e4 c5 2.♘f3 ♘c6 3.d4 cd 4.♘:d4 ♘f6 5.♘c3 d6 6.♗g5 e6 7.♕d2 ♗e7 8.0–0–0 ♘:d4 9.♕:d4 0–0 10.f4 h6 11.h4 ♕a5 (es ist klar, daß die Öffnung der h-Linie einem Selbstmord gleichkommen würde) 12.♗e2 (12.♗c4 war richtig) 12. … e5 13.♕f2 ef 14.♗:f4 ♗e6 15.♖d4 ♖fc8 16.♕g3 ♖:c3 (trotzdem) 17.♕:c3 (17.bc ♕:a2 18.♖hd1 d5! ist gefährlich für Weiß) 17. … ♕:a2 18.♕a3 ♕:a3 19.ba d5 20.ed ♗:a3+ 21.♔d2 (den Vorzug verdient 21.♔b1 ♘:d5 22.♗d2) 21. … ♘:d5 22.♗f3 ♘:f4 23.♖:f4 ♖d8+ 24.♔e2 b5 (mit aktivem Läuferpaar und zwei Bauern für die Qualität hat Schwarz das bessere Spiel) 25.♖a1 ♗c5 26.♖a5 ♗d4 27.♗c6 ♗c4+ 28.♔f3 ♗b6 29.♖:b5 (die beste Chance, da 29.♖a1 ♖d2 mit den Drohungen 30. … ♖:c2 und 30. … ♗e2+ kaum befriedigt) 29. … ♗:b5 30.♗:b5 ♖d2 31.♗c4 ♖f2+ 32.♔g3 ♖:f4 33.♔:f4 h5

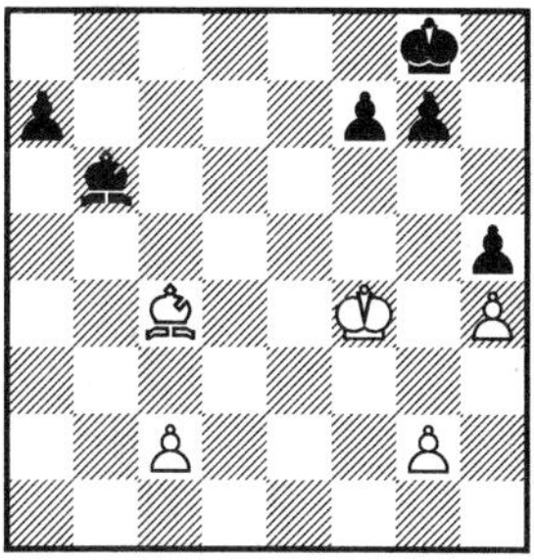

Einschätzung der Stellung: Der letzte schwarze Zug zeigt, daß der Nachziehende einer Festlegung seines Königsflügels durch ein Vorprellen des weißen h-Bauern nicht zustimmen möchte. Im Gegenteil, am Königsflügel soll, wenn nötig, ein zweiter Freibauer entstehen und die Schwäche f7 beseitigt werden. Der schwarze König braucht freie Hand, um seinen Freibauern zu unterstützen. Weiß seinerseits darf sich nicht auf der Schwäche h4 festlegen lassen. Für seine Remishoffnung spricht ein aktiver König und der gut postierte Läufer.

34.g2–g4

Weiß kann sich nicht passiv verhalten, wie folgende Varianten zeigen: 34.g3 g6 35.♗b5 ♔g7 36.♗e8 f6 37.♔e4 ♔h6 38.♔f3 g5 39.♔g2 g4 40.♗a4 f5 41.♗b5 a5 42.♗a4 ♔g6 43.♗e8+ ♔f6 oder 39.hg fg 40.♗b5 g4+ 41.♔g2 ♔g5, gefolgt von 42. ... h4, und in beiden Fällen gewinnt Schwarz leicht durch seinen aktiven König.

34. ...	h5:g4
35.h4–h5	a7–a5
36.♗c4–b3	♔g8–f8
37.♔f4:g4	♔f8–e7
38.♔g4–f5	♗b6–d4
39.♔f5–e4	♗d4–c3
40.♔e4–f5	f7–f6
41.♔f5–e4	

Schlecht ist 41.♔g6 ♔d6 42.♔:g7 f5+ 43.♔g6 f4 44.♔f5 f3 45.♔e4 f2 46.♗c4 ♔c5, und der a-Bauer entscheidet die Partie.

41. ...	♔e7–d6

Eine Schwäche f7 gibt es nicht mehr. Der schwarze König greift voll ins Kampfgeschehen ein.

42.♔e4–d3	♗c3–e5
43.♔d3–e4	

Nicht besser ergeht es Weiß nach 43.♔c4 f5 44.♔b5 ♗c3 45.♔c4 ♗f6 46.♔b5 ♗d8.

43. ...	♔d6–c5

Schwarz steht auf Gewinn, denn König und a-Bauer können den weißen Läufer erobern.
44.♔f5 ♔b4 45.♔g6 a4 46.♗e6 a3 47.♗a2 ♔c3 48.♗e6 ♗d4 49.♗b3 ♔b2 50.♔f5 ♗c3
Weiß gab auf.

Partie Nr. 60
Jussupow–Frias,
Lone Pine 1981
1.d4 ♘f6 2.c4 e6 3.♘f3 b6 4.g3 ♗b7 5.♗g2 ♗b4+ 6.♗d2 ♗e7 (6. ... a5 und 6. ... ♕e7 sind Alternativen) 7.♘c3 c5?! (7. ... 0–0 ist solide) 8.d5 ed 9.♘h4 ♘e4 (9. ... g6 war relativ besser) 10.♘f5 ♘:d2 11.♕:d2 0–0 12.♘:d5 ♗:d5 13.♕:d5 ♘c6 14.0–0–0 ♗g5+ 15.f4 ♗f6 16.♕:d7 (16.e3 vergrößert den Vorteil) 16. ... ♘d4 17.♕:d8 ♖a:d8 18.♘:d4 cd 19.♖he1 ♖fe8 20.♗c6 ♖e6 21.♗d5 ♖e3 22.♖d3 ♖de8 23.♔d2 a5 24.♖:e3 ♖:e3 25.♖f1 ♗e7 26.♖f3 ♗b4+ 27.♔d1 ♖:f3

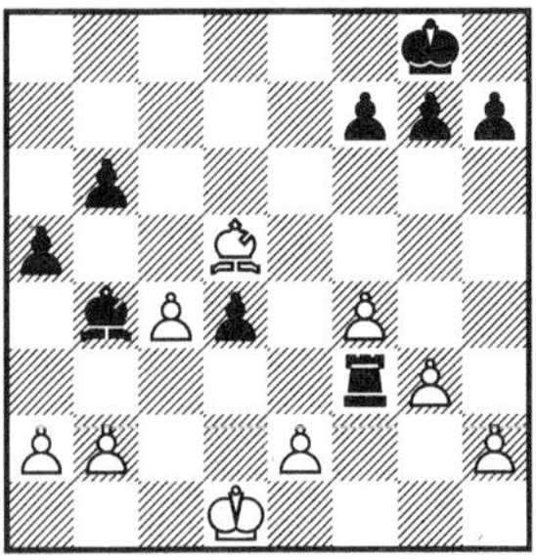

Einschätzung der Stellung: 27. ... ♖e7 28.♖b3 mit der Idee a3, ♗c6, ♖b5, b4 gefiel Schwarz nicht, und so sucht er sein Heil im Endspiel mit reinen ungleichen Läufern. Allerdings erhöhen der Minusbauer und die Bauernschwächen am Damenflügel sowie im Zentrum die Remischancen kaum. Weiß wird seine aktive Königsstellung nutzen, um einen Freibauern zu bilden und die schwarzen Schwächen zu „begutachten“. Der schwarze König muß sich beeilen, um an den Brennpunkt zu gelangen.

28.♗d5:f3	♔g8–f8
29.a2–a3	♗b4–c5
30.♔d1–c2	♔f8–e7
31.♔c2–b3	♔e7–d6
32.♔b3–a4	♔d6–c7
33.b2–b4	a5:b4
34.a3:b4	♗c5–e7
35.♗f3–d5	f7–f6
36.♔a4–b5	

Der weiße König steht sehr stark. Es droht bereits 37.c5 und 38.♔c4, wonach ein weiterer schwarzer Bauer fallen würde. Schwarz muß sich etwas einfallen lassen.

36. ...	g7–g5
37.c4–c5	b6:c5
38.b4:c5	g5:f4
39.g3:f4	♗e7–f8
40.h2–h4!	

Wie schnell Gewinnstellungen mit ungleichen Läufern verdorben werden können, verdeutlicht die folgende Abwicklung: 40.♔c4 ♗h6 41.f5 ♗e3, und Weiß muß ins Remis einwilligen, da der Läufer die schwarzen Bauern deckt und der König von c7 nicht vertrieben werden kann.

40. ...	h7–h5

Nach 40. ... ♗h6 41.♗e4 entsteht ein zweiter weißer Frei-

bauer. Wie bei den vorangegangenen Beispielen ist der schwarze König nicht in der Lage, das Eindringen des weißen Monarchen zu unterbinden. Einer der beiden Freibauern bringt auf jeden Fall die Entscheidung.

41.♗d5–f3	f6–f5
42.♔b5–c4	♗f8–e7
43.♔c4:d4	♗e7:h4
44.♔d4–e5	♗h4–f2
45.c5–c6	h5–h4
46.♔e5:f5	

Weiß gewinnt jetzt sehr einfach.
46. ... h3 47.♔g6 ♗g3 48.f5 ♔d6 49.f6 ♗e5 50.f7 ♔e7 51.c7
Schwarz gab auf, da Weiß nach 51. ... ♗:c7 52.♔g7 eine neue Dame bekommt.

Partie Nr. 61
Okrajek–Uhlmann, Nordhausen 1986
1.♘f3 ♘f6 2.d4 g6 3.♗g5 ♗g7 4.♘bd2 d5 5.e3 c5 6.c3 ♕b6 7.♕b3 ♘c6 8.♗e2 0–0 9.0–0 ♗f5 10.♗:f6 ♗:f6 11.dc (berechtigt verzichtet Weiß auf 11.♕:d5 cd 12.♘c4 ♕a6 13.cd – 13.♘:d4 ♘:d4 14.cd ♗e6 15.♕c5 ♖ac8 – 13. ... ♗e6 14.♕c5 ♖ac8, und die Drohung 15. ... ♘:d4 gewinnt Material) 11. ... ♕:c5 12.♘d4 (12.♕:b7? ♖ab8 und 13. ... ♖:b2 führt zu einer Gewinnstellung des Nachziehenden) 12. ... ♗c8 13.♕b5 ♕d6 14.♗f3 ♖d8 15.♘:c6 bc 16.♕a4 ♖b8 17.♖fd1 ♕c7 18.♘b3 ♗d7 19.♖d2 ♗e5 20.g3 c5 21.♕a5 ♕:a5 22.♘:a5 e6 (die harmlose Eröffnungsbehandlung ergab klaren Nachteil für Weiß) 23.♘b3 c4 24.♘d4 ♗f6 25.♗g2 ♖b6 26.h3 e5 27.♘e2 ♗f5 28.b4 (nicht zu empfehlen ist das Schlagen auf d5: 28.♗:d5 ♗e4 29.♖ad1 ♖:d5 30.♖:d5 ♗:d5 31.♖:d5 ♖:b2 32.♘c1 ♖c2 33.♖d1 ♖:c3 mit Gewinnstellung oder 28.♖:d5 ♖:b2 mit Vorteil) 28. ... ♗d3 29.a4 d4 30.a5 (nach 30.ed ♗:e2 31.♖:e2 ed 32.♖e4 dc 33.♖:c4 ♖e6 dringen die schwarzen Türme auf die zweite Reihe ein und erobern, in Verbindung mit ♗d4, den Bauern f2) 30. ... dc! 31.♖:d3 (schön verliert 31.ab, wegen 31. ... cd 32.ba e4! 33.a8♕ ♖:a8 34.♖:a8+ ♔g7, da die Umwandlung des d-Bauern nicht aufzuhalten ist) 31. ... cd 32.♘:c3 ♖:b4 33.♘d5 ♖:d5 34.♗:d5 e4 35.♖d1 ♗c3 36.f3 ♖a4 37.fe (nicht besser ist 37.♗:e4 d2 und 38. ... ♖:a5) 37. ... d2 38.♔f1 ♖:a5 39.♔e2 ♖c5 40.g4 a5 41.g5 a4 42.♖b1 a3 43.♖b8+ (sofort verliert 43.♖b7? ♖:d5 44.ed a2) 43. ... ♔g7 44.♖a8 ♖a5 45.♖:a5 ♗:a5

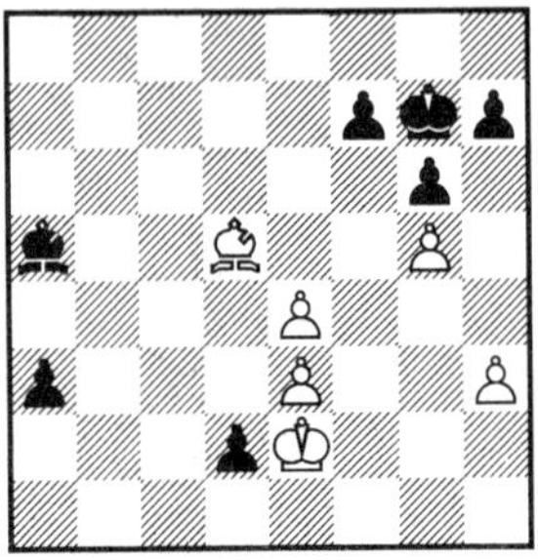

Einschätzung der Stellung: Mit seinem Mehrbauern und den beiden Freibauern steht Schwarz auf Gewinn. Zur Realisierung wird jedoch der König benötigt. Dieser ist an den Bauern f7 gebunden. Schwarz muß einen Weg finden, seinen Monarchen ins Spiel zu bringen, ohne daß ihn ein weißer Freibauer in der e-Linie beschäftigt. Wie wir sehen, löst Schwarz dieses technische Problem elegant.

46.e4–e5

Nötig, da Schwarz sonst mit f6 einen dritten Freibauern bildet.

46. …	♔g7–f8
47.♔e2–d1	♔f8–e7
48.♔d1–c2	♗a5–c3!
49.♗d5–a2	♗c3:e5
50.♔c2:d2	f7–f6!

So gelangt Schwarz wieder in den Besitz eines zweiten Freibauern, dieses Mal aber mit aktivem König.

51.g5:f6+	♔e7:f6
52.♔d2–e2	♔f6–g5
53.♔e2–f3	♔g5–h4
54.♔f3–g2	g6–g5

Weiß gab auf. Das Gewinnverfahren ist einfach: 55.♗b3 h5 56.♗a2 g4 57.hg hg 58.♗b3 g3 und anschließende Königswanderung nach b2. Der Anziehende kann mit 57.♗b3 noch eine Falle stellen, denn 57. … gh+ würde nur zum Remis führen, da Schwarz zur Umwandlung des h-Bauern einen andersfarbigen Läufer benötigt. Natürlich gewinnt 57. … g3!

Partie Nr. 62
Kovačević–Ribli,
Bugojno 1984
1.d4 ♘f6 2.♘f3 d5 3.♗f4 c5 4.e3 ♘c6 5.c3 ♕b6 6.♕b3 c4 7.♕:b6 ab 8.a3 b5 9.♘e5 e6 10.b4?! (Schwarz wollte selbst 10. … b4 spielen, aber dies rechtfertigt nicht den Partiezug und die Bauernschwäche auf a3) 10. … ♘h5 11.♘:c6 ♘:f4 12.ef bc 13.♘d2 f6 (der Druck in der a-Linie und das Läuferpaar ergeben schwarzen Vorteil) 14.♘f3 ♗d6 15.g3 0–0 16.♗e2 ♖f7 17.♔d2 ♖fa7 18.♔c2 ♖:a3 (dieser Bauer war nur mit einem Springer auf b1 zu verteidigen, aber auch dann nicht lange) 19.♖:a3 ♖:a3 20.♔b2 ♖a7 21.♖a1 ♖:a1 22.♔:a1 ♗d7 23.♔b2 ♗e8 24.♔c2 ♗g6+ 25.♔d2 ♗e4 26.♔e3 ♗:f3!

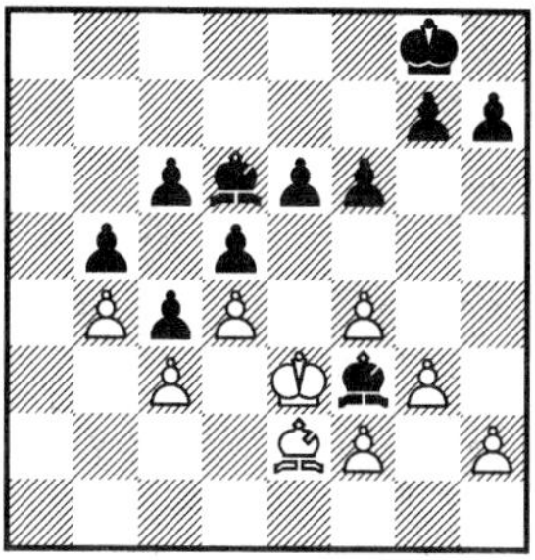

Einschätzung der Stellung: Da die Stellung einen geschlossenen Charakter aufweist, hegt Weiß trotz Minusbauer Remishoffnungen. Spätestens aber die Aufgabe des Läuferpaares zeigt dem Anziehenden, daß Schwarz eine Möglichkeit der Stellungsöffnung gefunden hat. Danach werden die auf schwarzen Feldern festgelegten weißen Bauern Zielscheibe des schwarzen Läufers. Hervorzuheben ist das Erkennen dieser strategischen Idee, die großmeisterlich zum Ende geführt wird.

27.♗e2:f3	♔g8–f7
28.♗f3–g4	♔f7–e7
29.h2–h4	h7–h6
30.h4–h5	e6–e5

Nachdem Schwarz seine Schwäche c6 zuverlässig überdeckt hat, folgt die Öffnung der Stellung über das Zentrum. Weiß kann dagegen nichts unternehmen.

31.f4:e5	f6:e5
32.f2–f4	e5:d4+
33.♔e3:d4	♔e7–d8
34.♗g4–e6	♔d8–c7
35.♗e6–f7	♗d6–e7
36.♗f7–e8	♔c7–b6

Das letzte wichtige Einbruchsfeld für den weißen König ist unter Kontrolle. Nach 37.♔e3 ♗f6 38.♔d2 d4 39.cd ♗:d4 40.♔c2 c5 entsteht ein schwarzes Freibauernpaar, das nur durch Läuferopfer gestoppt werden kann.
Weiß gab auf.

3. Das Läuferpaar

3.1. Allgemeine Gesichtspunkte zur Bewertung

In der Grundaufstellung besitzen beide Gegner jeweils einen weißfeldrigen Läufer (auf f1/c8) und einen schwarzfeldrigen Läufer (auf c1/f8). Aus der Zugweise der Läufer resultiert, daß ihre Diagonalwirkung von besonderer Bedeutung ist. Die maximale Reichweite des Läuferpaares aus der Grundstellung sind die Felder f1–a6 bzw. f1–h3 sowie c1–a3 und c1–h6 für Weiß. Für Schwarz sind es analog die Felder f8–a3 und f8–h6 sowie c8–h3 und c8–a6.

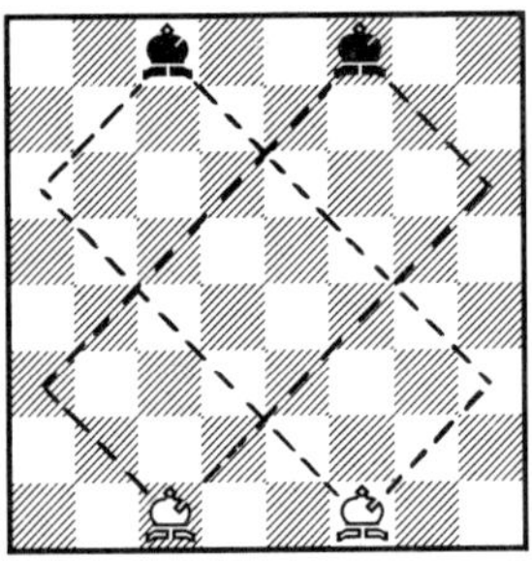

Durch diese arteigene Bewegungsmöglichkeit ergeben sich spezifische Gesichtspunkte für das Läuferpaar. Da ein Läufer auf der Diagonale h1–a8 oder a1–h8 mit einen Zug 8 Felder kontrolliert, vermehrt sich die Kraft, wenn der zweite Läufer auf dem Nachbarfeld die Diagonale g1–a7 bzw. b1–h7 beherrscht.

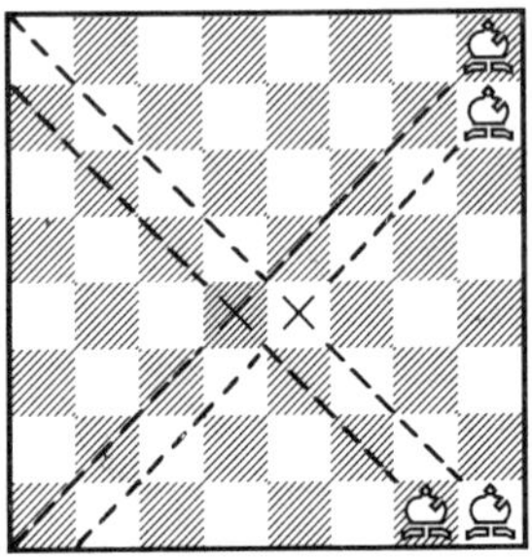

Im Diagramm sehen wir, daß bei dieser Konstellation alle feindlichen Figuren auf diesen Diagonalen bedroht werden können. Noch wirkungsvoller ist der Einsatz des Läuferpaares fraglos im Zentrum auf den Feldern e4 und d4.

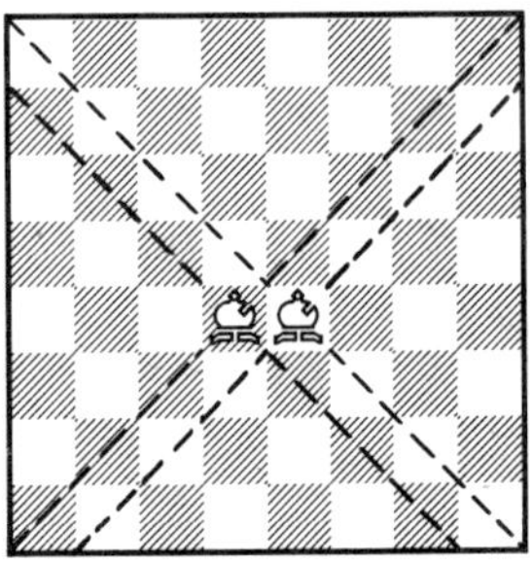

Beide Läufer sind dann in der Lage, Angriffsfunktionen sowohl gegen den Königsflügel als auch den Damenflügel auszuüben. Gleichzeitig können sie in dieser Position das eigene Lager bestens kontrollieren. Aus dem Diagramm können wir ableiten, daß das Läuferpaar für die strategische Beurteilung einer Schachpartie äußerst wichtig ist, und zwar in allen drei Phasen (Eröffnung, Mittel- und Endspiel). In der Eröffnungsphase wird der Einsatz des Läuferpaares durch die Bauernstruktur bestimmt. In den offenen Abspielen (z. B. Italienisch) werden die Läufer frühzeitig entwickelt und üben direkte Diagonalwirkung aus.

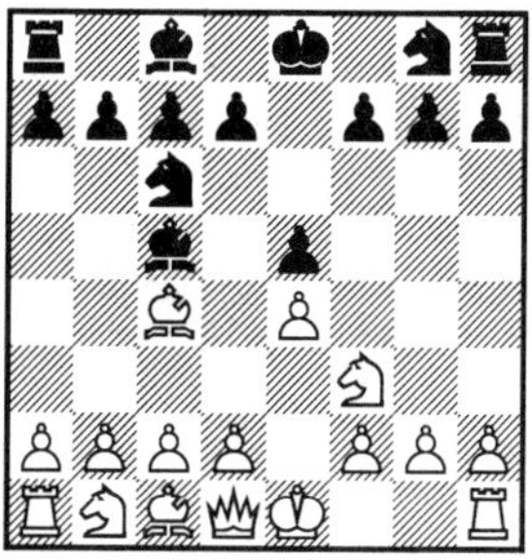

Zum Beispiel zielt der weiße Läufer von c4 auf den Punkt f7, während sein schwarzer Kollege von c5 aus die Diagonale a7–g1 beherrscht. Indirekte Diagonalwirkung erleben wir häufig in der Königsindischen Verteidigung.

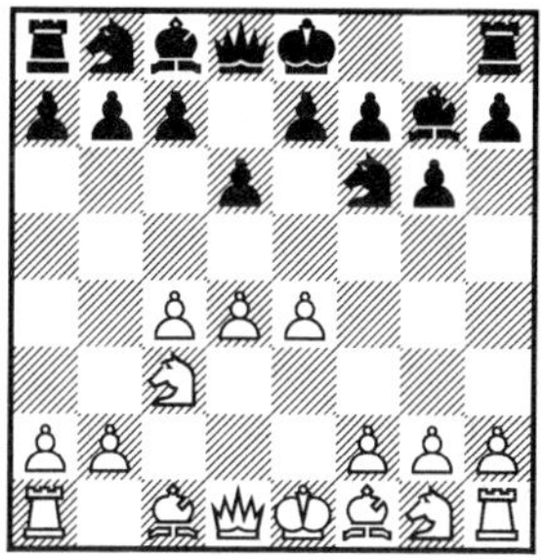

Hier wird der Läufer am Königsflügel fianchettiert, um langfristig auf der Diagonale h8–a1 Einfluß zu gewinnen. In der ersten Phase ist immer die Bauernstruktur verantwortlich für den Einsatz des Läuferpaares.
Nach Abschluß der Entwicklung beginnt die Planung für die aktive Verwendung des Läuferpaares. Immer sollte dabei die Reichweite eine wesentliche Rolle spielen, wobei der Beherrschung der weißen und schwarzen Felder besondere Aufmerksamkeit zu schenken ist. In dieser Phase müssen natürlich alle strategischen Merkmale ineinanderfließen, wie die Bauernstruktur, die offene Linie, der Entwicklungsvorsprung, Raumvorteil, Verteidigung usw. Nur wenn wir all diese Gesichtspunkte beachten, hat das Läuferpaar seinen Anteil an der Partiegestaltung.
An Partiebeispielen wollen wir zeigen, wie das Läuferpaar sowohl im frühen Stadium dominierend sein kann als auch im

ausgereiften Mittelspiel (3.2.). Das gleiche trifft auf den Bereich der Taktik zu, wo das Läuferpaar direkt partieentscheidend wirkt (3.4.). Ganz anders ist Abschnitt 3.3. zu betrachten, wo dargelegt wird, daß der erfolgreiche Kampf um die Diagonale die Voraussetzung ist, Vorteil zu erlangen oder Nachteil zu vermeiden. Dieser „stille" Teil veranschaulicht die Hohe Schule des positionellen Schachspiels. Hochinteressant sind jene Partiebeispiele, wo es ein beiderseitiges Läuferpaar gibt (3.5.). Hier wird derjenige erfolgreich sein, der die Reichweite und die damit verbundene Kraftentfaltung schneller zum Tragen bringt. Auch in den Beispielen Läufer- gegen Springerpaar (3.6.) wird die urwüchsige Kraft des Läuferpaares demonstriert.
Nach Materialabtausch ist schließlich der Übergang vom Mittelspiel zum Endspiel ein wichtiger Teilabschnitt, um das Kräfteverhältnis zugunsten des Läuferpaarbesitzers zu steuern (3.7.). Hier spielt die Reichweite eine besondere Bedeutung, weil konkret Felderschwächen vorhanden sind.
Der letzte Teil (3.8.) behandelt das Läuferpaar im Endspiel. Hier ist ebenfalls eine starke Materialreduzierung eingetreten. Jetzt sind die Hauptkriterien: aktiver Läufer, feindliche Bauernschwächen, Raumgewinn und als wichtigster Punkt die Bildung eines Freibauern. Bei allen Bewertungen spielt natürlich jeder Bauer und jede Figur eine wesentliche Rolle. Nur im komplexen Zusammenwirken kann das Läuferpaar erfolgreich sein.

3.2. Das dominierende Läuferpaar

Am instruktivsten dürfte für den Lernenden das dominierende Läuferpaar sein. Hier läßt sich überzeugend demonstrieren, wie das Läuferpaar „Hand in Hand" auf den weißen und schwarzen Feldern spielbestimmend ist. Wir erleben Entscheidungen sowohl beim Übergang von der Eröffnung zum Mittelspiel als auch im reinen Mittelspiel. Bei der Einschätzung sind neben dem Läuferpaar natürlich alle anderen Figuren und Bauern in ihrer Wertigkeit zu betrachten. Häufig ist der Entwicklungsrückstand und die dazugehörige Raumnot der frühe Anlaß zur Katastrophe. Weitere Motive, das Läuferpaar dominierend auftreten zu lassen, sind Figurenopfer, Bauernopfer, Qualitätsopfer und vorübergehende Scheinopfer.

Partie Nr. 63
Uhlmann–Bönsch,
Nordhausen 1986
1.c4 e6 2.♘c3 d5 3.d4 ♗e7 4.♘f3 ♘f6 5.♗g5 0–0 6.♖c1 b6 7.cd ed 8.e3 ♗b7 9.♗d3 ♘bd7 10.♗f5 ♖e8 11.0–0 ♘f8? (ein Fehler, der in diesem frühen Stadium verheerende Folgen hat. Besser war 11. ... c5 oder 11. ... c6) 12.♘b5!! g6 (um Bauernverlust zu vermeiden, war 12. ... ♗d6 die einzige Möglichkeit, obwohl nach 13.♘:d6 cd Weiß klar besser steht) 13.♗h3 c6 (jetzt scheitert 13. ... ♗d6 an 14.♗:f6 ♕:f6 15.♘:c7 mit Bauerngewinn) 14.♗f4!

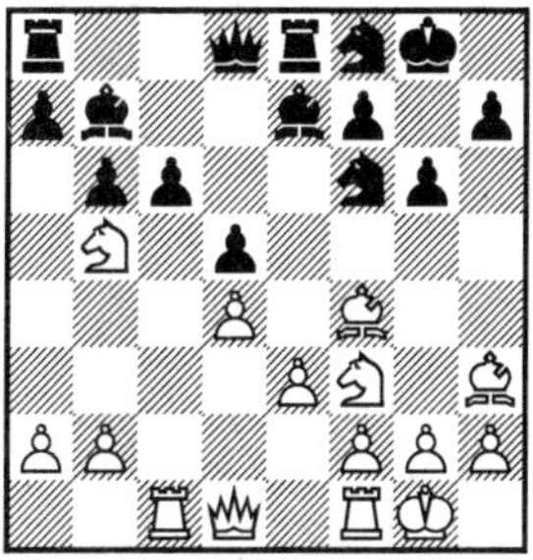

Einschätzung der Stellung: Mit seinem letzten Zug hat Weiß eine feine Raffinesse in petto, die bereits mit dem Zug 12.♘b5!! eingeleitet wurde. Die brutale Drohung lautet einfach 15.♗c7. Sie kann auch nicht durch 14. ... cb verhindert werden. Der weiße Turm ermöglicht durch die Öffnung der c-Linie ebenfalls den Läuferzug nach c7. Die schwarze Dame müßte wiederum dran glauben. Da haben wir also einen Triumph des Läuferpaares, das durch die ungewöhnliche Aufstellung des weißfeldrigen Langschreiters auf h3 eine dominierende Wirkung auf den Damenflügel ausübt. Nur mit Materialverlust ist für Schwarz das Ärgste abzuwenden. Da auch 14. ... ♘e6 an 15.♗:e6 fe 16.♘c7 mit Qualitätsgewinn scheitert, ist die Textfortsetzung noch der einzig gangbare Weg in einer für Schwarz schwierigen Situation.

14. ...	♗e7–b4
15.♘b5–c7	♘f6–h5
16.♘c7:e8	♘h5:f4
17.e3:f4	♗b7–a6

Um noch etwas im trüben zu fischen, strebt Schwarz Verwicklungen an. Durch die folgende schlichte Lösung werden sie aber frühzeitig im Keime erstickt. Chancenlos ist 17. ... ♕:e8 18.♕a4! a5 19.a3 b5 20.♕c2 ♗d6 21.♖fe1 nebst ♘e5 mit vollkommener Einschnürung.

18.♕c2–a4!

Am präzisesten, um den Vorteil auszubauen.

18. ...	♗a6:f1
19.♔g1:f1	♗b4–e7
20.♕a4:c6	♕d8:e8
21.♕c6:d5	

Damit hat Weiß zwei Bauern gewonnen, und den Nachzie-

henden kann nichts mehr retten.
21. … ♖d8 22.♕c4 b5 23.♕b3 ♗f6 24.♕e3! (erzwingt den Damentausch und leitet in ein Endspiel über, das leicht gewonnen ist) 24. … b4 25.♕:e8 ♖:e8 26.♖c8! (noch eine Feinheit. Schwarz darf den Turm nicht tauschen, da sonst durch den weißen Königsmarsch nach c4 die Partie sofort beendet ist) 26. … ♖e4 27.g3! a5 (wenn 27. … ♗:d4, geschieht 28.♖c4 mit Figurengewinn) 28.b3 ♔g7 29.d5! ♖e7 30.d6 ♖a7 31.♘e5 ♖a6 32.♘c6! a4 33.d7 ab 34.ab ♖a1+ 35.♔g2 Schwarz gab auf.

Partie Nr. 64
Polugajewski–Ftačnik, Luzern 1982
1.♘f3 ♘f6 2.c4 c5 3.♘c3 e6 4.g3 b6 5.♗g2 ♗b7 6.0–0 ♗e7 7.d4 cd 8.♕:d4 d6 9.♖d1 a6 10.b3 ♘bd7 11.e4 ♕b8 12.♗b2 0–0 13.♘d2 ♖d8 14.a4 ♕c7 15.♕e3 ♖ac8 16.♕e2 ♘e5 17.h3? (besser war 17.♔h1, um f4 durchzudrücken und möglichen Schachgeboten auf c5 aus dem Wege zu gehen) 17. … h5! (mit der Idee, h4 zu spielen, um die Punkte g3 und f4 zu schwächen) 18.f4 ♘g6 19.♘f3 (zu überlegen war 19.f5 ♘e5 20.♘f3 mit unklaren Verwicklungen) 19. … d5! 20.cd h4! 21.♘:h4 (gefährlich ist 21.de ♗c5+ 22.♔h1 hg, und Weiß kann ♘f4 ohne Nachteil nicht verhindern. Das gleiche trifft zu auf 21.♘g5 hg 22.de ♕c5+ 23.♔h1 ♘:f4 24.ef+ ♔h8 mit Springergewinn auf g5) 21. … ♘:h4 22.gh ♕:f4 23.de fe 24.e5? (unbedingt mußte 24.♖:d8+ ♖:d8 25.♖d1 geschehen, obwohl auch dann die schwarze Stellung den Vorzug verdient) 24. … ♗c5+ 25.♔h1 ♘h5!!

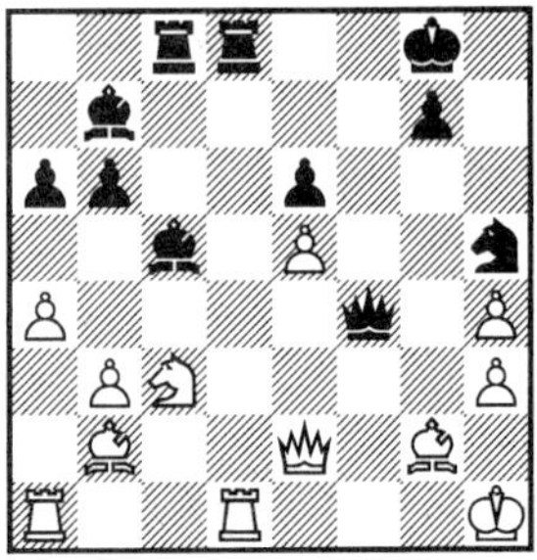

Einschätzung der Stellung: Dieser kecke Springerzug mit der tödlichen Drohung ♘g3+ erzwingt in wenigen Zügen die Entscheidung. Wiederum ist der Ausgangspunkt das dominierende Läuferpaar, das gemeinsam die Diagonalen h1–a8 und g1–a7 kontrolliert. Aufgrund der geschwächten weißen Königsstellung muß der Springer auf h5 geschlagen werden. Dadurch gibt die weiße Dame aber vorübergehend die Deckung des Läufers g2 auf. Ein einziges Tempo reicht so aus, um mit ♕g3 tödliche Kreuzfesselungen aufzustellen.

26.♕e2:h5

Es scheitert sowohl 26.♕g4 an 26. ... ♘g3+ 27.♔h2 ♘f1+ 28.♔h1 ♕h2 matt als auch 26.♘e4 ♗:e4 27.♗:e4 ♘g3+ mit Figurengewinn.

26. ... ♕f4–g3!

Dieser stille Zug kann kaum an Wirkung übertroffen werden. Es droht sowohl 27. ... ♕:h3 matt als auch 27. ... ♗:g2 matt.

27.♘c3–d5 ♖d8:d5!

Gestattet nicht das Qualitätsopfer nach 27. ... ♗:d5 28.♖:d5.

28.♖d1–f1 ♕g3:g2+!!

Ein schöner Abschluß! Das Mattnetz wird geschlossen.

29.♔h1:g2 ♖d5–d2+

Weiß gab auf, da nach 30.♔g3 ♖g2+ 31.♔f4 ♖f8+ das Matt im nächsten Zuge erfolgt.

Partie Nr. 65
Knaak, R.–Georgiew,
Sofia 1986

1.d4 ♘f6 2.c4 e6 3.♘c3 ♗b4 4.e3 0–0 5.♗d3 d5 6.♘f3 c5 7.0–0 ♘c6 8.a3 ♗:c3+ 9.bc dc 10.♗:c4 ♕c7 11.♗a2 e5 12.h3 e4 13.♘h2 ♗f5 14.♘g4 ♘:g4 15.hg ♗g6 16.a4 ♖ad8 17.♕e2 ♖fe8 18.♗a3 b6 19.♗c4! (eine theoretische Neuerung. Der Läufer soll auf a6 oder b5 zum Einsatz kommen. Wichtig ist auch, daß er das Feld d3 kontrolliert. Fragwürdig wäre der Bauerngewinn 19.dc ♘e5 20.cb ab, und Schwarz hat Druck auf die geschwächten Bauern a4, c3 und g4) 19. ... ♘a5 20.♗a6! (stärker als 20.♗b5, was nach ♖e6 und ♖ed6 gleiches Spiel ergeben würde. Der Textzug droht in einigen Abspielen dc und ♕b5) 20. ... f6 21.♖ad1 ♗f7 22.♗b5! (ein starker Zug, der den schwarzen Turm nach f8 zurückbeordert. Durch die Fesselung auf der Diagonale a3–f8 wird der Läufer a3 aufgewertet, weil langfristig die Auflösung mittels cd verhindert ist und der Bauer c5 permanent zur Schwäche neigt. Die Stärke des Textzuges liegt auch darin, daß die normale Antwort 22. ... ♖e7 an 23.dc ♖:d1 24.♖:d1 bc 25.♗:c5! ♕:c5 26.♖d8+ ♗e8 27.♗:e8 scheitert) 22. ... ♖f8 23.f4 ef e. p. 24.♖:f3 ♗g6? (damit versäumt Schwarz die letzte Gelegenheit, durch 24. ... ♗e8! gleiches Spiel zu erhalten) 25.e4 ♘b7 26.e5!

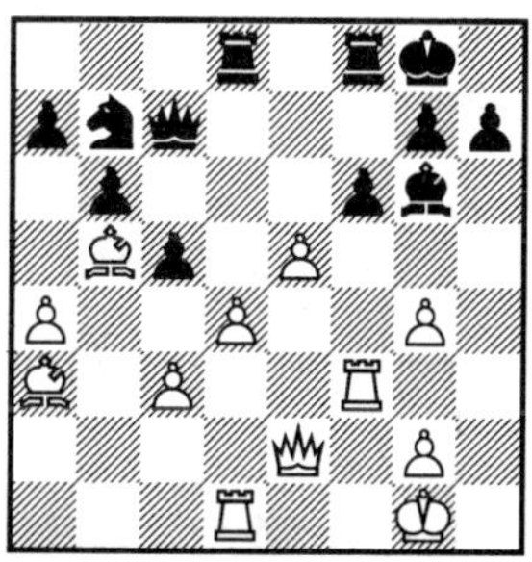

Einschätzung der Stellung: Mit dem Bauernzug nach e5 hat sich der Stellungsvorteil für Weiß wesentlich vergrößert. Der Freibauer ist eine Macht. Es droht e6 und e7, gleichzeitig kann der schwarze Springer nicht nach d6. Auch der Hebel ef dürfte in einigen Abspielen zu beachten sein. Die wertvollste weiße Figur ist jedoch im Moment der Läufer auf b5. Er kontrolliert das Feld e8 und läßt keinen gegnerischen Turm auf die e-Linie. Die schweren Figuren von Weiß sind vorzüglich postiert und werden in wenigen Zügen auf einer offenen Linie agieren. Wenn es Weiß noch gelingt, seinen noch passiven schwarzfeldrigen Läufer ins Spiel zu bringen, dann ist in wenigen Zügen ein dominierender Vorteil gesichert.
Schwarz krankt an Raumnot und muß tatenlos zusehen, wie seine Königsstellung aufgebrochen wird.
Weiß hat Vorteil.

26. … f6:e5
27.♖f3:f8+ ♖d8:f8
28.d4:e5 ♖f8–d8

Schwarz möchte 29.♖d7 verhindern, kommt aber mit der Aufgabe der f-Linie vom Regen in die Traufe. Mit 28. … ♗e8 29.♗c4+ ♔h8 war noch am meisten Widerstand zu leisten.

29.♖d1–f1! ♕c7–e7
30.♗a3–c1! h7–h6

Jetzt scheitert 30. … ♗e8 an 31.♗c4+ ♔h8 32.♗g5, und der Läufer auf g5 ist tabu wegen 33.♖f8 matt.

31.g4–g5!

Ein giftiger Zug, der dem schwarzen König die schützende Hülle der verteidigenden Bauern aufreißt. So verliert 31. … hg wegen 32.♗c4+ ♔h8 33. ♕g4 ♕:e5 34.♗:g5 ♖e8 35.♕h4+ ♗h7 36.♗d3 ebenso wie 31. … h5 32.g4! h4 (32. … hg 33.♗c4+ ♔h8 34.♕h2+ ♗h7 35.g6) 33.♗c4+ ♔h8 34.♕h2, und gegen ♕:h4 gibt es keine Verteidigung.

31. … ♖d8–f8
32.♖f1:f8+ ♕e7:f8
33.g5:h6 g7:h6
34.e5–e6

In Verbindung mit den beiden Superläufern erzwingt der Freibauer die Entscheidung.

34. … ♘b7–d6
35.e6–e7 ♕f8–c8

Traurige Notwendigkeit: 35. … ♕f7 verliert nach 36.e8♕+ ♘:e8 37.♗c4 die Dame.

36.♕e2–e5 ♘d6–e8

Auf 36. … ♘:b5 folgt 37.♗:h6 nebst matt auf g7.

37.♗b5–c4+ ♔g8–h7
38.♕e5–f4

Schwarz gab auf.

Partie Nr. 66
Geller–Quinteros,
Baden-Baden 1985
1.e4 c5 2.♘f3 d6 3.d4 cd 4.♘:d4 ♘f6 5.♘c3 a6 6.♗e2 ♘bd7 7.0–0 ♘c5 8.♗f3 e6 9.♗e3 ♗e7 10.a4 0–0 11.a5 ♕c7 12.b4! ♘cd7 (schlecht wäre 12. ... ♘b3 13.♘cb5 ab 14.cb mit weißem Vorteil) 13.♘a4 d5 14.cd cd 15.c3 ♗d6 16.h3 ♘e5 17.♘b6 ♖b8 18.♖c1 ♗e6 19.♗e2 ♘c6 20.♘:c6 ♕:c6 21.♗f3 ♗c7 22.♗c5 (greift den Turm auf f8 an und verhindert ♕d6) 22. ... ♖fe8 23.♖e1 ♗:b6 24.♗:b6 ♕c4 25.♗d4

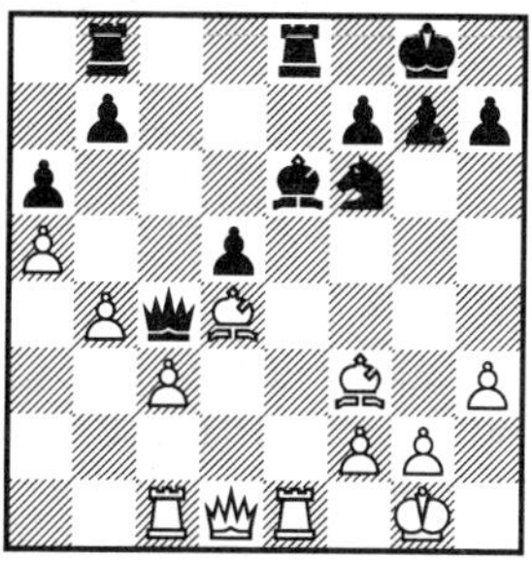

Einschätzung der Stellung: Weiß hat ein aktives Läuferpaar, das Verteidigungs- und Angriffsfunktionen ausübt, sein Stolz ist sicher der gut postierte Läufer auf d4, der den schwarzen Königsflügel und den Damenflügel im Visier hat. Er kann auf längere Sicht nicht vertrieben werden. Ein weiterer Aktivposten ist die gesunde weiße Bauernstruktur. Die weiße Dame ist agiler und schnell zum Angriff auf dem Königsflügel bereit. Bei einem möglichen Abtausch Läufer gegen Springer kann angesichts der schwarzen Bauernstruktur der gute weißfeldrige weiße Läufer ein Trumpf sein. Die Leichtfiguren von Schwarz sind passiv und müssen vorrangig Verteidigungsfunktionen ausüben. Der neuralgische Punkt ist d5. Nachteilig wirkt sich auch die abseits stehende Dame auf c4 aus, die von der Verteidigung des Königsflügels ausgeschlossen ist. Schwarzfeldrig ist am Damenflügel durch die Blokkade kein Bauernhebel möglich, so daß ein klarer Stellungsvorteil für Weiß zu konstatieren ist.

25. ... ♘f6–d7
26.♕d1–d2! f7–f6?!

Bereits ein Fehler, der Materialgewinn ermöglicht. Eine gute Verteidigung ist aber sehr schwierig. Falls 26. ... h6 geschehen sollte, um der Drohung 27.♕g5 den Wind aus den Segeln zu nehmen, folgt das Manöver 27.♖e3. Danach ist ♗e2 und ♖g3 angesagt. Der Angriff auf g7 wäre tödlich. Auch 26. ... ♘f8 ergibt nach 27.♕g5 ♘g6 28.h4! keine Entlastung, da h5 nicht zu vermeiden ist. Schließlich ist g6 nicht ausreichend wegen 27.♕h6 f6 28.h4, und Schwarz steht wieder der Drohung h5 wehrlos gegenüber.

27.♗d4–a7! ♖b8–d8
28.♖e1:e6!

Damit wird die dominierende Kraft der Läufer bestens unterstrichen. Auf einfache Art gewinnt Weiß einen Bauern.

28. … ♖e8:e6
29.♗f3:d5 ♘d7–f8
30.♗d5:c4 ♖d8:d2
31.♗a7–c5!

Noch ein Paukenschlag, wonach Weiß in ein gewonnenes Endspiel abwickelt. Schwarz gab entnervt auf, da er sicherlich die Verteidigung 31. … ♖de2 nicht gesehen hat, denn 31. … ♔f7 scheitert an ♗:f8. Es hätte folgendes Endspiel entstehen können: 31. … ♖de2! 32.♗:f8 ♔:f8 33.♔f1! ♖2e4 34.♗:e6 ♖:e6 35.♖e1 ♖c6 36.♖e3, und der schwarze König ist abgeschnitten. Gegen den anschließenden weißen Königsmarsch zum Damenflügel und die Freibauernbildung ist nichts zu finden.

Partie Nr. 67
Tal–Grigorjan,
Jerewan 1982
1.c4 e5 2.♘c3 ♘f6 3.♘f3 ♘c6 4.g3 ♗b4 5.♘d5 a5 6.♗g2 d6 7.0–0 0–0 8.e3 ♗c5 9.b3 ♘:d5 10.cd ♘b4 (genauer war ♘e7) 11.d4 ed 12.♘:d4 ♗:d4 13.ed ♖e8? (jetzt sollte wenigstens 13. … c6 geschehen, damit der Springer nicht an den Rand abgedrängt wird. Auf 13. … a4 folgt 14.♗a3 mit Vorteil) 14.a3 ♘a6 15.♗d2 b6 (auf 15. … ♘b8 kann nach 16.♖c1 die Bauernschwäche c7 attackiert werden) 16.b4 ♘b8 17.ba ba 18.♖e1 a4 19.♕h5! ♗d7 (19. … ♘d7 scheitert bereits an 20.♗g5 ♖:e1 21.♖:e1 ♕f8 22.♗e7 ♕e8 23.♖e3 nebst ♗:d6 mit großem Vorteil) 20.♗e4!

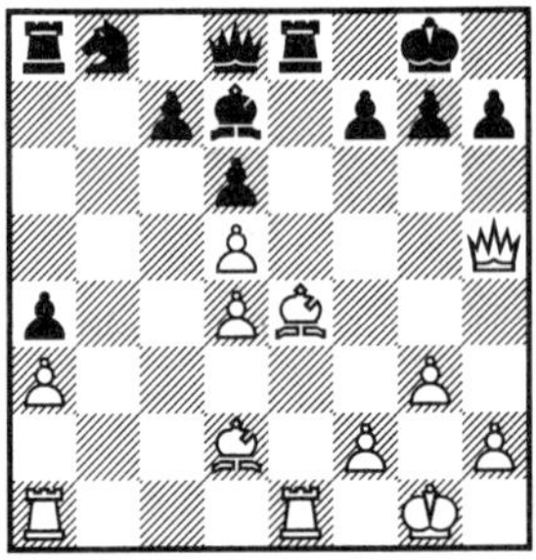

Einschätzung der Stellung: Weiß hat mit seinem letzten Zug kundgetan, daß der Angriff auf die schwarze Majestät ernsten Charakter annimmt. Der Anziehende verfügt über mehrere strategische Vorteile. Optisch sichtbar sind Entwicklungsvorsprung und Raumvorteil. Beide Läufer und die Dame haben ihre Reichweite auf den Königsflügel ausgerichtet, so daß direkte Drohungen aufgestellt werden können. Weiß kann in wenigen Zügen Alleinbesitzer der offenen e-Linie sein, denn der Doppelbauer kontrolliert ganz wesentliche Punkte und behindert die normale Entwicklung von Schwarz. Der Hauptnachteil von Schwarz besteht in der Unterentwicklung des Damenflügels. Der Springer kann nicht schnell genug zur Verteidigung des bedrohten Königs geführt werden. Demzufolge ist auch die Verbindung der Türme auf der achten Reihe noch nicht gewährleistet. Der weiße Angriff wird mittels kombinatorischer Wendungen für den schwarzen Königsflügel verheerend sein.

20. … g7–g6

Die Verteidigung 20. … h6 verliert bereits wegen des weißen Läuferopfers auf h6.

21.♕h5–h6 ♕d8–f6
22.♗d2–g5 ♕f6:d4

Noch schlimmer sind die Folgen nach 22. … ♕g7 23.♕h4 mit dem vernichtenden Zug ♗f6.

23.♕h6–h4 ♕d4–g7

Wie sonst soll die Drohung ♗f6 abgewendet werden? Auf 23. … ♔g7 kann folgen 24.♖ad1 ♕b2 25.♗d3 ♘a6 26.♖:e8 ♗:e8 27.♗:a6 ♖:a6 28.♗h6+ ♔g8 29.♕e7 mit Gewinn. Hoffnungslos ist auch das Qualitätsopfer 23. … ♖:e4 24.♕:e4 ♕:e4 25.♖:e4, da Weiß auf der siebenten Reihe eindringt.

24.♗g5–h6 ♕g7–h8
25.♗e4–f5!!

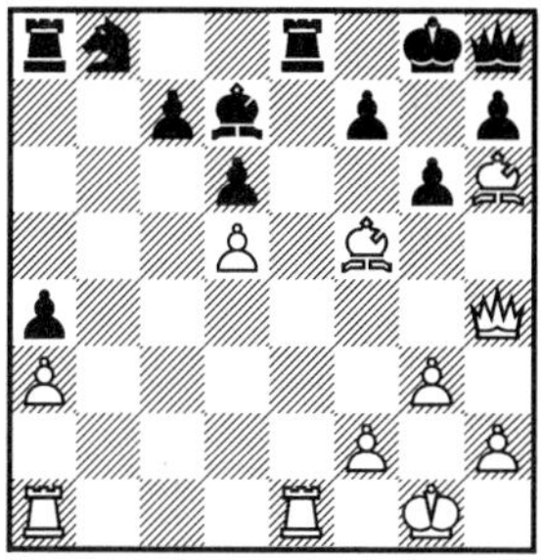

Dieser optisch schöne Zug ist ein Diagramm wert, weil er die Hilflosigkeit von Schwarz aufzeigt und bei vollem Brett eine Zugzwangposition anvisiert. Mit dem Textzug wird mittels der Läufer eine schnelle Entscheidung auf der offenen e-Linie herbeigeführt.

25. … ♕h8–c3

Keine Entlastung bringt 25. … ♗b5 26.♖:e8+ ♗:e8 27.♖e1 ♘a6 28.♕e7 ♗b5 29.♗d3! ♗:d3 30.♕e8+ nebst Matt.

26.♖e1:e8+ ♗d7:e8
27.♖a1–c1 ♕c3–e5
28.♕h4–d8!

Sagt vernichtend 29.♗e6 an.

28. … g6:f5
29.♔g1–f1!!

Dieser stille Zug ist der krönende Abschluß der konsequent geführten Angriffspartie. Es gibt keine Verteidigung gegen ♖e1.
29. … ♘d7 30.♕:a8 ♘f8 31.♖e1 ♗b5+ scheitert an 32.♔g2 und Matt auf f8. Schwarz gab auf.

Partie Nr. 68
Vogt–Bagirow,
Riga 1981

1.e4 ♘f6 2.e5 ♘d5 3.d4 d6 4.♘f3 ♗g4 5.♗e2 c6 6.c4 ♘b6 7.♘bd2 de 8.♘:e5 ♗e6 (nach 8. … ♗:e2 9.♕:e2 ♕:d4 10.♘df3 ♕c5 11.0–0 hat Weiß einen enormen Entwicklungsvorsprung) 9.♘e4 f6 (Vorteil ergibt 9. … ♘bd7 10.♘:d7, da ♕:d7 an ♘c5 scheitert) 10.♘c5 ♗g8 11.♘f3 (schlecht wäre 11.♗h5+ g6 12.♘:g6 hg 13.♗:g6+ ♗f7, und Weiß kann den Angriff nicht entscheidend verstärken) 11. … ♕c7 12.b3 e5 13.♘e4 (riskant wäre 13.0–0 ♗:c5 14.dc ♘6d7 15.♕d6 ♕:d6 16.cd c5!, und der Bauer d6 kann im Endspiel schwach werden) 13. … ♘8d7 14.de ♘:e5 15.0–0 ♗f7 16.♗b2 ♘:f3+ 17.♗:f3 ♗e7 18.c5 ♘d5 19.♘d6+!? ♗:d6 20.cd ♕:d6 21.♖e1+

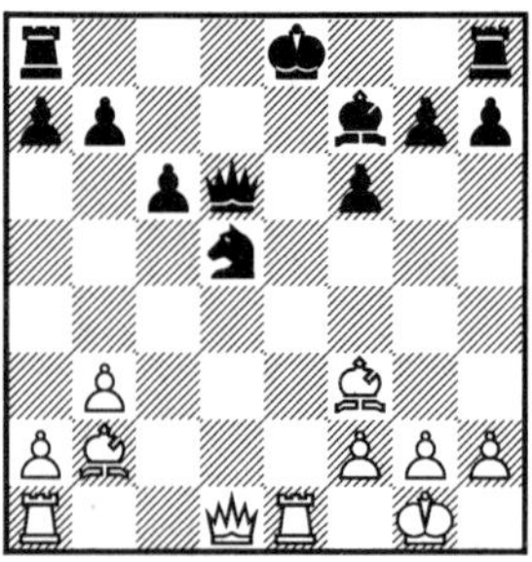

Einschätzung der Stellung: Weiß hat ein echtes positionelles Bauernopfer gebracht, um durch das Schachgebot den schwarzen König an der Rochade zu hindern. Langfristig sind so die schwarzen Türme vom Spiel ausgeschlossen, während Weiß sowohl die e- als auch die d-Linie besetzen kann. Die meisten Pluspunkte für Weiß sammeln aber die beiden Läufer, die sowohl den schwarzen Königs- als auch den Damenflügel durch ihre Reichweite beunruhigen. Da Schwarz im Moment eine gesunde Bauernformation hat, besteht für Weiß das nächste Ziel darin, eine Bauernschwäche zu provozieren, um Einbruchsfelder zu erhalten. Der Angriff ist in der gegebenen Position wesentlich leichter zu führen als die Verteidigung. Somit muß man schon jetzt die Chancen für Weiß als günstiger betrachten.

21. …	♔e8–f8
22.♕d1–d4	h7–h5
23.a2–a4!	

Ein starker Zug, der auf der Diagonale a3–f8 Gefahren heraufbeschwört. Er ermöglicht eventuell das Eindringen des Turmes auf e7 und bereitet außerdem das Bauernmanöver b4 nach b5 vor, um den Stützpunkt d5 zu untergraben.

23. …	♔f8–g8
24.♗b2–a3	♕d6–d8

Ein Fehler wäre 24. … ♕d7 25.♖e7! oder 24. … ♕f4 25.♖e4 ♕f5 26.♖ae1, und Weiß kann in aller Ruhe den

Stellungsdruck verstärken, da Schwarz keinen vernünftigen Plan hat.

25.♗a3–c5 b7–b6

Diese Lockerung sollte mit dem Läuferzug nach c5 provoziert werden, um, wie angedeutet, mittels b4 und b5 dem Springer auf d5 auf den Zahn zu fühlen. Deshalb war es vielleicht geboten, 25. ... a6 zu spielen.

26.♗c5–a3 ♖a8–c8
27.♖a1–d1 ♖c8–c7
28.b3–b4!

Damit ist Weiß einen wichtigen Schritt vorwärts gekommen. Durch die Drohung b5 hat Schwarz keine Zeit, seine Stellung zu konsolidieren.

28. ... ♕d8–c8
29.♕d4–d3! ♘d5–f4

Das zweite Teilziel ist erreicht. Wegen b5 muß Schwarz den Stützpunkt d5 aufgeben und Weiß gestatten, die offene d-Linie zu Operationen für die schweren Figuren zu nutzen.

30.♕d3–d6! ♘f4–g6
31.♗f3–e4

Das dritte Teilstück wird in Angriff genommen. Durch den Einsatz des Läufers auf e4 tauchen für Schwarz Gefahren auf der Diagonale b1–h7 auf. So scheitert bereits 31. ... ♘e5 an 32.♕d8+ ♗e8 33.f4 ♘f7 34.♗g6, und der Läufer e8 ist ein Todeskandidat. Außerdem besteht die stille Drohung ♗f5, weil die Dame an die Deckung des Turms c7 gebunden ist.

31. ... h5–h4
32.♗a3–c1 c6–c5
33.♗e4–f5!

Damit wird der letzte Teil der Operation eingeleitet, wo die Läufer eine dominierende Funktion ausüben. So verliert 33. ... ♕:f5 wegen 34.♕:c7 cb 35.♖d8+ ♔h7 36.♖d7 mit Doppelangriff auf f7 und g7.

33. ... ♕c8–b7
34.♗c1–f4! ♖c7–c6

Der Läufer f4 ist tabu wegen ♕d8+ nebst matt.

35.♕d6–d3!

Es droht sowohl tödlich ♗:g6 als auch b5. Die schwarze Position ist verloren.

35. ... c5–c4
36.♕d3–e4 ♔g8–h7
37.♖d1–d7 ♖h8–e8
38.♖d7:b7 ♖e8:e4
39.♗f5:e4 ♖c6–e6

Schwarz gab auf.

Partie Nr. 69
Arnason–Keene,
London 1981
1.e4 g6 2.d4 ♗g7 3.♘c3 d6 4.f4 ♘c6 5.♗e3 ♘f6 6.h3 0–0 7.g4 e5 8.de de 9.f5 gf 10.ef ♘d4 11.♗g2 ♕e7 12.♕d2 (12.g5? ♗:f5!) 12. ... ♖d8 13.♕f2 h6 14.0–0–0 c5

15.♘ge2 a5 16.♘g3 a4 17.g5 hg 18.♗:g5 a3 19.♘d5 (gefährlich wäre 19.♘h5 c4 mit der Idee ♕b4) 19. … ab+ 20.♔b1 ♖:d5! 21.♗:f6 ♕:f6 22.♗:d5 ♕a6 23.c3 c4 24.♕:b2 ♘:f5 25.♘:f5? (besser 25.♖dg1) 25. … ♗:f5+ 26.♔a1 e4!

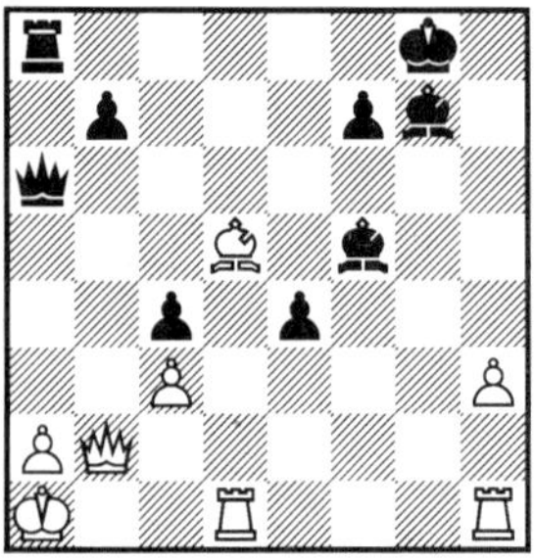

Einschätzung der Stellung: Schwarz hat ein interessantes Qualitätsopfer gebracht und besitzt nun außer dem starken Läuferpaar einen gefährlichen Freibauern auf e4. Der neuralgische Punkt ist c3. Der Kampf wird sich jetzt darum drehen, inwieweit Schwarz seinen Läufer g7 auf der Diagonale a1–h8 zur Wirkung bringt. Die weißen Chancen liegen in der Besetzung der offenen g-Linie, um damit indirekt den Druck auf c3 aufzuheben. Im Moment besteht Chancengleichheit, da Angriff und Verteidigung sich die Waage halten. Auf alle Fälle hat Schwarz die giftigeren Pfeile im Köcher.

27.♖h1–g1!

Ein grober Fehler wäre 27.♗:b7 wegen ♕:a2+ 28.♕:a2 ♗:c3+ 29.♔b1 e3+ 30.♕c2 ♖a1 matt oder 30.♔c1 ♖:a2, ebenfalls mit undeckbarem Matt.

27. … ♗f5–g6
28.♖g1–g4?

Damit greift Weiß bereits fehl. Geboten war 28.♖g3, um sowohl den e-Bauern zu blockieren als auch prophylaktisch den Punkt c3 zu überdecken. Wiederum gefährlich wäre 28.♗:b7 wegen ♕a5 29.♖c1 ♖e8, und der Freibauer macht das Rennen für Schwarz.

28. e4–e3!
29.♖g4:c4

Äußerst interessante Abspiele wären nach 29.♗:c4 möglich gewesen. Zum Beispiel 29. … b5! 30.♗b3 (30.♗:b5? ♕:a2+ 31.♕:a2 ♗:c3 matt; oder 30.♗:f7+ ♔:f7 31.♕b3+ ♔e7 32.♕b4+ ♔e8 33.♖e4+ ♗:e4 34.♕:e4+ ♔f8 35.♖f1+ ♔g8 36.♕d5+ ♔h8 37.♕h5+ ♕h6, und die Racheschachs sind versiegt) 30. … ♖c8 31.♖c1 b4! 32.♖:b4 ♖:c3!! 33.♖:c3 (33.♕:c3 ♗:c3 34.♖:c3 e2 35.♖b8+ ♔g7 36.♖e8 ♕f6 37.♔b2 e1♕ 38.♖:e1 ♕f2+ mit Gewinn) 33. … ♕f1+ 34.♖c1 ♕:c1 matt.

29. … ♖a8–e8
30.♕b2:b7 e3–e2!
31.♖d1–e1 ♕a6:c4!!

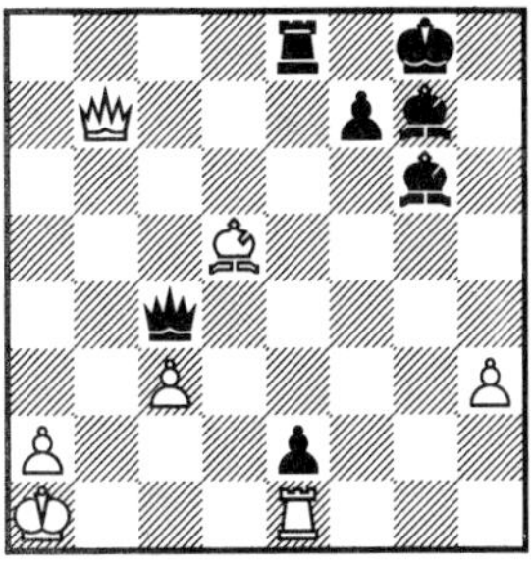

Nach diesem Damenopfer wird der Läufer zum Held des Tages. Das dominierende Läuferpaar erzwingt in wenigen Zügen die Entscheidung.

32.♗d5:c4 ♗g7:c3+
33.♕b7–b2 ♗c3:e1!
34.♗c4:e2 ♗e1–g3!

Damenverlust ist für Weiß nicht mehr zu vermeiden. Weiß gab auf. Eine große kämpferische Partie, in der Schwarz kompromißlos auf Angriff gespielt hat.

Partie Nr. 70
Hazai–Petursson,
Tallinn 1981
1.e4 c5 2.♘f3 d6 3.d4 cd 4.♘:d4 ♘f6 5.♘c3 g6 6.♗e3 ♗g7 7.f3 ♘c6 8.♕d2 0–0 9.0–0–0 d5 10.ed ♘:d5 11.♘:c6 bc 12.♗d4 e5 13.♗c5 ♖e8 14.♘:d5 cd 15.♗b5 (falls 15.♕:d5 ♕:d5 16.♖:d5 ♗e6 17.♖d6 ♗:a2 18.b3 ♖ec8 19.♖d5 a5! 20.♔b2 a4 21.♔:a2 ab+ 22.♔:b3 ♖a5 23.♔b4 ♖a:c5 24.♖:c5 ♗f8 mit Ausgleich) 15. … ♗e6!? 16.♗:e8 ♕:e8 17.♕a5 (schlecht wäre 17.♗e3 wegen ♕a4 18.a3 ♖c8, mit großem Vorteil für Schwarz) 17. … ♕c6 18.♖d3 d4 19.♖e1 h5! 20.♖a3 ♗f5 21.♖e2 ♖c8 22.b4 ♕f6! 23.♖b3 ♕g5+ 24.♔b1 ♗h6 25.♕a3 (nicht 25.♔a1 wegen d3!) 25. … a5!

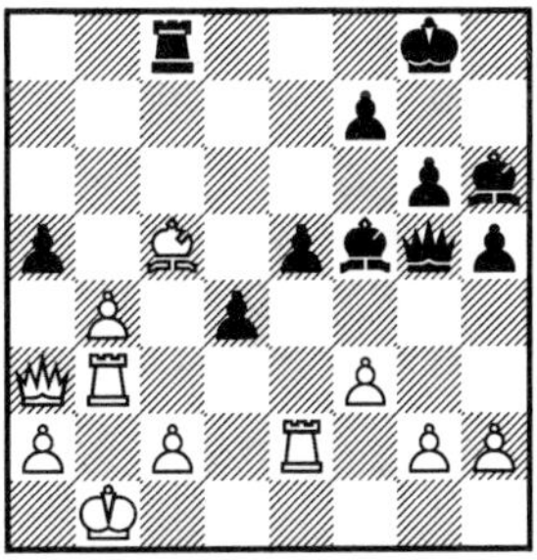

Einschätzung der Stellung: Die schwarzen Läufer auf der Diagonale f5–b1 und h6–c1 sind schon eine Macht. Unterstützt wird ihre Angriffswirkung durch die bestens plazierte Dame auf g5, von der permanent Mattdrohungen auf der ersten Reihe ausgehen. Zusätzlich übt der schwarze Turm auf c8 Druck gegen die Punkte c5 und c2 aus. Der Nachziehende hat einen sicher postierten König. Seine aggressive Bauernstruktur, die Raumvorteil sichert, unterbindet jegliche sinnvollen weißen Bauernzüge. Mit dem Bauernhebel a5 entledigt sich Schwarz seiner einzigen Schwäche und untergräbt vor allem den Stützpunkt c5. Durch seine inaktiven Schwerfiguren ist weiterer Nachteil für den Anziehenden nicht zu vermeiden. Die Stellung ist für taktische Wendungen bestens geeignet, da auch der weiße König durch den gefährlichen schwarzen Bauernhebel d3 kein ruhiges Plätzchen findet. Schwarz hat klaren Vorteil.

26.♔b1–a1 a5:b4
27.♕a3:b4 d4–d3!
28.c2:d3

Gegen den Bauerndurchbruch gibt es keine Verteidigung. Auf 28.♗e3 wäre das elegante Damenopfer 28. … de 29.♗:g5 ♗:g5 30.♖b1 ♖:c2 möglich, und nach ♗d2 nebst ♗c3 ist Weiß verloren.

28. … ♕g5–c1+
29.♖b3–b1 ♕c1:c5
30.♕b4:c5 ♖c8:c5
31.♖b1–b3 ♖c5–d5
32.♖e2–c2 ♗h6–g7!

Noch eine Feinheit, welche die Stärke des Läuferpaares demonstriert.
Weiß gab auf.

Partie Nr. 71
Pirc–Aljechin,
Bled 1931
1.d4 d5 2.c4 e6 3.♘c3 c5 4.cd cd 5.♕a4+ ♗d7 6.♕:d4 ed 7.♕:d5 ♘c6 8.♗g5 ♘f6 9.♕d2 h6 10.♗:f6 ♕:f6 11.e3 0–0–0 12.0–0–0 (besser 12.♘d5 ♕g6 13.♘e2 mit der Idee, ♘f4 zu spielen) 12. … ♗g4 13.♘d5 ♖:d5! 14.♕:d5 ♗a3!

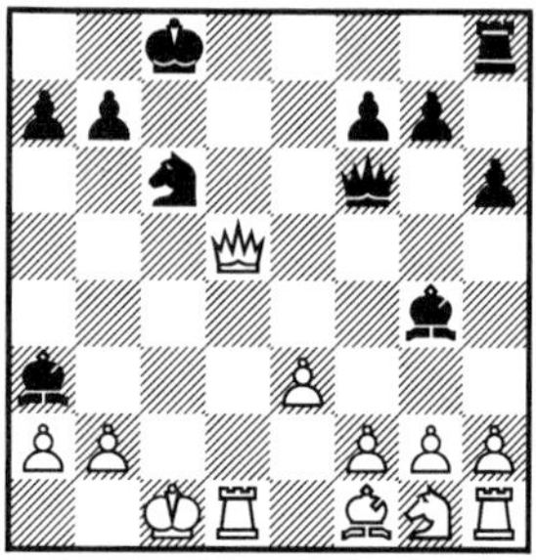

Einschätzung der Stellung: Der schwarze Entwicklungsvorsprung gestattet diese schneidige Attacke des Läuferpaares, welches das ganze Brett beherrscht. Schön, wie der Läufer auf a3 dabei Mattdrohungen aufstellt und mit Tempogewinn den Einsatz des Turmes h8 vorbereitet. Weiß steht auf Verlust, denn die kritischen Punkte b2 und f2 sind nicht zu verteidigen.

15.♕d5–b3

Noch die beste Verteidigung. Hoffnungslos ist 15.ba ♕a1+ (nicht 15. … ♕c3+ 16.♔b1 ♖d8 wegen 17.♗e2! mit dem störenden Zwischenschach auf g4) 16.♔c2 ♗:d1+ 17.♕:d1 ♕:a2+ 18.♔c1 (oder 18.♔c3 ♕:a3+ 19.♕b3 ♕c1+ nebst ♕:f1) 18. … ♕:a3+ 19.♔b1 ♖d8 20.♕g4+ (20.♕c2 ♕b4! mit Gewinn; oder 20.♕c1 ♕b3+ 21.♕b2 ♖d1 matt) 20. … ♔b8 21.♗c4 ♖d2 mit Matt in wenigen Zügen. Chancenlos ist auch 15.♖d2 ♗:b2+! 16.♖:b2 ♕c3+ 17.♔b1 (17.♖c2 ♕a1+

18.♔d2 ♖d8 mit Gewinn) 17. … ♕e1+ 18.♔c2, und wiederum gibt 18. … ♖d8 den Todesstoß.

15. … ♗g4:d1
16.♕b3:a3 ♕f6:f2
17.♕a3–d3 ♗d1–g4!

Genauigkeit ist in der besten Stellung gefragt. Nach dem Schablonenzug 17. … ♖d8 wäre der Zwischenzug 18.♘h3! sehr störend.

18.♘g1–f3 ♗g4:f3

Die stärkste und einfachste Abwicklung, die Materialgewinn sichert. Wiederum wäre 18. … ♖d8 wegen 19.♕e2 nicht gut gewesen.

19.♕d3–f5+ ♔c8–b8
20.♕f5:f3 ♕f2–e1+
21.♔c1–c2

Oder 21.♕d1 ♕:e3+ 22.♕d2 ♕e6! 23.♔b1 ♖d8 24.♕f4+ ♔a8 25.♗c4 ♕g6+ mit Gewinnposition.

21. … ♖h8–c8!

Durch das drohende Abzugsschach wird der weiße König in das Mattnetz getrieben.

22.♕f3–g3+ ♘c6–e5+!
23.♔c2–b3 ♕e1–d1+
24.♔b3–a3 ♖c8–c5!

Die weitere Zugfolge ließ sich der Anziehende nicht mehr zeigen. Nach 25.b4 folgt ♖c3+ 26.♔b2 ♕c1 matt oder 25.b3 ♖a5+ 26.♔b4 ♕d2 matt bzw. 25.♔b4 ♕d2+ 26.♔:c5 b6+ 27.♔b5 und ♕a5 matt.
Weiß gab auf.

Partie Nr. 72
Benjamin–Alburt,
USA 1981
1.e4 ♘f6 2.e5 ♘d5 3.d4 d6 4.♘f3 ♗g4 5.♗e2 e6 6.0–0 ♗e7 7.c4 ♘b6 8.ed cd 9.♘bd2 0–0 10.h3 ♘c6 11.♗b2 ♗f5 12.a3 a5 13.♖e1 ♗f6 14.♗f1 d5 15.c5 ♘d7 16.♖c1 ♕b8 17.♗b5 ♖c8 18.b4 ab 19.ab b6 20.♕e2 (falls 20.♗:c6 ♖:c6 21.b5 so 21. … ♖:c5! 22.dc ♗:b2, und Schwarz hat Vorteil) 20. … bc 21.bc ♖a5! 22.♗:c6 ♖:c6 23.♖a1 ♖a:c5!

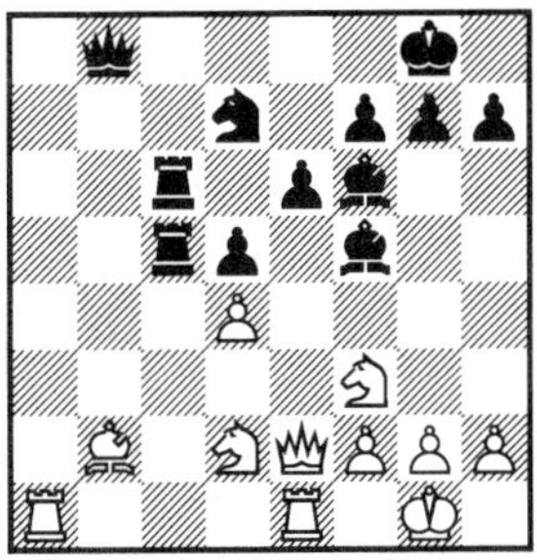

Einschätzung der Stellung: Die Kraft des Läuferpaares macht dieses schöne Qualitätsopfer möglich. Schwarz erhält zusätzlich zwei Bauern. Das stellt bei der offenen Stellung auch materiell einen kleinen Vorteil dar. Entscheidender Garant dafür sind freilich seine beiden dominierenden Läufer, welche strahlenförmig das Brett beherrschen. Ergänzt wird ihre Wirkung durch den schwarzen Springer auf c5, der das Feld d3 anpeilt und weitere Gefahren heraufbeschwört. Weiß gelingt es nicht schnell genug, seine Türme zu aktivieren, so daß die Verteidigung früher oder später zusammenbricht. Die sichere schwarze Königsstellung und die Bauernkette verurteilen zudem die weißen Springer zum stillhalten.

24.d4:c5 ♗f6:b2
25.♖a1–a6

25.♖ad1 scheitert an ♗c2 mit Qualitätsgewinn.

25. … ♖c6:a6!
26.♕e2:a6 ♘d7:c5
27.♕a6–a5 ♘c5–d3
28.♖e1–d1

Der weiße Turm hat keine guten Felder. So folgt auf 28.♖b1 h6 mit der häßlichen Drohung ♘c1.

28. … h7–h6

Ein Luftloch für den schwarzen König, um Mattgefahren auf der achten Reihe zu bannen.

29.♘d2–f1 ♘d3–f4!
30.♘f1–e3 ♗f5–e4
31.♘f3–d2 ♗b2–c3!

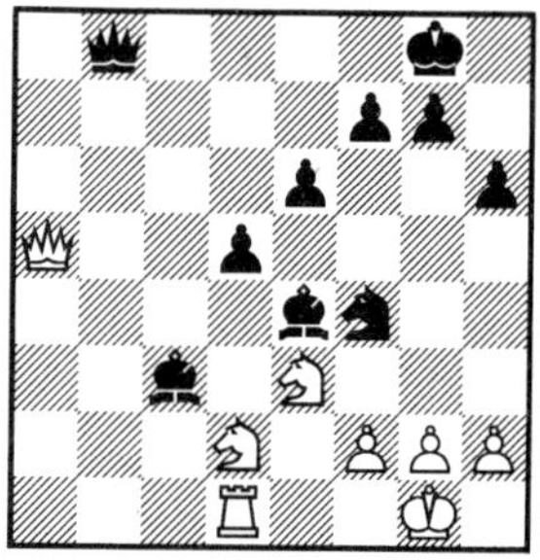

Der Textzug leitet ein Feuerwerk ein, das traumhaft schön die Kraft der Leichtfiguren aufzeigt.

32.♕a5–a2

Natürlich verbietet sich 32.♕:c3 wegen ♘e2+ mit Damengewinn.

32. … ♗e4:g2!!

Ein phantastisches Figurenopfer. Bei seiner Annahme würde nach 33.♘:g2 ♘h3+ 34.♔f1 ♕:h2 35.♘b1 ♕h1+ 36.♔e2 ♕:g2 37.♘:c3 ♕:f2+ 38.♔d3 das Matt durch ♘f4 erfolgen.

33.♘d2–b1 ♗g2–f3!
34.♘b1:c3 ♘f4–h3+
35.♔g1–f1 ♕b8:h2

Die schwarze Dame schreitet zur Exekution.

36.♔f1–e1 ♕h2–g1+
37.♘e3–f1

Oder 37.♔d2 ♕:f2+ 38.♔d3 ♘f4+ 39.♔d4 e5+ 40.♔:e5 ♕:e3+ mit Gewinn.

37. … ♘h3–f4!

Dieser stille Zug leitet das krönende Finale ein. Weiß steht dem Springerschach auf g2 wehrlos gegenüber.

38.♕a2–a7

Auf 38.♕a6 gewinnt ♘g2+ 39.♔d2 ♕:f2+ 40.♘e2 ♘f4! 41.♘g3 d4! 42.♖f1 ♕e3+ 43.♔c2 d3+.

38. ... ♘f4–g2+
39.♔e1–d2 ♗f3:d1

Weiß gab auf, da nach 40.♕b8+ ♔h7 41.♕b1+ g6 42.♕:d1 ♕:f2+ die schwarze Bauernwalze den Sieg bringt.

Partie Nr. 73
Klarić–Kasparow,
Graz 1981
1.d4 ♘f6 2.c3 g6 3.♗g5 ♗g7 4.♘d2 0–0 5.e4 d6 6.f4 c5 7.dc dc 8.♗c4 ♘c6 9.♘gf3 ♘a5! 10.♗e2 ♘g4 11.♘f1 ♕b6 12.♕c1 c4 13.♗h4 e5! 14.h3 ♘f6 15.♗:f6 ♕:f6 16.fe (falls 16.♘:e5, so g5! 17.♘:c4 gf 18.♘:a5 ♕h4+ 19.♔d1 ♕d8+ 20.♔c2 ♕:a5 21.♕:f4 ♗e6, und Weiß muß nach ♖ac8 das eventuelle Einschlagen auf c3 fürchten) 16. ... ♕e7 17.♕f4! ♘c6 18.♘e3 ♘:e5 19.♘:c4 (besser 19.♘d5 ♕d6 20.0–0–0 f5 mit Verwicklungen) 19. ... ♘:f3+ 20.♗:f3 ♗e6 21.♘e3 ♕c5 22.♘c2 (ein grober Fehler wäre 22.0–0 wegen g5 mit Figurengewinn) 22. ... ♖ad8 23.♕e3 ♕b5 24.♘b4 ♗c4! 25.a4 ♕e5

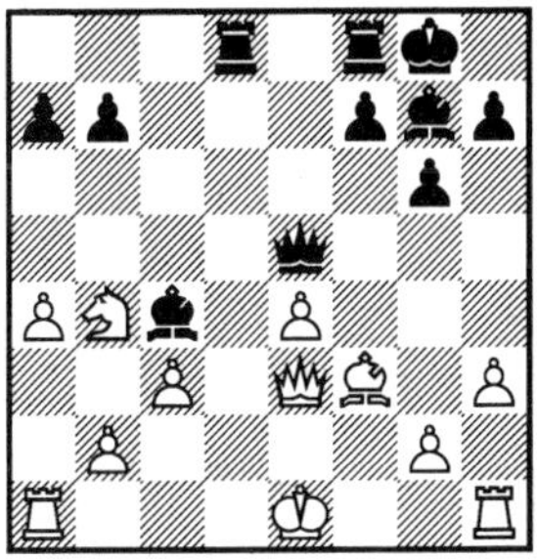

Einschätzung der Stellung: Mit der zentral postierten Dame auf e5 und den Einbruchsfeldern g3, d3 und b3 ist die Position klar vorteilhaft für Schwarz. Beide schwarze Läufer üben magische Drohungen auf den weißen König aus. So könnte sich der schwarzfeldrige Läufer auf h6 plazieren, denn sein Schlagen verbietet sich wegen ♕g3 matt. Natürlich hat Schwarz auch einen deutlichen Entwicklungsvorsprung und das Sagen auf der offenen d-Linie. Das weiße Problem besteht darin, daß die Rochade nicht durchgeführt werden kann. Auch die Notlösung 26.♗e2 bringt nichts. Nach 26. ... ♗h6! 27.♕:h6 ♕g3+ 28.♔f1 ♗:e2+ 29.♔:e2 ♕:g2+ 30.♔e3 ♕d2+ geht die weiße Dame auf h6 verloren. Der weiße Mehrbauer ist im Moment völlig uninteressant, da der Anziehende keine Zeit hat, am Damenflügel aktiv zu werden. Mit dem einzigen möglichen Zug 26.♔f2 kann zwar zunächst der größte

Schaden vermieden werden, dafür kommt aber das dominierende schwarze Läuferpaar jetzt voll zur Geltung, das durch feine Nadelstiche auf den schwarzen Feldern die Überlegenheit noch vergrößern wird.

26.♔e1–f2 ♗g7–f6!
27.♖h1–d1 ♗f6–e7

Die Drohung ♗c5 läßt Weiß ernsthaft um seinen König fürchten, denn es ist kein sicheres Plätzchen für ihn zu finden.

28.♘b4–c2

Sofort verliert 28.♘d5 ♗h4+ 29.♔g1 ♗:d5 wegen der ungedeckten Dame auf e3.

28. … ♖d8:d1
29.♖a1:d1 ♗c4–b3!

Jetzt kommt der große Auftritt des weißfeldrigen schwarzen Läufers. Durch die Fesselung des Springers auf c2 gönnt er dem Anziehenden keine Atempause mehr.

30.♕e3–d3

Nicht 30.♕e2 ♗c5+ 31.♔f1 ♕h2 mit Gewinn.

30. … ♕e5–c5+
31.♔f2–e1

31.♔g3 ♗:c2 32.♕:c2 ♗d6+ verliert auch.

31. … ♗e7–h4+
32.♔e1–d2 ♖f8–d8
33.♘c2–d4 ♗b3:d1

Mit dem Gewinn der Qualität und dem tödlichen Druck in der d-Linie haben die Läufer ihre Schuldigkeit getan.

34.♗f3:d1 ♗h4–f6
35.b2–b4 ♕c5–d6
36.♔d2–e3 ♕d6–g3+
37.♗d1–f3 ♕g3–e1+
38.♗f3–e2 ♕e1–g1+
39.♔e3–f3 ♗f6:d4
40.c3:d4 ♕g1:d4

Weiß gab auf.

Partie Nr. 74
Boleslawski–Petersson, Minsk 1957
1.d4 ♘f6 2.c4 e6 3.♘c3 ♗b4 4.e3 b6 5.♘e2 ♗a6 6.♘g3 0–0 7.e4 d6 8.♗d3 e5? 9.0–0 ♗:c3 (Schwarz hat keine Zeit zu 9. … ed, da nach 10.♘d5 der Läufer in Bedrängnis kommt) 10. bc ♘c6 11.♘f5 ♗c8 12.♗g5 ed 13.♘:d4!

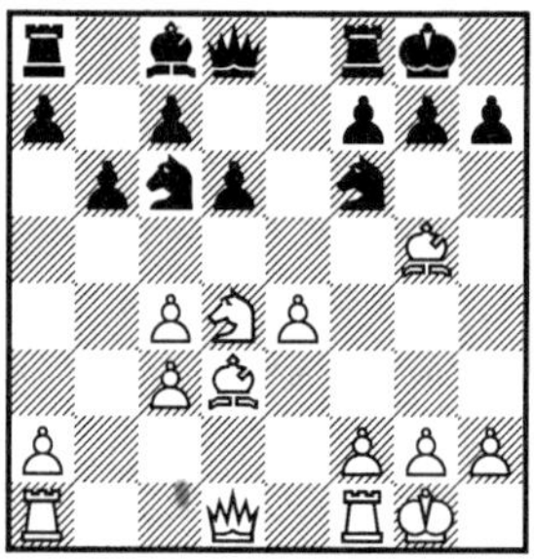

Einschätzung der Stellung: Mit dem Textzug hat Weiß ein interessantes Abspiel gewählt, das fern jeder Schablone ist. Die Idee besteht darin, Zeit durch einen Angriff auf den Springer c6 zu gewinnen und auf keinen Fall Schwarz aus der Fesselung h4–d8 entkommen zu lassen. Ins Kalkül wird deshalb nicht zuletzt der Bauernvorstoß f4 und e5 gezogen. Beiden weißen Läufern ist dabei eine Hauptrolle zugedacht, sollen sie doch auf den Diagonalen h4–d8 und b1–h7 das Zepter schwingen. Obwohl Schwarz eine gesunde Bauernformation hat, schafft er es nicht, seine Figuren harmonisch aufzustellen. Der Raumvorteil und die Beweglichkeit der Bauern auf der e- und f-Linie sichern den weißen Vorteil.

13. … ♘c6–e5

Schlecht wäre 13. … ♘:d4 14.cd, und Schwarz ist gegen e5 wehrlos.

14.f2–f4! ♘e5–g6

Ein notwendiges Übel. Falls 14. … ♘:d3 15.♕:d3 ♖e8 16.♖ae1, ist e5 ebenfalls nicht ohne Nachteil zu parieren. Eine Figur verlieren würde 16. … ♗g4 17.♗:f6 ♗:d1 (17. … ♕:f6 18.fe) 18.♗:d8 ♘:d3 19.♖a:d1.

15.e4–e5!

Mit diesem logischen Bauernopfer wird der schwarze Königsflügel ruiniert. Außerdem vergrößert sich die Reichweite des Läufers d3, von dem Gefahr für den schwarzen Königs- und Damenflügel ausgeht.

15. … d6:e5
16.f4:e5 ♘g6:e5
17.♗d3–e4

Der Angriff auf den Turm gewinnt ein wertvolles Tempo, um den Läufer einem Tausch zu entziehen.

17. … ♗c8–g4
18.♕d1–e1 ♕d8–d6

Schwarz hat keine Zeit zu 18. … ♖c8 wegen 19.♗:f6 gf 20.♕h4 h5 21.h3, und Weiß gewinnt.

19.♗g5:f6 g7:f6
20.♕e1–h4 f6–f5
21.♗e4:a8 ♘e5–g6
22.♕h4–f2 ♖f8:a8
23.h2–h3 ♗g4–h5
24.♕f2:f5

Schwarz gab auf.

Partie Nr. 75
Uhlmann–Petran,
Budapest 1982
1.c4 ♘f6 2.♘c3 c5 3.♘f3 e6 4.g3 b6 5.♗g2 ♗b7 6.d4 cd 7.♕:d4 d6 8.0–0 ♗e7 9.e4 0–0 10.♕e3 ♘bd7 11.♘d4 ♕c7 12.b3 a6 13.♗b2 ♖fe8 14.♖fe1 ♗f8 15.h3 ♖ad8 16.♖e2 g6 17.♖d1 ♕b8 18.♕c1 ♘c5 19.♘c2 ♕a8 20.♕f4 ♘h5! (nicht 20. … ♗g7 21.b4! ♘cd7 22.♖:d6 mit weißem Vorteil) 21.♕d2 f5 (riskant, besser 21. … ♘f6 22.♕e1 mit etwas mehr Raum) 22.g4! fg 23.hg ♘f6 24.f3! ♘cd7 25.♕g5! ♗e7 26.♕e3 ♕b8 (fehlerhaft wäre

26. … d5 27.e5 ♗c5 28.♘d4 dc 29.bc, und der Springer f6 geht verloren) 27.♔h1 ♕c7 28.♖ed2 d5?! 29.ed ed 30.♘:d5 ♗:d5 (tolle Verwicklungen hätten sich nach 30. … ♘:d5 ergeben: 31.cd ♗f6 32.♗:f6 ♘:f6 – 32. … ♖:e3 33.♗:d8 ♕:d8 34.♘:e3, und Weiß steht besser – 33.d6! ♖:d6 34.♖:d6 ♖:e3 35.♘:e3 ♘e8 36.♖d7 ♕c3 37.♖e7 ♗c6 38.f4!, und Weiß hat etwas mehr vom Spiel) 31.cd ♗b4 32.d6! ♕c8 (auf 32. … ♗:d6 gewinnt 33.♕c3!) 33.♕f4 ♗:d2 34.♖:d2

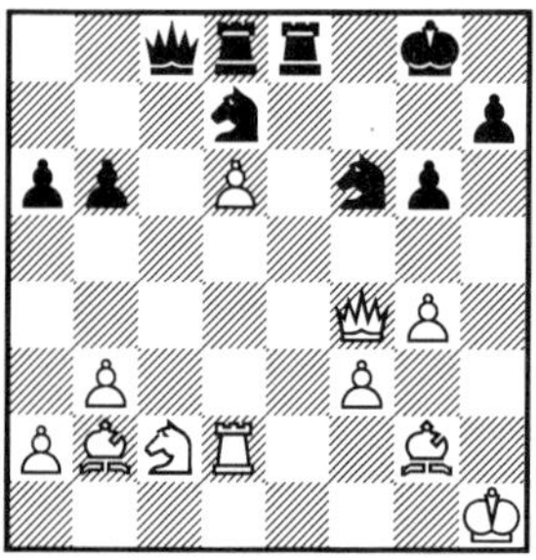

Einschätzung der Stellung: Durch das Qualitätsopfer hat Weiß seinen Raumvorteil wesentlich ausgebaut. Der Freibauer auf d6 ist ein gewaltiger Störenfried im schwarzen Lager, kontrolliert er doch die lebenswichtigen Felder c7 und e7. Die Hauptgefahr geht aber von der Diagonale a1–h8 aus. Der schwarzfeldrige weiße Läufer und die Dame können sehr schnell eine direkte Mattdrohung auf g7 oder h8 aufstellen. Da der Springer f6 unmittelbar angegriffen ist, kommt für Schwarz nur der Textzug 34. … ♖e6 in Frage. 34. … ♖f8 scheitert dagegen an 35.g5 ♘h5 36.♕d4. In der Vorausberechnung mußte aber gerade dieser Zug einkalkuliert werden. Auf der Hand liegt ebenso, daß Weiß durch 35.♗h3 seinen zweiten Läufer „strahlen“ lassen wird. Der Bauernzug g5 ist nicht zu parieren, und so steht Schwarz vor einer unlösbaren Aufgabe.

34. … ♖e8–e6
35.♗g2–h3! ♖d8–e8
36.g4–g5 ♖e6–e1+

Versucht werden mußte 36. … ♘h5, um wenigstens nach 37.♗:e6+ einen Läufer zum Abtausch zu bewegen.

37.♘c2:e1 ♖e8:e1+
38.♔h1–h2 ♘f6–h5
39.♕f4–d4

Auch 39.♕c4+ macht hier alles klar.

39. … ♔g8–f7
40.♗h3–g4 ♕c8–e8
41.♖d2–f2!

Verhindert ein Schach auf e2 und droht gleichzeitig f4–f5.

41. … ♘d7–e5
42.d6–d7! ♕e8–b8
43.♕d4–d5+ ♔f7–e7
44.♗b2–a3+

Schwarz gab auf, da nach 44. … ♔d8 45.♕g8+ die Dame verlorengeht. Auch diese Partie ist ein Ruhmesblatt für die dominierenden Läufer.

Partie Nr. 76
Espig, L.–Uhlmann,
DDR 1975
1.♘f3 ♘f6 2.c4 g6 3.b4 ♗g7 4.♗b2 0–0 5.e3 c6 6.♗e2 a5 7.b5 cb 8.cb d6 9.0–0 ♘bd7 10.♘a3 ♘b6 11.♘c4 ♘:c4 12.♗:c4 a4! 13.a3 ♗d7 14.♖c1 e5 15.♗c3 ♕b6 16.♖b1 ♖fc8 17.♖b4 (etwas besser 17.♗e2, obwohl nach ♗e6 nebst ♗b3 die schwarze Stellung den Vorzug verdient) 17. … ♖:c4! 18.♖:c4 ♗:b5 19.♖b4 ♘d5

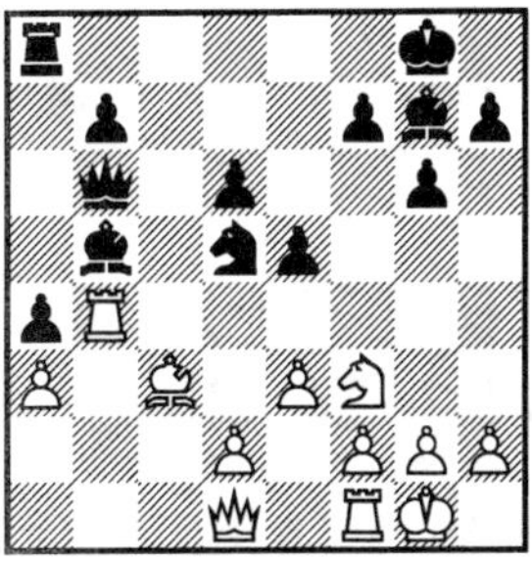

Einschätzung der Stellung: Mit dem Qualitätsopfer auf c4 hat Schwarz seinen Raumvorteil ausgedehnt. Weiß hat zwei wesentliche Bauernschwächen, auf a3 und nach 20. … ♘:c3 auf c3. Die schwarzen Läufer sind die dominierenden Figuren auf dem Brett, die jegliches weißes Gegenspiel verhindern. Da auch der weiße Springer inaktiv ist und der Anziehende durch den Angriff auf den Turm f1 ein weiteres Tempo einbüßt, geht noch ein Bauer verloren. Die Position von Schwarz ist sehr aussichtsreich.

20.♖b4–b2 ♘d5:c3
21.d2:c3 ♕b6–c5
22.♖f1–e1 ♗b5–c6
23.♖b2–b4

So wird wenigstens der a-Bauer verteidigt.

23. … ♕c5:c3
24.♕d1–c1

Jetzt scheitert 24.♕:d6 an ♗:f3, weil danach der Turm e1 ohne Schutz wäre.

24. … ♕c3:c1
25.♖e1:c1 d6–d5!
26.♖c1–c3

Soll den unangenehmen Läufereinfall ♗f8 nebst ♗:a3 parieren. Nach dem Textzug ist der Gewinn noch nicht einfach zu realisieren, da die schwarzen Bauern blockiert sind. Ihr Vormarsch muß feinsinnig vorbereitet werden, damit der Springer vom Spiel ausgeschlossen bleibt.

26. … f7–f6
27.♘f3–e1 ♖a8–d8
28.♘e1–c2 f6–f5
29.f2–f3 ♗g7–f8
30.♖b4–b1 f5–f4!

Die Zeit ist herangereift, um im Zentrum den Durchbruch zu wagen. Der schwarze Freibauer auf der d-Linie wird mit

Unterstützung der Läufer den Schlußpunkt setzen.

31.e3:f4 d5–d4!
32.♖c3–d3

Falls 32.♖c4, so d3 33.♘b4 ♗b5 34.♖e4 d2 35.♖d1 ♗c5+ 36.♔h1 ♗:b4 37.ab ♖c8!, und gegen 38. ... ♖c1 gibt es keine Verteidigung; ebenso verliert 33.♘e3 ef 34.♘d1 (34.♖:f4 ♗h6 mit Gewinn) 34. ... ♗:a3, und die beiden Freibauern auf der a- und b-Linie garantieren den Sieg.

32. ... e5–e4!

Danach kommt Weiß in Kreuzfesselungen, die in wenigen Zügen die Entscheidung herbeiführen.

33.f3:e4

Nicht 33.♖:d4 wegen ♗c5.

33. ... ♗c6:e4
34.♖d3–d2 ♖d8–c8!
35.♖b1–b2 d4–d3
36.♘c2–b4 ♖c8–c3!

Weiß gab auf, da er nach 37.♖a2 ♗c5+ nebst ♖c1 matt gesetzt wird.

Partie Nr. 77
Uhlmann–Knaak, R.
Nordhausen 1986
1.c4 g6 2.e4 ♗g7 3.d4 d6 4.♘c3 ♘d7 5.♗e2 e5 6.♘f3 ♘gf6 7.0–0 0–0 8.♗e3 c6 9.♕c2 ♘g4 10.♗g5 f6 11.♗d2 f5 12.ef gf 13.de de 14.♘g5 ♘df6 15.♔h1! ♕e8 16.f3 ♘h6 17.♖ae1 ♘h5 18.♗d3 ♕d8 (um g4 auszuweichen; unzureichend ist 18. ... e4 19.♘c:e4 fe 20.♖:e4 ♕d8 21.♖h4 ♘f6 22.♗:h7+ mit durchschlagendem Angriff, oder auch einfach 19.fe, da 19. ... ♘g3+ an 20.hg ♕h5+ 21.♘h3 scheitert) 19.c5 ♔h8 20.♗c4 ♕f6? (besser 20. ... b5) 21.♘e2 ♕g6 22.f4! e4 (falls 22. ... ef, so 23.♘h3 mit Vorteil) 23.♕b3! ♗f6 24.♖d1 (die schwarze Stellung krankt am unentwikkelten Läufer auf c8. Außerdem sind die Randspringer durch das Manöver f4 zur Tatenlosigkeit verurteilt worden) 24. ... ♘g7 25.♗c3! (wegen der Drohung ♖d6 muß Schwarz das Bauernopfer annehmen) 25. ... ♗:g5 26.fg ♕:g5

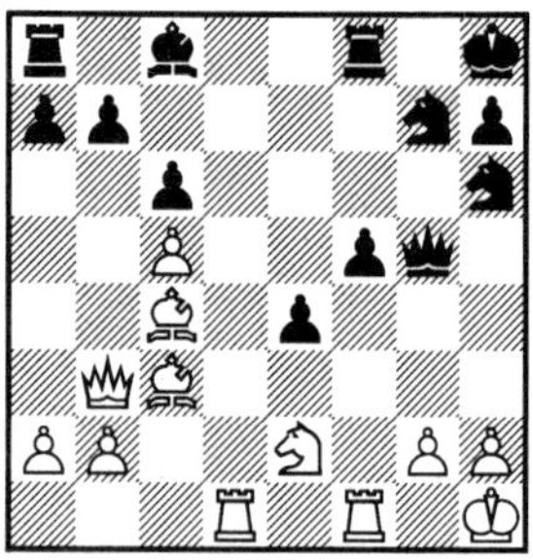

Einschätzung der Stellung: Durch das Bauernopfer auf g5 hat Weiß ein übermächtiges Läuferpaar erhalten, dessen Diagonalwirkung jegliches Gegenspiel unterbindet. Der Anziehende kann in aller Ruhe den Stellungsdruck verstärken. Als günstig erweist sich dabei die offene d-Linie mit dem Stützpunkt auf d6. Weiterhin wird der weiße Springer bald ein Idealfeld auf f4 vorfinden. Der schwarze Damenflügel befindet sich dagegen in vollkommener Agonie, da der Läufer c8 auf lange Zeit nicht entwickelt werden kann. Außerdem ist der Springer auf g7 gefesselt, und sein Randkollege auf h6 hat ebenfalls keine gesunden Einsatzfelder. Daraus ergibt sich, daß die schwarzen Zukunftsaussichten äußerst trüb sind.

27.♗c3–e5 ♘h6–g4
28.♕b3–g3!

Mit der peinlichen Drohung h3. Die Entlastung 28. ... ♕e3 scheitert an 29.♕:g4!

28. ... ♖f8–e8
29.♗e5–d4 e4–e3
30.♔h1–g1!

Verhindert ein Schach auf f2 und sagt wiederum h3 an.

30. ... ♕g5–h6
31.♘e2–f4! ♘g4–f6

Es gibt keine sinnvolle Verteidigung mehr. So scheitert 31. ... ♗d7 an 32.h3 ♘f6 33.♗:f6 nebst ♖:d7 mit Figurengewinn.

32.♗d4:e3 ♘f6–e4
33.♕g3–e1 ♘e4–g5

Dieser Zeitnotfehler kürzt das Verfahren ab. Chancenlos war auch 33. ... ♘:c5 wegen des schönen Damenopfers 34.♗:c5 ♖:e1 35.♖f:e1, und Schwarz kann ♖d8+ ohne weiteren „Aderlaß“ nicht vermeiden.

34.♖d1–d6

Schwarz gab auf. Nach 34. ... ♗e6 35.♗:e6 ♘7:e6 36.♘:e6 ♖:e6 37.♗:g5 büßt er eine Figur ein.

Partie Nr. 78
Vogt–Weiser,
Berlin 1982
1.e4 c5 2.♘f3 e6 3.d4 cd 4.♘:d4 ♘f6 5.♘c3 ♘c6 6.♘db5 d6 7.♗f4 e5 8.♗g5 a6 9.♘a3 b5 10.♘d5 ♗e7 11.♗:f6 ♗:f6 12.c3 0–0 13.♘c2 ♖b8 14.♗e2 ♗g5 15.0–0 a5 16.b4 ♗e6 17.a4 ba 18.♖:a4 ab 19.cb ♘e7 20.♘:e7+ ♗:e7 21.♖a7 ♗b3 22.b5? (nach diesem Zug kommt Weiß in ernste Schwierigkeiten. Richtig war 22.♕b1 ♗:c2 23.♕:c2 ♖:b4 mit guten Remischancen, da der Läufer auf c4 und d5 eine dominierende Position einnimmt) 22. ... ♖c8 23.♗d3 d5! 24.♕b1 (besser war 24.ed ♗c5 25.♖a6 ♕:d5) 24. ... ♗c5 25.♖a6 de 26.♗:e4 ♗c4

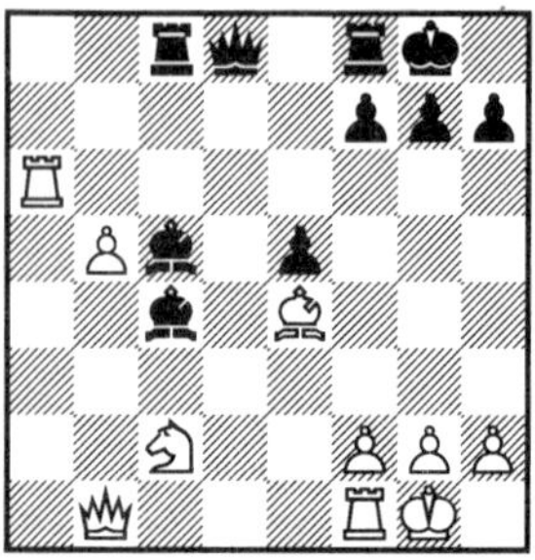

Einschätzung der Stellung: Dank des Läuferpaares mit seiner Diagonalwirkung auf den weißen Königsflügel ist die Position vorteilhaft für Schwarz. Hinzu kommt, daß durch die eigene Bauernmajorität am Königsflügel mittels des Manövers f5 und e4 weiterer Raumgewinn möglich wird. Das Sorgenkind für Weiß ist der Punkt f2, der in mehreren Abspielen zu Kombinationen verleitet. So scheitert schon 27.♖d1 an ♗:f2+ 28.♔:f2 ♕h4+ nebst ♕:e4. Weiterhin muß sich Weiß um seinen Bauern b5 kümmern, dessen Verteidigung bindet Figuren. Nachteilig bemerkbar machen sich auch die inaktive Dame auf b1 und der Springer auf c2, der keine vernünftigen Felder hat.

27.♖f1–e1 f7–f5!
28.♗e4–b7 ♖c8–b8
29.♗b7–c6 e5–e4
30.♘c2–e3 ♗c4–d3

Schwarz hat das Bauernmanöver f5 und e4 durchgesetzt und so den wertvollen Stützpunkt d3 für seinen Läufer erobert.

31.♕b1–b3+ ♔g8–h8
32.♖e1–c1 f5–f4!
33.♘e3–g4

Eine traurige Notwendigkeit. Es verliert sowohl 33.♘f1 wegen ♗:f2+ 34.♔:f2 ♕d4+ 35.♔e1 ♕g1 als auch 33.♘d5 ebenfalls wegen ♗:f2+ 34.♔:f2 ♕h4+ 35.♔g1 f3! 36.♖aa1 (36.gf ♕g5+ 37.♔h1 ♕:c1 oder 36.♘e3 ♕g5 jeweils mit Gewinn) 36. ... f2+ 37.♔h1 f1♕+.

33. ... ♗c5–d4

Damit haben wir ein dominierendes Läuferpaar von allererster Güte. Es beherrscht den Damenflügel und den Königsflügel sowie das Zentrum.

34.h2–h3

Auf 34.♕e6 entscheidet e3! 35.f3 ♗f5 36.♕c4 h5 37.♖a4 ♗b6.

34. ... h7–h5
35.♘g4–h2 ♗d4:f2+
36.♔g1–h1

Der Läufer ist nicht zu schlagen, da nach 36.♔:f2 ♕d4+ 37.♔e1 ♕e3+ nebst Matt auf e2 folgt.

36. ... ♕d8–g5
37.♕b3–c3 ♗f2–e3
38.♖c1–e1 f4–f3!
39.♖a6–a2 f3–f2
40.♖e1–f1 ♗e3–b6

Weiß gab auf.

Partie Nr. 79
Romanischin–Hübner,
Tilburg 1985
1.e4 c5 2.♘c3 ♘c6 3.f4 g6 4.♘f3 ♗g7 5.♗e2 d6 6.0–0 e6 7.♗b5 ♗d7 8.♗:c6 ♗:c6 9.d3 ♘e7 10.♕e1 0–0 11.♕h4 ♗d7 12.♗e3 b6 13.d4 f5 14.dc fe 15.♘:e4 ♘f5 16.♕e1 bc 17.♖d1 ♕c7 18.c3 ♖ae8 19.♗c1 ♗c6 20.♖f2 ♗d5!

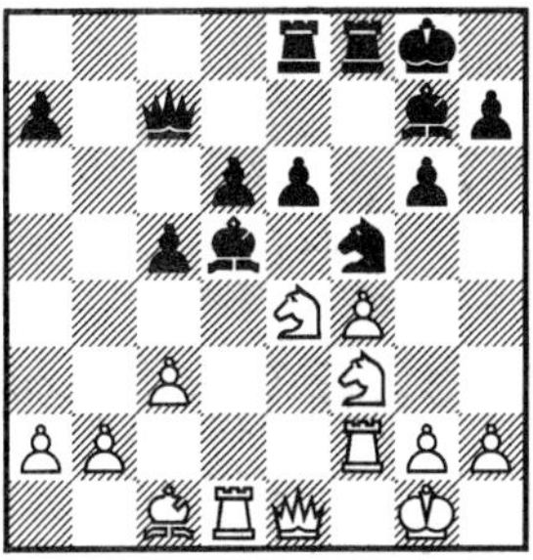

Einschätzung der Stellung: Bereits im frühen Mittelspiel hat Schwarz aufgrund weißer Eröffnungssünden die klar bessere Stellung erlangt. Am auffälligsten ist die Reichweite der schwarzen Läufer, die die Damenflügelbauern unter Beschuß nehmen. Außerdem hat Schwarz Raumvorteil und ein dynamisches Bauernzentrum. Der weiße Läufer auf c1 führt gegenüber seinen Kollegen ein Schattendasein. Unangenehm ist auch für Weiß, daß der angegriffene Bauer a2 nicht durch b3 abgesichert werden kann. Nach ♗:e4 würde nämlich anschließend der Bauer c3 fallen. Die Alternative wäre a3, was aber die vollkommene Lähmung des Damenflügels zur Folge hätte. Demzufolge strebt Weiß taktische Verwicklungen an.

21.♖f2–e2 ♗d5–c4!

Noch ein Tempogewinn, da 22.♖ed2 an d5 nebst ♗:a2 scheitert.

22.♖e2–f2 ♗c4:a2
23.g2–g4 ♗a2–b3!
24.♖d1–d2

Schlecht wäre 24.gf ef, und der Springer e4 geht verloren.

24. … ♘f5–h6
25.♘e4:d6 ♖e8–d8
26.g4–g5

Notwendig, da auf 26.♘e4 ♘:g4 geschieht.

26. … ♖d8:d6
27.g5:h6 ♗g7:h6
28.♖d2:d6 ♕c7:d6
29.♘f3–e5 ♕d6–e7
30.♗c1–e3 ♗b3–d5!

Die richtige Idee, um am Drücker zu bleiben. Auf der für Weiß geschwächten Diagonale h1–a8 tauchen in wenigen Zügen Mattgefahren auf.

31.c3–c4 ♗d5–a8!
32.♕e1–a5 ♕e7–b7!
33.♘e5–f3

Hoffnungslos ist 33.♔f1 wegen ♕e4, gefolgt von ♕:e3, ♕b1+ und ♗:f4.

33. … ♗h6:f4
34.♗e3:c5 ♗f4–c7

35.♕a5–e1 ♖f8–f6!

Schlecht wäre 35. ... ♖:f3, denn nach 36.♕:e6+ würde der Falsche triumphieren.

36.♔g1–f1

Nichts ergibt 36.♗d4 e5!, und Schwarz gewinnt.

36. ... ♕b7–b3!

Das Läuferpaar und die schwarze Dame sind die absolut dominierenden Figuren. Weiß kann sich nur in ein verlorenes Endspiel retten.

37.♘f3–d2 ♕b3–h3+
38.♔f1–e2 ♖f6–f5
39.♖f2:f5 ♕h3:f5
40.♕e1–f2 ♕f5:f2+

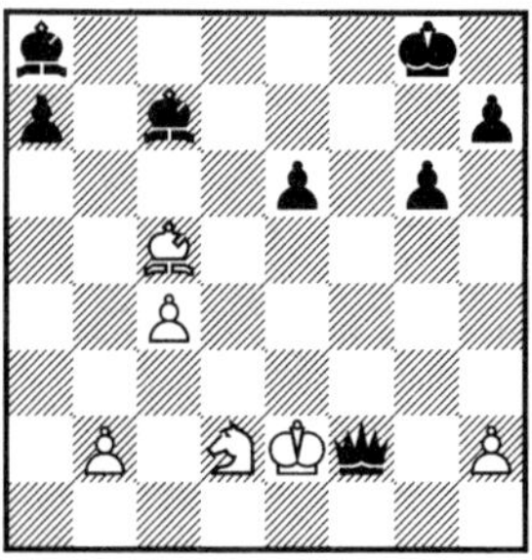

Einschätzung der Stellung: Mit dem Übergang in ein Endspiel wählt Schwarz den einfachsten Weg. Aufgrund der Freibauern auf der e-, g- und h-Linie gibt es an seinem Sieg keinen Zweifel. Der einzige weiße Gegentrumpf – das Bauernpärchen auf der b- und c-Linie – ist dagegen schnell blockiert.

41.♗c5:f2 ♗c7:h2
42.♗f2:a7 g6–g5
43.b2–b4 h7–h5
44.b4–b5

Auf 44.c5 erfolgt die Blockade ♗c6.

44. ... ♔g8–f7
45.c4–c5 ♗a8–d5!

Wichtig, damit der Läufer nicht durch c6 eingesperrt wird.

46.c5–c6 ♗h2–f4
47.♗a7–e3 ♔f7–e7!

Zur rechten Zeit eilt der schwarze König zum Damenflügel und verhindert ein weiteres Vordringen der weißen Bauern. Damit ist das Schicksal von Weiß besiegelt.

48.♗e3–c5+ ♔e7–d8
49.♘d2–f3

Weiß hat keinen vernünftigen Zug mehr, um die schwarzen Bauern zu stoppen.

49. ... ♗d5–c4+
50.♔e2–f2 ♗c4:b5
51.♗c5–b6+ ♔d8–c8
52.♗b6–e3 ♗f4:e3+

Nach getaner Arbeit kann der Läufer getauscht werden.

53.♔f2:e3 g5–g4
54.♘f3–g5

Chancenlos ist ebenfalls 54.♘d4 ♗c4 55.♔f4 ♗d5 56.♔g5 (nicht 56.♘e2 ♗:c6 57.♔g5 ♗e8 mit Gewinn) 56. ... g3 57.♘e2 (57.♔:h5 g2

58.♘e2 ♗f3+ mit Gewinn) 57. ... g2 58.♘g1 ♔c7 59.♔:h5 ♔:c6 60.♔g4 ♔c5 61.♔g3 (61.♔f4 ♔d4) 61. ... ♔d4 62.♔f2 ♔d3 63.♘h3 e5 64.♘g1 ♔d2 65.♘h3 e4!, und gegen e3+ und e2 gibt es keine Verteidigung.

54. ...	h5–h4!
55.♘g5:e6	h4–h3
56.♔e3–f2	h3–h2
57.♔f2–g2	g4–g3

Schwarz gab auf, da nach 58.♘d4 ♗c4 das Schach auf d5 tödlich ist.

3.3. Der Kampf um die Diagonale

Da im ersten Teil einer Schachpartie die Eröffnungsphase im Vordergrund steht, ist der Kampf um die Diagonale ein strategischer Gesichtspunkt, der speziell im Mittelspiel und im Übergang vom Mittelspiel zum Endspiel zum Tragen kommt. Das Grundanliegen, den Läufern eine große Reichweite zu garantieren, ist aber häufig nur nach hartem Kampf zu realisieren. Viel hängt vom Verlauf der Eröffnung ab und da wiederum viel von der Bauernstruktur.
Welche Mittel stehen nun zur Verfügung, um eine Diagonalwirkung zu erzielen? Naturgemäß werden die Bauern, da sie am zahlreichsten auf dem Schachbrett vorkommen, zur Hebelwirkung benutzt, um eine feindliche Bauernkette zu sprengen. Das kann sowohl durch einen einfachen Bauerntausch als auch durch ein Bauernopfer geschehen. Eine weitere Möglichkeit ist, den Druck so zu verstärken, daß durch Materialgewinn die Diagonale geöffnet wird. Häufig erleben wir es auch, daß durch Umgruppierungen der Leicht- und Schwerfiguren die Läufer auf die aktivste Position manövriert werden. Die nachhaltigste und sicher schönste Methode ist das Figurenopfer. Es wird häufig dann angewandt, wenn durch die Unterstützung des Läuferpaares ein Königsangriff eingeleitet werden kann. Einige Partiebeispiele sollen das illustrieren.

Partie Nr. 80
Uhlmann–Larsen,
Hastings 1972
1.c4 ♘f6 2.♘c3 e6 3.♘f3 ♗b4 4.♕c2 0–0 5.a3 ♗:c3 6.♕:c3 d6 7.d4 b6 8.g3 ♗b7 9.♗g2 ♘bd7 10.0–0 ♕e7 11.b3 e5 12.d5 a5 13.♘h4! ♘c5 14.♗b2 (in Betracht kam 14.♗g5 ♘ce4 15.♗:e4 ♘:e4 16.♗:e7 ♘:c3 17.♗:f8 ♘:e2+ 18.♔g2 ♖:f8 19.♘f3 mit geringem weißem Vorteil) 14. ... ♖fe8 15.♕c2 b5 (aktives Gegenspiel ist nötig, denn es drohte b4 mit weiterem Raumgewinn) 16.♘f5! ♕f8 (auf 16. ... ♕d7 wäre ebenfalls stark 17.f4 geschehen; z. B.

17. … bc 18.fe cb 19.♕c1! ♘:d5 20.♘:g7. Die vielen Drohungen ♕g5, ♘h5 und ♘:e8 sind nicht zu parieren) 17.f4!

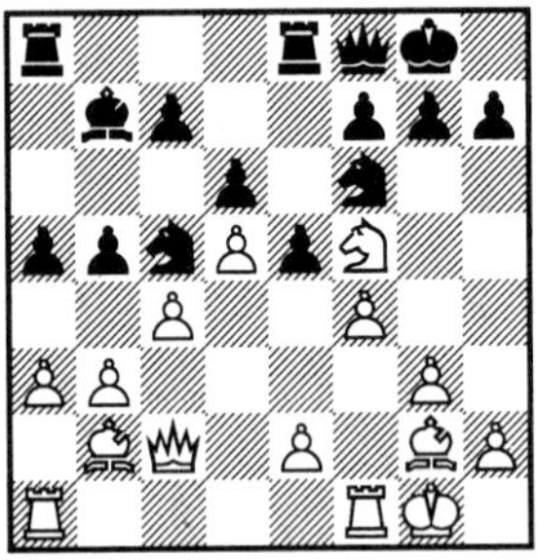

Einschätzung der Stellung: Als Antwort auf die schwarze Initiative am Damenflügel wird mit dem Zug f4 der Kampf um die Diagonale a1–h8 eröffnet. Gleichzeitig soll damit die f-Linie geöffnet werden, damit permanent taktische Drohungen durch den Turm und den vorzüglich postierten Springer auf f5 aufgestellt werden können. Der Textzug zwingt Schwarz in die Verteidigung. Höchst unerfreulich für den Nachziehenden ist der Standpunkt seiner Dame auf f8. Ihr Aktionsradius wird nämlich indirekt durch den weißen Springer auf f5 entscheidend eingeengt. So ist es nicht verwunderlich, daß durch den Bauernhebel f4 taktische Wendungen für das Läuferpaar entstehen. Die Position ist klar besser für Weiß.

17. … b5:c4

Schlecht ist 17. … ef, da nach 18.♗:f6 gf 19.♖:f4 der schwarze Königsflügel in Not käme.

18.f4:e5 d6:e5

Ein Fehler wäre 18. … cb 19.ef bc 20.fg, und Schwarz hätte Materialverlust zu beklagen.

19.b3:c4 ♘c5–d7

Eventuell bot 19. … ♘fd7 bessere Verteidigungsaussichten.

20.♗b2–c1!

Der schwerste Zug der Partie. Nachdem dieser Läufer seine Schuldigkeit auf b2 getan hat, erhält er auf der Diagonale c1–h6 eine neue Chance. Er verhindert das Schach auf c5 wegen ♗e3. Auf g6 folgt ♘h6+.

20. … ♘d7–b6

Auf 20. … ♗a6 könnte Weiß 21.♗g5 antworten. Nach 21. … ♕c5+ 22.♔h1 ♕:c4 23.♕:c4 ♗:c4 24.d6! hat Weiß klaren Vorteil.

21.♗c1–e3 ♘f6–g4
22.♗e3:b6

Damit verabschiedet sich Weiß von seinem spielbestimmenden schwarzfeldrigen Läufer. Der Anziehende hat nun einen gefährlichen Freibauern auf d5, und seine Dame wird mit Tempogewinn zum Angriff auf den Königsflügel dirigiert.

22. ... c7:b6
23.♕c2–e4! ♕f8–c5+

Falls 23. ... ♘f6, so 24.♘h6+ ♔h8 25.♕h4, dann ist nicht zu sehen, wie Schwarz ♖:f6 abwehren will.

24.♔g1–h1 h7–h5

Ein notwendiger Sicherungszug. Es verliert 24. ... ♘f2+ 25.♖:f2 ♕:f2 26.♖f1 ♕c5 27.♕g4 g6 28.♘h6+ ♔h8 29.♘:f7+ ♔g7 30.♕h4 ♕e7 31.♘g5, und das Schach auf h7 oder f7 ist nicht abzuwenden.

25.h2–h3!!

Schwarz ist zu ♘f2+ gezwungen. Weiß opfert natürlich gern eine Qualität, um die einzige Verteidigungsfigur des schwarzen Königs zu beseitigen.

25. ... ♘g4–f2+
26.♖f1:f2 ♕c5:f2
27.♖a1–f1 ♕f2–c5
28.♕e4–h4! ♕c5–f8

Es gibt keine Verteidigung mehr. Auf 28. ... g6 hätte 29.♘h6+ ♔h7 (29. ... ♔g7 30.♕g5! ♖f8 31.♘f5+ ♔g8 32.♕f6 gf 33.♖:f5 ♕e3 34.♖:h5 nebst Matt auf h8) 30.♕g5!! f5 (30. ... ♖f8 31.♘:f7) 31.♘:f5 ♕f8 32.♘h4 ♕g7 33.♗e4 leicht gewonnen.

29.♕h4–g5! f7–f6

Chancenlos ist 29. ... g6 30.♘h6+ ♔g7 31.♖:f7+ ♕:f7 32.♘:f7 ♔:f7 33.♗e4 ♖g8 34.♕:e5.

30.♕g5–g6

Danach befindet sich Schwarz in totaler Agonie. Da 30. ... ♕f7 an 31.♘h6+ scheitert, bringt in allen Abspielen der Läuferzug ♗e4 Weiß den Sieg.

30. ... ♖e8–e7
31.♗g2–e4! ♕f8–e8
32.♘f5–h6+ ♔g8–f8
33.♖f1:f6+

Der krönende Abschluß dieser schönen Partie.
Schwarz gab auf.

Partie Nr. 81
Grottke–Vogt,
DDR 1977
1.e4 c5 2.♘f3 e6 3.d4 cd 4.♘:d4 ♘f6 5.♘c3 d6 6.♗e3 ♗e7 7.♗e2 0–0 8.0–0 ♘c6 9.f4 a6 10.a4 ♕c7 11.♘b3 b6 12.♗f3 ♖b8 13.♕e2 ♘a5 14.♖ae1?! (besser 14.♘d2, um ♘c4 zu verhindern) 14. ... ♘c4 15.♗c1 b5 16.ab ab 17.♔h1 b4 18.♘d1 ♗a6 19.♘f2 ♖fe8! (Schwarz liebäugelt bereits mit einem Bauerndurchbruch mittels e5 und d5) 20.♘d3 e5 21.g3? (schwächt entscheidend die Diagonale h1–a8. Ungenügend ist auch 21.f5 d5 22.ed e4 23.♗:e4 ♗d6 24.♕f3 –

24.♘f2 ♗:h2 mit schwarzem Vorteil – ♘e5 25.♕h3 ♘:e4 26.♖:e4 ♕:c2 mit Gewinn)
21. … d5!

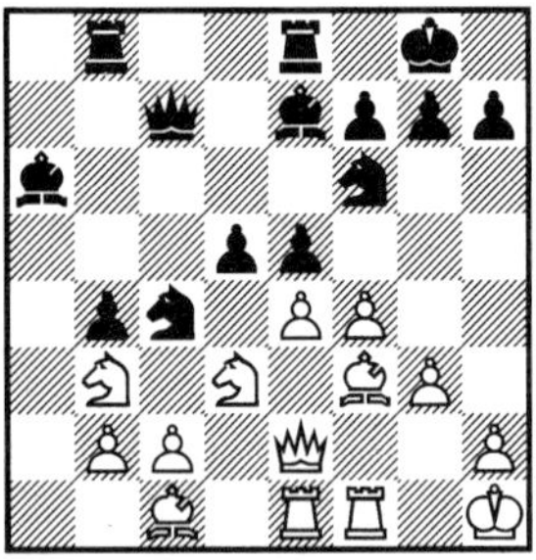

Einschätzung der Stellung: Mit dem Textzug werden von Schwarz zwei wesentliche strategische Gesichtspunkte anvisiert: Öffnung der e-Linie mit Angriff des Turmes auf die Dame und Kampf um die Diagonale h1–a8, da durch den Bauernzug g3 unangenehme Drohungen für den weißen König entstehen. Begünstigt wird der Bauerndurchbruch durch den schwarzen Raumvorteil und die bessere Plazierung der Leicht- und Schwerfiguren. Auffällig ist die Reichweite beider schwarzer Läufer, die den weißen weit überlegen sind. Obwohl nur zwei Bauern getauscht wurden, kann Weiß den Angriff nicht mehr abwehren, ohne in Nachteil zu geraten; Schwarz besitzt also klaren Vorteil.

22.e4:d5

Noch das beste. Falls 22.fe de 23.ef ef 24.♕e4 (oder 24.♕:e7 ♖:e7 25.fe ♖e8 mit Gewinn) 24. … f2!, so droht vernichtend ♗b7.

22. … e5–e4!

Die Pointe des ganzen Durchbruchs.

23.♗f3:e4 ♗e7–d6
24.♕e2–g2

Auf 24.♘f2 folgt 24. … ♘:e4 25.♘:e4 f5! mit Figurengewinn.

24. … ♘f6:e4
25.♖e1:e4 ♖e8:e4
26.♕g2:e4 ♘c4–b6!

Ein stiller Zug erzwingt die Entscheidung, da Weiß nicht gleichzeitig ♘:d5 und ♕:c2 abwehren kann.

27.♖f1–e1 ♘b6:d5
28.♘b3–d4 ♗a6–b7!

Dieser Läufer ist endlich auf seiner Diagonale. Für Weiß ist das ein trauriger Anblick, denn es geht nichts mehr!

29.♘d4–b5 ♘d5–f6!

Noch eine Feinheit, die Figurengewinn erzielt.

30.♘b5:c7 ♘f6:e4

Weiß gab auf, da er nach 31.♘b5 ♘c3+ den Springer auf b5 einbüßt.

Partie Nr. 82
Vogt–Casper,
DDR 1979
1.♘f3 f5 2.d4 ♘f6 3.g3 g6

4.♗g2 ♗g7 5.0–0 0–0 6.c4 d6 7.♘c3 c6 8.d5 e5 9.dc (gewöhnlich wird 9.de gespielt) 9. … bc 10.b3 ♖e8 (stark in Betracht kommt 10. … e4) 11.♗a3 d5 12.cd cd (besser 12. … ♘:d5 13.♘:d5 cd 14.♕d2) 13.♖c1 ♗b7 14.♘b5! ♗c6 15.♘d6 ♖e6 16.♘c4! ♘e4 17.♗b2!

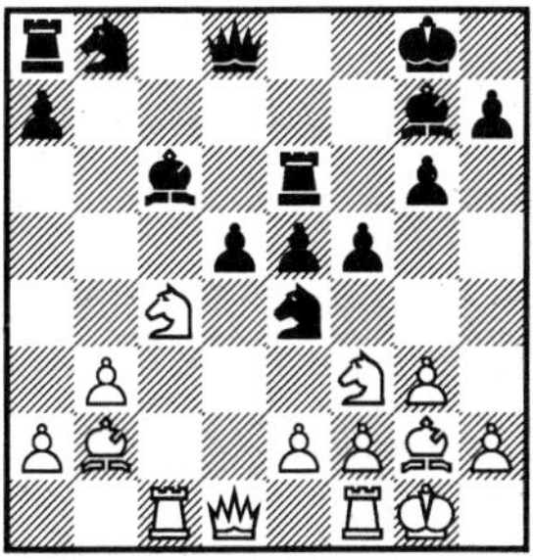

Einschätzung der Stellung: Durch feine weiße Springermanöver ist Schwarz zu einer unharmonischen Aufstellung des Turmes auf e6 und des Läufers auf c6 gezwungen worden. Die normale Entwicklung des Springers b8 ist das Sorgenkind von Schwarz. In diesem frühen Partiestadium entbrennt ein heißer Kampf um die Diagonalen a1–h8 und h1–a8. Der Anziehende hat freilich durch die schwarzen Bauernschwächen auf e5 und d5 sowie die Erstbesetzung der offenen c-Liene alle Trümpfe in seiner Hand. Die weiße Position ist als gewonnen zu betrachten.

17. … ♕d8–c7

17. … d4 scheiterte an 18.e3 und 17. … ♘bd7 an 18.♘c:e5 ♘:e5 19.♗e5 ♗:e5 20.♘:e5 ♖:e5 21.♖:c6.

18.♘c4:e5! ♗g7:e5

18. … ♖:e5 19.♘:e5 ♗:e5 20.♖:c6! ♘:c6 21.♕:d5+ nebst ♗:e5 mit Gewinn.

19.♘f3:e5 ♖e6:e5
20.♕d1–d4

Weiß nutzt partieentscheidend die Diagonale a1–h8.

20. … ♖e5–e7

Chancenlos ist auch 20. … ♘d7 21.f4 ♖e7 22.♗:e4 fe 23.♕h8+ ♔f7 24.♕:h7+ ♔f8 25.♕h8+ ♔f7 26.♕g7+ ♔e6 27.♕:g6+ nebst ♖:c6.

21.♕d4–h8+ ♔g8–f7
22.♕h8:h7+ ♔f7–e8
23.♕h7:g6+ ♖e7–f7
24.♗g2:e4 f5:e4
25.♗b2–a3!

Schwarz gab auf.

Partie Nr. 83
Andersson–Adorjan,
Wijk aan Zee 1984
1.♘f3 c5 2.c4 b6 3.♘c3 ♗b7 4.e3 ♘f6 5.d4 cd 6.ed e6 7.a3 d5 8.♗g5 ♗e7 9.♗:f6 ♗:f6 10.cd 0–0!

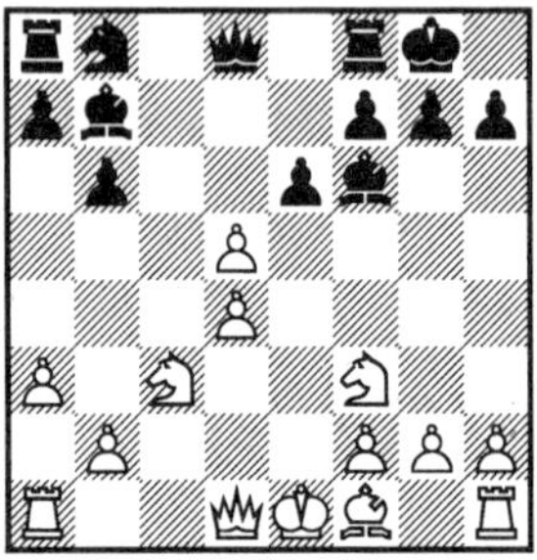

Einschätzung der Stellung: Ein interessantes Bauernopfer, um frühzeitig den Kampf um die Diagonale aufzunehmen. Die Faktoren Zeit, Raum, Entwicklungsvorsprung, die weiße Bauernschwäche d4, dazu die Tatsache, daß Weiß noch nicht rochiert hat, sind Kriterien für diese Entscheidung des Nachziehenden. Wer sich auf solche taktischen Verwicklungen einläßt, braucht aber eine Portion Mut. Im vorliegenden Fall spricht für den Textzug 10. ... 0–0 die Tatsache, daß die Abspiele 10. ... ed 11.♗b5+ und auch 10. ... ♗:d5 11.♘:d5 ♕:d5 12.♕a4+ für Schwarz äußerst unangenehm sind, weil in beiden Fällen ernste Gefahren in der Diagonale a4–e8 auftauchen würden.

11.d5:e6 f7:e6
12.♗f1–c4 ♘b8–c6!

Nur mit diesem zweiten Bauernopfer ist die Variante spielbar.

13.♗c4:e6+ ♔g8–h8
14.0–0

Danach löst sich schnell alles in Wohlgefallen auf. Kritisch für Weiß würde es nach 14.d5 ♗a6! werden, weil der schwarze Läuferausfall die Rochade erschwert. Jetzt scheitert 15.dc an ♖e8, weil die Figur auf e6 zurückgewonnen wird. Die Stellungsbeurteilung ist schwierig. Auf alle Fälle hätte Schwarz starken Angriff für den geopferten Bauern.

14. ... ♘c6:d4

Plötzlich sind die schwarzen Läufer kreuzgefährlich. Weiß muß schnellstens auf Ausgleich bedacht sein.

15.♘f3:d4 ♗f6:d4
16.♗e6–d5!

Das richtige Rezept, um durch Generalabtausch das Spiel zu verflachen. 16.♗h3 wäre hingegen schlecht wegen ♕f6.

16. ... ♗d4:c3
17.♗d5:b7 ♗c3:b2
18.♗b7:a8 ♗b2:a1
19.♗a8–e4 ♕d8:d1
20.♖f1:d1 ♗a1–f6
21.a3–a4 ♖f8–d8
22.♖d1:d8+

Remis.

Partie Nr. 84
Uhlmann–Braun,
DDR 1977
1.c4 e5 2.♘c3 ♘f6 3.♘f3 ♘c6 4.g3 ♗b4 5.♗g2 0–0 6.0–0 ♖e8 7.d3 ♗:c3 8.bc e4 9.♘d4 ed 10.ed ♘:d4 11.cd h6 12.♕b3 d6 13.♗f4 ♖b8

14.♕a3 ♗f5 15.♖fe1 a6 16.h3 ♕d7 17.g4 ♗g6 18.♗g3 h5!? 19.g5 ♘h7 20.h4 ♕g4 21.c5!

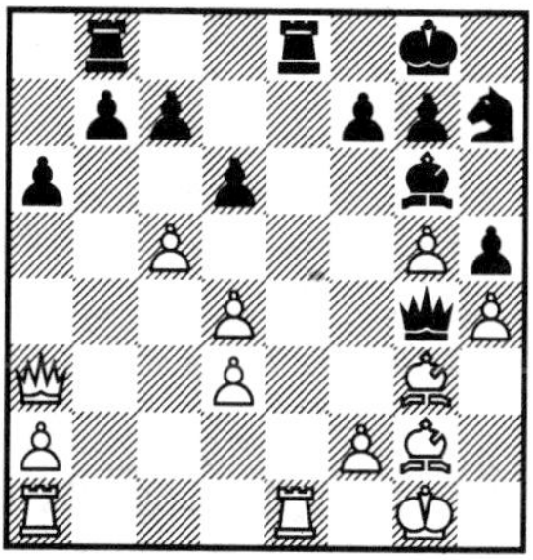

Einschätzung der Stellung: Mit dem Textzug hat der Kampf um die Diagonale h2–b8 begonnen. Nur wenn es Weiß gelingt, die Stellung im Zentrum zu öffnen, kann seine Dame ins Spielgeschehen eingreifen und gleichzeitig der Läufer auf g3 die Bauern d6 und c7 attackieren. Beiderseits also eine problematische Stellung, wo jedes Tempo von ausschlaggebender Bedeutung ist. Auf 21. ... ♕:d4 ist nach der Abwicklung 22.cd cd 23.♕:d6 ♕:d6 24.♗:d6 ♖:e1+ 25.♖:e1 ♖d8 26.♗c7! ♖:d3 (26. ... ♖c8 27.♖e7 nebst ♗:b7 mit Vorteil für Weiß) 27.♖e8+ ♘f8 28.♗b6! f6 29.♖a8 ♔f7 30.♗:b7 die weiße Position vorzuziehen wegen der Schwäche a6. Außerdem steht der schwarze König höchst unsicher. Sorgen muß sich Schwarz auch um seinen ausgesperrten Springer auf h7 machen.

21. ... ♘h7:g5

Mit diesem optisch reizvollen Einschlag soll das Problem des Randspringers gelöst werden. Weiß verfügt aber über einige feine Zwischenzüge, die das Springeropfer widerlegen.

22.c5:d6!

Dieses Bauernschlagen ist enorm wichtig, um die weiße Dame ins Spiel zu bringen.

22. ... c7:d6

Nach 22. ... ♘f3+ gewinnt Weiß auf brillante Art: 23.♗:f3 ♕:f3 24.♖:e8+ ♖:e8 25.d7! ♖d8 26.♕e7 ♕f6 27.♕e8+!! ♔h7 28.♖e1! ♗f5 29.♖e7!, und Figurenverlust ist nicht mehr zu vermeiden.

23.h4:g5 h5–h4
24.♗g3:d6 h4–h3
25.♗d6–g3!!

Der Schlüsselzug, der die Schwachstelle im Plan von Schwarz bloßlegt.

25. ... h3:g2
26.♗g3:b8

Damit erzielt Weiß Qualitätsgewinn, und alle Gefahren werden auf der Diagonale h2–b8 abgefangen. Kurioserweise ist der schwarze Bauer g2 ein Schutzschild für den weißen König.

26. ... ♖e8:b8
27.♕a3–d6

Endlich ist die weiße Dame wieder mit von der Partie.

27. … ♖b8–f8
28.♖e1–e3! ♕g4:g5
29.♖a1–e1! ♕g5–b5
30.♖e3–h3

In der Endphase sehen wir auf den offenen Linien ein reizvolles Zusammenspiel der schweren Figuren. Jetzt lautet die Drohung 31.♕:f8+ nebst ♖h8 matt.

30. … ♖f8–e8
31.♖e1:e8+ ♕b5:e8
32.♕d6–h2!

Wiederum ein prächtiger Zug, der die achte Reihe erobert.

32. … ♕e8–e1+
33.♔g1:g2 f7–f6
34.♖h3–h8+ ♔g8–f7
35.♕h2–c7+

Schwarz gab auf, da nach 35. … ♔e6 36.♕c8+ ♔e7 37.♕d8+ ♔e6 38.♖e8+ die Dame verlorengeht.

Partie Nr. 85
Timman–Andersson,
Tilburg 1984
1.♘f3 ♘f6 2.d4 e6 3.c4 ♗b4+ 4.♘bd2 b6 5.a3 ♗:d2+ 6.♕:d2 ♗b7 7.e3 0–0 8.♗e2 d6 9.b4 a5 10.♗b2 ♘e4 11.♕d3 f5 12.0–0 ♘d7 13.d5 e5 (oder 13. … ed 14.cd ♘df6 15.♘d4, um auf 15. … ♗:d5 mit 16.f3 ♘g5 17.♘:f5 fortzusetzen, wonach Weiß besser steht) 14.♘d2 ♘:d2 15.♕:d2 ♕e7 16.f4! (damit wird durch diese Hebelwirkung die Reichweite des Läufers b2 vergrößert) 16. … ef (auf 16. … e4 wäre 17.g4 sehr stark, um auch auf den weißen Feldern den Läufer ins Spiel zu bringen) 17.ef ♘f6 18.♗f3 ♘e4 19.♕d3 ab 20.ab ♕f7 21.♖ad1 (verhindert b5. Der Textzug ist stärker als die Annahme des Bauernopfers mittels 21.♗:e4 fe 22.♕:e4 b5, und Schwarz erhält Spiel gegen den Bauern d5. Außerdem ist aufgrund der ungleichfarbigen Läufer die Remisgefahr groß) 21. … ♖fe8 22.♖fe1 ♕g6?! (die Verteidigung des Punktes e4 ist zwar durchaus verständlich, bringt aber Schwarz durch Verdopplung der Türme in der e-Linie in arge Schwierigkeiten. Geboten war deshalb, durch ein Bauernopfer – 22. … ♖e7 23.♗:e4 fe 24.♖:e4 ♖:e4 25.♕:e4 ♖e8 26.♕d4 ♖e7 mit der Idee ♕f5 und ♕e4 – ein aktives Spiel anzustreben) 23.♖e3 ♖e7 24.♖de1 ♖ae8 25.♕d1! ♕h6 (nicht mehr ausreichend ist 25. … ♕f7 26.♗h5 g6 27.♗f3! ♘f6 28.♖:e7 ♖:e7 29.♖e6! ♘e8 30.♕e1! ♔f8 31.♕c3, da jetzt sowohl 31. … ♖:e6 wegen 32.de nebst ♗:b7 verliert als auch 31. … ♘g7 wegen ♖f6 mit Damengewinn) 26.♗h5!

Einschätzung der Stellung: Unter Bauernopfer möchte Weiß den Zug g6 provozieren, um mit der Dame auf d4 für Unruhe auf der Diagonale a1–h8 zu sorgen. Weiß besitzt Raumvorteil und verfügt über ein Läuferpaar mit großer Reichweite. Seine Türme auf der e-Linie sind mobiler als die des Kontrahenten, können sie doch schnell zum Königs- oder zum Damenflügel geschwenkt werden. Ein wertvoller Stützpunkt des Nachziehenden ist der Springer auf e4. Dagegen kann der Läufer auf b7 langfristig nicht ins Spiel eingreifen. Da Schwarz aber keine Bauernschwächen hat, ist der Vorteil für Weiß immer noch geringfügig.

26. … g7–g6

Schwarz will sich beweisen lassen, inwieweit das Bauernopfer auf f4 korrekt ist. Möglicherweise verdiente aber 26. … ♖a8 den Vorzug, lokkert doch der Textzug die eigene Königsstellung sträflich. In einigen Abspielen wäre dann ♖a2 eine ernst zu nehmende Riposte.

27.♗h5–f3 ♕h6:f4
28.g2–g3 ♕f4–g5
29.♕d1–d4 ♖e7–e5
30.♗f3:e4

Ohne Beseitigung des Springers auf e4 geht es für Weiß nicht weiter.

30. … f5:e4
31.♕d4–d2!

Damit verhindert Weiß ein Gegenspiel, das nach 31.♖:e4 b5 möglich gewesen wäre mit Aktivierung des Läufers b7.

31. … ♖e5–e7?!

Den Vorzug verdient 31. … ♖f5. Nach 32.b5 hätte Schwarz durch 32. … ♗c8 eine brauchbare Verteidigung aufbauen können. Auf 33.♕d4 ♖fe5 34.♖:e4 ♗g4! 35.♖:e5 ♖:e5 36.♖:e5 de 37.♕:e5 (37.♕e4 ♕f5!) 37. … ♕:e5 38.♗:e5 ♗d3 39.♗:c7 ♗:c4 40.♗:b6 ♗:b5 wäre das Endspiel aufgrund der ungleichen Läufer remis.

32.♖e1–f1! ♖e8–f8?

In Bedrängnis ein schwerer Fehler. Um der Drohung 33.♗f6 zu begegnen, war 32. … ♕h6 der einzige Zug. Nach 33.♕d4 ♖e5 34.♖:e4 wäre die Position freilich weiterhin alles andere als rosig. Auf 34. … ♗c8 folgt 35.♕f2 ♗f5 36.♖:e5 de 37. g4 ♕g5 38.h3, und Schwarz wird sich angesichts von ♗c1 wohl oder übel von seinem Läufer auf f5 verabschieden müssen. Sofort hätte auch 32. ... ♖d7 verloren wegen 33.♖:e4 und Matt auf e8.

33.♖f1:f8+ ♔g8:f8
34.♖e3–f3+

Das gewinnt die schwarze Königin.
Schwarz gab auf.

Partie Nr. 86
Kostro–Uhlmann,
Zakopane 1974
1.e4 e6 2.d4 d5 3.♘d2 ♘f6 4.e5 ♘fd7 5.f4 c5 6.c3 ♘c6 7.♘df3 ♗e7 8.♗d3 ♕a5!? 9.♔f2? (9.♔f1 b5 10.dc b4 mit gleichen Chancen. Unklar ist das Bauernopfer 9.♗d2 ♕b6 10.♘e2 ♕:b2) 9. ... ♕b6! 10.♘e2 f6 (der Unterschied zu den Hauptvarianten wird jetzt deutlich, wo meistens g3 geschieht und der König nach g2 ausweichen kann. Jetzt droht Bauerngewinn mittels 11. ... cd 12.cd fe 13.fe und ♘d:e5) 11.♕b3 ♕:b3 12.ab cd 13.cd 0–0 14.♗d2 g5! (damit wird das weiße Bauernzentrum gesprengt, und die schwarzen Figuren stehen erheblich wirkungsvoller als die gegnerischen) 15.ef (15.g3 scheitert an g4 16.ef ♗:f6 mit Bauerngewinn auf d4 oder e5) 15. ... ♗:f6 16.fg ♗g7!

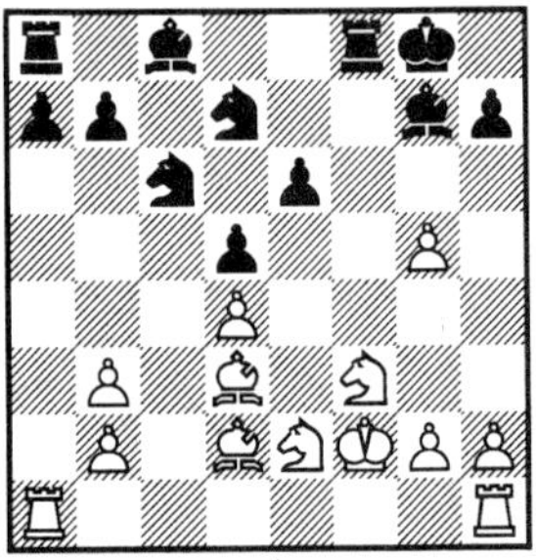

Einschätzung der Stellung: Mit dem Textzug hat Schwarz den Kampf um die Diagonale a1–h8 aufgenommen. Schlecht wäre sofort 16. ... ♗:d4 gewesen wegen 17.♘:d4 ♘:d4 18.♗b4 ♖f7 19.g6 hg 20.♗:g6 ♖f6 21.♗c3, und Weiß steht etwas günstiger. Jetzt hingegen ist der Bauer d4 durch den Springer c6 bedroht. Daß Weiß an dem d-Bauern festhält, hat seinen Preis. Mit e5 wird die Stellung geöffnet, so daß sich neben einem Zentralspringer im Zentrum auch die beiden schwarzen Läufer bestens entfalten können. 14. ... g5 ist so in der Tat ein gelungenes Bauernopfer, das jedoch durch die weiße Königsstellung auf f2 begünstigt wurde. Das schwarze Spiel ist jedenfalls nun sehr aussichtsreich, nicht zuletzt deshalb, weil dem Nachziehenden bald ein gesunder Freibauer auf der d-Linie winkt. Dieser wird ein harmonisches Zusammenwirken der weißen Figuren verhindern, was dem Anziehenden natürlich Probleme bringt.

17.♗d2–c3

Noch schlechter ist 17.♗e3 wegen e5! 18.de ♘d:e5, und nach ♘:d3 oder ♘g4+ nebst ♘:e3 kann Weiß nur noch das Handtuch werfen.

17. … e6–e5!
18.d4:e5 ♘d7:e5
19.♖h1–d1 ♗c8–g4!
20.♘e2–g1?

Besser war 20.♗:e5 ♘:e5 21.♘g1 mit nur geringem Vorteil für Schwarz.

20. … d5–d4!

Damit wird weiterer Raumgewinn erzielt.

21.♗c3–e1 ♘e5:d3+
22.♖d1:d3 ♘c6–e5
23.♖d3–d2

Nicht 23.♖:d4 ♘:f3 24.♖:g4 ♘:h2+, und Schwarz gewinnt.

23. … ♖f8–f5!

Der geopferte Bauer wird nun bei besserem Spiel zurückgeholt.

24.h2–h3 ♗g4:f3
25.♘g1:f3 a7–a6!

Ein feiner Zwischenzug, der nach dem Tausch auf f3 das Eindringen des weißen Turmes auf a7 verhindert.

26.♔f2–e2

Weiß hat keine große Wahl. Auch 26.♔g3 ♘:f3 27.gf ♖:g5+ ergibt Vorteil für Schwarz.

26. … ♘e5:f3
27.g2:f3 ♖a8–e8+
28.♔e2–d1

Auf 28.♔f2 folgt ♖e3, und die Zeit der „Bauernernte“ auf der dritten Reihe beginnt.

28. … ♖f5:f3
29.h3–h4 d4–d3!

Eine eiserne Umklammerung. Auf 30.♖f2 gewinnt am einfachsten ♖:f2 31.♗:f2 ♖e2 nebst ♖:b2.

30.♖d2–h2 ♖f3–f1
31.♔d1–d2 ♗g7:b2
32.♖a1–a2

Oder 32.♖b1 ♗a3! nebst ♖:e1 und ♗b4+.

32. … ♗b2–e5!
33.♖h2–f2 ♗e5–f4+

Weiß gab auf.

Partie Nr. 87
Popović–Smyslow,
Portorož/Ljubljana 1985
1.e4 e5 2.♘f3 ♘c6 3.♗b5 a6 4.♗a4 ♘f6 5.0–0 ♗e7 6.♖e1 b5 7.♗b3 d6 8.c3 0–0 9.h3 ♘a5 10.♗c2 c5 11.d4 ♕c7 12.♘bd2 cd 13.cd ♗d7 14.♘f1 ♖ac8 15.♘e3 ♖fe8 16.b3 ed 17.♘:d4 ♘c6 18.♗b2 ♘:d4 19.♗:d4 ♕b7 20.♕d3 g6 (es drohte 21.♗:f6 ♗:f6 22.e5 mit dem Einschlag auf h7. Nach dem Textzug ist der weiße Plan darauf ausgerichtet, Druck auf die Diagonale a1–h8 auszuüben) 21.♖ad1 ♖c6 (es drohte

22.♗:f6 und ♕:d6. Schwarz muß deshalb zu dem gekünstelten Turmzug Zuflucht nehmen, um Materialverlust zu vermeiden) 22.♗a1!

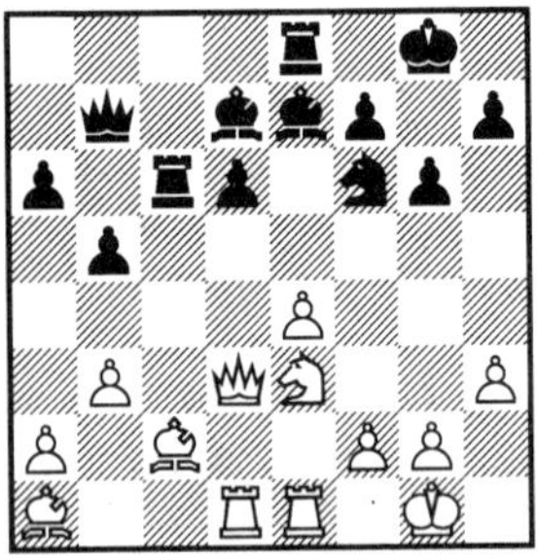

Einschätzung der Stellung: Der Kampf um die Diagonale nimmt mit dem Textzug sichtbare Formen an. Die ständige Drohung lautet ♘d5 mit Abtausch des Verteidigungsspringers auf f6, wonach durch ♕d4 Mattdrohungen auf g7 und h8 akut würden. Alle weißen Figuren stehen nahezu ideal. Der Anziehende besitzt weiterhin eine günstigere Bauernformation. So kontrolliert der Bauer e4 die wichtigen Felder f5 und d5. Ganz anders ist die Situation für Schwarz. Der isolierte Bauer auf d6 bedarf eines Figurenschutzes und stempelt den Läufer auf e7 zur reinen Verteidigungsfigur. Die Hauptgefahr ist aber der geschwächte Königsflügel mit den Punkten f6 und g7. An ein Konterspiel in der offenen c-Linie ist nicht zu denken, da die anderen strategischen Nachteile überwiegen. Demzufolge können wir schon hier konstatieren, daß der Übergang von der Eröffnung zum Mittelspiel mit klarem Vorteil für Weiß abgeschlossen ist.

22. … ♕b7–a7
23.♗c2–b1 ♗e7–d8
24.♘c3–d5! ♘f6:d5

Ein erzwungener Tausch, wonach der Druck auf den Bauern d6 aufgehoben wird. Es mehren sich jedoch die Gefahren auf der Diagonale a1–h8. Von besonderer Bedeutung ist jetzt die Inbesitznahme der offenen e-Linie.

25.e4:d5 ♖c6–c8
26.♕d3–d2!

Dieser stille Zug ist besonders giftig. Es droht der K. o. mit 27.♕h6 f6 28.♗:g6! hg 29.♕:g6+ ♔f8 30.♗:f6 ♗:f6 31.♕:f6+ ♔g8 32.♖:e8+ ♖:e8, und gegen ♖d3 nebst ♖g3+ gibt es keine Verteidigung.

26. … ♗d8–e7

Damit ist zwar 27.♕h6 wegen ♗f8 verhindert, das Unheil kommt nun aber in geballter Form auf der Diagonale a1–h8.

27.♕d2–b2 f7–f6
28.♖e1:e7!

Damit wird das Duell um die Diagonale a1–h8 zugunsten von Weiß endgültig entschieden.

28. … ♖e8:e7
29.♕b2:f6 ♖e7–e5

Nicht 29. … ♖ce8 30.♕h8+ ♔f7 31.♕g7 matt.

30.♕f6:d6

Schwarz gab auf.

Partie Nr. 88
Mokry–Gheorghiu,
Prag 1985
1.e4 c5 2.♘f3 e6 3. d4 cd 4.♘:d4 a6 5.♗d3 ♘f6 6.0–0 d6 7.c4 b6 8.♘c3 ♗b7 9.f4 ♘c6 10.♘:c6 ♗:c6 11.♔h1 ♗e7 12.♕e2 0–0 13.b3 ♕c7 14.♗b2 ♖ad8 15.♖ae1 ♗b7 16.♗b1 ♘d7 17.♕g4 ♗f6 18.♖e3 g6 (die Drohung 19.♖h3 nebst e5 ist nicht anders zu parieren. 18. … h6 scheitert an 19.♖h3 ♔h8 20.f5, und gegen das Manöver ♗c1 nebst ♗:h6 gibt es keine Verteidigung) 19.♖h3! ♔h8? (ein Fehler, der sofort verliert. Eine gute Verteidigung war aber ohnehin nur schwer zu finden. Auf 19. … ♗g7 oder ♖fe8 kann jeweils der Angriff durch 20.f5 verstärkt werden) 20.♘d5!!

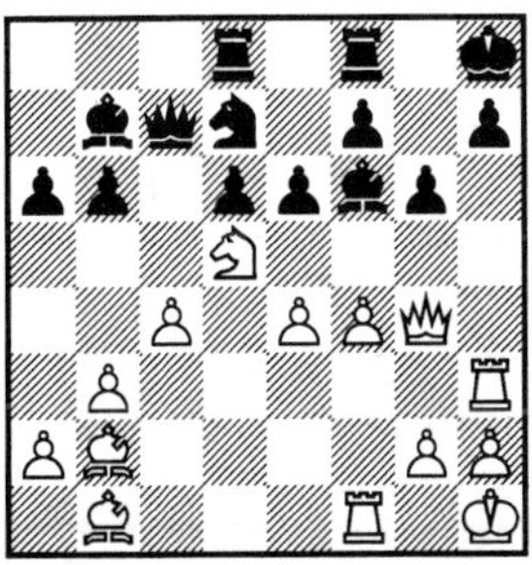

Einschätzung der Stellung: Durch diese Scheinopfer wird der Kampf um die Diagonale a1–h8 mit Tempogewinn erfolgreich abgeschlossen. Die schwarze Majestät steht dem Angriff des dominierenden Läufers auf b2, der Dame auf g4 und des Turmes auf h3 hilflos gegenüber. Ursache des Übels sind die schwarzfeldrigen Schwächen am Königsflügel, die von den Leichtfiguren nicht unter Kontrolle gehalten werden können. Dem Turmmanöver ♖e1–e3–h3 hat Schwarz tatenlos zugesehen und nicht erkannt, daß damit ein feiner taktischer Schlag vorbereitet wurde: die Demaskierung durch den Springer c3. Jetzt führt der Einsatz des weißen Läufers auf der langen Diagonale a1–h8 in allen Abspielen zum Verlust der Partie für Schwarz.

20. … e6:d5
21.♕g4–h4!

Das ist die Pointe des weißen Scheinopfers. Die Kreuzfesselung gestattet der Dame den Sprung nach h4.

21. … h7–h5

Nur so ist das Matt auf h7 zu decken.

22.♗b2:f6+ ♘d7:f6

Ein reizvolles Matt hätte es nach 22. … ♔g8 23.♕:h5!! gh 24.♖g3+ ♔h7 25.e5+ ♔h6 26.♗g7 gegeben.

23.♕h4:f6+ ♔h8–g8
24.♖h3:h5!!

Die präzise Vollendung. Schwarz hat dem Mattangriff nichts entgegenzusetzen.

24. … g6:h5
25.♕f6–g5+ ♔g8–h8
26.♕g5:h5+ ♔h–g8
27.♕h5–g5+ ♔g8–h8
28.♕g5–f6+ ♔h8–g8
29.♖f1–f3! ♖f8–e8
30.♖f3–h3!

Schwarz gab auf.

Partie Nr. 89
Popow–Antonow,
Sofia 1984
1.c4 c5 2.♘f3 ♘f6 3.g3 b6 4.♗g2 ♗b7 5.0–0 e6 6.b3 ♗e7 7.♘c3 d6 8.d4 cd 9.♕:d4 ♘bd7 10.♗b2 a6 11.e4 ♕c7 12.♕e3 0–0 13.♘d4 ♖fe8 14.♕e2 ♘e5? (eine Ungenauigkeit, die Weiß ein wichtiges Tempo schenkt. Richtig war 14. … ♗f8 oder 14. … ♖ad8) 15.f4 ♘c6 16.♘c2 ♘d7 17.♘e3 ♖ad8 18.♖ad1 ♘a7 19.♘g4!

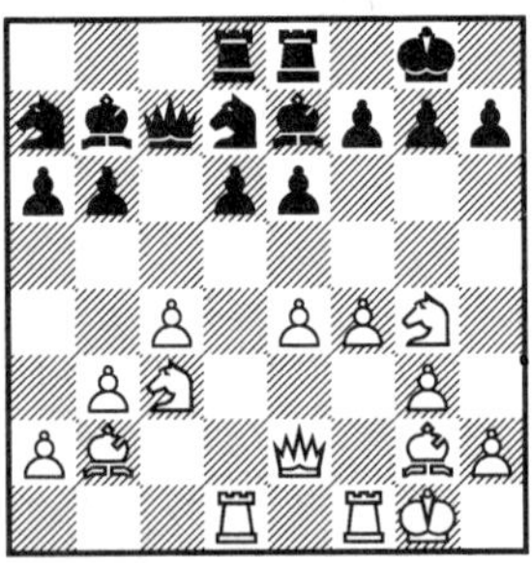

Einschätzung der Stellung: Weiß hat klaren Raumvorteil und meldet nun mit dem Textzug auf taktische Weise seine Rechte auf die Diagonale a1–h8 an. Die Idee besteht darin, nach Abzug des Springers c3 ein Springeropfer auf h6 zu riskieren. Damit kann einerseits durch ein mögliches Damenschach auf g4 ein Mattangriff eingeleitet werden. Bei Ablehnung des Springeropfers wird andererseits die weiße Dame von h5 aus den schwarzen König sehr beunruhigen. Dieser Drohung war am besten durch 19. … ♘f6 zu begegnen, um den weißen Angriffsspringer zum Abtausch zu bewegen und vor allem dem weißen Druck auf der Diagonale a1–h8 den Wind aus den Segeln zu nehmen.

19. … b6–b5

Schwarz möchte durch den Bauernhebel selbst am Damenflügel aktiv werden, betrachtet aber nur seine eigenen Möglichkeiten. So wird er unsanft aus seinen Träumen gerissen. Genauer war deshalb 19. … ♘f6. Unzureichend ist dagegen auch 19. … ♘f8. Auf 20.f5! ef 21.♘e3 nebst ♘d5 hätte Schwarz kapitulieren müssen.

20.c4:b5 ♕c7–b6+

Erst nach diesem Fehler tritt die Katastrophe ein. Notwendig war 20. … ab, um 21.♘h6+ ♔f8 22.♕h5 durch

♕c5 zu begegnen. Weiß müßte demzufolge mit 21.♔h1 noch ein Tempo verlieren, was Schwarz zu Verteidigungszwecken gelegen käme.

21.♔g1–h1 ♘a7:b5
22.♘c3–a4 ♕b6–a7
23.♘g4–h6+!

Nach diesem Schach kommt die volle Kraft des Läufers b2 zum Wirken. Da 23. ... gh an 24.♕g4+ scheitert, läuft der Rest zwangsläufig.

23. ... ♔g8–f8
24.♕e2–h5 g7–g6
25.♕h5–h3 ♘d7–f6

Die Drohung 26.♘:f7 ist nur mit dem Textzug zu parieren. Auf 25. ... ♗f6 gewinnt 26.♘:f7 ♔:f7 27.♕:h7+ ♔f8 28.♕:g6 ♗:b2 29.♘:b2, und gegen f5 gibt es nichts mehr.

26.f4–f5! g6:f5
27.♘h6:f5!

Schwarz gab auf, da nach 27. ... ef 28.♕h6+ ♔g8 29.♖:f5 das Matt unvermeidlich ist.

Partie Nr. 90
Suba–Nun,
Eksjö 1982
1.c4 ♘f6 2.♘c3 e6 3.♘f3 b6 4.e4 ♗b7 5.♗d3 d6 6.♗c2 c5 7.d4 cd 8.♘:d4 ♘bd7 9.0–0 ♗e7 10.b3 0–0 11.♖e1 a6 12.a4 ♖c8 13.♗a3 ♘e8 14.♕d3 g6 15.♖ad1 ♕c7 16.f4 ♘c5 17.♕h3 ♖d8 18.f5 (nach genügender Vorbereitung wird mit diesem Hebel der Angriff auf den schwarzen König vorbereitet, wobei der Diagonale a1–h8 eine wichtige Rolle zugedacht ist. Falls Schwarz dieses Unterfangen mit e5 vereiteln sollte, ist das Springermanöver ♘f3–d2–f1–e3–d5 äußerst unangenehm) 18. ... ♘g7 19.♕h6! ♗f6 (jetzt scheitert bereits 19. ... e5 an 20.♖e3! ed 21.♖h3 ♘h5 22.♖:h5 gh 23.f6 ♗:f6 24.e5 mit Matt auf h7 oder g7) 20.♘f3!

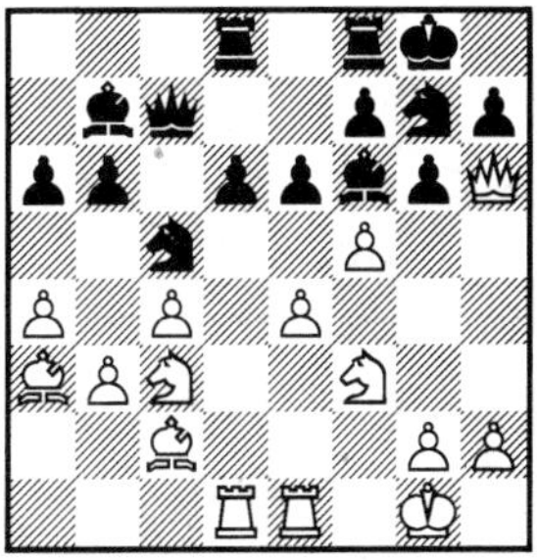

Einschätzung der Stellung: Mit dem Opferangebot auf c3 läßt Weiß den Gegner über die eigenen Absichten nicht im unklaren: Gegen den schwarzen Königsflügel geht's, und zwar mit aller Macht. Vorrangig mußten natürlich die Schlagmöglichkeiten auf c3 und f5 berechnet werden. Die Aktivposten sind unmittelbar die Dame auf h6 und der Springer auf f3, der das Feld g5 anstrebt. Im Hintergrund lauern die beiden Läufer, die auf den Diagonalen a1–h8 und b1–h7 ihr ideales Betätigungsfeld hätten. Der Einfluß taktischer Operationen auf den Kampf um die Diagonale wird in dieser Partie besonders eindrucksvoll demonstriert. Bei vollem Brett liegen alle Chancen von jetzt an nur bei Weiß. Dafür sprechen der Raumvorteil und eine aktive Aufstellung seiner Figuren.

20. … ♘g7:f5

Noch die wirkungsvollste Verteidigung. Unzureichend ist die Annahme des Figurenopfers auf c3. Nach 20. … ♗:c3 21.♘g5 ♖fe8 22.♕:h7+ ♔f8 23.fg fg 24.e5! ♗:e5 25.♖:e5 de gewinnt ♕h8+ oder 20. … ef 21.♗b2 ♘ce6 (21. … fe? 22.♘d5 ♗:d5 23.♘g5! mit sofortigem Sieg für Weiß) 22.ef ♘:f5 23.♗:f5 ♕c5+ 24.♔h1 ♕:f5 25.♘d5 ♗:d5 26.♖:d5 ♕f4 27.♕:f4 ♘:f4 28.♗:f6 mit Figurengewinn.

21.e4:f5 ♗b7:f3
22.♗a3–b2! ♗f6–g7

Jetzt scheitert 22. … ♗:d1 an 23.♘d5 ♗:b2 24.f6! mit undeckbarem Matt auf g7 oder h7.

23.♕h6:g7+!

Die Pointe der ganzen Kombination, wonach das Abzugsschach Figurengewinn bringt. Mit taktischen Mitteln hat der Anziehende damit die Traumdiagonale a1–h8 endgültig unter Kontrolle gebracht. Weiß hat ein klares Stellungsplus.

23. … ♔g8:g7
24.♘c3–d5+ ♔g7–g8
25.♘d5:c7 ♗f3:d1
26.♖e1:d1 g6:f5

Auch 26. … ♖d7 ergibt nach 27.b4 ♖:c7 28.bc ♖:c5 29.fe fe 30.♖:d6 für Schwarz keine Linderung.

27.b3–b4 ♘c5–e4
28.♘c7:a6 ♖d8–a8
29.b4–b5 ♖a8–c8
30.♗c2–d3 ♖f8–d8
31.♗b2–d4 ♘e4–c5
32.♗d4–f6 ♘c5:d3

Oder 32. … ♖d7 33.♘:c5 dc 34.♗c2 ♖:d1+ 35.♗:d1 ♖a8 36.♗c3 ♔f8 37.a5! ba 38.♗f3 nebst ♗:a5, und der weiße b-Bauer ist nicht mehr aufzuhalten.

33.♗f6:d8 ♘d3–b2
34.♖d1:d6 ♘b2:c4
35.♖d6–c6!

Schwarz gab auf.

3.4. Läuferpaar und Taktik

Die Taktik ist in allen Phasen einer Schachpartie der faszinierende Teil. Wir kennen sowohl Opfer, die konkret berechnet werden können, als auch solche, die intuitiv ausgeführt werden. Dazu gehört Phantasie und Vorstellungsvermögen, um in Gedanken eine

bestimmte Position anzustreben. Häufig ist aber auch eine Portion Mut erforderlich, um bedingungslos den Angriff zu suchen. In der Regel tritt durch das Opfer eine Verschiebung in der Wertigkeit der beteiligten Figuren und Bauern ein.
Welche Möglichkeiten treten nun beim Läuferpaar in Verbindung mit Taktik am häufigsten auf?
Die erste ist natürlich das Bauernopfer. Es kann die gegnerische Rochade verhindern, die feindliche Bauernstellung ruinieren oder durch Ablenkung Einbruchsfelder in der Stellung des Kontrahenten erobern. Hauptziel ist dabei immer, das eigene Läuferpaar zu größter Kraftentfaltung zu bringen.
In der Wertigkeit an zweiter Stelle steht das Qualitätsopfer. Hier ist häufig das Hauptmotiv, Figuren von wichtigen Verteidigungsfunktionen abzulenken oder zu beseitigen. Das kann entweder schnell mit einem taktischen Blitzschlag enden oder aber auch langfristig, wo Zug um Zug die gegnerische Verteidigung aufgeweicht wird, bis eine Überlastung eintritt. Immer sind dafür Raumgewinn und Entwicklungsvorsprung wesentliche Faktoren.
Die dritte Art ist das Figurenopfer, das zur Hohen Schule der Taktik gehört. Hier wird auf direkte Weise bedingungslos der Angriff forciert. Auch hier hat das Läuferpaar die Hauptlast zu tragen. Die langen Diagonalen müssen so genutzt werden, daß die Ausstrahlung vom Zentrum zum Königs- und zum Damenflügel auf den weißen und schwarzen Feldern gewährleistet ist. Durch das Figurenopfer wird am häufigsten die feindliche Bauernstruktur zertrümmert, so daß Einbruchsfelder entstehen. So wichtige strategische Merkmale wie Erstbesetzung der offenen Linie, Vorpostenfelder für Springer und Turm sowie ein gesicherter König sind immer Voraussetzungen für taktische Einschläge.
Als vierte Möglichkeit ist das Damenopfer zu nennen. Wir zeigen dabei an einem Partiebeispiel, daß durch einen gefährlichen Freibauern in Verbindung mit einem dominierenden Läuferpaar das materielle Ungleichgewicht für die Bewertung der Stellung kein ausschlaggebendes Kriterium sein muß. Zur richtigen Beurteilung sind stets alle für die jeweilige Situation typischen Besonderheiten genauestens zu analysieren. Erst dieses komplexe Herangehen ist die Voraussetzung für das Erkennen des stellungsgerechten Planes und damit für das Finden der besten Züge.

Partie Nr. 91
Kasparow–Gheorghiu,
Moskau 1982
1.d4 ♘f6 2.c4 e6 3.♘f3 b6 4.a3 ♗b7 5.♘c3 d5 6.cd ♘:d5 7.♕c2 c5 8.e4 ♘:c3 9.bc ♗e7?! 10.♗b5+ ♗c6 (nicht 10. … ♘d7 11.♘e5 mit klarem Vorteil) 11.♗d3 ♘d7 12.0–0 h6?! (besser 12. … 0–0 13.d5 ed 14.ed ♗:d5 15.♗:h7+ ♔h8 16.♗e4 mit geringem weißem Vorteil) 13.♖d1! ♕c7 (auch 13. … cd 14.♘:d4 ♕c7 15.♘:c6 ♕:c6 16.♕e2 bzw. 13. … 0–0 14.d5 ed 15.ed ♗b7 16.c4 geben Weiß das bessere Spiel) 14.d5! ed 15.ed ♗:d5 16.♗b5!

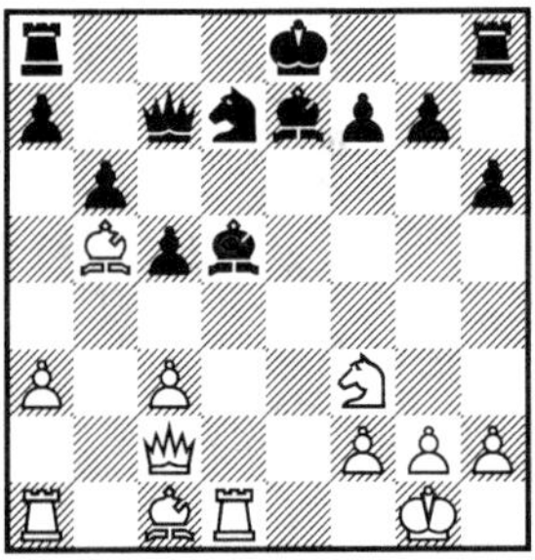

Einschätzung der Stellung: Durch das Bauernopfer auf d5 hat Weiß mittels des Läuferzuges nach b5 den Springer d7 in eine unangenehme Fesselung gebracht. Diese Situation spitzt sich in den nächsten Zügen durch feine Nadelstiche der Läufer noch zu. Da Schwarz nicht rochiert hat, fällt der weiße Entwicklungsvorsprung besonders ins Gewicht. Weiß wird deshalb den Angriff auf der offenen d-Linie führen. Wie er in gekonnter Form alle strategischen Vorteile nutzt, ist schon sehenswert. Wechselseitig wird Raumvorteil durch Tempogewinn erzielt, und im richtigen Moment führt die überlegene Strategie durch taktische Schläge zum Sieg. Dem rumänischen Großmeister ist zwar nur der kleine Fehler 12. … h6 anzulasten, doch dieser bringt ihn in eine ausweglose Situation.

16. … a7–a6

Wie die Analysen zeigen, hat Schwarz nur zwischen schlechten Zügen zu wählen, z. B. 16. … ♗c6 17.♗f4! ♕b7 18.♗:c6 ♕:c6 19.♖e1 ♔f8 20.♖ad1 ♖e8 21.♕f5 ♘f6 22.♘e5 ♕c8 23.♘d7+ ♘:d7 24.♕:d7! ♕:d7 25.♖:d7 g5 26.♖e:e7 nebst ♗d6 und Figurenverlust für Schwarz oder 16. … ♗e6? 17.♕a4 ♖d8 18.♗f4 ♕b7 19.♘e5, und die schwarze Stellung ist hoffnungslos.

17.♗c1–f4!

Nicht 17.♗:d7 ♕:d7 18.c4 ♗e4, und der Nachziehende würde den Spieß umdrehen.

17. … ♕c7:f4

Jetzt scheitert 17. … ♕b7 an 18.♗:d7+ ♕:d7 19.c4 ♕g4 20.♖:d5 ♕:f4 21.♖e1 ♖a7

22.♘e5 ♖c7 (22. … 0–0 23.♘c6 mit Figurengewinn) 23.♘g6! fg 24.♕:g6+ ♕f7 25.♖d8+, und die schwarze Dame geht verloren.

18.♗b5:d7+

Nachdem die Läufer Vorzügliches geleistet haben, bleibt ihnen nur noch die Aufgabe vorbehalten, die Rochade des Gegners zu zerstören. Der schwarze König findet danach kein ruhiges Plätzchen mehr und ist dem Angriffswirbel der weißen Figuren hilflos ausgeliefert.

18. … ♔e8:d7
19.♖d1:d5+ ♔d7–c7

Etwas besser war 19. … ♔c8, jedoch nicht 19. … ♔e8, weil nach der Fesselung 20.♖e1 Materialverlust nicht zu vermeiden ist.

20.♖a1–e1 ♗e7–d6

Auf 20. … ♗f6 geht nach 21.♖e4 die Dame verloren; auf 20. … ♖he8 21.♖de5 ♕f6 entscheidet 22.♕e4.

21.♖d5–f5 ♕f4–c4
22.♖e1–e4!

Auch jetzt muß Präzision noch groß geschrieben werden. Falsch wäre 22.♘d2 wegen 22. … ♖he8, und Schwarz bekäme sogar Oberwasser.

22. … ♕c4–b5
23.♖f5:f7+ ♔c7–b8
24.♖e4–e6 ♖h8–d8
25.c3–c4 ♕b5–c6

Es gibt keine Verteidigung mehr. Falls 25. … ♕a5, so 26.♕e4 ♖a7 27.♖:d6 ♖:d6 28.♕e8+ mit Matt.

26.♘f3–e5 ♕c6–c8
27.♕c2–b1!

Eine letzte Feinheit, da auf 27. … b5 einfach 28.cb gewinnt.
Schwarz gab auf.

Partie Nr. 92
Karpow–Kasparow,
24. WM-Partie, Moskau 1985
1.e4 c5 2.♘f3 d6 3.d4 cd 4.♘:d4 ♘f6 5.♘c3 a6 6.♗e2 e6 7.0–0 ♗e7 8.f4 0–0 9.♔h1 ♕c7 10.a4 ♘c6 11.♗e3 ♖e8 12.♗f3 ♖b8 13.♕d2 ♗d7 14.♘b3 b6 15.g4 ♗c8 16.g5 ♘d7 17.♕f2! ♗f8 18.♗g2 ♗b7 19.♖ad1 g6 20.♗c1 (der Textzug gipfelt in der Idee, den Turm von d1 nach h3 zu manövrieren. Unklar ist 20.f5?! wegen ♘ce5 und auch 20.♕h4 ♗g7 21.♖f3 ♘b4 22.♖h3 ♘f8) 20. … ♖bc8?! (Kasparow empfahl, besser 20. … ♘c5 21.♘:c5 bc 22.♖d3 ♘d4 23.♖h3 ♕e7 zu spielen, um auf 24.♕h4 die Parade 24. … h5 zu haben) 21.♖d3 ♘b4 22.♖h3 ♗g7?! (in der Analyse gab Kasparow als Verstärkung sofort 22. … f5 an, z. B. 23.gf e. p. ♘:f6 24.f5 – 24.♕d4 e5! 25.♕:b4 d5 26.♘:d5 ♘:d5 27.♕e1 ♘f4

mit besserem Spiel – 24. ... ef 25.ef ♗g7 26.♖g3 ♖f8 mit unklaren Verwicklungen) 23.♗e3? (hier war 23.f5 im Angriffssinne stärker. Nach 23. ... ef 24.ef ♘e5 25.♕h4! ♕c4! 26.♕:h7+ ♔f8 27.♘d2! ♗:g2 28.♔:g2 ♕c6+ 29.♘f3 gf 30.♕:f5 ♘d5! 31.♔g1 ♘:c3 32.bc ♕c5+ 33.♖f2 hätte Weiß Vorteil) 23. ... ♖e7! 24.♔g1 ♖ce8 25.♖d1! f5 26.gf e. p. ♘:f6 27.♖g3 (die Annahme des Bauernopfers 27.♗:b6 ♕b8 28.♗f3 ♖f7 oder auch e5 ergibt aktives Spiel für Schwarz) 27. ... ♖f7 28.♗:b6 ♕b8 29.♗e3 ♘h5 30.♖g4 (gefährlich wäre 30.♖f3 wegen ♗:c3! 31.bc ♘a2, und die Bauern c3 und e4 sind bedroht) 30. ... ♘f6 31.♖h4!? (da Anatoli Karpow diese Partie um jeden Preis unbedingt gewinnen muß, um bei einem 11:12-Rückstand noch auszugleichen und damit den WM-Titel zu verteidigen, verschmäht er das sichere Remis durch Zugwiederholung – 31.♖g3 ♘h5 usw.) 31. ... g5! 32.fg ♘g4!?

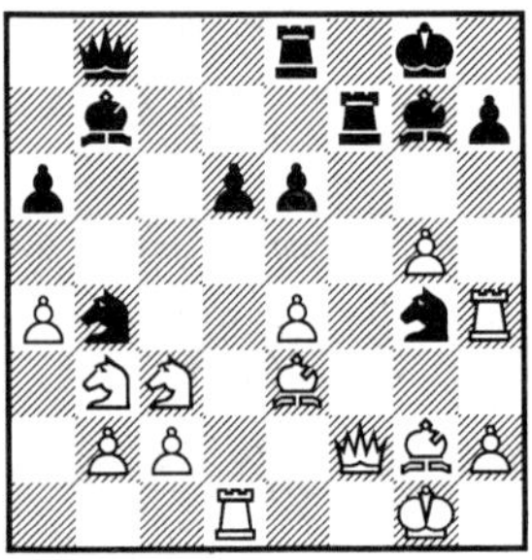

Einschätzung der Stellung:
In äußerst komplizierter Stellung bringt sich Schwarz durch sein feines Bauernopfer 31. ... g5, gefolgt vom Springermanöver ♘g4 und ♘:e3, in Besitz des Läuferpaares. Damit wird nicht nur der weiße Angriff am Königsflügel abgeblockt, sondern Schwarz kann seinerseits große Unruhe im weißen Lager stiften. Außerdem gewinnt er durch das Schlagen auf c2 einen der beiden geopferten Bauern zurück. Wichtig ist, daß damit auch die Stütze für den Springer b3 beseitigt wird. Die Chancen von Weiß sind dennoch nicht zu verachten, da die beiden schwarzen Bauern auf d6 und e6 ebenfalls zur Schwäche neigen. Somit ist zu konstatieren, daß die Kontrahenten gleiche Chancen haben.

33.♕f2–d2	♘g4:e3
34.♕d2:e3	♘b4:c2
35.♕e3–b6!	

Der beste Zug. Nichts ergibt 35.♕h3 ♕a7+ 36.♔h1 ♘e3 37.♖g1 ♘:g2 38.♕:g2 d5! mit starkem schwarzem Angriff.

35. ...	♗b7–a8!

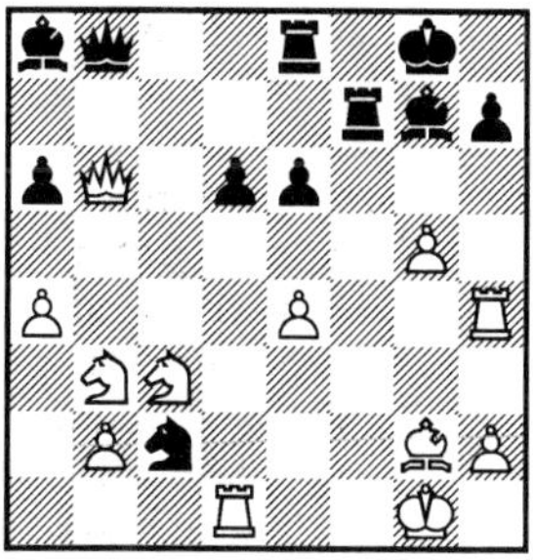

36.♖d1:d6??

Erst dieser grobe Fehler in Zeitnot verdirbt die Position. Vollkommen unklar wäre die Stellung gewesen nach 36.♕:b8 ♖:b8 37.♗h3! ♖e7! (oder 37. … ♖:b3 38.♗:e6 ♖:b2 39.♖:d6 ♗:c3 40.♖f4! ♗d4! 41.♔g2! ♗:e4+ 42.♖:e4 ♗c5 43.♗:f7+ ♔:f7 44.♖f6+ ♔g7 45.♖e2!, und Weiß hätte das bessere Endspiel) 38.♖:d6 ♖:b3 39.♖d8+ (39.♗:e6+ ♖:e6 40.♖:e6 ♘d4!) 39. … ♔f7 40.♖:a8 ♖:b2 41.e5! ♗:e5 42.♖:h7 ♗g7 mit gleichen Chancen nach Angaben Kasparows.

36. … ♖f7–b7

Diese Schwenkung des Turmes hatte Weiß offenbar nicht richtig eingeschätzt. Jetzt ist Figurenverlust nicht mehr zu vermeiden. Die drei Bauern sind bei der offenen Stellung kein Äquivalent.

37.♕b6:a6 ♖b7:b3
38.♖d6:e6 ♖b3:b2
39.♕a6–c4 ♔g8–h8

40.e4–e5?

Noch ein Fehler in verlorener Position. Nach 40.♖:e8+ ♕:e8 41.♘d1 ♘a3 42.♕d3 ♖a2! 43.♘e3 gewinnt ♕f8; oder 40.g6 h6 41.♖:e8+ ♕:e8 42.♘d1 ♘a3 43.♕f7 ♕:f7 44.gf ♖b1 45.♗f3 ♘c4 46.♖f4 ♖b8 mit klarem Vorteil.

40. … ♕b8–a7+
41.♔g1–h1 ♗a8:g2+
42.♔h1:g2 ♘c2–d4+

Weiß gab auf. Eine großartige Kampfpartie, die über den Ausgang der Schachweltmeisterschaft entschied. Permanent war Taktik im Spiel. Die Läufer haben dabei ständig die Funktion des Angreifers und des Verteidigers gewechselt.

Partie Nr. 93
Hellers–de Witt,
Amsterdam 1985

1.e4 e6 2.d4 d5 3.♘d2 ♘f6 4.e5 ♘fd7 5.♗d3 c5 6.c3 ♘c6 7.♘gf3 ♕b6 8.0–0 cd 9.cd ♘:d4 10.♘:d4 ♕:d4 11.♘f3 ♕b6 12.♕a4 ♕b4 13.♕c2 ♕c5 14.♕e2 ♕b6 15.♗e3 ♕d8 (besser ♗c5) 16.♖ac1 ♗e7 17.♖c3 0–0 18.♖fc1 f5 (die weiße Turmverdopplung in der offenen c-Linie verheißt nichts Gutes für Schwarz. 18. … ♘b6 scheitert bereits an dem Läuferopfer 19.♗:h7+ ♔:h7 20.♘g5+ ♗:g5 21.♕h5+ ♗h6 22.♗:h6 g6 –

22. … gh 23.♖h3 – 23.♕h3 ♔g8 24.♖g3, und der Nachziehende hat nichts gegen die Drohung ♗g5 und ♗f6) 19.ef e. p. ♗:f6 20.♖c7 e5 21.♗f5 d4 22.♗d2 ♘b6 23.♗d3 ♖e8 (nicht 23. … ♕d5 wegen 24.♖1c5; oder 23. … ♘d5 24.♕e4! ♘:c7 25.♕:h7+ ♔f7 26.♕h5+ ♔e6 27.♕f5+ ♔e7 28.♗b4+ ♔e8 29.♕h5+ ♖f7 30.♖:c7 ♕:c7 31.♗b5+ ♕c6 – 31. … ♗d7 32.♕h8 nebst Matt – 32.♗:c6 bc 33.♘:e5 ♗:e5 34.♕:e5 ♔d8 35.♗a5+ ♔d7 36.♕c7 mit Gewinn) 24.♕e4 g6 25.♖:h7

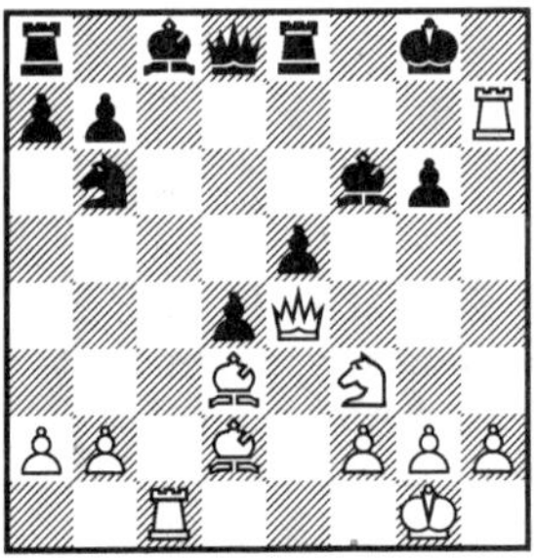

Einschätzung der Stellung: Der enorme Entwicklungsvorsprung und der geschwächte Königsflügel von Schwarz erlauben eine taktische Lösung. Auch hier sind neben dem Turm, der die erste Bresche schlägt, die Läufer die Hauptakteure. Sie unterstützen nicht nur das unmittelbare Mattspiel, sondern sind auch bereit, durch weitere Opferwendungen dem schwarzen König keine Atempause zu gönnen. Die Ursachen der Verlustposition muß Schwarz bereits im 15. Zug suchen, wo er Weiß gestattete, mit Tempogewinn die offene c-Linie zu besetzen.

25. … ♗c8–f5
26.♕e4:b7

Damit ist aus dem Bauernopfer ein Bauerngewinn geworden.

26. … ♗f6–e7

Der einzige Verteidigungszug. Die siebente Reihe muß geschlossen werden, um das Matt auf f7 zu verhindern.

27.♗d3:f5! ♔g8:h7

Hoffnungslos ist 27. … gf wegen 28.♘g5 nebst ♖g7+ und ♘e6+ oder 28.♖c7.

28.♗f5:g6+!

Dieses schöne zweite Opfer besiegelt das Schicksal von Schwarz. Der ungeschützte schwarze König kann den Schachgeboten der weißen Dame nicht mehr ausweichen, ohne materielle Verluste in Kauf zu nehmen.

28. … ♔h7:g6
29.♕b7–e4+ ♔g6–g7

Auf 29. … ♔f6 gewinnt 30.♖c6+ ♗d6 31.♗g5+.

30.♕e4–g4+ ♔g7–h8
31.♕g4–h5+ ♔h8–g8
32.♕h5–g6+ ♔g8–h8

33.♕g6–h6+ ♔h8–g8
34.♕h6–g6+ ♔g8–h8
35.♘f3–g5 ♗g7:g5
36.♗d2:g5 ♘b6–d5

Durch die Drohung ♗f6+ ist Damenverlust nicht mehr zu vermeiden.

37.♗g5:d8 ♖a8:d8
38.♖c1–c6 ♖e8–e7
39.♕g6–h5+ ♔h8–g8

Schwarz gab auf.

Partie Nr. 94
Awerbach–Iliwizki,
UdSSR 1954

1.d4 ♘f6 2.c4 g6 3.g3 ♗g7 4.♗g2 d5 5.cd ♘:d5 6.e4 ♘b4 7.d5 0–0 8.a3 ♘4a6 9.♘e2 e6 10.0–0 c6 11.♘bc3 cd 12.ed ed 13.♘:d5 ♘c6 14.♘ec3 ♘c7 15.♘:c7 ♕:c7 16.♘d5 ♕d8 17.h4 h6 18.♗f4 ♗f5 (18. … ♗:b2 19.♗:h6!) 19.♖c1 g5 20.hg hg 21.♕h5 ♗g6 (21. … gf 22.♕:f5 ♘d4 23.♕h5 mit der Drohung ♖c7!) 22.♕:g5 ♕:g5 (22. … ♗:b2 23.♕h6! ♗g7 24.♕h3 mit Angriff) 23.♗:g5 ♗:b2 24.♗f6!

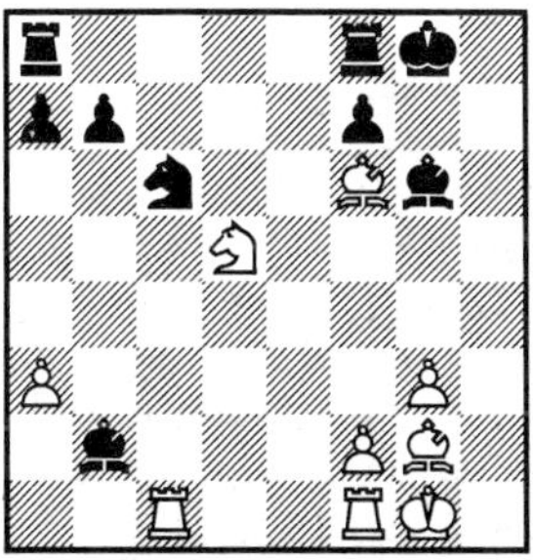

Einschätzung der Stellung: Mit dem Textzug offeriert Weiß ein interessantes Qualitätsopfer, was mehr oder weniger angenommen werden muß. Nach 24. … ♗:f6 25.♘:f6+ ♔g7 26.♗:c6 gewinnt Weiß einen Bauern, und auf 24. … ♗:a3 25.♖c4 ♖fe8 (gegen 26.♖h4 ♗h7 27.♗e4! gerichtet) 26.♘c7 hat Weiß die Qualität mehr. Das Opfer beruht auf der Tatsache, daß der Läufer auf f6 eine dominierende Rolle ausübt. Mit dem festverankerten Springer auf d5 lautet die konkrete Drohung ♖c1–c4–h4 und Mattspiel auf der h-Linie. Von Bedeutung ist auch die weiße Bauernmajorität am Königsflügel sowohl als Schutzschild wie auch als Angriffswaffe. Die schwarze Verteidigung besteht darin, die tödliche Umklammerung schnellstens aufzuheben, notfalls unter Rückgabe der Qualität. Die größten Sorgen hat Schwarz mit seinem schlechten Läufer auf g6, von dem keinerlei Aktivitäten zu erwarten sind.

24. … ♗b2:c1
25.♖f1:c1 ♖a8–d8

Die einzige Möglichkeit, um die Drohung 26.♖c4 durch ♖d6 abzuwehren. Auf 27.♖h4 wäre dann 27. … ♖:f6 möglich, ohne Materialverlust zu erleiden.

26.f2–f4!

Ein starker Zug, mit der feinsinnigen Idee 27.♔f2 nebst ♖h1 gespielt, und der Läufer g6 ist nichts mehr wert.

26. … ♖d8–d6
27.♔g1–f2 ♖d6:f6

Eine passive Verteidigung löst ebenfalls nicht das Problem. Zum Beispiel 27. … ♖e8 28.♖h1 ♗h7 29.g4 ♖ee6 30.g5!, und Schwarz befindet sich fast in Zugzwang. Nach Abzug des Läufers f6 nach c3 bringt das Springerschach auf f6 das Ende.

28.♘d5:f6+ ♔g8–g7
29.♗g2:c6 ♖f8–c8

Um keinen Bauernverlust zu erleiden, noch ein Schwindel, der aber an einer eleganten Wendung scheitert.

30.♘f6–e8+ ♔g7–f8
31.f4–f5! ♗g6–h7

Auf 31. … ♖:c6 würde 32.♖:c6 bc 33.fg ♔:e8 34.g7 folgen und auf 31. … ♗:f5 32.♘d6 mit Angriff auf beide Figuren.

32.g3–g4! b7:c6

Nach 32. … ♖:c6 gewinnt Weiß forciert das Bauernendspiel: 33.♖:c6 bc 34.♘f6 ♔g7 35.♘:h7 ♔:h7 36.g5 nebst Königswanderung zum Damenflügel.

33.♘e8–d6 ♖c8–c7
34.f5–f6! c6–c5
35.♖c1–e1

Schwarz gab auf.

Partie Nr. 95
Aljechin–Junge,
Prag 1942

1.d4 d5 2.c4 e6 3.♘f3 ♘f6 4.g3 dc 5.♕a4+ ♘bd7 6.♗g2 a6 7.♕:c4 b5 8.♕c6 ♖b8 9.0–0 ♗b7 10.♕c2 c5 11.a4 ♗:f3 12.♗:f3 cd 13.ab ab 14.♖d1 ♕b6 15.♘d2 e5 16.♘b3 ♘c5? (besser 16. … ♗e7 17.e3 de 18.♗:e3 ♕e6 19.♘a5! 0–0 20.♘c6 ♖bc8 21.♘:e7+ ♕:e7 22.♕b3 mit gleichen Chancen) 17.♘:c5 ♗:c5? (besser 17. … ♕:c5 18.♗c6+ ♘d7 19.♕:c5 ♗:c5 20.♖a5 mit Vorteil, oder 18.♗c6+ ♔d8 19.♕:c5 ♗:c5 20.♗:b5!, und der Läufer ist auf b5 tabu wegen ♖a8+) 18.♖a6!!

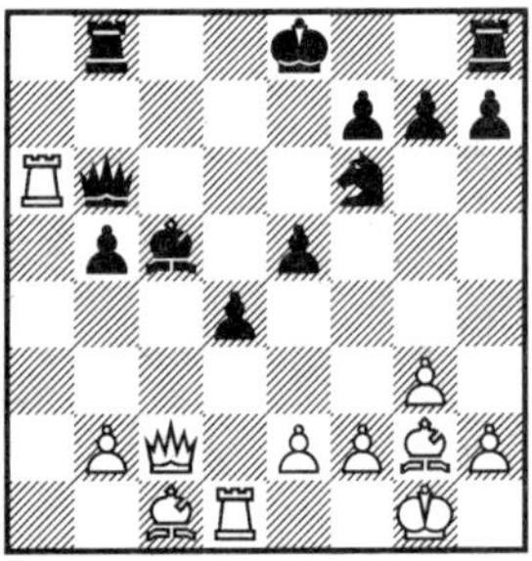

Einschätzung der Stellung: Mit diesem traumhaften Ablenkungsopfer wird die schwarze Rochade verhindert. Die weiße Dame und der Läufer g2 sind die Schlüsselfiguren des Qualitätsopfers. Schwarz kann ♕:c5, gefolgt von ♗c6+, nicht ohne Materialverlust abwenden. Mit Tempogewinn kommt auch der weiße Läufer c1 zum Einsatz, so daß der schwarze Entwicklungsrückstand keine ausreichende Verteidigung mehr zuläßt.

18. ... ♕b6:a6
19.♕c2:c5 ♕a6–e6

Hier einige andere Varianten, die alle mit Vorteil für Weiß enden: 19. ... ♖d8 20.♗c6+ ♘d7 21.♕:e5+ ♔f8 22.♕d6+ ♔g8 23.♕e7 mit Gewinn; 19. ... ♘d7 20.♗c6 f6 21.♕d6 nebst ♗:d7; 19. ... ♖c8 20.♕:e5+ ♕e6 21.♕:b5+.

20.♗g2–c6+ ♘f6–d7

Falls 20. ... ♔d8, so 21.♗d2 b4 22.♖a1 (mit der Idee 23.♗:b4 ♖:b4 24.♖a8+) 22. ... ♖c8 23.♕b6+ ♔e7 24.♗:b4+ mit Gewinn; oder 22. ... ♘d7 23.♗:d7 ♕:d7 24.♖a7, ebenfalls mit Gewinn.

21.♗c6:d7+ ♔e8:d7

Nicht 21. ... ♕:d7 22.♕:e5+ nebst ♕:b8.

22.♕c5–a7+ ♔d7–c6

Auf 22. ... ♔c8 entscheidet ebenfalls 23.♗d2.

23.♗c1–d2 ♖h8–c8
24.e2–e4!

Eine Feinheit, die dem schwarzen König das Fluchtfeld d5 nimmt.

24. ... ♕e6–b3

Ohne Chance ist 24. ... de e. p. 25.♗:e3 mit der vernichtenden Drohung 26.♕c5+ und 27.♕:b5.

25.♖d1–a1!

Das Zusammenspiel der weißen Figuren ist faszinierend. Pro Zug wird eine vernichtende Drohung aufgestellt.

25. ... b5–b4
26.♖a1–a6+ ♔c6–b5
27.♖a6–a5+ ♔b5–c6
28.♕a7–c5+ ♔c6–d7
29.♖a5–a7+

Schwarz gab auf.

Partie Nr. 96
Adorjan–Glatt,
Budapest 1982

1.c4 e5 2.♘c3 ♘f6 3.♘f3 ♘c6 4.g3 ♗b4 5.♘d5 ♗d6?! 6.♗g2 ♘:d5 7.cd ♘e7 8.e4 c6 9.0–0 cd 10.d4 de (auf 10. ... ed folgt einfach 11.ed mit Vorteil) 11.♘:e5 ♕c7 (alle anderen Abspiele sind günstiger für Weiß: 11. ... ♘g6 12.♘:g6 hg 13.♗:e4; mit Vorteil oder 11. ... f6 12.♕h5+ g6 13.♘:g6 ♘:g6 14.♗:e4 ♖g8 15.♖e1 ♔f8 16.♗h6+ ♖g7 17.♗:g6; 11. ... f5 12.♗g5 ♗:e5 13.de 0–0 – 13. ... h6 14.♕h5+ g6 15.♕h4! – 14.♕d6 ♖e8 15.♖fd1 h6 16.♗:h6 gh 17.e6!) 12.♗f4 (auch 12.♗:e4 hätte klaren Vorteil ergeben) 12. ... f6 13.♖c1 ♕b8 14.♗:e4 (ein interessantes Figurenopfer, das auf der rückständigen Entwicklung von Schwarz basiert)

14. … fe 15.de ♗c7 (nicht 15. … ♗:e5 wegen 16.♕h5+) 16.♕h5+ g6 (erzwungen, da 16. … ♔f8 wegen 17.e6 sofort verliert) 17.♕h6! ♗:e5 18.♖:c8+!!

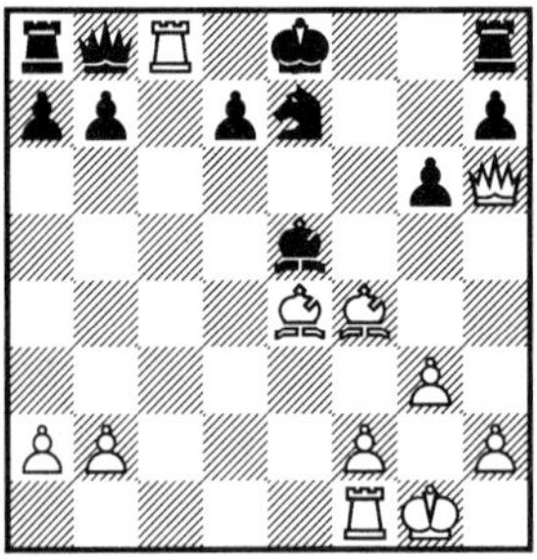

Einschätzung der Stellung: Mit diesem fulminanten Turmopfer wird auf eindrucksvolle Art und Weise die schwarze Verteidigung auseinandergewirbelt. Die zwei neuralgischen Punkte e5 oder g6 sind nicht gleichzeitig zu kontrollieren. Ausgangspunkt für diese schöne Kombination ist natürlich die rückständige Entwicklung von Schwarz, der seinen König unrochiert im Zentrum dem Schicksal überläßt. Weiß gelingt es traumhaft, seine Läufer taktisch einzusetzen, da Kreuzfesselungen mit Schachgeboten kombiniert werden können. Schwarz steht den kommenden Ereignissen hilflos gegenüber, da seine beiden Türme zur totalen Passivität verurteilt sind.

18. … ♘e7:c8

Keine Aussicht auf Verteidigung bietet 18. … ♕:c8 19.♗:e5 ♖f8, denn sowohl 20.♖e1 als auch 20.♖c1 würde gewinnen.

19.♗e4:g6+

Mit diesem zweiten Paukenschlag wird mit Tempogewinn Jagd auf den schwarzen König gemacht.

19. … h7:g6
20.♕h6:g6+ ♔e8–d8

Falls 20. … ♔f8, so 21.♕f5+ nebst ♗:e5 mit Gewinn. Auf 20. … ♔e7, was noch die beste Erwiderung ist, folgt 21.♖e1! d6 22.♕g7+ ♔e6 23.♕:h8 ♘e7 (23. … ♘b6 24.♕h6+ ♔f7 25.♕h7+ ♔f6 26.h4! mit Gewinn) 24.♕h6+ ♔f7 (24. … ♔d7 25.♗:e5 de 26.♖d1+ ♔e8 27.♖d6!) 25.♕h7+ ♔e6 26.♗g5 nebst f4, und die Lage ist ebenfalls aussichtslos für Schwarz.

21.♕g6–g5+ ♘c8–e7
22.♗f4:e5 ♖h8–g8
23.♕g5–f4! ♕b8–c8

Oder 23. … d6 24.♗:d6 ♕c8 25.♗:e7+, Dame und Turm knüpfen für Schwarz das Mattnetz.

24.♖f1–c1

Schwarz gab auf, da nach 24. … ♘c6 25.♕f6+ ♔e8 26.♗d6 das Matt nicht mehr zu verhindern ist.

Partie Nr. 97
Boleslawski–Awerbach,
Moskau 1950

1.d4 ♘f6 2.c4 e6 3.♘c3 ♗b4 4.e3 0–0 5.♗d3 d5 6.♘f3 c5 7.0–0 ♘bd7 8.a3 ♗:c3 9.bc dc 10.♗:c4 ♕c7 11.♕e2 e5 12.e4! b6 13.♘g5 (besser 13.♗g5, und auf ♗b7 14.d5!) 13. … cd! (13. … h6? 14.♘:f7 ♖:f7 15.f4! ed 16.e5! mit klarem Vorteil) 14.cd ed 15.f4 ♘c5 16.e5 ♘fe4! 17.♘:e4 ♘:e4 18.♗b2 (schlecht wäre 18.♕:e4 ♕:c4 19.♕:a8 ♕:f1+ 20.♔:f1 ♗a6+ nebst ♖:a8) 18. … ♗b7 19.♗:d4 ♖ac8 20.♗b3 (20.♖ac1? b5! 21.♗d3 ♕:c1 22.♗:e4 ♗:e4 23.♖:c1 ♖:c1+ 24.♔f2 ♖c2 mit Gewinn) 20. … ♘c5 21.♖ac1 ♗a6! 22.♕g4?! (danach ergeben sich tolle Verwicklungen. Auf 22.♗c4 war Weiß die Abwicklung 22. … ♘b3! 23.♗:a6 ♕:c1! – 23. … ♘:c1 24.♕e3! – 24. ♖:c1 ♖:c1 25.♔f2 ♘:d4 26.♕e4 ♖d8 unangenehm) 22. … ♗:f1? (ein Fehler in komplizierter Position. Richtig war 22. … h5! 23.♕g5 ♕d8! – 23. … ♗:f1? 24.e6 fe 25.♖:c5!! bc 26.♗:e6+ ♔h7 27.♕:h5 matt; oder 26. … ♖f7 27.♕:g7 matt – 24.♗:c5 ♗:f1 25.e6 ♕:g5 26.ef+ ♔h7 27.fg ♖:c5 28.♖:f1 ♖:g5 mit klarem Vorteil) 23.e6!

Einschätzung der Stellung: Weiß muß bedingungslos auf Angriff spielen, um den Qualitätsverlust auszugleichen. Bei Raumvorteil und Bauernmajorität am Königsflügel ist das Läuferpaar mit seiner Reichweite auf den Diagonalen a2–g8 und a1–h8 der Garant für dieses hoffnungsvolle Unternehmen. Schwarz muß gezwungenermaßen fe spielen, um die Mattdrohung auf g7 zu überdecken. Er gibt aber damit freiwillig die Qualität zurück (♖c8). Es kommt zu einem Generaltausch, wonach die Chancen von Weiß besser sind.

23. …	f7:e6
24.♗b3:e6+	♔g8–h8
25.♗e6:c8	♗f1–d3

Sofort verlieren würde 25. … ♖:c8 26.♗:g7+ ♕:g7 27.♕:c8+. Ebenso scheitert 25. … ♖:f4 26.♖:f1, denn wegen Matts auf f8 verbietet sich ♖:g4.

26.♗c8–e6	♕c7–e7
27.f4–f5	♘c5:e6

28.f5:e6

Damit ist plötzlich ein ungleichfarbiges Läuferendspiel entstanden, in dem Weiß durch den Druck auf g7 und seine aktiveren Schwerfiguren die besseren Aussichten hat.

28. … ♗d3–f5
29.♕g4–g3 ♗f5:e6
30.♖c1–c7 ♗e6–d7
31.h2–h4!

Dieser stille Zug macht ein Luftloch und droht in einigen Abspielen h5 und h6.

31. … ♖f8–f7??

Damit vernichtet Schwarz die Früchte seiner guten Verteidigung. Notwendig war 31. … h6, obwohl nach 32.♖:a7 aufgrund der Bauernschwäche b6 und g7 Weiß immer noch etwas Vorteil hätte.

32.♖c7:d7

Schwarz gab auf. Der weiße Turm ist nicht zu schlagen, da sonst auf der achten Reihe das Matt erfolgt.

Partie Nr. 98
Hort–Vogt,
Halle 1978
1.d4 ♘f6 2.c4 d6 3.♘c3 ♘bd7 4.e4 e5 5.♘f3 g6 6.♗e2 ♗g7 7.0–0 0–0 8.♗e3 a5 (genauer 8. … c6, weil Weiß jetzt die Gelegenheit hätte, mittels 9.de de 10.h3 c6 11.♕c2 ♕e7 12.♘a4 nebst c5 positionellen Druck auf den schwarzen Feldern auszuüben) 9.♖e1 ♘g4 10.♗g5 f6 11.♗c1 c6 12.h3 ♘h6 13.b3 ed 14.♘:d4 ♘c5 15.♗f4 (danach hat Weiß Probleme auf der Diagonale a1–h8. Besser war deswegen 15.♗e3) 15. … f5! 16.♕d2 (günstig für Schwarz wäre 16.ef ♕f6 17.♗:h6 ♗:h6, und die Drohung ♗g7 ist nicht mit Anstand zu parieren, da fg an ♕:f2+ scheitert) 16. … ♕f6! 17.♖ad1 (auch jetzt ergäbe 17.♗:h6 ♗:h6 18.♕:h6 ♕:d4 Vorteil für Schwarz) 17. … fe!

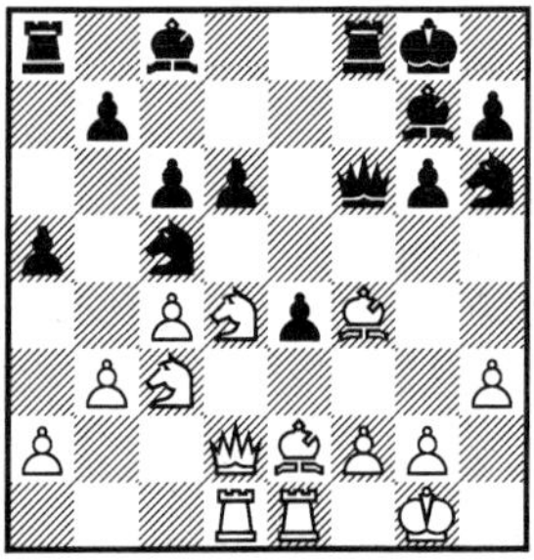

Einschätzung der Stellung: Das schöne Figurenopfer auf h6 wird durch die Kraft des Läuferpaares möglich. Schwarz hat richtig kalkuliert, daß mehrere strategische Merkmale für diese interessante taktische Lösung sprechen. Zunächst wird nach erzwungener Annahme des Springeropfers auf h6 mit Tempogewinn der Einschlag auf f2 vollzogen. Ohne Zeitverlust wird dann mit dem zweiten, krönenden Läuferopfer auf h3 der weiße Bauernschutzwall aufgerissen, so daß durch den Einsatz der Türme auf der offenen f-Linie Mattbilder entstehen. Schließlich stellt der entstehende Freibauer auf e4 eine Macht dar, verhindert er doch ein aktives Gegenspiel der weißen Figuren. Auch materiell ist es ein gutes Geschäft, wenn man 3 Bauern für die geopferte Figur bekommt und die Initiative auf Dauer behält. Weiß steht den Ereignissen in puncto Taktik wehrlos gegenüber und kann nur auf eine Ungenauigkeit von Schwarz hoffen.

18.♗e3:h6 ♕f6:f2+
19.♔g1–h1

Nicht 19.♔h2 wegen 19. … ♗e5+ 20.♔h1 und ♕g3 mit sofortigem Gewinn.

19. … ♗c8:h3!!

Die eigentliche Pointe der ganzen Kombination. Weiß muß das Läuferopfer annehmen, da nach 20.♗f1 ♗:g2+ 21.♗:g2 ♕h4+ 22.♔g1 ♗:h6 die Katastrophe noch schneller eintreten würde.

20.g2:h3 ♕f2–h4
21.♗e2–g4

Auch wieder die einzige Verteidigung. Es verliert 21.♗e3 ♕:h3+ 22.♔g1 ♗h6! 23.♗:h6 (23.♗f1 ♖:f1+ 24.♖:f1 ♗:e3+) 23. … ♕g3+ 24.♔h1 ♖f2 nebst Matt, oder 23.♘c2 ♕g3+ 24.♔h1 ♗f4! 25.♗f1 ♖f5 26.♕g2 ♕h4+ 27.♔g1 ♖g5 mit Damengewinn. Durch den „nackten" weißen König ist dieses traumhafte Zusammenspiel der schwarzen Figuren möglich.

21. … ♗g7:h6
22.♕d2–g2 ♖f8–f2
23.♕g2–g1

Hoffnungslos ist auch 23.♖:e4 ♘:e4 24.♕:e4 ♕g3 mit undeckbarem Matt.

23. … e4–e3
24.♘d4–e6 ♖a8–e8

Unklar wäre 24. … ♘:e6 25.♗:e6+ ♔h8 26.♕g4.

25.♘e6:c5

Nicht 25.♖:d6 wegen 25. … ♖f6! 26.♖:e3 ♗:e3 27.♕:e3 h5 mit Gewinn.

25. … d6:c5
26.♖d1–d3

Bis hierher hatte sich Weiß bestens verteidigt. Der Textzug ist aber ein ernster Fehlgriff. Notwendig war 26.♘e2, um ♗f4 zu verhindern. Nach 26. … ♗g7 27.♕g3 ♕e7 sollte aber der schwarze Angriff trotzdem erfolgreich sein. So scheitert 28.♖f1 an 28. … ♗e5 29.♕:e3 ♖h2+ 30.♔g1 ♗d4!! mit Gewinn, oder 28.♗f3 ♗e5 29.♕g4 ♗b8, und Weiß hat nichts gegen die Drohung ♕e5.

26. … ♗h6–f4
27.♖e1–e2 h7–h5!

28.♗g4–f5

Auch auf 28.♗d7 würde g5 folgen.

28. ... g6–g5
29.♕g1:f2?

Das verliert sofort. Zu versuchen war 29.♖d7 g4 30.♗:g4 hg 31.♕:g4 ♕:g4 32.hg ♖f3 mit der Idee ♖g3, obwohl Schwarz danach ein gewonnenes Endspiel haben dürfte.

29. ... e3:f2
30.♖e2:e8+ ♔g8–f7
31.♔h1–g2

Auf 31.♗g6+ gewinnt ♔:g6 32.♔g2 g4 33.♖e2 gh+ 34.♖:h3 ♕:h3+ nebst f1♕.

31. ... ♔f7:e8
32.♘c3–e4 ♗f4–e5
33.♘e4:f2 ♗e5–d4
34.♘f2–e4 ♕h4–e1
35.♖d3–d2 g5–g4
36.h3:g4 h5:g4
37.♖d2–f2

Weiß gab auf. Eine tolle Angriffspartie, in der das schwarze Läuferpaar Maßarbeit geleistet hat.

Partie Nr. 99
Sokolow–Psachis,
Riga 1985
1.e4 e5 2.♘f3 ♘c6 3.♗b5 a6 4.♗a4 ♘f6 5.0–0 ♗e7 6.♖e1 b5 7.♗b3 0–0 8.c3 d6 9.h3 ♖e8 10.d4 ♗b7 11.a4 h6 12.♘bd2 ♗f8 13.♗c2 ed 14.cd ♘b4 15.♗b1 c5 16.d5 ♘d7 17.♘f1 f5?! (eine mutige Entscheidung, die zwar eine Klärung im Zentrum hervorruft, aber in noch größerem Maße die schwarze Königsstellung schwächt) 18.ef ♖:e1 (etwas besser 18. ... ♘f6 19.♖a3) 19.♘:e1 ♘:d5 20.♖a3! (damit wird der Turm zum Angriff auf den Königsflügel dirigiert) 20. ... ♔h8 21.♘f3 ♘5b6 (auf 21. ... ♘7f6 wäre 22.♘h4 unangenehm) 22.♖e3 d5 23.♖e6! d4 (wiederum scheiterte 23. ... ♘f6, wegen 24.♘e5 ♕c7 25.♗f4 mit klarem Vorteil) 24.♘g5!

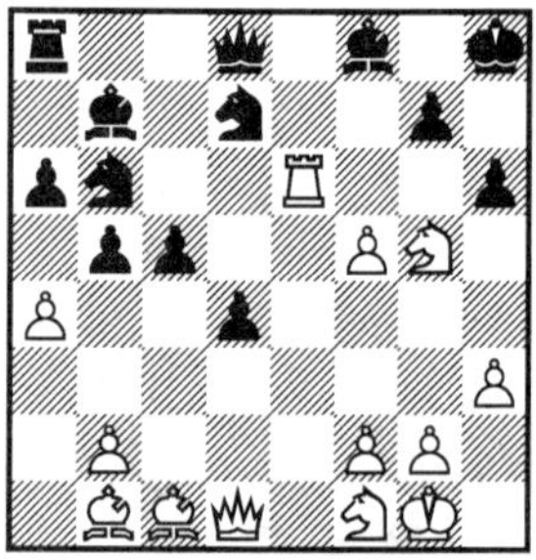

Einschätzung der Stellung: Mit diesem überfallartigen Springermanöver inszeniert Weiß auf taktische Art einen entscheidenden Königsangriff. Er kann dabei auf die Traumstellung des Turmes auf e6 bauen, der sowohl senkrecht als auch waagerecht zur größten Kraftentfaltung kommt. Weiterhin darf die weiße Dame das Feld h5 ungehindert betreten. Nicht zuletzt haben die zwei Läufer auf b1 und c1 eine enorme Reichweite. Auch die Bauernmajorität mit dem Stützpfeiler f5 ist ein Garant für den Erfolg. Schwarz fehlen die Leichtfiguren zur Verteidigung des eigenen Königs. Auffallend ist auch der inaktive Turm auf a8. Ein möglicher Konter am Damenflügel und die Beherrschung des Zentrums sind somit illusorisch.

24. ... ♕d8–c7

Die Annahme des Figurenopfers 24. ... hg verbietet sich wegen 25.♕h5+ ♔g8 26.f6! ♘:f6 27.♖:f6 ♕:f6 28.♗h7+ ♔h8 29.♗g6+ nebst Matt auf h7.

25.♘g5–f7+ ♔h8–g8
26.♘f7:h6+

Damit wird die entscheidende Bresche geschlagen, wonach der schwarze König permanent Mattgefahren ausgesetzt ist.

26. ... g7:h6
27.♕d1–g4+ ♔g8–h8
28.f5–f6!

Aktiviert spielentscheidend den Läufer b1 und kontrolliert gleichermaßen die Felder e7 und g7.

28. ... ♘b6–d5

Hoffnungslos wäre auch 28. ... ♘e5 29.♖:e5 ♕:e5 30.♕g6 ♗e4 31.♗:e4 ♖a7 32.f7 ♕g7 33.♕:b6 und der Anziehende gewinnt leicht.

29.f6–f7 ♘d7–f6
30.♕g4–g6 c5–c4
31.♗b1–f5

Selbst diesen kleinen Luxus kann sich Weiß noch leisten, um den Läufer nicht durch d3 ausgesperrt zu wissen. Schwarz gab auf. Er steht den Drohungen 32.♗:h6 und 32.♖:f6 hilflos gegenüber, da auch 31. ... ♗g7 an 32.♖e8+ scheitert. Ein typischer weißer Angriffssieg des Läuferpaares in der Spanischen Verteidigung.

Partie Nr. 100
Condie–Botterill,
Brighton 1984
1.d4 d5 2.c4 dc 3.♘f3 ♘f6 4.e3 e6 5.♗:c4 c5 6.0–0 a6 7.♕e2 b5 8.♗b3 ♗b7 9.♖d1 ♘bd7 10.e4 cd (auf 10. ... ♘:e4 folgt 11.d5, auf 10. ... ♗:e4 11.♘g5 mit gefährlichem Angriff) 11.e5 ♘d5 12.♖:d4 ♗e7 13.♖g4 ♕c7 14.♗d2 g6 15.♘c3 ♘:c3 16.♗:c3 ♖c8 17.♖e1 h5? 18.♖d4 0–0? 19.♗:e6!

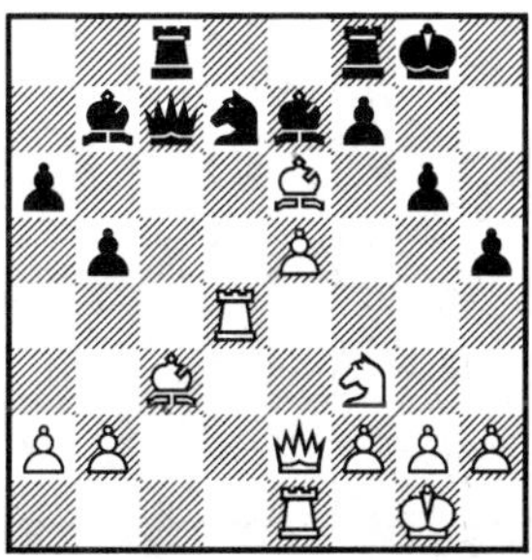

Einschätzung der Stellung: Nachdem Schwarz mit dem Zug h5 seine Königsstellung entscheidend geschwächt hat und danach noch kurz rochiert, wird er durch den Textzug unsanft auf den Boden der Realität geholt. Weiß hat Entwicklungsvorsprung und alle Figuren bestens plaziert. Das Läuferscheinopfer basiert auf der Tatsache, daß 19. … fe an 20.♕d3! scheitert. Der Doppelangriff der Dame auf den Springer d7 und den Bauern g6 gewinnt sofort. Durch die offene d-Linie und den aktiven Turm auf d4 können die weißen Läufer mit taktischen Schlägen den Grundstein zum Sieg legen.

19. … ♗b7:f3
20.♕e2–d3!

Diese Feinheit mußte man allerdings bei dem Läuferopfer berechnen. Die Kreuzfesselung ♕:g6+ ist das Hauptmotiv, wodurch Schwarz keine Zeit hat, die Verteidigung zu konsolidieren.

20. … ♘d7:e5

Auf 20. … fe entscheidet 21.♕:g6+ ♔h8 22.♕h6+ ♔g8 23.♕:e6+ ♖f7 24.♖:d7 ♗g4 (24. … ♕c6 25.♖:e7 mit Gewinn) 25.♕g6+ ♖g7 26.♖:c7 ♖:g6 27.♖:e7.

21.♖e1:e5! ♕c7:e5
22.♕d3:g6+ ♕e5–g7

Erzwungen, da 22. … ♔h8 an 23.♕h6+ ♔g8 24.♖g4+!! ♗:g4 25.♕g6+ ♔h8 26.♗:e5+ f6 27.♕h6 matt scheitert.

23.♕g6:g7+ ♔g8:g7
24.♗e6:c8 ♗e7–f6

Das Schlagen auf c8 verbietet sich wegen 25.♖c4+ nebst ♖:c8.

25.♗c8:a6 ♗f3–e2
26.♖d4–d5 ♗f6:c3
27.b2:c3 ♗e2–c4
28.♖d5:h5 ♖f8–a8
29.♗a6:b5 ♔g7–g6
30.♖h5–c5

Schwarz gab auf.

Partie Nr. 101
Jussupow–Timman,
Tilburg 1986
1.d4 ♘f6 2.c4 g6 3.♘c3 d5 4.cd ♘:d5 5.e4 ♘:c3 6.bc ♗g7 7.♗c4 b6 8.♕f3 0–0 9.♘e2 ♘c6 10.h4 (solider ist 10.0–0 oder 10.♗e3) 10. … ♘a5 11.♗d3 e5 12.♗a3 ♖e8 13.h5! ♕d7! 14.♖d1 (unklar ist 14.d5 ♕a4 15.♗c1 ♘b7 mit der Idee ♘c5) 14. … ♕a4 15.♗c1 c5 (damit überschätzt Schwarz seine Möglichkeiten. Besser war 15. … ed 16.cd ♘c6 17.hg hg 18.0–0 ♘:d4 19.♘:d4 ♗:d4 20.♗c2 mit unklaren Verwicklungen) 16.d5 ♕:a2 17.♗h6!? ♗h8? (diesen Tempoverlust verträgt die schwarze Stellung nicht mehr. Ausgleich wäre nach 17. … ♗:h6 noch möglich gewesen. Zum Beispiel 18.hg fg

19.♖:h6 ♗d7 20.♕f6 ♖f8 21.♖:g6+ nebst Dauerschach) 18.♗b5 ♖d8 19.♗g5!

Einschätzung der Stellung: Das weiße Läuferpaar dominiert auf den weißen und schwarzen Feldern. So ist kein Wunder, daß taktische Möglichkeiten in der Luft liegen. Für Schwarz liegt die Hauptgefahr vorrangig in der h-Linie, wo der schwache Punkt h7 besonders ins Auge springt. Bei Weiß, der neben Raumvorteil eine sichere Königsstellung besitzt, stehen alle Figuren zum Angriff bereit. Das Gegenteil trifft für die schwarzen Figuren zu. Rein optisch ist zu erkennen, daß sie nur die achte Reihe bzw. Randpositionen auf der a-Linie einnehmen. So wird die ausgelassene Ausgleichsmöglichkeit im 17. Zug bitter bestraft.

19. …	♕a2–b3

Guter Rat ist teuer. So verliert 19. … ♗d7 wegen 20.hg fg 21.♖:h7! ♖f8 (21. … ♔:h7 22.♕f7+ ♗g7 23.♗f6 ♖g8 24.♕:d7 mit der undeckbaren Drohung 25.♕h3+) 22.♖:h8+ ♔:h8 23.♗:f6+ nebst ♗:d7.

20.h5:g6	f7:g6
21.♖h1:h7!	

Dieser schöne Entscheidungszug wird durch die Hilfe der Läufer möglich.

21. …	♔g8:h7
22.♕f3–f7+	♗h8–g7
23.♗g5–f6	♖d8–g8
24.♗b5–e8!	

Danach gibt es kein Entkommen aus dem Mattnetz. Schwarz gab auf, da auch 24. … ♗f5 25.ef ♖a:e8 26.♕:g6+ ♔h8 27.♕h6 Matt ergibt.

Partie Nr. 102

Rastenis–Razauskas, UdSSR 1984

1.d4 ♘f6 2.c4 g6 3.♘c3 d5 4.cd ♘:d5 5.♘f3 ♗g7 6.e4 ♘:c3 7.bc c5 8.♖b1 0–0 9.♗e2 ♕a5 10.0–0 ♕:a2 11.♗g5 ♕e6 12.♕c2 cd 13.cd b6 14.♗c4 ♕d7 15.♖fd1 ♗b7 (15. … ♗a6 16.♗d5 ♗b7 17.♘e5!) 16.d5 ♘a6 17.♗b5 ♕d6 18.♕e2 ♘c5 19.e5 ♕d8 20.d6! f6 21.♗e3 ♗:f3 (21. … ed 22.♗:c5 ♗:f3 – 22. … bc 23.♗c4+ ♔h8 24.♖:b7! – 23.♕:f3 bc 24.♖:d6 ♕e7 25.♗c4+ ♔h8 26.♖e6 ♕d8 27.♖d1 mit Gewinn) 22.♕:f3 fe 23.♕:a8!!

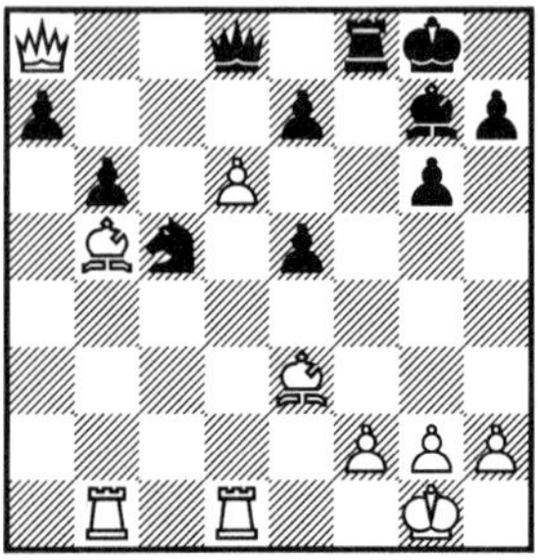

Einschätzung der Stellung: Ein elegantes Damenopfer, das durch drei Faktoren ermöglicht wird. An erster Stelle steht die Macht des Läuferpaares, das wesentliche Felder auf dem Brett kontrolliert. Zweitens entsteht durch die Schlagmöglichkeit auf e7 ein starker Freibauer, dessen Umwandlung in eine neue Dame droht. Der dritte Faktor, der Weiß zu diesem Damenopfer ermutigt, ist die offene d-Linie mit der ständigen Drohung ♖d8.
Die Raumnot auf der achten Reihe gestattet Schwarz kein aktives Gegenspiel, so daß die nächsten Züge mehr oder weniger erzwungen sind.

23. … ♕d8:a8
24.d6:e7 ♖f8–c8

Was sonst? 24. … ♖e8 scheitert an 25.♗:e8 ♕:e8 26.♖d8 mit sofortigem Gewinn, und nach 24. … ♔f7 25.♗:c5 bc 26.ef♕+ ♔:f8 27.♖d7 entscheidet das Eindringen der Türme auf der siebenten Reihe.

25.♗b5–c4+ ♔g8–h8
26.♗e3–g5! ♘c5–b7

Die einzige Verteidigung, um das Schach auf d8 zu verhindern.

27.♗c4–a6!

Wie ein Magnet drohen die Läufer mal auf den weißen, mal auf den schwarzen Feldern, die sofortige Entscheidung herbeizuführen.

27. … ♖c8–e8
28.♖b1–c1!

Übereilt wäre 28.♗:b7 ♕:b7 29.♖d8 ♕c6 30.♖bd1 ♔g8!, und Schwarz ist gar der glückliche Gewinner.

28. … h7–h6

Jetzt käme die Verteidigung 28. … ♔g8 zu spät. Nach 29.♖c7 ♘c5 30.♖c8! ♖:c8 31.♗:c8 ♕:c8 32.♖d8+ steht der Umwandlung des Freibauern nichts mehr im Wege.

29.♗a6:b7 ♕a8:b7
30.♖d1–d8 h6:g5
31.♖d8:e8+ ♔h8–h7
32.♖e8–h8+!

Die einfachste Lösung!

32. … ♗g7:h8
33.e7–e8♕ ♗h8–g7
34.♖c1–c6! b6–b5
35.♕e8:g6+ ♔h7–g8
36.♖c6–e6

Schwarz gab auf.

3.5. Beiderseitiges Läuferpaar

Besitzen beide Parteien ein Läuferpaar, so erleben wir häufig Abspiele, die das Mittelspiel und den Übergang vom Mittelspiel zum Endspiel betreffen. Immer ist der Ausgangspunkt für denjenigen, der Vorteil erreichen will, daß er das aktivere Läuferpaar hat. Dazu muß an strategischen Merkmalen vorhanden sein: 1. Raumvorteil, 2. Entwicklungsvorsprung und 3. eine dominierende Reichweite des Läuferpaares. Der Besitzer des passiven Läuferpaares ist meistens so mit Verteidigungsaufgaben belastet, daß er im Kampf um diese strategischen Merkmale unterlegen ist.
Welche Methoden werden nun angewandt, um in Vorteil zu kommen?
Durch Bedrohung eines schwachen Punktes kann ein Bauernzug provoziert werden, wodurch eine Diagonale geöffnet wird. Hier besteht die Möglichkeit, daß mit Läufer und Dame ein Mattspiel ausgelöst wird.
Häufig ist auch das Zusammenspiel mit Dame und Turm von partieentscheidender Bedeutung. Die offenen Linien auf der siebenten und achten Reihe haben dabei einen hohen Stellenwert.
Eine beliebte Methode ist die Aussperrung eines Läufers vom Kampfgeschehen, was auch durch Bauernopfer geschehen kann.
Bei vorhandenem Raumvorteil ist ein aktives Läuferpaar in der Lage, eine Bauernmajorität zur Freibauernbildung zu führen.
Isolierte Bauern neigen häufig zur Schwäche und können von einem aktiven Läuferpaar direkt bedroht werden.
Auch als unvertreibbare Blockadefiguren vermögen die Läufer, im Zentrum postiert, große Wirkung zu erzielen.
Das Fixieren von schwachen Punkten, speziell Bauernschwächen, löst immer eine Überlastung aus. Der Besitzer des aktiven Läuferpaares erzielt in solchen Spielsituationen im Endeffekt Materialgewinn und hat somit gute Gewinnchancen.

Partie Nr. 103
Geller–Pantschenko,
Sotschi 1983
1.e4 c5 2.♘f3 d6 3.d4 cd 4.♘:d4 ♘f6 5.♘c3 e6 6.♗e2 ♗e7 7.0–0 0–0 8.f4 ♘c6 9.♗e3 a6 10.a4 ♕c7 11.♔h1 ♖e8 12.♗g1 ♗f8 13.♕d3 ♘:d4 14.♗:d4 e5 15.fe de 16.♕g3 ♕c6 17.♗:e5 ♘:e4 18.♘:e4 ♕:e4 19.♗h5!

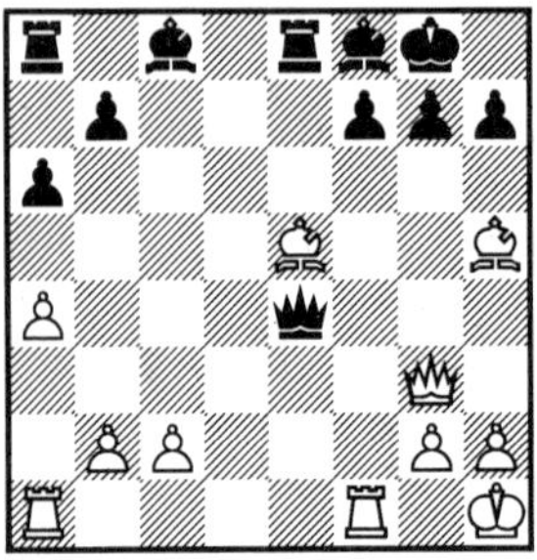

Einschätzung der Stellung: Nach dem Generalabtausch auf e4 sind erst einmal Spannungsherde im Zentrum beseitigt worden. Mit dem Textzug ergreift aber Weiß erneut die Initiative und attackiert den Punkt f7. Er provoziert damit den Bauernzug g6, um eventuell auf der Diagonale a1–h8 durch Dame und Läufer Mattdrohungen aufzustellen. Der weiße Raumgewinn und der Entwicklungsvorsprung garantieren damit bei gleichem Material doch Stellungsvorteil. Weiß wird jetzt vor allem auf die sich bietenden taktischen Ressourcen setzen.

19. … g7–g6

Sowohl 19. … ♖:e5 20.♗:f7+ ♔h8 21.♗d5! ♕:d5 22.♖:f8+ ♕g8 23.♖:g8+ ♔:g8 24.♕:e5 verliert wie auch 19. … ♕:e5 20.♗:f7+ ♔h8 21.♗:e8 ♕:e8 22.♖ae1 ♕d8 23.♕f4 ♗d7 24.♖d1, und die Fesselung entscheidet. Auf 24. … ♕c8 folgt nämlich 25.♖:d7, und der Turm ist tabu wegen 26.♕:f8+ nebst Matt.

20.♗e5–c3 ♗c8–f5

Verdächtig wäre 20. … ♗g7 21.♖fe1! (21.♖ae1!? ♕:a4 22.♕f4! ♕d7! 23.♗g4 ♖:e1!! 24.♗:d7 ♖:f1 mit guten Remischancen) 21. … ♕c6 22.♗f3 ♖:e1 23.♖:e1 ♕:a4 24.♗:g7 ♔:g7 25.♕e5+ ♔g8 26.♕e8+ ♕:e8 27.♖:e8+, und Schwarz ist auf der achten Reihe in einer tödlichen Fesselung. Sofort verliert 20. … ♕c6 21.♕f4 ♗e6 22.♕d4 nebst Matt auf h8 oder g7.

21.♗h5–f3 ♕e4:c2

21. … ♕e7 22.♗:b7! ♕:b7 23.♖:f5 kostet Schwarz einen wichtigen Bauern.

22.♗f3:b7 ♖a8–a7
23.♗b7–c6 ♖e8–e7

Schwarz muß das Feld e5 unter Kontrolle behalten.

24.♖a1–c1 ♕c2–d3
25.♕g3–h4! ♗f8–g7

Wiederum drohte vernichtend 26.♕f6; auf 25. … ♕d6 hätte 26.♗f6 ♖e6 27.♖:f5 gewonnen, weil 27. … gf an 28.♕g5+ nebst Matt scheitert.

26.♖f1–d1

Mit dem Textzug macht Weiß alles klar, weil die achte Reihe ohne Schutz ist.

26. … ♕d3–e3
27.♖d1–d8+ ♗g7–f8
28.♖c1–d1 ♗f5–d7
29.♕h4–f6

Schwarz gab auf.

Partie Nr. 104
Vogt–Rodriguez,
Berlin 1979
1.e4 c5 2.♘f3 d6 3.d4 cd 4.♘:d4 ♘f6 5.♘c3 e6 6.♗e2 ♗e7 7.0–0 0–0 8.f4 a6 9.♔h1 ♕c7 10.♕e1 ♘c6 11.♗e3 ♘:d4 12.♗:d4 b5 13.a3 ♗b7 14.♕g3 ♗c6 15.♖ae1 ♕b7 16.♗d3 b4 17.ab (auch 17.♘d1 kam in Betracht) 17. ... ♕:b4 18.♘e2 ♕b7 19.e5 ♘h5 20.♕h3 g6 21.♘g3 ♘:g3+ (den Vorzug verdiente 21. ... de 22.♗:e5 ♘g7 23.♘e4 f6 24.♗c3, wo Weiß nur minimalen Vorteil hätte) 22.hg! de 23.♗:e5 f5 (mit der Idee, h5 zu spielen und den Königsflügel zu blockieren) 24.g4!

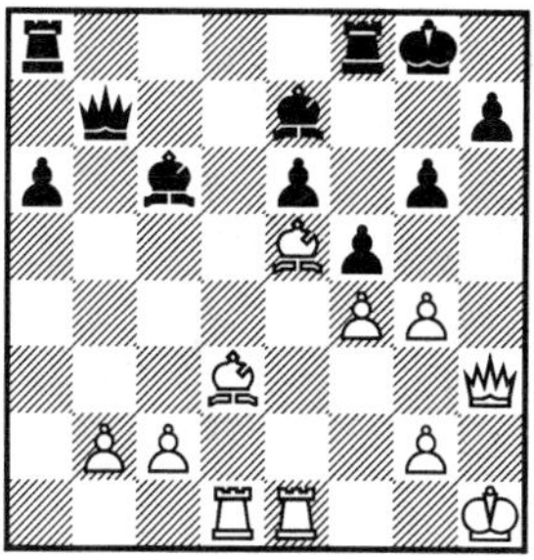

Einschätzung der Stellung: Mit dem Bauernzug g4 wird der weiße Angriff auf den schwarzen König am Leben erhalten. Eine Blockade muß verhindert werden, damit die gut postierten Läufer mit Unterstützung der Dame und der Türme weitere Vorteile anpeilen können. Als Plan bietet sich die Verdoppelung der Türme auf der e-Linie an oder gegebenenfalls eine Schwenkung auf der h-Linie. Im rechten Moment sind auch Figurenopfer denkbar, um die schützende Bauernkette von Schwarz zu sprengen. Neben dem Raumvorteil kann im Endspiel der weiße Freibauer auf c2 von Bedeutung sein. Der schwarze Aktivposten ist die Diagonale a8–h1 mit Druck gegen den Punkt g2. Schwarz hat aber nur Verteidigungschancen, wenn es zur rechten Zeit gelingt, einen der beiden weißen Läufer zu tauschen, die bedrohliche Wirkung auf den Diagonalen a1–h8 und a2–g8 bekommen könnten. Unmittelbarer Hauptgefahrenpunkt ist jedoch die Bauernschwäche e6 und das mögliche Eindringen der weißen Türme auf die e-Linie.

24. ...	♖a8–d8
25.g4:f5	e6:f5
26.♖e1–e3!	h7–h5?

Eine schwache Verteidigung, weil jetzt Weiß in der offenen e-Linie ungestört seine Türme verdoppelt und der Punkt g6 gefährdet ist. Richtig war einzig 26. ... ♗f6, um endlich das weiße Läuferpaar zu spalten. Auch dann wäre freilich angesichts der Turmverdoppelung in der offenen e-Linie die weiße Position vorzuziehen.

27.♖f1–e1 ♗e7–c5
28.♖e3–g3 ♔g7–h7
29.♖g3–g5!

Weiß macht ernst. Nach 30.♖:h5+ gh 31.♕:h5+ ♔g8 32.♕g6+ wäre Schwarz matt.

29. … ♔h7–h6
30.♕h3–g3 ♗c6–e8

Ein schönes Matt ergäbe 30. … ♕f7 31.♖:h5+ gh 32.♕g5+ ♔h7 33.♗:f5+!! ♕:f5 34.♕g7.

31.♗d3:f5! ♖f8:f5

Auch hier war, falls Schwarz 31. … gf gespielt hätte, nach 32.♖g7 ♗e7 33.♕g5+!! hg 34.fg matt möglich.

32.♖g5:f5 ♖d8–d2

Oder 32. … gf 33.♕g5+ nebst 34.♕:d8 mit Gewinn.

33.♗e5–g7+

Die einfachste Gewinnlösung.

33. … ♔h6:g7
34.♖f5:c5

Schwarz gab auf.

Partie Nr. 105
Uhlmann–Grünberg,
Halle 1984
1.c4 c5 2.g3 g6 3.♗g2 ♗g7 4.♘c3 ♘c6 5.e4 a6 6.♘ge2 ♖b8 7.a4 d6 8.d3 ♘f6 9.0–0 0–0 10.h3 ♘e8 11.♗e3 ♘d4 12.♖b1 a5 13.♘b5 ♘:e2+ 14.♕:e2 ♘c7 15.f4 f5 16.ef ♗:f5 17.♖bd1 ♘:b5 18.ab ♕b6 19.♖a1 ♕c7 20.♗d2 ♗:b2 21.♖:a5 e5?

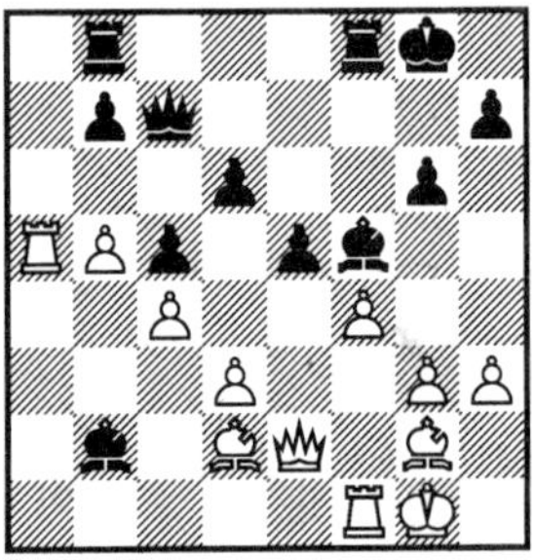

Einschätzung der Stellung: Mit seinem letzten Zug möchte Schwarz die Bauernschwäche e7 beseitigen und weitere Materialreduzierung herbeiführen. Eine gedankliche Unaufmerksamkeit, die schwere Folgen hat. Weiß wird nämlich durch eine taktische Finesse einen Freibauern am Königsflügel bilden. Von entscheidendem Vorteil ist, daß sich durch den Bauernzug e5 der Läufer b2 die Rückkehr nach g7 versperrt hat. Auf d4 ist der schwarzfeldrige Läufer zwar nicht zu bedrohen, bleibt jedoch durch das „Bauerngerippe“ c5 und e5 vom Spiel ausgeschlossen. Das weiße Läuferpaar wird hingegen nach wenigen Zügen übermächtig und bestimmt das weitere Geschehen.

22.g3–g4 ♗b2–d4+
23.♔g1–h1 ♗f5–d7
24.f4–f5!

Das ist die Pointe der weißen Spielführung.

24. … g6:f5

25.g4:f5 ♔g8–h8

Der Bauer f5 ist nicht zu schlagen, weil nach 25. … ♗:f5 26.♖:f5 ♖:f5 27.♕g4+ eine Figur verlorengeht.

26.♕e2–h5!

Danach ist es bereits schwierig, eine vernünftige Verteidigung zu finden. Dem Läufer g2 winkt der Idealplatz auf e4, und es ist nicht zu sehen, wie Schwarz dann den Vormarsch des Bauern nach f6 stoppen will. Das Läuferpaar des Anziehenden übt eine dominierende Rolle aus.

26. … e5–e4

Durch dieses Bauernopfer soll wenigstens der Läufer d4 wieder eine Verteidigungsfunktion übernehmen.

27.♗g2:e4 ♖b8–e8
28.f5–f6! ♖e8:e4

Hoffnungslos ist auch 28. … ♗e6 wegen 29.♗h6, da ♖:f6 an 30.♕:e8 scheitert.

29.d3:e4 ♗d7–e8
30.♖a5–a8!

Nachdem noch die letzte passive weiße Figur eingreift, ist das Matt in wenigen Zügen nicht mehr zu vermeiden. Schwarz gab auf.

Partie Nr. 106
Wedberg–Kirow,
Kopenhagen 1981
1.e4 c5 2.♘f3 ♘c6 3.d4 cd 4.♘:d4 e6 5.♘c3 a6 6.g3 ♕c7 7.♗g2 ♘f6 8.0–0 ♗e7 9.♖e1 0–0 10.♘:c6 dc 11.e5 ♖d8 12.♕f3 ♘d5 13.h4 ♘:c3 14.♕:c3 h6 15.♗e4

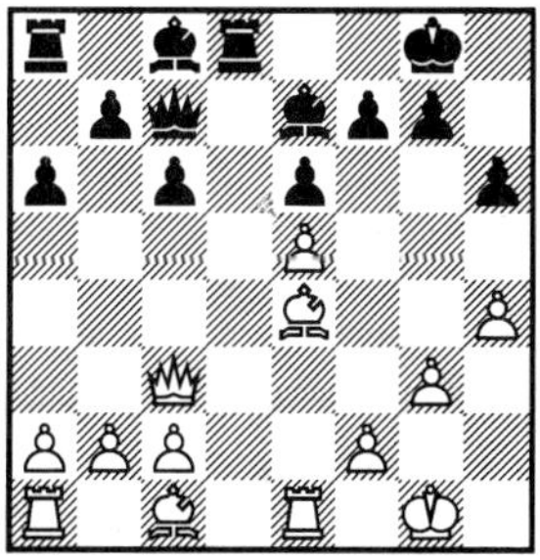

Einschätzung der Stellung: Nach Abtausch des Springerpaares und eines Bauern ist eine Position entstanden, in der Weiß geringfügig besser steht. Er besitzt Raumvorteil und ein Läuferpaar mit größerer Reichweite, das im Zusammenwirken mit der Dame einen Königsangriff inszenieren kann. So ist das Manöver ♕f3, ♗d3 und ♕e4 eine latente Gefahr. Auch das Läuferopfer auf h6 muß beachtet werden. Schwarz hat Entwicklungsprobleme mit seinem Damenflügel. Der Läufer c8 ist das Sorgenkind, da er keine guten Felder hat und lange Zeit passiv verharren muß. Langfristig gesehen wird auch die offene d-Linie eine Rolle spielen. Die Verbindung der Türme ist darum wesentlich.

15. … c6–c5

16.♕d3–f3 ♖a8–a7

Um den Druck von b7 loszuwerden und eventuell mittels b5 und ♗b7 den weißen Angriffsläufer e4 abzutauschen.

17.♕f3–g4 ♔g8–h8

Schwarz muß auf die Drohung 18.♗:h6 reagieren. Ein Fehler wäre 17. ... ♔f8 wegen 18.♗h7 mit der vernichtenden Drohung 19.♗:h6 gh 20.♕g8 matt.

18.♗c1–g5!

Der Entwicklungsvorsprung gestattet Weiß, eine taktische Lösung anzustreben. 18. ... hg scheitert an 19.♕h5+ nebst Matt, und 18. ... ♗:g5 19.hg ♕:e5 20.gh gh 21.♗:b7 ♕g5 (21. ... ♕:b2 22.♕h4!) 22.♕:g5 hg 23.♗:c8 ♖:c8 24.♖e5 gewinnt einen Bauern.

18. ... b7–b5
19.♖a1–d1 a6–a5

Die normale Entwicklung 19. ... ♗b7 scheitert an der fehlenden Verbindung der schwarzen Türme. Zum Beispiel 20.♗:e7 ♕:e7 21.♖:d8+ ♕:d8 22.♖d1 ♕c7 23.♖d6!, und die offene d-Linie bringt kurzfristig Materialgewinn, da die schwarzen Damenflügelbauern allesamt schwach sind. Schlecht wäre auch 19. ... ♖d4 wegen 20.♖:d4 cd 21.♗d3 mit Angriff auf den Bauern d4. Nach ♕e4 ist der Verlust nicht zu vermeiden.

20.♕g4–f4!

Dieser feine Schwenk der Dame erzwingt die Entscheidung. Auf 20. ... hg gewinnt 21.♕:f7 ♗b7 22.♕h5+ ♔g8 23.♗h7+ ♔f8 24.♗g6 ♔g8 25.♕h7+ ♔f8 26.♕h8 matt.

20. ... ♔h8–g8
21.♗g5:h6! ♖d8:d1
22.♖e1:d1 g7:h6
23.♕f4:h6 f7–f5

Oder 23. ... ♗d8 24.♗h7+ ♔h8 25.♗g6+ ♔g8 26.♕h7+ ♔f8 27.♕h8+ ♔e7 28.♕f6+ ♔e8 29.♗:f7+ ♕:f7 30.♖:d8 matt.

24.e5:f6 e. p. ♗e7–f8

Falls 24. ... ♗d6, so 25.♗g6! mit Gewinn.

25.♕h6–g6+ ♔g8–h8
26.♕g6–h5+ ♔h8–g8
27.♖d1–d5!!

Der krönende Abschluß dieser konsequent geführten Partie. Schwarz gab auf. Sinnlos wäre 27. ... ed 28.♗:d5+ ♕f7 29.♕g6+ ♗g7 30.♗:f7+ ♖:f7 31.fg mit leichtem Gewinn.

Partie Nr. 107
Uhlmann–Lukin,
Leningrad 1984
1.c4 e5 2.♘c3 d6 3.d4 ed 4.♕:d4 ♘c6 5.♕e3 ♘ge7 6.♘d5 ♘e5 7.♕c3 c6 8.♘e3 ♘7g6 9.♘f3 ♘:f3+ 10.ef ♗e7 11.♕c2 0–0 12.♗d3 d5 13.cd cd 14.0–0 ♗e6 15.♖d1 ♖c8 16.♕a4 ♕b6 17.f4 ♖fd8

18.f5 ♗d7 19.♕b3 ♘f4
20.♕:b6 ab 21.♗f1 ♗c6
22.♘c2 ♗a4 23.b3 ♖:c2
24.♗:f4 ♗e8

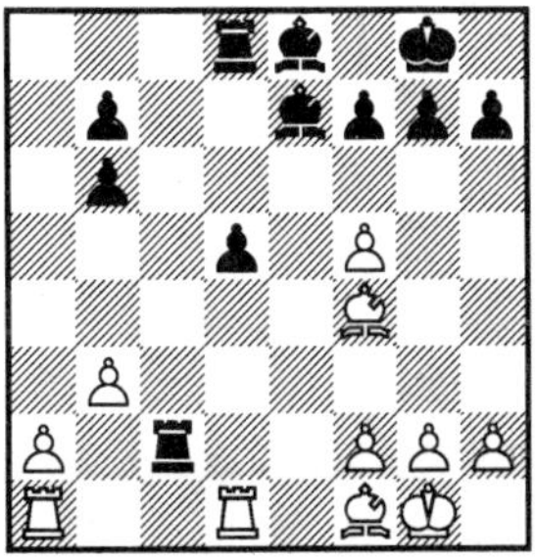

Einschätzung der Stellung: Bei gleichem Material hat Weiß die besser postierten Läufer, da sie über eine größere Reichweite verfügen. Der Doppelbauer auf f5 neigt nicht zur Schwäche, da er mit ♗d3 leicht gedeckt werden kann. Er kontrolliert den Punkt e6 und engt den Königsflügel ein. Durch die mögliche Blockade auf d3 ist auch der schwarze Freibauer d5 nicht zu fürchten. Weiß kann die offene c-Linie schnell mit einem Turm betreten. Im Gegensatz zur weißen Bauernstruktur sind die Damenflügelbauern von Schwarz anfällig. Der Raumvorteil, kombiniert mit dem aktiveren Läufer- und Turmpaar, sichert Weiß einen kleinen Vorteil.

25.♗f1–d3 ♖c2–c8
26.♖a1–c1 ♗e8–c6
27.♖c1–c2 d5–d4
28.f2–f3 ♗e7–c5
29.♔g1–f2 ♖d8–e8
30.♖d1–e1 ♖e8:e1
31.♔f2:e1

Durch den Turmtausch ist die Verteidigung für Schwarz keinesfalls leichter zu führen.

31. … ♗c5–b4+

Schwarz versucht seine Läufer umzudirigieren, was sicherlich nicht das richtige Rezept ist. Möglicherweise war f6 und ♔f8 die bessere Aufstellung.

32.♔e1–f2 ♗b4–c3
33.♗f4–d2!

Damit kommt es zum Tausch eines Läufers, wonach Schwarz sich um seinen Bauern d4 Sorgen machen muß.

33. … ♗c3:d2

Falls 33. … ♗d7, so 34.♗:c3 dc 35.♔e3 b5 36.b4, und nach ♔d4 geht der Bauer c3 verloren.

34.♖c2:d2 ♔g8–f8
35.f5–f6! h7–h6

Auf 35. … g6 ist die Verankerung 36.g4 h6 37.h4 nebst g5 unangenehm, da der Bauer f6 wie ein Pfahl im Fleische sitzt.

36.f6:g7+ ♔f8:g7
37.a2–a4 ♖c8–d8
38.♗d3–c4 ♔g7–f6
39.♔f2–e2 ♖d8–e8+
40.♔e2–d3 ♖e8–d8
41.♖d2–e2

Damit ist ein weiterer Teilerfolg zu verbuchen. Weiß besetzt die offene Linie, da der schwarze Turm an die Dekkung des Bauern d4 gebunden ist.

41. … ♖d8–d6
42.f3–f4! ♔f6–f5
43.g2–g3 f6–f7
44.♗c4–e6+! ♔f5–g6

Nicht 44. … ♖:e6 wegen 45.g4+ mit Qualitätsgewinn.

45.g3–g4 ♗c6–f3
46.♗e6–f5+

Die Umklammerung wird immer dichter, da der schwarze Turm passiv zusehen muß, wie sich der weiße Raumvorteil ständig vergrößert.

46. … ♔g6–f7
47.♖e2–c2 ♗f3–d1?

Notwendig war 47. … ♗c6, um das Eindringen des Turmes auf der siebenten Reihe zu verhindern. Trotzdem stünde Schwarz nach 48.h4 nebst h5 dem Manöver ♖c2–c1–e1 wehrlos gegenüber. Es würde ♗g6+ drohen mit Eindringen des Turmes auf die e-Linie. In verschiedenen Abspielen wäre ♗e4 gut mit Übergang ins Turmendspiel.

48.♖c2–c7+ ♔f7–g8
49.♖c7:b7 h6–h5

Das geplante 49. … ♗:b3 verliert wegen 50.a5!, da nach 50. … ba der schwarze Läufer auf b3 einsteht: 51.♖:b3.

50.g4:h5 ♗d1:h5
51.♖b7–d7!

Weiterer Materialverlust ist nicht zu vermeiden. Schwarz gab auf.

Partie Nr. 108

Uhlmann–Womacka, Jüterbog 1985

1.c4 c5 2.♘f3 ♘f6 3.♘c3 e6 4.g3 b6 5.♗g2 ♗b7 6.d4 cd 7.♕:d4 d6 8.0–0 a6 9.e4 ♘bd7 10.♕e3 ♗e7 11.♘d4 ♕c7 12.b3 0–0 13.♗b2 ♖fe8 14.♖fe1 ♖ad8 15.♖e2 ♗f8 16.♕d2 ♘c5 17.♖d1 ♘g4 18.♘c2 g6 19.♘e3 ♗h6 20.f4 ♘:e3 21.♕:e3 ♗g7 22.b4 ♘d7 23.♖ed2 ♘b8 (gutes Spiel erlangt Weiß nach 23. … ♕:c4!? 24.♖:d6 ♕:b4 25.♕d2! ♗f8 – 25. … ♗c8 26.♔h1 ♗f8 27.♖d4 mit der Idee e5 und ♘e4! – 26.♖:d7 ♖:d7 27.♕:d7 ♕:b2 28.♕:e8 ♕:c3 29.♕a4 ♗c5+ – 29. … ♕e3+ 30.♔h1 ♕e2 31.♕d4 ♕:a2 32.♕:b6 mit Vorteil – 30.♔h1 ♕e3 31.♕b3 ♗:e4 32.♕:e3 ♗:g2+ 33.♔:g2 ♗:e3 34.♔f3 ♗c5 35.♔e4, und der aktive König sichert den Vorteil) 24.♗f1 ♗f8 25.♕d4! e5 26.♕f2 ♘d7 27.f5 ♗e7 28.♖c2 ♘f6 29.♗d3 ♖c8 30.♗c1 ♕d8 31.h3 d5 32.♘:d5 ♘:d5 33.cd ♗:b4 34.♗e3 ♖:c2 35.♗:c2 b5 36.d6!

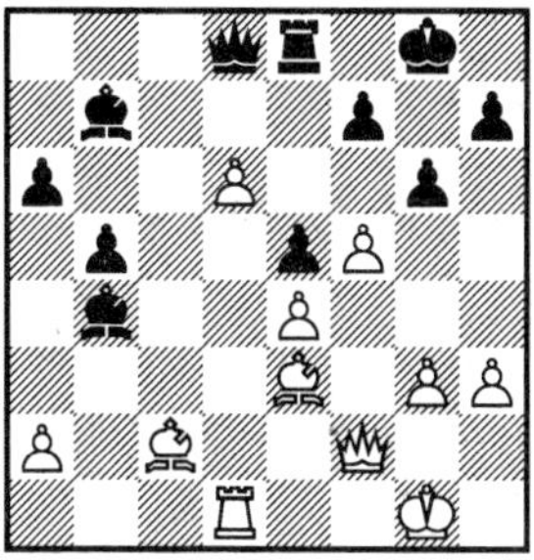

Einschätzung der Stellung: Nach dem Textzug d5–d6 hat Weiß entscheidenden Raumvorteil. Der passive Läufer auf c2 wird in wenigen Zügen auf b3 postiert und übt auf der Diagonale a2–g8 Druck auf den Punkt f7 aus. Weiterhin können Turm und Dame von Weiß im Zusammenspiel flexibel auf der halboffenen d-Linie und der f-Linie zum Einsatz kommen. Hingegen sind die beiden schwarzen Schwerfiguren an die achte und siebente Reihe gebunden. Besonders ins Gewicht fällt, daß der weiße Freibauer d6 den schwarzen Läufer b4 daran hindert, rechtzeitig zur Verteidigung der geschwächten Felder f6 und h6 zurückzukehren. Da sich das Schlagen auf d6 verbietet, wie die nachfolgende Analyse zeigt, steht Weiß klar besser.

36. …		♕d8–d7

Fehlerhaft wäre 36. … ♗:d6 37.fg hg (oder 37. … fg 38.♗b3+ ♔h8 39.♕f7 ♖f8 40.♕e6 ♖f6 41.♖:d6 mit Gewinn) 38.♗b3! ♖f8 (falls 38. … ♖e7 39.♕f6 ♖d7 40.♗:f7+ mit Gewinn) 39.♗h6 ♗:e4 40.♗:f8 ♕:f8 41.♖:d6 ♕:d6 42.♕:f7+ nebst Matt.

37.♔g1–h2		♖e8–c8

Auch jetzt verbot sich das Schlagen mittels 37. … ♗:d6 wegen 38.fg hg 39.♗b3 ♖d8 40.♗g5 mit Materialgewinn.

38.f5:g6!		h7:g6

Falls 38. … fg 39.♗b3+ ♔g7 40.♖f1!, und das Schach auf f7 oder f6 ist tödlich.

39.♗c2–b3		♔g8–g7
40.♖d1–f1!		f7–f5

Erzwungen, da wiederum 40. … ♗:d6 scheitert – 41.♕f6+ ♔h7 42.♕:f7+.

41.e4:f5		♗b4:d6

Es gibt keine Verteidigung mehr für den schwarzen König. Nach 41. … gf 42.♕:f5 ♕:f5 43.♖:f5 ♗c6 (43. … ♖f8 44.♗h6+! mit Qualitätsgewinn) 44.♖f7+ ♔g6 45.h4 ♗:d6 46.g4, und gegen h5 matt ist nichts zu erfinden.

42.♗b3–e6		♕d7–e8
43.f5–f6+		♔g7–h7
44.♗e6:c8		♗b7:c8
45.f6–f7

Schwarz gab auf.

Partie Nr. 109
Baumbach–Uhlmann,
Weimar 1968
1.d4 ♘f6 2.c4 g6 3.♘c3 d5

4.cd ♘:d5 5.g3 ♗g7 6.♗g2 ♘:c3 7.bc c5 8.e3 ♘d7 9.♘e2 ♖b8 10.a4 b6 11.a5 b5 12.dc ♕c7 13.c6 ♘e5 14.♘d4 ♘c4 15.0–0 0–0 16.♕e2 a6 17.♗a3 ♖e8 18.♗b4 e5 19.♘b3 e4 20.♘d2 ♘:d2 21.♕:d2 ♕:c6

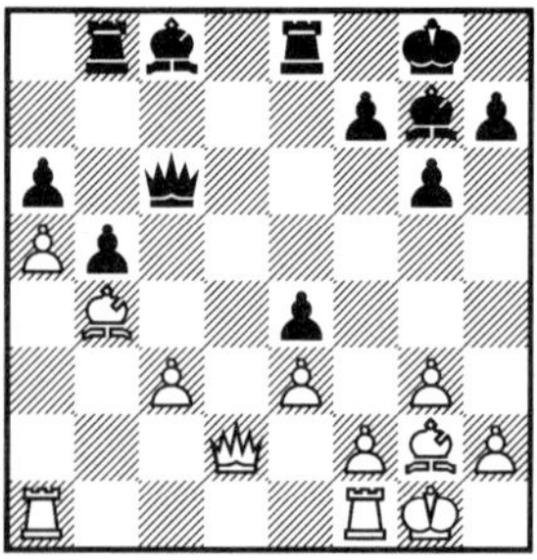

Einschätzung der Stellung: Weiß hat eine Bauernschwäche auf c3, die den Läufer b4 permanent zu Verteidigungszwecken bindet. Der zweite Läufer auf g2 ist in seiner Reichweite durch den Bauern e4 stark eingeschränkt und kann damit die gefährdeten Punkte d3, c4 und g4 nicht kontrollieren. Die offene d-Linie wird Schwarz wahrscheinlich mit seinen Türmen erobern, weil Weiß an den Bauern c3 gebunden ist. Wesentlich freundlicher ist die Lage von Schwarz einzuschätzen. Beide Läufer haben Maximalwirkung und erzwingen immer weiteren Raumgewinn. Kombiniert mit dem Läuferpaar werden die Türme demnächst zwingend zum Einsatz kommen. Die schwarze Bauernformation ist gesünder.

22.♖f1–d1 ♗c8–g4
23.♕d2–d6 ♕c6–c8

Natürlich kein Damentausch, der die weiße Verteidigung wesentlich erleichtern würde.

24.♖d1–c1

Weiß kann bereits nicht mehr in der d-Linie Paroli bieten, weil nach 24.♖d2 ♗:c3 ein Bauer verlorengehen würde.

24. … ♗g4–e2!

Erzwingt weiteren Raumgewinn.

25.♗g2–f1 ♖e8–d8
26.♕d6–f4 ♗e2–d3!

Danach ist der Läufer auf d3 nur auf Kosten eines noch stärkeren Freibauern auf d3 zu vertreiben.

27.♗b4–e7 ♖d8–d5
28.♗f1:d3 e4:d3
29.e3–e4

Um nicht tatenlos dem Untergang entgegenzusehen, versucht Weiß, mit dem e-Bauern Gegenspiel zu erlangen.

29. … ♖d5–h5!

Eine feine Schwenkung des Turmes mit der Drohung ♕h3.

30.h2–h4 ♖b8–b7
31.♗e7–g5

Nicht 31.♗f6 ♗h6! 32.♗g5 ♗:g5 33.hg ♕h3 mit Gewinn.

31. … h7–h6
32.♗g5–f6 ♖b7–d7
33.♖a1–a2 ♕c8–c4
34.♖a2–d2 ♗g7:f6
35.♕f4:f6 b5–b4!

Dagegen gibt es keine Verteidigung. Es droht einfach ♖c5 nebst b:c3.

36.♖d2–d1 d3–d2
37.♖c1–c2 ♕c4:e4!
38.♕f6:a6

Nach 38.♖c:d2 ♖:d2 39.♖:d2 ♕e1+ geht ein Turm verloren.

38. … ♕e4:c2

Weiß gab auf.

3.6. Läuferpaar gegen Springerpaar

In der modernen Schachpraxis ist der Kampf des Läuferpaares gegen das Springerpaar eine relativ seltene Erscheinung. In der ersten Phase hat dabei die Bauernstruktur der Kontrahenten entscheidenden Einfluß auf den Ausgang dieses Duells. Nur wenn es dem Besitzer des Läuferpaares gelingt, die Läufer auf den Diagonalen aktiv zum Einsatz zu bringen, besteht Hoffnung auf Erfolg. Um ihre Reichweite zu vergrößern, werden bewußt Bauernhebel benutzt, damit nach Tauschaktionen die Stellung geöffnet werden kann. Der Vorteil gegenüber dem Springerpaar liegt in der langen Bewegungsart der Läufer, die als Paar bekanntlich das ganze Schachbrett beherrschen können. Operative Schwenks, ausgehend vom Zentrum zum Königs- oder zum Damenflügel, sind dabei das Erfolgsrezept. Das Springerpaar wird dagegen erfolgreich sein, wenn blockierte Stellungen vorhanden sind, wo es aufgrund seiner Gangart schneller Unruhe stiften kann. Dazu gehören auch Springervorposten, die nicht durch Bauern vertrieben werden können. Die Partiebeispiele demonstrieren, wie durch Raumgewinn die Reichweite des Läuferpaars systematisch vergrößert wird und in der Endkonsequenz dadurch der Sieg errungen werden kann.

Partie Nr. 110
Miles–Kortschnoi,
Tilburg 1985
1.d4 d5 2.c4 dc 3.♘f3 c5 4.♘c3 e6 5.e4 cd 6.♕:d4 ♗d7 7.♘e5! ♘f6 (falls 7. … ♘c6, so 8.♕:d7+ mit etwas besserem Spiel) 8.♘:c4 ♘c6 9.♘d6+ ♗:d6 (schlecht wäre 9. … ♔e7 10.♕c5 b6 11.♕a3 mit einem vernichtenden Abzugsschach des Springers) 10.♕:d6 ♕e7 11.♕:e7+ ♔:e7 12.♗e3 b6 13.f3 ♖hd8 14.0–0–0 ♗e8 15.♗e2 ♘d7 16.♘b5! f6 (falls 16. … ♖ac8 17.♘d6 ♘d4+ 18.♘:c8+ ♖:c8+ 19.♔b1 ♘:e2 20.♖d2, und der Sprin-

ger e2 ist gefangen) 17.♘c7 ♖ac8 18.♘:e8 ♖:e8 (nicht 18. … ♘d4+ wegen 19.♔b1 ♘:e2 20.♘:g7 mit Bauerngewinn) 19.♔b1

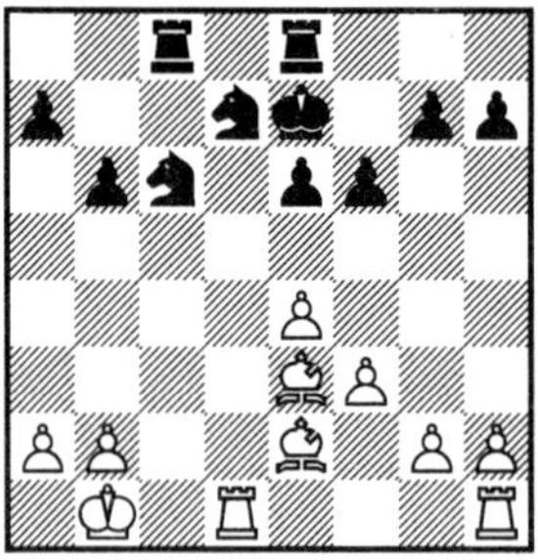

Einschätzung der Stellung:
In einem frühen Stadium erleben wir das Duell Läufer- gegen Springerpaar einschließlich der Türme. Auf beiden Seiten existieren keine Bauernschwächen, so daß alle Manöver in der nächsten Zeit ausschließlich darauf gerichtet sind, Raumvorteil zu erlangen. Die größere Reichweite des weißen Läuferpaares unterstützt dieses Vorhaben besser, so daß reale Aussichten bestehen, am Damenflügel die Initiative zu erringen. Wichtig wird auch sein, ob der weiße König in diesen Prozeß eingreifen kann. Bei der Beurteilung kann man davon ausgehen, daß Weiß demzufolge die besseren Perspektiven hat.

19. … ♘d7–b8
20.♖d1–c1 e6–e5
21.♖h1–d1 ♖e8–d8
22.♖d1:d8

Ein Turm muß getauscht werden, sonst geht es nicht weiter.

22. … ♖c8:d8
23.♗e2–b5!

Damit taucht zum ersten Mal eine Drohung auf. Wichtig ist, daß der Springer das Feld d4 nicht betreten darf, weil der weiße Turm dann auf c7 eindringt.

23. … ♖d8–d6
24.a2–a3

Damit beginnt Weiß seinen Spielraum auszudehnen. Im geeigneten Moment soll durch Bauernhebel eine Bauernschwäche erzeugt werden.

24. … ♔e7–d8
25.♗b5–c4 ♘c6–e7
26.b2–b4 ♘b8–c6
27.♔b1–b2 ♘c6–d4
28.♖c1–d1 ♔d8–c7
29.♖d1–d2 g7–g5

Schwarz ist auf der Suche nach einem geeigneten Plan. Er darf natürlich nicht passiv bleiben, weil in einem solchen Fall nach a4 und b5 der Springer d4 „ausgehoben" wird.

30.a3–a4 ♘e7–g6
31.♔b2–c3 ♘g6–h4
32.b4–b5 ♘d4–e6
33.♖d2–a2!

In Betracht kam auch 33.♖:d6 ♔:d6 34.♗f1 mit der Idee, ♔b4 und a5 zu spielen.

33. … ♘e6–d4
34.♔c3–b4 ♘h4–g6
35.a4–a5!

Systematisch baut Weiß seinen Raumvorteil aus. Schwarz muß tauschen, da ansonsten nach 36.ab der weiße König oder Turm eindringt. Jetzt hingegen ändert sich die schwarze Bauernstruktur. Es entsteht eine Schwäche auf a7, und auf c5 ist ein Einbruchsfeld für den weißen König vorhanden.

35. … b6:a5+
36.♔b4:a5 ♘g6–f4
37.♔a5–b4 ♔c7–b8
38.g2–g3!

Die entscheidende Etappe wird damit in Angriff genommen. Weiß tauscht seine Läufer gegen die Springer. Danach wird der König des Anziehenden zur stärksten Figur auf dem Brett.

38. … ♘f4–e6

Nicht viel besser ist 38. … ♘g6 39.♗d5! ♘e7 40.♗:d4 nebst ♔c5 mit Bauerngewinn.

39.♗c4:e6!

Weiß wickelt in ein gewonnenes Turmendspiel ab, da 39. … ♘:e6 an 40.♖:a7 oder ♗:a7 scheitert.

39. … ♖d6:e6
40.♗e3:d4 e5:d4
41.♖a2–a6!

Noch eine Feinheit, die den Gewinn erleichtert. Es verbietet sich der Turmtausch 41. … ♖:a6 wegen 42.ba ♔c7 43.f4 gf 44.gf ♔b6 45.♔c4 ♔:a6 46.e5 fe 47.f5!, und der f-Bauer schreitet unaufhaltsam zur Dame.

41. … ♖e6–e7
42.♔b4–c4 ♖e7–f7

Oder 42. … g4 43.♖:f6 gf 44.♔:d4 bzw. 42. … ♖d7 43.♔d3 ♖b7 44.♖:f6 ♖:b5 45.f4 mit Gewinn.

43.♔c4:d4 h7–h5
44.♔d4–d5 ♖f7–b7
45.♔d5–e6 ♖b7:b5
46.♔e6:f6 g5–g4
47.f3–f4 ♖b5–b2
48.e4–e5 ♔b8–b7
49.♖a6–a1 ♖b2:h2
50.e5–e6

Schwarz gab auf.

Partie Nr. 111
Uhlmann–Smyslow,
Hastings 1973
1.c4 e5 2.♘c3 ♘c6 3.♘f3 ♘f6 4.g3 ♗b4 5.♗g2 0–0 6.0–0 e4 7.♘g5 ♗:c3 8.bc ♖e8 9.f3 ef 10.♘:f3 d5 11.cd ♘:d5 (besser ist 11. … ♕:d5) 12.e4! ♘b6 (12. … ♖:e4 13.♘g5 ♖e7 14.♕h5!) 13.d4 ♗g4 14.h3 ♗h5 15.e5 ♘d5 16.♗d2 ♕d7 17.g4 ♗g6 18.♘g5 ♘a5 19.h4! h6 20.h5! hg 21.hg fg

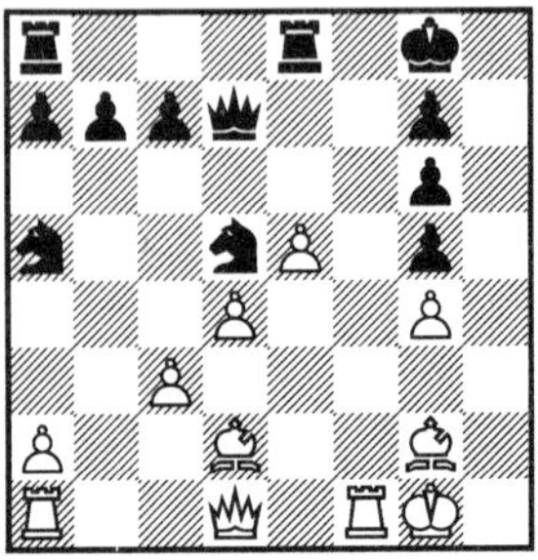

Einschätzung der Stellung: Weiß hat Raumvorteil, das Läuferpaar kann strahlenförmig auf die geschwächten Bauern g5 und g6 zum Angriff eingesetzt werden. Von besonderer Bedeutung ist jedoch die offene f- und h-Linie, wo das Läuferpaar im Zusammenspiel mit den schweren Figuren Aktivitäten entfalten könnte. Schwarz hat fraglos Probleme mit seinem Randspringer a5. Kann er rechtzeitig nach c4 ziehen, kommt eventuell das Springerpaar durch die Bauernblockade zur Wirkung. Langfristig gesehen ist auch die Bauernstruktur vorteilhaft für Weiß, da der Freibauer e5 im Gegensatz zu dem schwarzen Doppelbauern eine Macht darstellt.

22.♕d1–f3

Ein wichtiger Zwischenzug, um den Bauern c3 zu decken und anschließend auf g5 zu schlagen.

22. … c7–c6
23.♗d2:g5 ♘a5–c4

Schwarz unterschätzt vollkommen die Gefahren auf der f- und der h-Linie. Notwendig war 23. … ♖f8, um wenigstens einen Turm zu tauschen.

24.♕f3–h3

Bereitet den Einsatz des weißfeldrigen Läufers auf e4 vor und droht ferner zur gegebenen Zeit eine Verdoppelung auf der h-Linie. Fehlerhaft wäre 24.♕d3 ♕:g4 25.♕:g6 ♘ce3 26.♖f2 ♘f4!

24. … ♕d7–e6

Danach ist die schwarze Position nicht mehr zu verteidigen. Noch am besten war 24. … ♖f8 25.♗e4! ♕e6 (25. … ♘:c3 scheitert an 26.♕:c3 ♕:g4+ 27.♗g2, und Schwarz hat keine Zeit zu 27. … ♕:g5 wegen 28.♕:c4+) 26.♗f5!! Dieses schöne Figurenopfer würde die Entscheidung bringen, wie nachstehende Varianten zeigen: 26. … gf 27.gf ♕e8 28.♖ae1 ♘e7 (28. … g6 29.f6 ♕f7 30.e6 ♕h7 31.f7+ mit Gewinn) 29.♗:e7 ♕:e7 30.♖e2 ♖ae8 (30. … g6 31.f6 ♕h7 32.♕e6+ ♕f7 33.♕g4 nebst e6 mit leichtem Gewinn) 31.f6! ♕e6 (31. … gf 32.♖g2+ ♔f7 33.e6+ ♕:e6 34.♕h7 matt) 32.♕h5 ♕f7 33.♕g5! und gegen die Drohungen e6, ♖g2 oder ♖h2 gibt es keine Verteidigung. Eine andere Variante lautet 26. … gf 27.gf ♕d7 28.e6 ♕c7

29.♖f2 g6 30.f6 ♕h7 31.f7+ ♔g7 32.♕:h7+ ♔:h7 33.♖h2+ ♔g7 34.♖f1 ♖h8 35.♖:h8 ♖:h8 36.e7 ♘:e7 37.♗:e7 ♖f8 38.♗:f8+ ♔:f8 39.♖f6 mit gewonnenem Endspiel für Weiß.

25.♖f1–f2 ♖e8–f8
26.♗g2–f3!

Ein neuer interessanter Aspekt. Der Läufer wird vorübergehend als Blockadefigur benutzt, um den Turmtausch zu vermeiden und den Schwenk des weißen f-Turmes auf die h-Linie vorzubereiten.

26. … ♘d5:c3
27.♖a1–f1! ♖f8:f3

Das war notwendig, da Weiß 28.♖h2 drohte mit der Idee 29.♕h7+ ♔f7, gefolgt von 30.♗d5+. Hier zeigt sich deutlich, daß es dem schwarzen Springerpärchen nicht gelungen ist, die Angriffswucht des weißen Läuferpaares in engen Zusammenwirken mit dessen schweren Figuren zu neutralisieren.

28.♕h3:f3 ♘c3–b5

Auch 28. … ♘d5 ist nicht besser. Zum Beispiel 29.♔g2! ♕e8 30.e6 ♘d6 (30. … ♕:e6 31.♕f8+ wie im Text) 31.♕f7+ ♕:f7 32.ef+ ♔f8 33.♖h1 mit Gewinn.

29.♔g1–g2!!

Dieser stille Zug beendet die Partie. Gegen die Drohung ♕f8+ gibt es keine Verteidigung.

29. … ♘b5:d4

Auf 29. … ♕d5 entscheidet 30.♕:d5+ cd 31.e6 nebst e7 und ♖f8+ oder 29. … ♕e8 30.e6! ♘:d4 31.♕f7+ ♕:f7 32.ef+ ♔f8 33.♖h1 bzw. ♖e1.

30.♕f3–f8+

Schwarz gab angesichts der Variante 30. … ♖:f8 31.♖:f8+ ♔h7 32.♖h1 matt auf.
Eine instruktive Partie, wo die strategischen Faktoren Raumvorteil, Zeit, Läuferpaar und offene Linie vorbildlich zum Tragen kommen. Nicht zu vergessen die erwähnten taktischen Lösungen, die nach 24. … ♖f8 möglich sind.

Partie Nr. 112
Uhlmann–Schöneberg, Weimar 1968
1.c4 ♘f6 2.♘c3 e5 3.g3 ♗b4 4.♗g2 0–0 5.d3 ♗:c3+ 6.bc d6 7.e4 ♘bd7 8.f4 ♘c5 9.♘f3 ♗g4 10.h3 ♗:f3 11.♕:f3

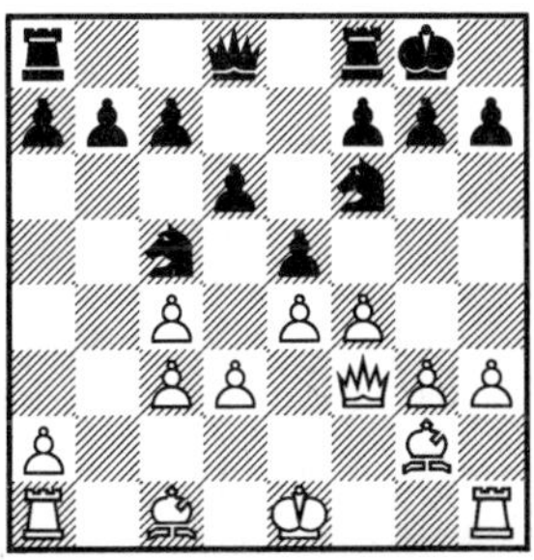

Einschätzung der Stellung: Weiß hat frühzeitig durch Abtausch auf c3 und f3 sein Läuferpaar behalten. Schwarz dagegen verfügt über ein Springerpaar. Eine seltene Situation in der Turnierpraxis. Beide Läufer sind in ihrer Reichweite jedoch beengt, so daß nun erst einmal ihre günstigere Plazierung im Vordergrund steht. Die Bauernformation bietet allerdings einige Hebel an, um Raumgewinn zu erzielen. Zunächst wird wahrscheinlich der schwarzfeldrige Läufer der Aktivposten sein, da die Punkte e5, d4 und c5 so am besten zu überwachen sind. Der Doppelbauer auf der c-Linie ist die einzige Schwäche von Weiß. Vor Schwarz steht die Aufgabe, ständig die Punkte e4 und d4 unter Kontrolle zu halten. Er hat zwar eine gesunde Bauernformation, muß sich aber defensiv verhalten. Der Nachziehende weiß nicht so recht, ob er am Damenflügel oder im Zentrum aktiv werden soll.

11. …	♘f6–d7
12.0–0	c7–c6
13.♗c1–a3!	

Danach kann sofort die Schwäche auf d6 markiert werden.

13. …	♕d8–a5
14.♗a3–b4	♕a5–a4
15.♕f3–d1!	

Erzwungen, aber auch stark. Der Damentausch garantiert Weiß, weiterhin Druck gegen den Punkt d6 auszuüben.

15. …	♕a4:d1
16.♖a1:d1	a7–a5
17.♗b4–a3	♖f8–e8

Verhindert 18.d4.

18.♖f1–e1

Weiß will dennoch d4 durchsetzen. Das zwingt Schwarz, die Stellung zu öffnen.

18. …	♘c5–a4
19.♗a3:d6	♘a4:c3
20.♖d1–d2	b7–b5
21.♗g2–f3!	

Danach wird auch der weißfeldrige Läufer aktiviert. Die Drohung lautet ♗g4.

21. …	f7–f6
22.♗f3–g4	♘d7–f8
23.♖e1–c1	b5–b4
24.a2–a3!	♖a8–d8

Falls 24. … ♖ed8!, so 25.fe fe 26.♗:e5 ♘:e4 27.♖dd1! ♘f6 28.♗f3, und Weiß steht ebenfalls besser.

25.f4:e5	f6:e5
26.♗d6–c7!	♘c3:e4
27.♖d2–d1	♘e4–c5

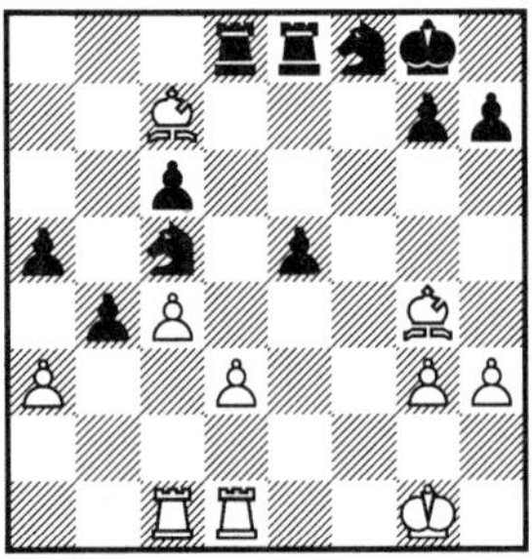

Statt des Textzuges kam vordringlich 27. ... ♘c3 in Betracht. Weiß hätte äußerst präzis spielen müssen, um Vorteil zu bewahren. 28.♗:d8 ♖:d8 (nicht 28. ... ♘:d1 29.♗:a5 ♘b2 30.ab ♘:d3 31.♖b1 e4 32.b5, und der Freibauer auf der b-Linie sichert den Sieg) 29.♖e1! (falsch wäre 29.♖d2 c5!, und die Drohung e4 sichert Schwarz die besseren Chancen) 29. ... ♖:d3 30.♖:e5 b3 31.♖f1!, und Schwarz hat keine Zeit, b2 zu spielen, da nach 32.♖e8 die Mattdrohung auf f8 Figurengewinn ergibt. Falls Schwarz sich nun zu 31. ... ♖d8 durchringt, folgt 32.♖e3, und der Bauer b3 geht verloren.

28.♗c7:a5 ♖d8:d3

Schlecht wäre 28. ... ♘:d3 29.♗:d8 ♘:c1 30.ab mit klarem Vorteil.

29.♗a5:b4! ♖d3:d1+
30.♖c1:d1 ♘c5–e6
31.♗b4–d6

Das Kräfteverhältnis Läuferpaar gegen Springerpaar ist eindeutig zugunsten der Läufer entschieden worden. Der Verlust ist für Schwarz nicht mehr zu vermeiden, da der Freibauer auf a3 nun unaufhaltsam losmarschieren dürfte.

31. ... ♘e6–d4
32.a3–a4 ♘d4–b3
33.c4–c5 e5–e4
34.♖d1–f1! g7–g6

Auch 34. ... ♘d4 hätte die Niederlage nicht aufgehalten. Nach 35.a5 e3 36.♖:f8+ ♖:f8 37.♗:f8 ♔:f8 38.♗d7! ♔e7 39.a6 ♘b5 40.♗c6 ist der Gewinn leicht zu realisieren.

35.♖f1:f8+! ♖e8:f8
36.♗g4–e6+

Schwarz gab auf.

Partie Nr. 113
Botwinnik–Bronstein,
23. WM-Partie, Moskau 1951
1.d4 ♘f6 2.c4 g6 3.g3 c6 4.♗g2 d5 5.cd cd 6.♘c3 ♘c6 7.♘h3 ♗:h3 8.♗:h3 ♗g7 9.♗g2 0–0 10.e3 e6 11.♗d2 ♖c8 12.0–0 ♘d7 13.♘e2 ♕b6 14.♗c3 ♖fd8 15.♘f4 ♘f6 16.♕b3 ♘e4 17.♕:b6 ab 18.♗e1 ♘a5 19.♘d3 ♗f8 20.f3 ♘d6 21.♗f2 ♗h6 22.♖ac1 ♘ac4 23.♖fe1 ♘a5 24.♔f1 ♗g7 25.g4 ♘c6 26.b3 ♘b5 27.♔e2 ♗f8 28.a4 ♘c7 29.♗g3 ♘a6 30.♖ed1 f6 31.♗f1 ♘a5 32.♖:c8 ♖:c8 33.♖c1 ♖:c1 34.♘:c1 ♗a3 35.♔d1 ♗:c1 36.♔:c1 ♘:b3+

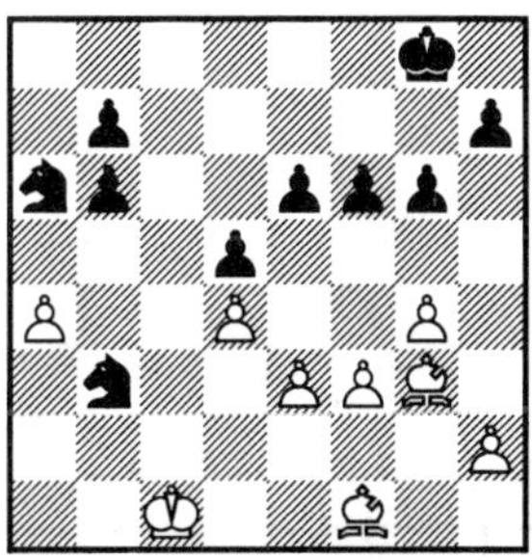

Einschätzung der Stellung: Weiß hat mittels eines Bauernopfers ein Endspiel herbeigeführt, wobei das Duell Läuferpaar gegen Springerpaar in reiner Form zur Debatte steht. Es ist äußerst lehrreich, wie trotz verringerten Materials nun die so lange passiven weißen Läufer gegenüber den beiden Springern die Oberhand gewinnen werden. Auf Erfolg darf der Nachziehende jedoch nur hoffen, wenn er einen schwarzen Bauern auf der b-Linie gewinnt und damit wichtige Einbruchsfelder erkämpft. Die Bauernformation von der d- bis zu h-Linie ist beiderseitig intakt. Schwarz muß seinerseits versuchen, die Randstellung seiner Springer zu verbessern, um dem zu erwartenden weißen Bauernhebel e4 die Wirkung zu nehmen. In der Praxis sind die weißen Chancen auf Initiative etwas besser einzuschätzen, jedoch muß man objektiv gesehen die Position als gleich bewerten.

37.♔c1–c2 ♘b3–a5
38.♔c2–c3 ♔g8–f7
39.e3–e4 f6–f5?

Dieser Wunsch auf Abtausch einiger Bauern bringt Schwarz Probleme, da der Läufer auf der Diagonale b1–h7 Druck ausüben kann. Der schwarze König muß sofort Verteidigungsaufgaben übernehmen. Statt der freiwilligen Lockerung war 39. … ♘c6 angebracht, um mittels des Manövers ♘a6–b8–d7 den Ausgleich herzustellen.

40.g4:f5 g6:f5
41.♗f1–d3 ♔f7–g6
42.♗g3–d6?

Der Abgabezug, der nicht der beste ist. Weiß versäumte hier eine feine Möglichkeit, den Vorteil zu vergrößern: 42.♗b1! de (42. … ♘c4 scheitert an 43.ed ed 44.♗a2 ♘e3 45.♗f4 ♘g2 46.♗d6 ♘e3 47.♔e3, und der Bauer d5 geht verloren) 43.fe fe 44.♗:e4+ ♔g7, und nun das prächtige Figurenopfer 45.♗:b7!! ♘:b7 46.♔c4, und gegen 47.♔b5 gibt es keine Verteidigung. Falls 46. … ♘ac5, so 47.dc ♘:c5 48.a5! ba 49.♔:c5 ♔f6 50.♔b5 e5 51.♔:a5 e4 52.♔b4 ♔f5 53.♔c3 ♔g4 54.♔d4 ♔f3 55.♗e1! ♔e2 (55. … h5 56.h4 ♔f4 57.♗d2 ♔g4 58.♗g5 ♔f3 59.♔e5! e3 60.♔f5 d2 61.♗d2 mit Gewinn oder 55. … e3 56.♔d3 h5 57.h4 e2 58.♔d2 mit Gewinn) 56.♗b4 e3 57.♔e4 ♔f2 58.h4 e2 59.♔f5! e1♕ 60.♗:e1+ ♔:e1 61.♔f6 ♔f2 62.h5 ♔g3 63.h6 ♔f4 64.♔g7 nebst 65.♔:h7, und Schwarz verliert.

42. … ♘a5–c6
43.♗d3–b1 ♔g6–f6?

Botwinnik hält 43. … ♘a7! für die beste Verteidigung. Nach 44.ed ed 45.♗a2 b5!

hätte Schwarz die ungünstige Postierung des Läufers d6 ausnutzen können.

44.♗d6–g3 f5:e4
45.f3:e4 h7–h6
46.♗g3–f4 h6–h5
47.e4:d5 e6:d5
48.h2–h4

Die Passivität der schwarzen Springer wird immer augenscheinlicher, zumal mit dem Bauern h5 eine weitere Schwäche entstanden ist. In verschiedenen Abspielen ist für Weiß auch der Stützpunkt g5 von besonderem Wert.

48. … ♘a6–b8
49.♗f4–g5+ ♔f6–f7
50.♗b1–f5! ♘c6–a7
51.♗g5–f4 ♘b8–c6
52.♗f5–d3

Geduld ist in solchen Situationen eine wichtige Eigenschaft. Zunächst mußte der schwarze Vorstoß b5 unterbunden werden.

52. … ♘a7–c8
53.♗d3–e2 ♔f7–g6
54.♗e2–d3+ ♔g6–f6
55.♗d3–e2

Eine Zugwiederholung, um die Zeitnot zu überstehen, mit der beide zu kämpfen hatten.

55. … ♔f6–g6
56.♗e2–f3 ♘c6–e7

Das war der letzte Zug vor der Zeitkontrolle und zugleich der letzte Fehler. 56. … ♘8e7 nebst ♘f5 bot noch einige Remischancen.

57.♗f4–g5!

Durch die totale Überlegenheit des Läuferpaares befindet sich Schwarz in Zugzwang. Nichts geht mehr, ohne daß Material verloren wird. Schwarz gab auf.

3.7. Läuferpaar im Mittelspiel mit Übergang ins Endspiel

Die hohe Kunst des Schachspiels offenbart sich beim Übergang vom Mittelspiel zum Endspiel. Hier beginnt ein Abschnitt, wo bei einer Stellungsanalyse die genaue Bewertung jeder Figur und jedes einzelnen Bauern vorgenommen werden sollte. Durch die Materialverringerung ist zum Teil eine Schwäche fixiert, die planmäßig ausgenutzt werden kann.
Welche spezifischen Möglichkeiten hat nun das Läuferpaar, um in dieser Phase der Partie einen wichtigen Beitrag zu leisten?
Am günstigsten sind natürlich aktive Läufer, die Druck auf schwache Punkte ausüben. Das kann sowohl auf direkte Art durch die Reichweite der Läufer als auch durch indirekte Drohungen geschehen. In letzterem Fall sind die Läufer durch eigene Bauern in

ihrem Aktionsradius gehemmt. Ein Vorstoß eines Bauern kann diesen Zustand jedoch jederzeit verändern.
Das Fixieren von schwachen Punkten in der gegnerischen Stellung macht es möglich, Stützpunkte mit den dazugehörigen Einbruchsfeldern zu sichern.
Eine immer wiederkehrende Methode ist, aus der Bauernmajorität heraus einen Freibauern zu bilden. Mit Unterstützung des Läuferpaares bindet er feindliche Figuren und ermöglicht andere Einbruchsfelder.
Am wichtigsten ist jedoch das Erlangen von Raumvorteil. Dieser garantiert in der Regel eine lang anhaltende Initiative. Aus dieser Situation heraus entstehen auch in den meisten Fällen die dominierenden Läufer. Sie stehen sehr oft einem Springer und einem Läufer gegenüber und können diese häufig zur völligen Passivität verurteilen. Die Fesselung eines Springers durch einen Läufer kann auch äußerst effektiv sein. In den Partiebeispielen finden wir natürlich auch feine Bauernopfer, hemmende Opfer oder Scheinopfer, um zur größten Kraftentfaltung des Läuferpaares zu kommen. Die schweren Figuren mit den offenen Linien sind in diesen Prozeß stets einzubeziehen. Bei richtiger Einschätzung des Kräfteverhältnisses werden beim Übergang vom Mittelspiel zum Endspiel am ehesten die Weichen für Sieg, Niederlage oder ein Unentschieden gestellt.

Partie Nr. 114
Uhlmann–Hort,
Palma de Mallorca 1970
1.d4 d5 2.c4 c6 3.♘f3 ♘f6 4.♘c3 dc 5.a4 ♘a6 6.e4 ♗g4 7.♗:c4 e6 8.♗e3 ♘b4 9.0–0 ♗e7 10.a5 0–0 11.♗e2! b6 12.h3 ♗:f3 13.♗:f3 ba 14.♕a4 ♘d7 15.♖fd1 ♘b6 16.♕b3! (nicht 16.♕:a5 ♘c2 nebst ♘:e3 mit gutem Spiel für Schwarz) 16. ... ♖b8 17.♗f4 ♖b7 (17. ... ♗d6 ergibt nach 18.♗:d6 ♕:d6 19.♖:a5 das bessere Spiel für Weiß) 18.♘a4 ♘:a4 19.♕:a4 ♖d7 20.♗e3 h6 21.♖dc1! ♕c7 22.♕:a5!

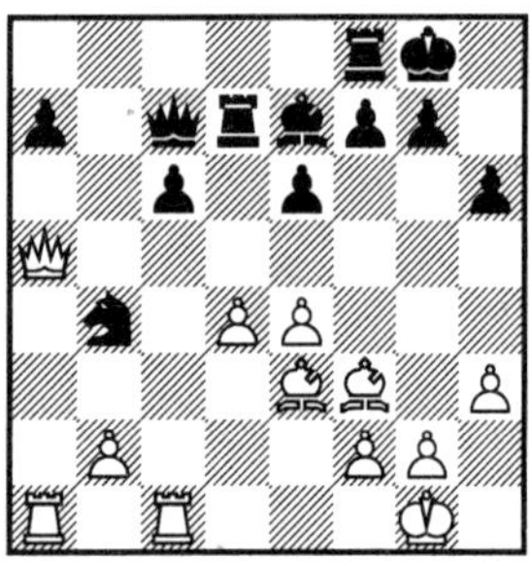

Einschätzung der Stellung: Nach dem vorübergehenden Scheinbauernopfer auf a5 hat Weiß im 22. Zug den Bauern mit Vorteil zurückerobert. Im Übergang vom Mittelspiel zum Endspiel gewinnt die halbof-

fene a- und die c-Linie ganz wesentlich an Bedeutung. Die schwarzen Bauern a7 und c6 können auf diese Weise, unterstützt durch das Läuferpaar, angegriffen werden. Kann der Springer auf b4 im richtigen Moment vertrieben werden, so wird nach e5 das weiße Läuferpaar zu einer Macht.
Schwarz muß versuchen, auf der b-Linie ein Gegenspiel zu inszenieren, was aber schwer wird, da der Springer auf b4 zwar gut postiert ist, aber ihm kein gutes Abzugsfeld zur Verfügung steht.

22. … ♕c7:a5
23.♖a1:a5 ♖f8–b8
24.♖a5–a3!

Ein starker vorbeugender Zug, um dem Springer das Feld d3 zu verwehren. Weiß hat eine Position, wo er nichts zu übereilen braucht.

24. … ♖b8–b7
25.♖c1–c4 ♔g8–h7

Genau genommen zieht Schwarz planlos. Die Folgen werden sich schon in wenigen Zügen bemerkbar machen.

26.g2–g3 ♗e7–d8
27.♗e3–d2

Die Vorbereitungen sind abgeschlossen, um den Stützpunkt b4 zu unterminieren.

27. … a7–a5
28.e4–e5! ♗d8–b6?

Danach ist Schwarz bereits verloren. Die beste Chance bestand in 28. … ♘d5, um sich durch ein Bauernopfer zu befreien. Nach 29.♗:a5 ♗:a5 30.♖:a5 ♖:b2 31.♖:c6 wäre es bis zum Gewinn noch ein weiter Weg.

29.♗d2:b4 a5:b4
30.♖a3–d3!

Das ist des Pudels Kern. Die Schwächen c6 und b4 lassen sich nicht mehr verteidigen.

30. … ♗b6–a7?

In Zeitnot ein weiterer Fehler. Am besten war noch 30. … g6, um das Schach auf e4 auszuschalten. Nach 31.♖:c6 ♖:d4 (31. … ♗:d4 32.♖d6 mit Figurengewinn) 32.♖:b6! ♖:d3 33.♖:b7 ♖:f3 34.♔g2! ♖b3 35.♖:f7+ ♔g8 36.♖f6 hätte Weiß freilich ein gewonnenes Turmendspiel.

31.♗f3:c6 ♖d7–c7

Falls 31. … ♖bc7, so 32.♗e4+ g6 33.♖:b4 mit Gewinnstellung.

32.b2–b3!

Durch das Abzugsschach auf e4 wird jetzt zumindest eine Qualität gewonnen.
Schwarz gab auf.

Partie Nr. 115
Uhlmann–Osmanović,
Děčin 1979
1.c4 e5 2.♘c3 ♘f6 3.♘f3 ♘c6 4.g3 ♗b4 5.♗g2 0–0 6.0–0 e4 7.♘e1 ♗:c3 8.dc h6 9.♘c2 d6

10.♘e3 ♖e8 11.♕c2 a5 (besser 11. … b6) 12.♗d2 ♕e7 13.f4! ef e. p. 14.ef ♗d7 15.♖ae1 ♕f8 16.f4 ♖ab8 17.♕d3 ♘e7 18.h3 ♗c6 19.♘d5! ♘e:d5 (schlechter 19. … ♘f:d5 20.cd ♗d7 21.f5 mit großem Raumvorteil) 20.cd ♖:e1 21.♖:e1 ♗e8 (auf 21. … ♗d7 wäre 22.♕c4 ♖c8 23.g4 unangenehm, da Weiß sowohl über die offene e-Linie als auch die halboffene c-Linie verfügt) 22.b4! ab 23.cb b5 24.♗c3! ♗d7! (noch am besten. Chancenlos wäre 24. … ♘d7 25.♕d4, und es taucht als Idee sowohl ♕a7 als auch ♖e7 auf) 25.♗d4 (nur geringfügigen Vorteil hätte 25.♗:f6 gf 26.♕d4 ♕d8 ergeben) 25. … ♕d8 26.♕c3 ♖a8 27.a3 ♖c8 28.♔h2 ♖a8 29.♖e3 ♖c8 30.♗f3 ♘e8 31.♔g2 (nach 31.♖:e8 ♗:e8 32.♗:g7 ♕e7 wäre nur Ausgleich zu erwarten) 31. … ♖a8 32.♕e1 ♘f6 33.g4 ♘h7 34.♗b2 ♖c8 35.♕c3 ♕f6! (verlieren würde 35. … ♘f6 36.g5 hg 37.fg ♘e8 38.♖:e8+ nebst Matt auf g7) 36.♕:f6 ♘:f6 37.g5! (nichts ergibt 37.♗:f6 gf 38.♖e7 ♖d8 nebst ♔f8) 37. … hg 38.fg ♘h7 (chancenlos ist 38. … ♘e8 39.♖e7 ♖d8 40.♗h5! g6 41.♗e2 ♔f8 42.♗f6, und Schwarz befindet sich in Zugzwang) 39.♖e7!

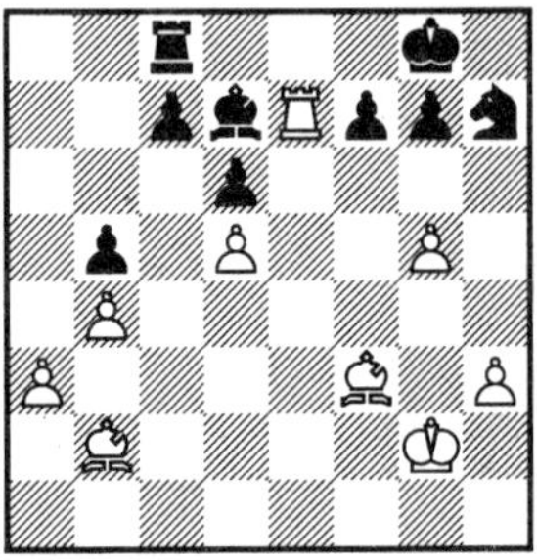

Einschätzung der Stellung: Mit dem Eindringen des Turmes auf die siebente Reihe hat Weiß mehrere taktische Drohungen in petto. Die Hauptidee besteht im Zug g6, um durch die Räumung des Punktes f7 Druck auf g7 auszuüben. Nur wenn es Weiß gelingt, die Reichweite der Läufer zu vergrößern und Angriffspunkte zu finden, besteht Hoffnung auf Erfolg. Neben der Initiative besteht auch Raumvorteil. Wichtig ist, daß der Turm auf e7 nicht schnell vertrieben werden kann.

39. … ♘h7–f8

Zu erkennen war, daß 39. … ♖d8 schlecht ist wegen 40.g6 ♘g5 41.♗g4! ♗:g4 42.hg ♖c8 43.♗c1 f6 44.♗:g5 hg 45.♔f3, und Weiß erhält ein ausgesprochen gutes Turmendspiel, da der schwarze König auf der achten Reihe auf Matt steht. Vorteilhaft für Weiß ist ebenso 39. … ♗f5 40.h4 ♔f8 41.♖e3 f6 (nicht 41. … ♖e8 wegen ♗:g7+) 42.♗e2 fg 43.hg ♘:g5 44.♖g3.

40.g5–g6!

Die Pointe des weißen Angriffs.

40. ... ♘f8:g6

Schwarz erwidert mit einer interessanten Kombination, die im Endeffekt jedoch auf ungewöhnliche Weise faktisch widerlegt wird. Im konkreten Fall ist es der gute Läufer b2, der auf der Diagonale a1–h8 Meisterliches leistet. Es war aber durchaus verständlich, daß Schwarz keine Lust hatte, mittels 40. ... f6 eine passive Verteidigung einzugehen, z. B. 41.h4! ♖e8 42.♖f7! ♖e3 43.h5 ♖b3 44.♗d4 ♖d3 (44. ... ♖:a3 45.h6 gh 46.♗:f6 mit Figurengewinn) 45.h6! ♖:d4 (45. ... ♘:g6 46.♖:g7+ ♔f8 47.♖:g6 ♖:d4 48.h7 mit Gewinn) 46.h7+ ♘:h7 47.gh+ mit Gewinn; oder 41. ... c5 42.dc ♗:c6 43.h5, und wiederum ist im richtigen Moment h6 spielentscheidend.

41.♖e7:d7 ♘g6–h4+
42.♔g2–g3 ♘h4:f3
43.♔g3:f3 ♔g8–f8

Das war die Idee des Figurenopfers. Mit ♔e8 soll der Turm erobert werden. Weiß antwortet aber mit einer feinen Riposte und macht den schwarzfeldrigen Läufer zum Helden des Tages.

44.h3–h4!! ♔f8–e8
45.♗b2:g7! ♔e8:d7
46.h4–h5 ♖c8–a8

In dieser Position wurde die Partie vertagt. Schwarz überzeugte sich in der häußlichen Analyse, daß jeglicher Widerstand zwecklos ist, z. B. 47.h6 ♖:a3+ 48.♔g4! ♖a8 (48. ... f5 49.♔:f5 ♖h3 50.♔g6 c5 51.h7 mit Gewinn) 49.h7 c5 50.h8♕ ♖:h8 51.♗:h8 cb 52.♔f5 b3 53.♗d4 ♔e7 54.♔g5, und der Nachziehende ist in Zugzwang. Schwarz gab auf.

Partie Nr. 116
Beljawski–Kasparow,
Moskau 1983
1.d4 ♘f6 2.c4 g6 3.♘c3 ♗g7 4.e4 d6 5.f3 0–0 6.♗e3 a6 7.♗d3 c5 8.dc dc 9.♗:c5 ♘c6 10.♘ge2? (besser 10.♗e3 ♘d7 11.f4 mit unklaren Verwicklungen) 10. ... ♘d7! 11.♗f2 (falls 11.♗e3, so 11. ... ♘de5 12.♘c1 ♘b4 13.♘d5 ♘b:d3 14.♘:d3 ♘:c4 mit guten Spiel) 11. ... ♘de5 12.♘c1 ♗h6! 13.♘d5? (besser 13.♗e2 ♕:d1+ 14.♘:d1 ♗e6 15. b3 ♘b4 16.0–0 ♘c2 17.♖b1 ♘a3! 18.♖d1 ♗g7 19.♗c5 ♘c6 mit schwarzen Vorteil) 13. ... e6 14.♗b6 ♕g5! 15.0–0! (nicht 15.♘e3 ♘d7 mit Figurengewinn) 15. ... ed! (unklar wäre 15. ... ♘:d3 16.f4! ♘:f4 17.♘:f4 ♕e5 18.♕f3 ♕:b2 19.♘b3) 16.f4 ♕h4 17.fe d4! 18.♘e2 ♗e3+ 19.♔h1 ♘:e5 20.♗c7 (verlieren würde 20.♘:d4 ♘g4 21.♘f3 ♘f2+ 22.♖:f2 ♕:f2) 20. ... ♕e7 21.♗:e5 ♕:e5

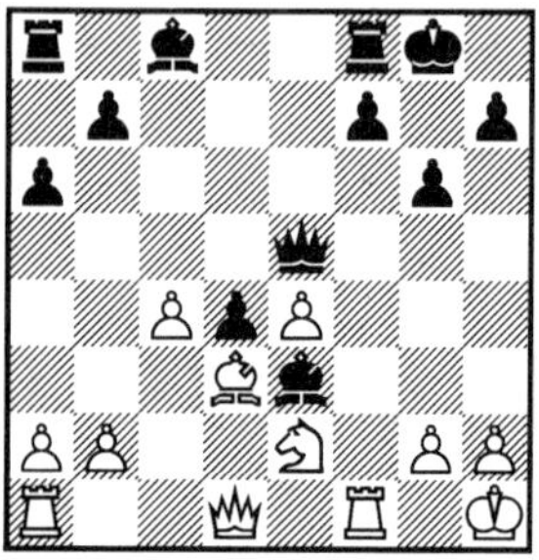

Einschätzung der Stellung: Nach aufregendem taktischem Geplänkel hat Schwarz nun ein Läuferpaar von bester Güte. Speziell der Läufer auf e3 übt eine dominierende Rolle aus, die durch den Freibauern auf d4 noch unterstützt wird. Während vorrangig der Läufer e3 den Raum beherrscht, ist sein weißfeldriger Kollege auf c8 prädestiniert, durch das Manöver ♗c8–d7–c6 der weißen Bauernschwäche e4 auf den Zahn zu fühlen. Eine sichere Königsstellung und Raumvorteil garantieren somit klaren Vorteil. Weiß hat dagegen keinen rechten Plan, zumal der Läufer auf d3 auf lange Sicht nur die Funktion eines Bauern ausübt.

22.♕d1–e1 ♗c8–d7
23.♕e1–g3 ♖a8–e8
24.♘e2–f4

Schlecht wäre der Damentausch. Nach 24.♕:e5 ♖:e5 25.♘f4 f5! 26.ef ♗:f5 ist der schwarze Vorteil sofort partieentscheidend, da 27.♗:f5 ♖e:f5 28.g3 g5 Weiß eine Figur kostet. Ebenso scheitert 27.♖ad1 ♗:f4 28.♖:f4 ♗:d3, und aufgrund der Mattdrohung auf der ersten Reihe ist der Läufer d3 tabu.

24. ... ♗d7–c6

Auf 24. ... f5 hätte Weiß nach 25.ef ♗:f5 26.♖ad1 noch Verteidigungschancen.

25.♘f4–d5

Der Preis für den Springerstützpunkt ist nach dem Damentausch eine ruinierte Bauernstellung, die zusätzlich noch Mattgefahren auf der h-Linie heraufbeschwört. Weiß hatte aber keine andere Wahl, da sonst der Bauer e4 ohne Äquivalent verlorengeht.

25. ... ♕e5:g3
26.h2:g3

Auch das Zwischenschach auf f6 schafft keine Linderung. Schwarz hätte zumindest zwei gute Fortsetzungen. Erstens: 26.♘f6+ ♔g7 27.♘:e8+ ♖:e8 28.hg ♖e5 29.g4 h5! 30.g3 (30.g5 ♖:g5 mit der vernichtenden Drohung f5 und auch ♖g4) 30. ... hg, und Weiß kann jetzt auch nicht f5 verhindern. Zweitens: 26.♘f6+ ♔h8 27.hg ♖e5 28.g4 ♔g7 29.♖f3 ♗g5, und Weiß geht an den Bauernschwächen e4 und g4 zugrunde.

26. ... ♖e8–e5!
27.g3–g4

Chancenlos wäre 27.♘:e3 de 28.♖ae1 ♗:e4, da 29.♖:e3 an ♗:g2+ scheitert.

27. ... h7–h5!
28.♘d5–f6+

Jetzt verliert 28.♘:e3 de 29.♖ae1 hg! 30.♖:e3 f5 mit der Idee f4 und g3, um ein Mattspiel auf der h-Linie anzustreben.

28. ... ♔g8–g7
29.g4:h5 ♖f8–h8
30.g2–g3

Falls 30.g4, so ♖e6 31.♘d5 gh 32.g5 ♖e5 nebst ♗:g5 mit Bauerngewinn.

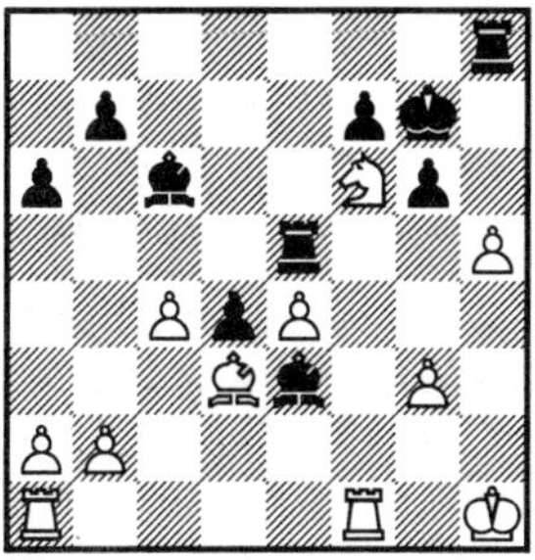

30. ... ♖e5:h5+

Schwarz ist so verliebt in sein Läuferpaar, daß er auch weiterhin taktische Wege beschreitet. Gut und solide wäre auch 30. ... ♗g5! gewesen. Nach 31.♘d5 f5! 32.♖ae1 (32.ef ♖:d5 33.cd ♗:d5+ 34.♔g1 ♗e3+ 35.♖f2 ♖:h5 nebst ♖h1+ mit Gewinn) 32. ... ♖he8! ist das Endspiel durch den Gewinn des Bauern e4 auch von Erfolg gekrönt.

31.♘f6:h5 ♖h8:h5+
32.♔h1–g2 f7–f5

Das war die Idee des Qualitätsopfers.

33.♖a1–e1

Nicht 33.♔f3 fe+ 34.♗:e4 ♖f5+ mit schwarzem Figurengewinn.

33. ... f5:e4
34.♗d3–b1 ♖h5–c5!

Dieser kühne Schwenk ermöglicht dem schwarzen Turm das Eindringen am Damenflügel. Auch jetzt beherrschen die schwarzen Läufer noch die wesentlichsten Felder.

35.b2–b3 b7–b5
36.♖e1:e3

Weiß verliert zu früh die Geduld. Besser war 36.cb ab 37.♖e2 b4 38.♖ee1 ♗b7 39.♔h2 ♖c7 40.♔g2 ♖e7 (mit der Idee ♗d2) 41.♖:e3 de 42.♖e1 ♔f6 43.♖:e3 ♔e5, obwohl aufgrund der aktiven Königsstellung und des Freibauern e4 Schwarz doch gewinnen sollte.

36. ... d4:e3
37.♖f1–e1 b5:c4
38.b3:c4

Oder 38.b4 ♖f5! 39.♖:e3 ♖f3 40.♖:f3 ef 41.♔f2 ♗a4! 42.♔:f3 c3 nebst c2, und Schwarz gewinnt eine Figur.

38. ... ♖c5:c4
39.♖e1:e3 ♖c4–b4!
40.♖e3–b3 e4–e3+

41.♔g2–f1 ♗c6–b5+
42.♔f1–e1

Oder 42.♔g2 e2 43.♔f2 ♖d4 nebst ♖d1 mit Gewinn.

42. ... a6–a5!
43.♗b1–e4 ♖b4:b3
44.a2:b3 ♔g7–f6
45.♔e1–d1 g6–g5
46.♔d1–c2 ♔f6–e5

Nun scheitert 47.♗d3 an e2. Weiß gab auf.

Partie Nr. 117
Portisch–Sosonko,
Tilburg 1982
1.d4 ♘f6 2.c4 e6 3.♘f3 b6 4.♘c3 ♗b7 5.a3 d5 6.cd ♘:d5 7.♕c2 c5 8.e4 ♘:c3 9.bc ♘c6 10.♗b2 ♗e7 11.♖d1 0–0 12.d5 (sicherer war 12.♗d3) 12. ... ed 13.ed ♘a5 14.♗d3 ♗f6 15.♗:h7+? (solider war 15.0–0 mit gleichem Spiel. Jetzt fehlt Weiß ein Tempo, um den König in Sicherheit zu bringen) 15. ... ♔h8 16.♗e4 ♗a6! 17.♗d3 (traurig, aber notwendig. Nur so können die unmittelbaren Gefahren in der offenen e-Linie abgewendet werden) 17. ... ♖e8+ 18.♔f1 ♘c4! 19.♗:c4 (eine bessere Lösung ist nicht zu sehen. Es drohte sowohl 19. ... ♘:b2 als auch 19. ... ♕:d5) 19. ... ♗:c4+ 20.♔g1 ♖e2 21.♕b1 ♗b3 22.♖c1 ♗:d5 (falsch wäre 22. ... ♕:d5 wegen 23.c4! ♗:c4 24.♗:f6 gf 25.♕f4, und Weiß könnte wieder hoffen) 23.♖d1 ♗e4!?

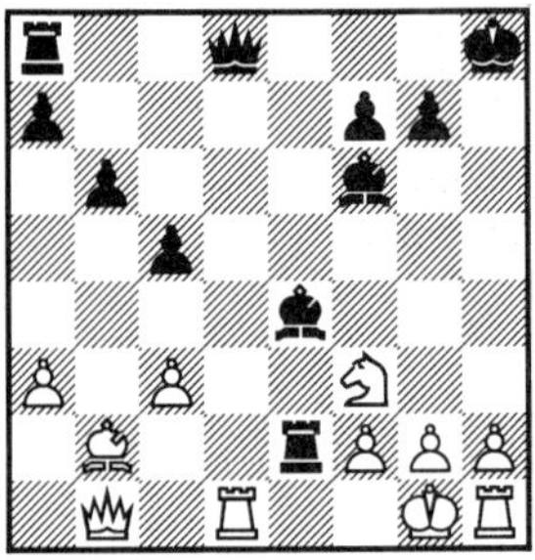

Einschätzung der Stellung: Mit einem interessanten Scheinopfer wählt Schwarz eine Abwicklung, die ihm im Übergang vom Mittel- zum Endspiel großen Vorteil verspricht. Aufgrund des eingeklemmten weißen Turmes auf h1 und der schlechten Läuferposition auf b2 gab es natürlich mehrere Möglichkeiten, Vorteil zu erzielen. Die originellste und stärkste Fortsetzung ist 23. ... ♗a2!! Auch hier wird wie durch den Textzug mit Tempogewinn die Schwäche von Weiß auf der ersten Reihe ausgenutzt! Damit fällt sofort die Entscheidung zugunsten von Schwarz. Zum Beispiel 24.♖:d8+ ♖:d8 25.♔f1 (oder 25.♕c1 ♖:b2! nebst ♖b1 mit Damengewinn) 25. ... ♗c4!, und das Abzugsschach nach ♖:b2 gewinnt in allen Abspielen. Beide Varianten sind in Verbindung mit den beiden schweren Figuren vorrangig durch die immense Wirksamkeit des Läuferpaares möglich.
Schwarz steht überlegen.

24.♖d1:d8+ ♖a8:d8
25.♔g1–f1

Die einzige Verteidigung. Jeder Damenzug scheitert an ♖:b2 nebst ♖b1.

25. … ♗e4:b1
26.♔f1:e2 ♗b1–d3+
27.♔e2–e3 ♗d3–c4!

Weiß steht den Drohungen 28. … ♖d3+ oder 28. … ♖e8+ nebst ♖e2 wehrlos gegenüber. Materialverlust ist nur eine Frage der Zeit.

28.♔e3–f4 ♖d8–d3
29.♖h1–c1

Falls 29.♖e1, so ♗:c3 30.♗:c3 ♖:c3 31.♘g5 f6 32.♖e8+ ♗g8, und Schwarz gewinnt leicht.

29. … ♗c4–d5
30.♖c1–c2

Hoffnungslos ist das Endspiel nach 30.♘e1 ♖d2 31.♖c2 ♖:c2 32.♘:c2 ♗:g2.

30. … ♗d5:f3!

Die einfachste Lösung, um den Vorteil zu vergrößern. Durch die ruinierte weiße Bauernstellung ist der Rest eine Sache der Technik.
31.gf c4 32.a4 ♖d5 33.♔e4 ♖e5+ 34.♔f4 ♖a5 35.♔e4 ♖:a4 36.♔d5 b5 37.♗c1 ♔h7 38.♗e3 ♔g6 39.♗d4 ♖a1 40.♔c5 a6 41.♖e2 ♖a3 42.♖e8 ♗:d4+ 43.cd c3 44.♖c8 ♖a4!
Weiß gab auf, da sich nach 45.♔b6 ♖c4 der c-Bauer zur Dame umwandelt.

Partie Nr. 118
Stolz–Brinkmann,
Swinemünde 1932
1.e4 e5 2.f4 d5 3.ed c6 4.♘c3 (nicht 4.fe ♕h4+ 5.g3 ♕e4+ nebst ♕:h1) 4. … ef 5.♘f3 ♘f6 6.d4 ♘:d5 7.♘:d5 ♕:d5 8.♗:f4 ♕e4+ 9.♕e2 ♕:e2+ 10.♗:e2 ♗e7 11.0–0 ♗e6 12.c4 0–0 13.♘g5! ♗:g5 14.♗:g5 ♘d7 15. ♖fd1! ♘b6 16.b3 f6 17.♗f4 ♖fd8 18.a4! ♘c8 19.a5 a6 20.♗f3 ♘e7 21.♗c7 ♖d7 22.♗b6

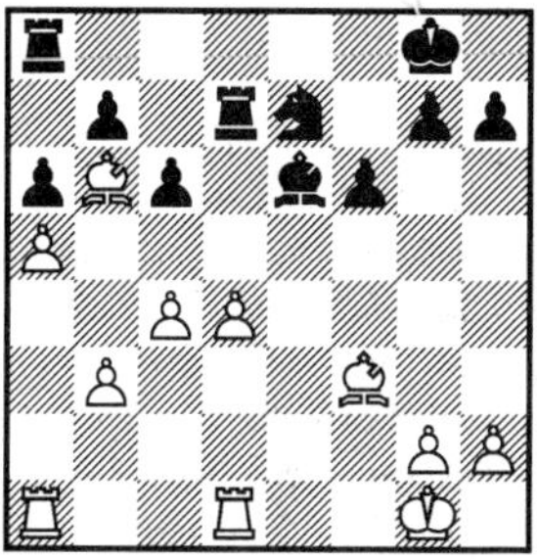

Einschätzung der Stellung: Die Phase des Überganges vom Mittelspiel zum Endspiel hat Weiß vorbildlich vorbereitet. Der Läufer auf b6 kontrolliert das Feld d8 und deckt gleichzeitig den eigenen Bauern d4, so daß eine Schwenkung der Türme auf die offene e-Linie möglich wird. Im richtigen Moment kann auch durch d5 ein Freibauer gebildet werden. Durch die Bauernmajorität am Damenflügel ist das ein weiteres Plus für den Anziehenden. Schwarz steht diesen Plänen tatenlos gegenüber. Die schwarzen Türme haben keine Bewegungsfreiheit, und auch der Springer auf e7 findet kein günstiges Feld. So ist es logisch, daß dem Nachziehenden nichts anders übrigbleibt, als seine Bauernmajorität am Königsflügel in Bewegung zu setzen. Freilich führt das sofort zu Schwächen der eigenen Bauernstruktur.

22. … g7–g5
23.g2–g3 f6–f5
24.♖d1–e1! ♔g8–f7
25.♖e1–e2 g5–g4

Guter Rat ist bereits teuer. Um der Verdopplung auf der e-Linie durch ♖g8–g6 Paroli zu bieten, muß der Bauernvorstoß g4 eingeschoben werden, denn ♗h5 ist auszuschalten. Damit sieht es aber um die schwarze Bauernstruktur am Königsflügel traurig aus.

26.♗f3–g2 ♖a8–g8
27.♖a1–e1 ♖g8–g6
28.♗b6–c5! ♘e7–c8

Es drohte schon 29.♗:e7 nebst d5 mit Figurengewinn.

29.♖e2–e5 ♖d7–d8
30.d4–d5 ♗e6–d7

Es gibt keine Verteidigung mehr. Nach 30. … cd entscheidet am einfachsten 31.cd ♗d7 32.d6! ♗c6 (32. … ♘:d6 33.♖e7+ ♔f8 34.♗d5 ♗c6 35.♖f7+ ♔g8 36.♖d7+ mit Turmgewinn) 33.♗d5+! ♗:d5 34.♖:f5+ ♖f6 35.♖:d5 ♘:d6 36.♖ed1 ♔e7 37.♖1d4 ♖g6 38.♖h5 h6 39.♖hd5 ♖d7 40.♔g2 ♖d8 41.h3! gh+ 42.♔:h3 ♖d7 43.g4 ♖d8 44.♔h4 ♖d7 45.♖:d6!, und das entstehende Bauernendspiel ist leicht gewonnen.

31.d5:c6 b7:c6
32.♖e1–d1 ♖g6–e6
33.♖e5:e6 ♔f7:e6
34.♗g2:c6 h7–h5
35.b3–b4

Damit erreicht Weiß Zugzwang.
Schwarz gab auf.

Partie Nr. 119
Portisch–Hort,
Reggio Emilia 1984
1.d4 d5 2.c4 c6 3.♘c3 ♘f6 4.e3 g6 5.♘f3 ♗g7 6.♗d3 0–0 7.0–0 ♗g4 8.h3 ♗:f3 9.♕:f3 e6 10.♖d1 ♖e8 11.b3 ♘bd7 12.♗f1 ♗f8 13.♗b2 ♗d6 14.e4 de 15.♘:e4 ♘:e4 16.♕:e4 ♕e7 17.♖ab1 (ein prophylaktischer Zug, um dem drohenden Abtausch des Läufers auf a3 mit ♗a1 zu begegnen) 17. … ♖ad8 18.♖e1 ♕g5 19.♖bd1 h5 20.h4 ♕h6 21.♕f3 ♕f4 22.♕:f4 ♗:f4 23.g3 ♗h6 24.d5!

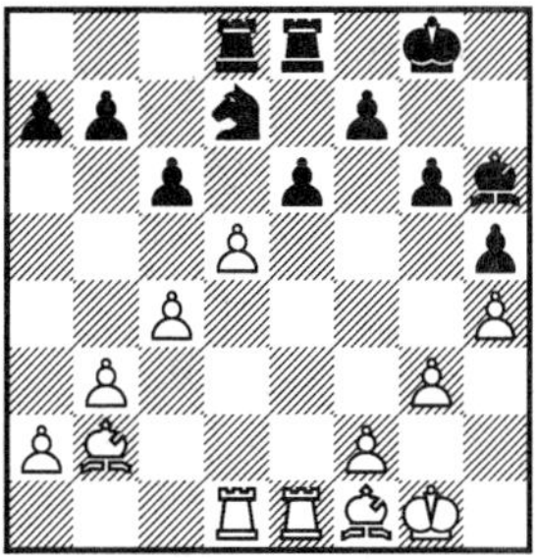

Einschätzung der Stellung: Im richtigen Moment öffnet Weiß die Stellung, um im Übergang vom Mittelspiel zum Endspiel seinem Läuferpaar größere Reichweite zu verschaffen. Mit dem Durchbruch wird Raumvorteil erzielt und die offene e-Linie für den Turm erkämpft. Daraus resultieren auch feine taktische Wendungen, die zur Bildung eines Freibauern führen oder eine Bauernschwäche hervorrufen. Schwarz gelingt es nicht rechtzeitig, den Läufer h6 in das Spiel einzubeziehen.

24. … e6:d5

Danach häufen sich die Probleme. Aber auch nach 24. … cd 25.cd e5 26.d6! verdiente die weiße Position den Vorzug. Schwarz leidet unter Raumnot.

25.♖e1:e8+ ♖d8:e8
26.c4:d5 c6–c5

Die Raffinesse bestand darin, daß 26. … cd wegen des Zwischenzuges 27.♗b5 verliert, da ♖e7 an 28.♗a3 und ♖d8 an 28.♖:d5 scheitert.

27.♗f1–b5 ♖e8–d8
28.♗b5–c6!

Ein teuflischer Zug, der b6 erzwingt, den weißen Läufer fest auf c6 verankert und die schwarzen Bauern am Damenflügel unbeweglich macht.

28. … b7–b6
29.♔g1–g2 ♗h6–g7
30.♗b2–c1 ♘d7–e5?

Den Vorzug verdient 30. … ♗d4! 31.♗f4 ♘e5 32.b4! mit nur geringem Vorteil für Weiß.

31.♗c6–b5! ♔g8–f8
32.d5–d6 ♘e5–d7
33.♖d1–e1! a7–a6?

Mehr Widerstand war mit 33. … ♗f6 zu leisten, z. B. 34.♗h6+ ♗g7 (nicht 34. … ♔g8 35.♗:d7 ♖:d7 36.♖e8+ ♔h7 37.♗f4, und Weiß gewinnt durch die Königswanderung über f3 nach c6) 35.♗g5 f6 (35. … ♗f6? 36.♖e7! ♗:g5 37.hg ♘b8 38.♖:a7 ♖:d6 39.♖b7 mit Gewinn) 36.♗c1 ♘e5 37.f4! ♘f7 (37. … ♘d7 38.♖e7 ♘b8 39.♖:a7 ♖:d6 40.♖a8 ♖d8 41.f5 mit der vernichtenden Drohung ♗f4) 38.d7 ♘d6 39.♗c6 ♔f7 (39. … f5 40.♖e6!) 40.f5! gf 41.♗f4 ♗f8 42.a4 a6 43.♗d5+ ♔g6 44.♗e6, und Schwarz kann ♖d1 und ♗c7 nicht mehr parieren. Auf 33. … ♘f6 folgt 34.♖e7 ♖:d6

35.♖:a7 ♖d8 (35. … ♘d5? 36.♖a8+ ♔e7 37.♖e8+ ♔f6 38.♗g5+ ♔f5 39.♗d3+ nebst f3 matt) 36.♖b7 ♘d5 37.♗c4, und der Bauer b6 geht verloren.

34.♗b5:a6 ♘d7–f6
35.♖e1–d1 ♘f6–e4
36.d6–d7 ♗g7–d4
37.♗c1–h6+ ♔f8–g8
38.♗a6–c8 ♘e4–d6

Oder 38. … ♘f6 39.♗g5 ♔g7 40.b4 mit leichtem Gewinn.

39.♗h6–g5

Nun scheitert 39. … f6 an 40.♖:d4!
Schwarz gab auf.

Partie Nr. 120
Uhlmann–Bönsch,
Fürstenwalde 1981
1.c4 c5 2.♘f3 ♘f6 3.♘c3 ♘c6 4.g3 g6 5.♗g2 ♗g7 6.d4 cd 7.♘:d4 ♘:d4 8.♕:d4 d6 9.0–0 0–0 10.♕d3 ♗e6?! 11.♗:b7 ♖b8 12.♗g2 ♕a5 13.b3! ♘g4 (nichts ergibt 13. … ♘e4 14.♗:e4 ♗:c3 15.♖b1, und Weiß behauptet seinen Mehrbauern) 14.♗d2! ♕h5 15.h3 ♘e5 16.g4! ♘:d3 (falls 16. … ♕h4, so 17.♕g3 mit klarem Vorteil) 17.gh ♗:c3 (so vermeidet Schwarz Bauernverlust) 18.♗:c3 ♘f4 19.♗f3!

Einschätzung der Stellung: Der Textzug verhindert den Abtausch des Läufers g2. Gleichzeitig inszeniert Weiß eine gefährliche Initiative in der halboffenen g-Linie. Durch die unterschiedliche Bauernstruktur kann der Anziehende außerdem im richtigen Moment einen Freibauern auf dem Damenflügel bilden. Der Raumvorteil in Verbindung mit der Reichweite des Läuferpaars auf den Diagonalen h1–a8 und g1–a7 sorgt in einigen Abspielen durchaus für Unruhe im schwarzen Lager. Der Nachziehende muß nun zusehen, wie Weiß, der im Vorteil ist, die Initiative ausbaut.

19. … ♗e6:h3

Gefährlich wäre 19. … ♘:h3+ 20.♔h2 ♘g5 21.♗g2 mit der Idee f4.

20.♖f1–d1 ♗h3–e6

Fehlerhaft ist 20. … ♘:h5 21.♔h2 ♗f5 22.e4, und gegen 23.♗:h5 und ♖g1+ gibt es keine Verteidigung.

21.♗c3–d4 a7–a6
22.♔g1–h2 f7–f6

Es drohte unangenehm 23.e3, da wiederum 23. … ♘:h5 an 24.♗:h5 nebst ♖g1 matt scheitert.

23.♗d4–a7!

Damit beginnen die kleinen Nadelstiche des Läuferpaares. So wäre bereits auf 23. … ♖bc8 24.♗e3 recht unangenehm, da nach 24. … ♘:h5 25.♗b7 der Bauer a6 verloren geht. Weiß setzt dann mit ♗b5 fort, und der a-Bauer schreitet unaufhaltsam zur Umwandlung.

23. … ♖b8–d8
24.♗a7–b6! ♖d8–b8
25.c4–c5!

Das war die eigentliche Idee des Läufermanövers. Jetzt scheitert 25. … dc an 26.♗c7 und 25. … ♖fc8 an 26.♗a7.

25. … ♘f4:h5
26.♗b6–c7!

Das erste Teilziel ist damit erreicht. Die Läufer des Anziehenden werden aktiver, und sein Turm auf der d-Linie erhält willkommene Einbruchsfelder. Schwarz benötigt viel Zeit, um seinen im Abseits stehenden Springer wieder ins Spiel zu bringen.

26. … ♖b8–c8
27.c5:d6 e7:d6
28.♗c7:d6 ♖f8–d8
29.b3–b4

Damit wird das zweite Teilziel angepeilt, um die Bauernmajorität am Damenflügel auszunutzen und einen Stützpunkt auf c5 zu erhalten.

29. … ♖c8–c2
30.a2–a4 ♗e6–c4
31.♗d6–c5 ♖d8:d1

Schlecht wäre 31. … ♖e8 32.♖dc1! ♖:c1 33.♖:c1 ♗:e2 34.♖e1! ♗b5 35.ab!! ♖:e1 36.ba, und der a-Bauer ist nur durch ein Turmopfer aufzuhalten.

32.♖a1:d1 ♘h5–f4

Ein schönes Mattspiel hätte es nach 31. … ♗:e2 gegeben: 33.♖d8+ ♔g7 34.♗f8+ ♔f7 35.♗d5 matt.

33.♖d1–d4!

Weiß setzt den Schlußpunkt mit diesem giftigen Zug, der in Kürze die Entscheidung erzwingt. So scheitert 33. … ♘:e2 an 34.♖:c4 ♖:c4 35.♗d5+ und auch 33. … ♘e6 34.♖:c4 ♖:c4 35.♗d5 mit Figurengewinn.

33. … g6–g5
34.♗f3–e4! ♖c2–c1

Falls 34. … ♖c3, so 35.♖d8+ ♔f7 36.e3 ♘e6 37.♖d7+ ♔e8 38.♗c6 mit einem tödlichen Abzugsschach.

35.♖d4–d8+ ♔g8–f7
36.♖d8–d7+ ♔f7–g8

Auf 36. … ♔e8 gewinnt wiederum 37.♗c6.

37.♗e4:h7+

Nun geht nach 37. ... ♔h8 38.♗d4! weiteres Material verloren.
Schwarz gab auf.

Partie Nr. 121
Szabó–Boleslawski,
Budapest 1950
1.c4 ♘f6 2.♘c3 g6 3.♘f3 ♗g7 4.d4 0–0 5.e4 d6 6.♗e2 e5 7.d5 ♘h5 8.♘g1 (besser 8.g3!) 8. ... ♘d7! 9.♗:h5 gh

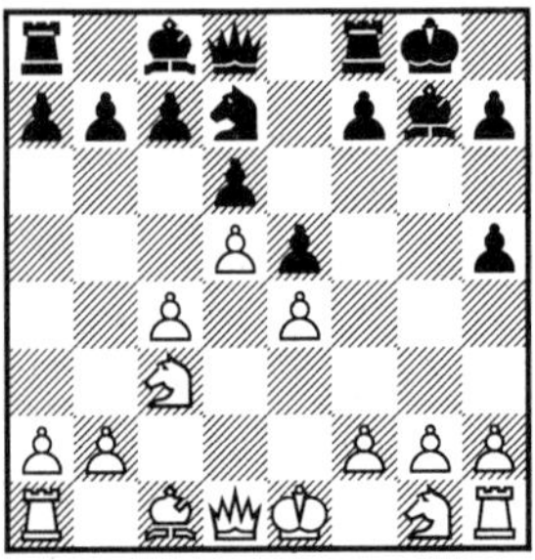

Einschätzung der Stellung: Schwarz bietet ein Bauernopfer an, das in diesem frühen Stadium ausschließlich durch die Kraft des Läuferpaares möglich wird. Nach dem Tausch des weißfeldrigen Läufers gegen den Springer sind die weißen Felder d3 und e4 geschwächt. Außerdem wird die Dame noch ein Tempo verlieren, bevor die Entwicklung abgeschlossen ist. Durch den zu erwartenden schwarzen Bauernhebel f5 droht das Zentrum aufgerissen zu werden, wobei die Reichweite des Läuferpaares noch beträchtlich größer wird. Nicht zu verachten schließlich die positionelle Drohung f5–f4, die Angriff in der halboffenen g-Linie verspricht.

10.♕d1:h5 ♘d7–c5
11.♘g1–f3 f7–f5!
12.0–0

Vorteil für Schwarz ergibt 12.ef ♖:f5 mit Öffnung im Zentrum.

12. ... f5–f4

Der Nachziehende nimmt nun doch die positionelle Chance wahr. Mit dem Textzug wird der Läufer c1 eingeengt und der Angriff am Königsflügel organisiert. Die indisponierte weiße Dame auf h5 ist ein willkommenes Angriffsobjekt. Auf 12. ... fe 13.♘g5 ♗f5 folgt 14.♕e2, und nach 15.♘g:e4 hätte Weiß dagegen den Punkt e4 voll unter Kontrolle.

13.b2–b4! ♘c5–d7
14.♗c1–b2?

Die beste Verteidigung bestand in der Rückgabe des Mehrbauern. 14.♘g5! ♘f6 15.♕h4 h6 16.♘e6! ♗:e6 17.de ♕e7 18.♕h3! sichert gleiches Spiel.

14. ... ♕d8–e7
15.♘f3–g5?

Jetzt kommt die Entlastung einen Zug zu spät. Besser war 15.♘d2 ♘f6 16.♕e2.

15. … ♘d7–f6
16.♕h5–h4

Oder 16.♕d1 ♘g4! 17.♘f3 (17.♘e6 ♗:e6 18.de ♕h4 19.h3 f3, und Weiß verliert) 17. … ♔h8, und auch hier wird nach ♖g8 der Angriff auf der g-Linie äußerst unangenehm.

16. … h7–h6
17.♘g5–f3

Nach dem Großabtausch 17.♘e6 ♗:e6 18.de ♕:e6 19.♘d5 ♖f7 20.♘:f6+ ♖:f6 21.♖ac1 f3! bleibt Schwarz weiterhin am Drücker.

17. … ♕e7–f7
18.♘f3–d2

Es droht 18. … ♘h5 und 19. … ♗f6.

18. … ♘f6–g4!?

Eine andere Möglichkeit, den Angriff zu verstärken, bestand in 18. … ♔h7!, z. B. 19.f3 ♘h5 20.♕f2 ♗f6 21.♘e2 ♖g8 22.♔h1 ♕e7, und es taucht die fatale Drohung 23. … ♗h4 nebst 24. … ♘g3+ auf, wonach der weiße König im Mattnetz zappelt.

19.f2–f3

Die Dame benötigt dringend einen Fluchtfeld. Allerdings kann jetzt der agile Springer auf e3 eine Traumposition einnehmen.

19. … ♘g4–e3
20.♖f1–c1 ♔g8–h7
21.♘c3–d1 ♗g7–f6
22.♕h4–f2 ♖f8–g8!

Schwarz steuert zwangsläufig ein Endspiel mit ungleichfarbigen Läufern an, in dem der Läufer c8 triumphiert. Der Anziehende kann den Einbruch auf den weißen Feldern nicht mehr aufhalten.

23.♘d1:e3 f4:e3
24.♕f2:e3 ♗f6–g5
25.♕e3–e2 ♗g5:d2
26.♕e2:d2 ♗c8–h3!
27.g2–g3 ♕f7:f3

Wenn man ein Fazit der Aktion zieht, hat Schwarz immer noch einen Bauern weniger. Jedoch ist sein Vorteil augenscheinlich, da der weiße König in Mattgefahr schwebt. Die Aktivität des Läufers h3 übertrifft bei weitem die des Läufers auf b2. Ausschlaggebend wird jedoch die offene f-Linie sein, in der Schwarz eine Verdoppelung oder gar Verdreifachung seiner Schwerfiguren erreichen kann.

28.♖c1–c3 ♕f3:e4

Gewinnt den Bauern zurück, allerdings nur dann, wenn Weiß die Damen tauscht. Aus diesem Grund war durchaus 28. ... ♕h5! zu prüfen, um in Ruhe die Turmverdoppelung ohne den möglichen Damentausch vorzubereiten.

29.c4–c5	♖g8–g7
30.♕d2–c2	♕e4:c2
31.♖c3:c2	♖a8–f8
32.♖c2–f2	♖g7–f7
33.♖f2:f7	♖g8:f7
34.c5:d6	c7:d6
35.♖a1–e1	♖f7–f3

Obwohl es Materialgleichheit gibt, ist Weiß in seinen Aktionen wie gelähmt.

36.♗b2–c1	♖f3–d3

Die Früchte des konsequenten schwarzen Spiels werden damit sichtbar. Bauernverlust auf d5 ist nicht mehr zu vermeiden. Das entstehende schwarze Freibauernpärchen auf d6 und e5 macht schnell alles klar.

37.♗c1–e3	a7–a6
38.♔g1–f2	♖d3:d5
39.♖e1–c1	♔h7–g6
40.♖c1–c7	♖d5–b5
41.♖c7–c4	♗h3–e6
42.♖c4–h4	h6–h5
43.a2–a4	♖b5–d5
44.h2–h3	♗e6–d7!
45.a4–a5	♖d5–d3

Hier wurde die Partie abgebrochen. In der anschließenden Analyse überzeugte sich der Anziehende, daß weiterer Widerstand zwecklos ist. Gegen den Marsch der beiden Freibauern gibt es keine Verteidigung.
Weiß gab auf.

Partie Nr. 122
Boleslawski–Taimanow, Moskau 1952
1.d4 ♘f6 2.c4 e6 3.♘c3 ♗b4 4.e3 ♘c6 5.♘f3 0–0 6.♗d3 d5 7.0–0 dc 8.♗:c4 ♕e8 9.e4 e5 (9. ... ♗:c3 10.bc ♘:e4 11.♖e1! mit der Idee d5!) 10.d5 ♘d4 11.♘:d4 ed 12.♕:d4 ♗:c3 13.bc ♕:e4 14.♕:e4 ♘:e4

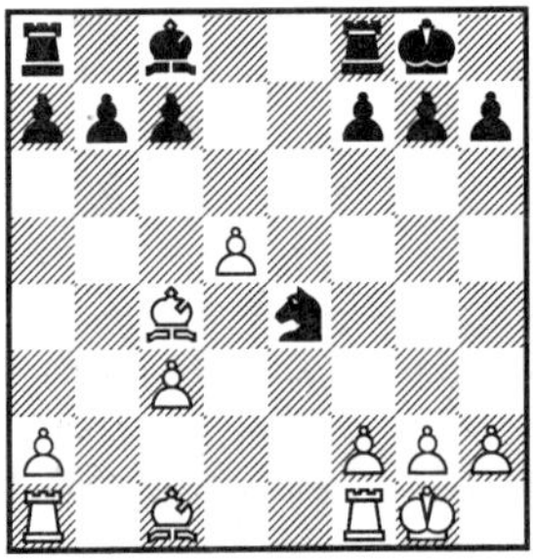

Einschätzung der Stellung: Der Raumvorteil sichert Weiß eine lang anhaltende Initiative. Zunächst wird die offene e-Linie besetzt und Schwarz zum Rückzug seines Springers gezwungen. Von den beiden weißen Läufern wird im Moment der auf c1 stehende der aktivere sein. Auf der Diagonale h2–b8 wird er schnell für Druck gegen den Punkt c7 sorgen. Auf einen eventuellen Vorstoß des schwarzen c-Bauern nach c5 hat Weiß die Möglichkeit, durch d6 einen gefährlichen Freibauern zu bilden. Das Kampfgeschehen wird sich in den nächsten Zügen ausschließlich um weiteren Raumgewinn drehen. Ziel der weißen Züge ist es dabei, eine Schwäche auf dem schwarzen Damenflügel hervorzurufen und die gegnerischen Leichtfiguren in ihrer harmonischen Entfaltung zu hemmen.

15.♖f1–e1! ♘e4–d6

Materialverlust hat 15. … ♘:c3 zur Folge. Nach 16.♗a3 ♖d8 17.♗e7 ♖e8 18.♗b4 ist der Springer c3 verloren.

16.♗c4–f1 ♗c8–d7
17.♗c1–f4 ♖f8–e8

Falls sich Schwarz mit 17. … b5 entgegenstemmt, wäre folgendes Abspiel möglich: 18.a4! a6 (18. … ba 19.c4 nebst c5) 19.♖e7 ♖fd8 20.ab ♔f8 21.♖:d7 ♖:d7 22.ba mit klarem Vorteil.

18.c3–c4! ♖e8:e1
19.♖a1:e1 ♖a8–e8
20.♖e1–c1!

Ein Turmtausch würde die schwarze Verteidigung natürlich wesentlich erleichtern. Mit dem Textzug droht c4–c5. Wenn Schwarz sich daraufhin zu b6 durchringt, gibt nach c5! der Druck in der c-Linie auf jeden Fall den Ausschlag zugunsten des Anziehenden.

20. … ♖e8–e4
21.♗f4–e3 ♖e4–e8
22.♗e3–f4 ♖e8–e4
23.g2–g3 ♗d7–g4
24.h2–h3 ♗g4–f3
25.c4–c5 ♘d6–e8
26.♖c1–c3 g7–g5

Eine verzweifelte Aktion, um den Druck von c7 aufzuheben und gleichzeitig ein Luftloch für den König zu haben. Auf 26. … ♗d1 würde der Vorstoß 27.d6! ebenfalls Material gewinnen, z. B. 27. … cd 28.cd ♗a4 (28. … ♖d4? 29.d7! ♖:d7 30.♖c8 ♖e7 31.♗b5 ♔f8 32.♗d6!! mit Gewinn) 29.♗g2 ♖e1+ 30.♔h2 ♖e2 31.♖a3! ♗d7 (31. … ♗b5 32.♖a7 ♖:f2 33.♔g1 ♖c2 34.a4 ♗d7 35.♖:b7) 32.♗e3!, und der Bauer d6 ist tabu wegen der Drohung ♖d3. Andernfalls gehen die Bauern a7 oder b7 verloren.

27.♗f4:g5 ♗f3–d1
28.♗f1–g2 ♖e4–e1+
29.♔g1–h2 ♖e1–e2
30.♖c3–e3

Die einfachste Gewinnabwicklung.

30. … b7–b6
31.d5–d6! c7:d6
32.c5:d6! ♘e8:d6

Auf 32. … ♖:e3 gewinnt 33.d7!

33.♖e3–d3 ♗d1–a4
34.♖d3:d6 ♖e2:a2
35.♗g5–h6! ♖a2–e2
36.♖d6–d4 ♗a4–b5

37.♖d4–g4+ ♔g8–h8
38.♗h6–e3

Schwarz gab auf.

Partie Nr. 123
Junge–Aljechin,
München 1942
1.d4 ♘f6 2.c4 e6 3.g3 d5
4.♗g2 dc 5.♕a4+ ♗d7
6.♕:c4 ♗c6 7.♘f3 ♘bd7
8.♘c3 ♘b6 9.♕d3 ♗b4
10.0–0 0–0 11.♗g5 h6
12.♗:f6 ♕:f6 13.e4 ♖fd8
14.♖ad1 ♗e8! 15.a3 ♗f8
16.♕e3 ♖ac8 17.♗h3 ♖b8
18.♖fe1 ♘a4 19.e5 ♕e7
20.♘:a4 ♗:a4 21.♖c1 b6
22.♗f1 c5 23.b3 ♗c6 24.dc bc
25.♗c4 ♕b7 26.♖c3 ♖d7
27.♖ec1 ♖bd8 28.♘e1 ♖d4
29.f3 ♗e7 30.♖d3 ♕b6
31.♖cd1 ♕a5 32.♘c2 ♗g5
33.♕e2 ♖:d3 34.♖:d3 ♗c1

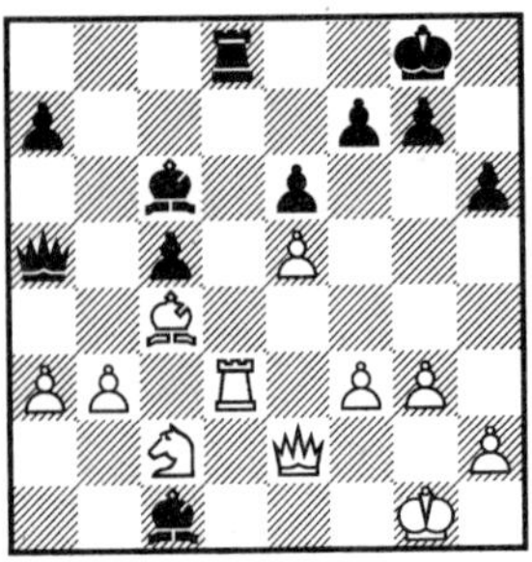

Einschätzung der Stellung: Bei völliger Materialgleichheit ist es dem Nachziehenden gelungen, den schwarzfeldrigen Läufer aktiv zu postieren. Lange Zeit führte er auf e7 ein Schattendasein, jetzt kann er die Bauern a3 und e5 angreifen. Mit seinem Kollegen auf c6 übt er auch Druck auf den Diagonalen aus. Schwarz verfügt über etwas mehr Raum und kann eventuell durch seine besser postierte Dame auf a5 daraus Kapital schlagen. Der weiße Springer muß ständig das Feld e1 kontrollieren. Die Gegenchancen von Weiß sind aber ebenfalls nicht zu unterschätzen. Der schwarze Bauer c5 ist isoliert, und falls es dem Anziehenden gelingt, f4 und f5 zu spielen, wären die weißen Felder für Angriffsaktionen geradezu einladend. Der „gestützte Läufer“ auf c4 hätte dann seinen großen Auftritt. Zum gegenwärtigen Zeitpunkt besteht also Chancengleichheit.

35.♕e2–d1! ♖d8:d3
36.♕d1:d3

Damit hat Weiß seine Dame zentral postiert und die offene Linie erobert.

36. … ♗c1–b2

Provoziert 37.f4, was aber den Umständen entsprechend stark ist. Eine Remisabwicklung hätte 36. … ♗:a3 ergeben. Nach 37.♘:a3 ♕:a3 38.♕d8+ ♔h7 39.♗d3+ g6 40.♗:g6+ wäre Dauerschach nicht mehr zu vermeiden.

37.f3–f4 ♗b2:a3?

Der ganze schwarze Plan scheint auf den Textzug ausgerichtet zu sein. Und doch ist gerade er eine grobe Fahrlässigkeit, die schwere Folgen haben konnte. Weiß hätte nämlich mit 38.f5! einen mächtigen Angriff erhalten, den die Abseitsstellung des Läufers auf a3 begünstigt. Nach 38. ... ♗b2 39.fe fe 40.♗:e6+ ♔h8 41.♕d6 gäbe es keine Verteidigung mehr, da 41. ... ♗d4+ an 42.♔f1 verpufft. Schwarz mußte wohl oder übel 38. ... ♗d5 spielen, wonach 39.♗:d5 ed 40.♕:d5 klaren Vorteil ergibt. Auch 38. ... ef scheitert an 39.♕:f5 ♗e8 40.e6! mit Gewinn.

38.♘c2:a3? ♕a5–e1+

Die Pointe. Bevor der Springer genommen wird, vertreibt der Nachziehende mit Tempogewinn die weiße Dame von der offenen d-Linie.

39.♕d3–f1	♕e1–e3+
40.♕f1–f2	♕e3–c1+
41.♕f2–f1	♕c1:a3
42.f4–f5	♗c6–d5
43.♗c4:d5	e6:d5

Schwarz hat damit auf listige Art und Weise einen Bauern gewonnen und verwertet den Vorteil sauber zum Sieg.

44.e6 ♕:b3 45.♕e1

Mehr Widerstand war mit 45.♕e2! zu leisten, z. B. 45. ... ♔f8 46.♕a6! ♕e3+ 47.♔g2 fe 48.fe ♔e7 49.♕c6 ♔f6! 50.♕:d5 ♕e2+ 51.♔g1 ♕:e6 52.♕:c5 ♕b6 mit Gewinn.

45. ... ♔f8! 46.ef ♕b8 47.♔g2 d4 48.♕e6 ♕d8 49.♕c4 ♕d6 50.♕a4 ♕d5+ 51.♔g1 ♕:f7 52.♕c6 ♕:f5 53.♕a8+ ♔f7 54.♕:a7+ ♔g6 55.h3 ♕b1+ 56.♔g2 ♕c2+ 57.♔f3 d3 58.♕a1 d2 Weiß gab auf.

Partie Nr. 124
Larsen–Gheorghiu,
Winnipeg 1967

1.c4 ♘f6 2.♘c3 e6 3.♘f3 ♗b4 4.♕c2 c5 5.a3 ♗a5 6.e3 ♘c6 7.d4 d6 8.♗d3 e5 9.de ♘:e5 10.♘:e5 de 11.0–0 ♗:c3 (auf 11. ... 0–0 wäre 12.♘e4 sehr stark, nach 12. ... ♘:e4 13.♗:e4 h6 14.♗d5! hätte Weiß einen dominierenden Läufer auf d5, der durch e4 einen unerschütterlichen Platz bekäme) 12.♕:c3 0–0 13.b3 ♖e8 14.♗b2 b6 15.♖ad1 ♕e7 16.♗c2 ♗b7 17.f3 e4 18.f4! (schlecht wäre 18.fe ♗:e4 19.♗:e4 ♕:e4 20.♖:f6? gf 21.♕:f6 ♕:e3+ 22.♔h1 ♕e1+ mit Gewinn) 18. ... ♖ad8 19.h3 ♖:d1 20.♖:d1 ♖d8 21.♖:d8+ ♕:d8 22.♕e5!

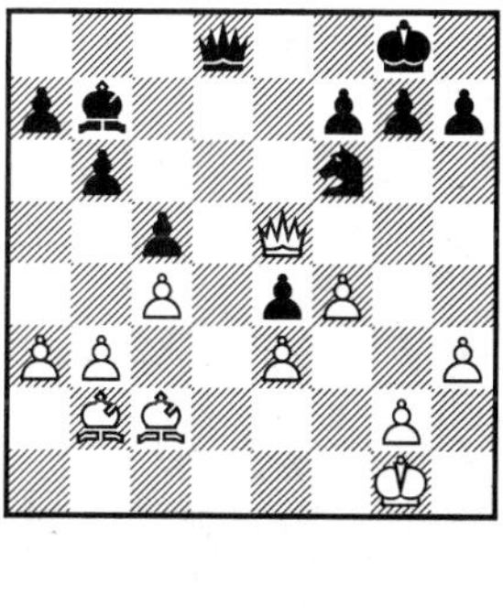

Einschätzung der Stellung: Nach dem Doppelturmtausch hat Weiß durch die vorzüglich postierte Dame auf e5 an Schlagkraft gewonnen. In dem entstehenden Endspiel ist das weiße Läuferpaar eine Macht, das durch seine Reichweite schnell sowohl zum Königs- wie auch zum Damenflügel geschwenkt werden kann. Mit dem Bauernhebel b4 läßt sich die schwarze Bauernstruktur zusätzlich verunsichern. In diesem Fall ist der Einsatz des Läufers c2 dann sogar über a4 möglich. Die schwarze Stellung krankt am inaktiven Springer f6, der die schwachen Bauern e4 und g7 überdecken muß.

22. … ♔g8–f8
23.♗b2–c3 ♘f6–e8
24.b3–b4!

Ein Fehler wäre 24.♗:e4? f6 25.♕e6 ♘c7 26.♕f5 g6 mit Figurengewinn.

24. … ♕d8–d6

Vorteil ergibt auch 24. … f6 25.♕h5 ♔g8 26.bc g6 27.♕g4 f5 28.♕e2!, und Schwarz steht dem Manöver 29.♕e1, 30.♗b2 und ♕c3 ratlos gegenüber.

25.b4:c5 b6:c5
26.♗c2–a4!

Erzwingt den Damentausch und ermöglicht es den Läufern, entscheidend die Diagonalen h2–b8 und a7–g1 zu besetzen.

26. … ♕d6:e5
27.♗c3:e5 ♔f8–e7
28.♗e5–b8! ♘e8–f6

Auch 28. … a6 rettet nicht vor Bauernverlust, weil nach 29.♗a7 der König den Springer e8 decken muß; z. B. 29. … ♘d6 30.♗:c5 ♔e6 31.♗b3 ♗a6 32.♗:d6! ♔:d6 33.c5+ ♔:c5 34.♗:f7 ♗c4 35.♗:c4 ♔:c4 36.g4 ♔b3 37.f5 ♔:a3 38.g5, und nach f6 erhält Weiß zuerst eine neue Dame.

29.♗b8:a7 ♘f6–d7
30.♗a4–b5!

Ungenau wäre es, mittels 30.♗:d7 einen zweiten Bauern zu gewinnen. Nach 30. … ♔:d7 31.♗:c5 ♗a6 32.♗d4 g6 33.c5 ♗b5 hätte Schwarz aufgrund des ungleichfarbigen Läuferendspiels ausgezeichnete Remischancen.

30. … ♔e7–d6
31.a3–a4 ♗b7–c6
32.a4–a5 ♔d6–c7
33.a5–a6 h7–h5
34.g2–g4 h5–h4
35.♔g1–f2 f7–f6
36.f4–f5 ♘d7–b6

Schwarz befindet sich in Zugzwang. Auf 36. … ♔d6 gewinnt 37.♗b8+!! ♘:b8 38.a7, und nach 38. … ♘d7 oder ♔c7 folgt jeweils 39.♗:c6 nebst 40.a8♕. Oder 36. … ♘e5 37.♔e2 ♘d3 38.♗:c6 ♔:c6 39.♗b8 ♘b2 (39. … ♔b6 40.a7 ♔b7 41.♗d6 ♔:a7 42.♗f8) 40.♗d6! ♘:c4 41.♗f8 mit Gewinn.

37.♗a7:b6+ ♔c7:b6
38.♔f2–e2 ♗c6–a8
39.♔e2–d2 ♔b6–a5
40.♔d2–c3 ♔a5–b6

Auch jetzt ist die schwarze Atemnot unübersehbar.

41.♔c3–b3 ♔b6–a5
42.♔b3–a3 ♔a5–b6
43.♔a3–a4

Das Eindringen des weißen Königs nach b6 ist nicht mehr zu verhindern.
Schwarz gab auf.

3.8. Läuferpaar im Endspiel

Das Endspiel ist der letzte Teil einer Schachpartie. Demzufolge kommt ihm ein besonderer Stellenwert zu. Bei stark reduziertem Material beiderseits ist jetzt äußerste Präzision gefragt, denn es gilt, die Kraft der einzelnen Figuren maximal zu nutzen. Hier sind keine taktischen „Schwindelchancen" mehr möglich, sondern jeder Bauern- und Figurenzug will durchdacht sein.
Aus diesem Grund ist dem wirksamen Einsatz des Läuferpaares natürlich besondere Beachtung zu schenken. Das Ziel ist stets Materialgewinn – meistens Bauern – um auf dieser Basis eine Entscheidung herbeizuführen.
Welche Gesichtspunkte sind in dieser Phase der Partie nun aber vorrangig zu beachten?
Ziel sollte es immer sein, dem Läuferpaar eine größtmögliche Bewegungsfreiheit zu beiden Flügeln zu verschaffen. Die Reichweite der Läufer ist dabei so zu nutzen, daß feindliche Bauern bedroht werden.
Dabei sind ständig Schlagmöglichkeiten durch die aufgestellten Bauernhebel zu kontrollieren.
Im Kampf um Einbruchsfelder müssen gegnerische Figuren ins Abseits gedrängt werden, damit diese, wenn möglich, zur völligen Passivität verurteilt werden.
Raumvorteil und Raumnot sind bei jeder Einschätzung immer wichtige Kriterien.
Klar ist auch, daß beim reinen Endspiel die Freibauernbildung eine wesentliche Rolle spielt. Durch das Läuferpaar muß deshalb ein solcher Druck entstehen, daß bei einer Bauernmajorität diese Aufgabe gelöst wird. In diesem Zusammenhang ist auch dem Doppelbauern, dem isolierten Bauern und im Endspiel schließlich dem Mehrbauern die nötige Aufmerksamkeit zu schenken.
Wie in keiner Phase einer Schachpartie spielt im Endspiel der aktive König eine Rolle. Zentral postiert, wird er in Kooperation mit dem Läuferpaar partieentscheidende Einbruchsfelder erobern. Die nachfolgenden zehn instruktiven Beispiele belegen ein-

drucksvoll, wie die Kraft des Läuferpaares im Endspiel am effektivsten zu nutzen ist.

Partie Nr. 125
Uhlmann–Andersson,
Skopje 1972
1.c4 g6 2.d4 ♗g7 3.♘c3 d6 4.e4 ♘f6 5.♗e2 0–0 6.♗g5 c5 7.d5 h6 8.♗f4 ♕a5 9.♗d2 e6 10.♘f3 ed 11.ed a6 12.a4 ♕c7 13.0–0 ♗g4 14.a5 ♘bd7 15.h3 ♗:f3 16.♗:f3 ♖fe8 17.♕a4 ♘e5 18.♗e2 ♖e7 19.♖fe1 ♖ae8 20.♗f1 ♔h7 21.♖e2 ♘ed7 22.♖ae1 ♖:e2 23.♖:e2 ♖:e2 24.♗:e2 ♘e8 25.♗d1 ♗e5 26.♗c2 ♕d8 27.♕a1 ♕e7 28.♕e1 ♘df6 29.♔f1 ♘g8 30.b3 ♔g7 31.f4!

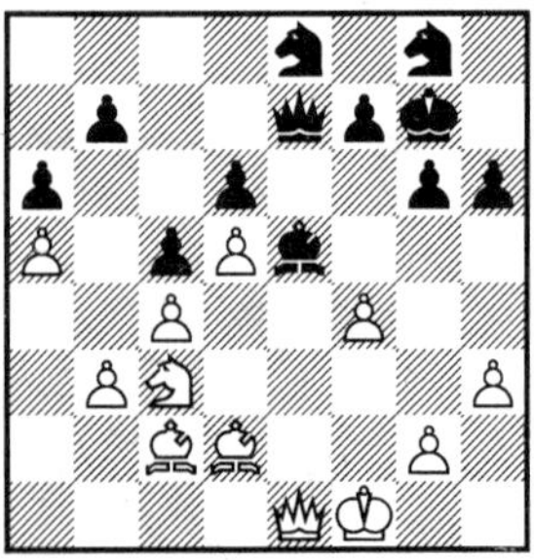

Einschätzung der Stellung: Nachdem Weiß seinen Läufer nach c2 dirigiert hat, wird mit dem Textzug der Damentausch anvisiert. Nur danach erlangt das Läuferpaar am Damenflügel volle Wirksamkeit. Wie auch in der Partie Uhlmann–Gligorić (Nr. 128), ist der Bauernhebel b4 immer der Ausgangspunkt für Raumgewinn. Nur so wird es erst möglich, die Läufer über a4 und b4 zum Einsatz zu bringen. Dadurch kann dann der Punkt d6 anvisiert und auf der d-Linie eventuell ein Freibauer gebildet werden. Prinzipiell hat die Partei des Läuferpaares immer dann Chancen, wenn keine Bauernsymmetrie vorhanden ist. Augenfällig bei Schwarz sind vor allem seine inaktiven Springer. Weiß hat das bessere Spiel.

31. … ♗e5–f6
32.♕e1:e7 ♗f6:e7
33.b3–b4! c5:b4

Eine schwierige Entscheidung für Schwarz. Neben der Partiefortsetzung kam noch 33. … ♘gf6 in Betracht. Nach 34.♘a4 ♘d7 35.g4! ist aber ebenfalls der weiße Vorteil klar ersichtlich: Raumvorteil auf beiden Flügeln!

34.♘c3–a4 ♘g8–f6
35.♘a4–b6

Ein feiner Zwischenzug, der Schwarz das Feld d7 streitig macht.

35. … ♗e7–d8?

Ein Fehler, wonach das weiße Läuferpaar übermächtig wird. Eine gute Verteidigung bestand in 35. … b3 36.♗:b3 ♘e4 37.♗b4 ♘c5 38.♘c8! ♔f8 (38. … ♘:b3 39.♘:e7 ♘c5 40.♘c8 mit der tödlichen Drohung ♘:d6) 39.♗c2 mit Druck auf beiden Flügeln.

36.♗d2:b4 ♗d8:b6?

Beschleunigt das schwarze Ende. Objektiv war es aber bereits äußerst schwer, eine akzeptable Verteidigung aufzubauen. So folgt auf 36. ... ♔f8 37.♗a4! ♘e4 (37. ... ♔e7 scheitert an 38.♘c8+ nebst ♘:d6, und 37. ... ♗:b6 verliert wegen 38.ab ♔e7 39.♗c6!! ♘d7 40.♗:b7 ♘:b6 41.♗:a6 – auch 41.c5 ♘d7 42.cd+ ♘:d6 43.♗:a6 ♘f6 44.♗b7 gibt klaren Vorteil – 41. ... ♘c7 42.♗a5 ♘c:d5 43.♗b7! ♘e3+ 44.♔f2 ♘d1+ 45.♔e2 mit Gewinn) 38.♗d7! ♘c5 39.♗c8 ♗:b6 40.ab ♘a4 41.♗:b7 ♘:b6 42.c5!! ♘d7 43.cd, und für Weiß ist alles gelaufen.

37.a5:b6 ♔g7–f8
38.c4–c5!?

Wiederum ist 38.♗a4 nebst ♗c6 sehr stark.

38. ... ♘f6–d7?

Ebenfalls verliert 38. ... ♘:d5 39.c6!! ♘:b6 40.cb ♘d7 41.♗a4 ♘b8 42.♗:e8 ♔:e8 43.♗:d6 mit Figurengewinn. Relativ am besten war noch 38. ... dc 39.♗:c5+ ♔g8 (39. ... ♔g7 40.♗d4 ♔f8 41.d6! ♘d7 42.♗a4 ♘ef6 43.g4 und g5 ist entscheidend) 40.♗d4! ♘:d5 41.♗e4 ♘ef6 42.♗f3 g5! (42. ... ♔f8? 43.g4! g5 44.fg hg 45.h4 mit Gewinn) 43.fg hg 44.g4! ♔h7 45.♔e1, und Schwarz hat dem Manöver ♔d2, ♔c2, ♔b3 und ♔c4 nichts entgegenzusetzen. Sobald der schwarze Bauer b7 fällt, ist der Gewinn für Weiß gesichert.

39.c5–c6! b7:c6

Auf 39. ... ♘:b6 gewinnt 40.cb ♘d7 41.♗a4 ♘b8 42.♗:e8 nebst ♗:d6.

40.b6–b7! c6:d5

Oder 40. ... c5 41.♗a4 ♘b8 42.♗a5 nebst ♗:e8 und ♗c7 mit Figurengewinn.

41.♗c2–a4 ♘d7–b8
42.♗a4:e8 ♔f8:e8
43.♗b4:d6

Schwarz gab auf.

Partie Nr. 126
Uhlmann–Vogt,
Zinnowitz 1971
1.d4 g6 2.c4 ♗g7 3.e4 d6 4.♘c3 ♘f6 5.♗e2 0–0 6.♗g5 c5 7.d5 h6 8.♗f4 a6 9.a4 ♕a5 10.♗d2 e6 11.♘f3 ed 12.ed ♗g4 13.0–0 ♕c7 14.a5! ♘bd7 15.h3 ♗:f3 16.♗:f3 b6 (wie der Partieverlauf zeigt, ist der Bauernzug b6 nicht zu empfehlen. Schwarz kann kein wirksames Gegenspiel auf der halboffenen b-Linie inszenieren. Im Endeffekt ist der Bauer a6 schwächer als der weiße auf b2) 17.ab ♕:b6 18.♘a4 ♕c7 19.♕c2 ♖fe8 20.♖fe1 ♖:e1+ 21.♖:e1 ♖b8 (besser sofort ♖e8) 22.♗d1! (dieses Standardmanöver in dieser Position ist in allen Ab-

spielen recht nachhaltig. Durch b3 wird der Damenflügel stabilisiert, und Weiß kann in aller Ruhe seine Position verstärken) 22. … ♖e8 23.♖:e8+ ♘:e8 24.♕c1! ♘e5 25.b3 ♕e7 26.♗c2 ♕h4 27.♕e1! (die Idee besteht in ♕e2 und f4) 27. … g5? (eine schwerwiegende Entscheidung. Mit dem Textzug wird zwar f4 auf Dauer unterbunden, jedoch ist die Diagonale b1–h7 unangenehm geschwächt) 28.♗f5! ♗f6 (mehr oder weniger erzwungen. Es drohte bereits ♕e2, und nach g3 wäre die schwarze Dame in Gefahr) 29.♕e2 ♘g7 30.g3 ♕h5 31.♕:h5 ♘:h5.

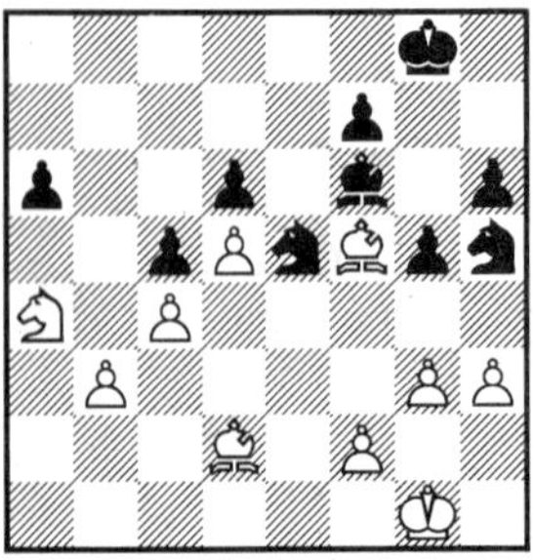

Einschätzung der Stellung: Die weißen Läufer sind die dominierenden Figuren auf dem Brett. Durch die Schwächung des schwarzen Königsflügels mittels g5 ergibt sich maximale Wirkung sowohl für den weißfeldrigen Läufer wie auch für den schwarzfeldrigen, der über a5 in das gegnerische Lager eindringen könnte. Weiterhin ist die weiße Bauernstruktur gesünder. Mit dem Hebel f4 ist zusätzlicher Raumgewinn zu erzielen. Schwarz hat zwei Bauernschwächen: a6 und d6. Das Hauptdilemma sind freilich die inaktiven Springer, die auch keine Bindung zueinander haben. Der taktische Versuch am weißen Königsflügel ist gescheitert. Der Anziehende hat ein deutliches strategisches Übergewicht.

32.♔g1–g2 ♗f6–d8
33.♗f5–c8 a6–a5

Damit kann zwar Bauernverlust vermieden werden, aber nur auf Kosten der Schwächung des Feldes b5, das nun der weiße Springer anpeilt.

34.♘a4–c3 ♔g8–f8
35.f2–f4 g5:f4
36.g3:f4 ♘e5–g6
37.♔g2–f3 ♘g6–h4+
38.♔f3–f2!

Diese kleine Nuance ist von wesentlicher Bedeutung. Jetzt scheitert die Wiederholung 38. … ♘g6 an 39.♘e4! ♗c7 (39. … ♘h:f4 40.♘:d6 mit der Drohung ♘b7 und auch ♔f3. Bauernverlust wäre nicht mehr zu vermeiden) 40.f5 ♘e7 41.♗d7 ♔g7 42.♗c3 f6 43.♔f3 mit Gewinn.

38. … ♘h5–g7
39.♘c3–b5 ♘h4–f5
40.♗d2–c3

Droht fatal ♗:g7 und ♘:d6.

Beide weißen Läufer haben ihre beste Aufstellung gefunden. Für Schwarz ist höchste Alarmstufe, da beide Springer durch Deckungsaufgaben aneinander gebunden sind.

40. … ♔f8–e7
41.♔f2–f3 ♗d8–b6
42.♗c3–e1

Der weiße König soll nach e4, ohne durch ♘g3+ gestört zu werden.

42. … ♔e7–f6

Nicht 42. … ♔d8 43.♗:f5 ♘:f5 44.♔e4, und der d-Bauer geht verloren.

43.♔f3–e4 ♔f6–g6
44.♗c8–d7! ♗b6–d8
45.♗e1–c3 f7–f6
46.♘b5–a7! ♘f5–e7

Falls 46. … ♘d4 47.♗:d4 cd 48.♘b5.

47.♘a7–c6!

Das Schicksal des Nachziehenden ist besiegelt, da auf c6 der Abtausch erfolgen muß. Der Zwischenzug 47. … f5+ verliert: 48.♗:f5+ ♘:f5 49.♘:d8.

47. … ♘e7:c6
48.f4–f5+! ♔g6–f7
49.d5:c6 ♘g7–e8

Chancenlos ist auch 49. … ♘h5 50.♗d2 ♔g7 (50. … ♘g3+ 51.♔f3 nebst ♗:h6) 51.♔f3! ♔h7 52.♔g4 ♘g7 53.♗c3 h5+ 54.♔f3, und ♗:f6 ist nicht zu verhindern. Ebenso verliert 49. … ♔e7 50.♗d2 h5 51.♗h6 ♔f7 52.♔d5 ♗c7 53.♗:g7 ♔:g7 54.♔e6 ♔f8 55.♔:f6 ♗d8+ 56.♔e6 ♗c7 57.f6 h4 58.f7 ♗b8 59.♗e8, und gegen ♔d7 gibt es keine Verteidigung.

50.♔e4–d5!

Auf 50. … ♗c7 gewinnt leicht 51.♗:e8+ ♔:e8 52.♔e6. Schwarz gab auf.

Partie Nr. 127
Uhlmann–Gligorić,
Palma de Mallorca 1969
1.d4 ♘f6 2.c4 g6 3.♘c3 ♗g7 4.e4 d6 5.♗e2 0–0 6.♗g5 c5 7.d5 a6 8.a4 ♕a5 9.♗d2 e6 10.♘f3 ed 11.ed ♗g4 12.0–0 ♕c7 13.h3 ♗:f3 14.♗:f3 ♘bd7 15.♕b3 ♖ae8 16.♖ae1 ♖:e1 17.♖:e1 ♖e8 18.♖:e8+ ♘:e8 19.♗d1 ♗d4 20.♘e2 ♗g7 21.a5! (damit wird auf lange Sicht der Bauernhebel b4 vorbereitet, ohne daß Schwarz mit b6 seine Bauernkette geschlossen halten kann) 21. … ♔f8 22.♗c2 ♘ef6 23.♕e3 ♘e5 24.b3 ♕e7 25.g4! (auch am Königsflügel wird damit der Raum vergrößert. Schwarz gehen Felder für seine Leichtfiguren verloren) 25. … ♘ed7 26.♕:e7+ ♔:e7 27.♔g2 ♘e8 28.♘g3 ♗b2 29.♘e2 ♘g7 30.f3 ♗a3 31.♘c1 (verhindert 31. … ♗b4 wegen 32.♗:b4 cb und ♘d3 mit Bauerngewinn) 31. … ♗b2 (Schwarz muß darauf achten, daß sein Läufer auf a3 nicht durch ♘d3 ausge-

sperrt wird) 32.♔f1 ♘e8 33.♔e2 ♗d4 34.♗d1 ♘g7 35.♔d3 f5 36.f4 ♘f6 (ein verständlicher Zug, um das Feld e4 anzupeilen. Andererseits kommt aber der Läufer d4 in Nöte. Das Problem für Schwarz besteht darin, äußerste Geduld zu üben, um den weißen Läufern keine Einbruchsfelder einzuräumen) 37.♘e2! ♗f2 38.♘c3 h5? (eine schwerwiegende Entscheidung. Mit dem Textzug wird zwar der Königsflügel geschlossen, aber der weiße Raumvorteil wächst, und der Läufer auf f2 spielt nicht mit. Besser war deshalb 38. ... ♗d4) 39.g5 ♘d7 40.♘e2! ♔f7 41.♗c3 ♘f8 42.♘c1!

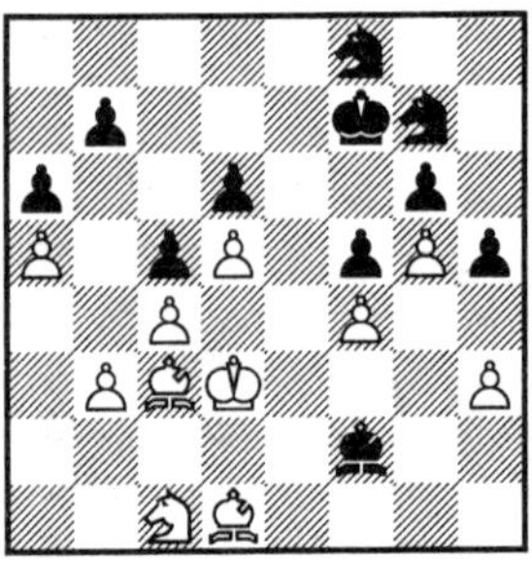

Einschätzung der Stellung: Weiß verfügt über Raumvorteil an beiden Flügeln. Durch die geschlossene Bauernkette am Königsflügel sind zwar unmittelbar keine Einbruchsfelder gegeben, jedoch ist die Kontrolle über die wichtigen Felder e5 und f6 von besonderer Bedeutung. Mit dem zu erwartenden Bauernhebel b4 ist aber die Bauernsymmetrie zu sprengen. Beide weißen Läufer können danach am Damenflügel über a4 und b4 zum Einsatz kommen. Das schwarze Sorgenkind ist natürlich der eingeklemmte Läufer auf f2. Dem Nachziehenden bleibt deshalb nur der Bauernzug h4, der die eigene Position schwächt. Im Gegensatz zu dem aktiven weißen König ist die schwarze Majestät genau wie ihre Springer äußerst passiv. Somit ist nach langem Lavieren die Zeit gekommen, daß das Läuferpaar die Akzente setzt und den weißen Vorteil vergrößert.

42. ... ♘f8–d7
43.♔d3–e2 ♗f2–g3

Eine traurige Notwendigkeit, weil 43. ... ♗d4 nach 44.♗:d4 cd und 45.♔d3 einen Bauern verliert.

44.♔e2–e3 h5–h4

Mehr oder weniger erzwungen, um dem Springer über h5 ein Einsatzfeld zu sichern. Falls Schwarz inaktiv bleiben sollte, geht es nach 44. ... ♘e8 45.♘e2 ♗h4 46.♔f3 ♘g7 47.♔g2 nebst ♘g1 und ♘f3 dem Läufer h4 an den Kragen.

45.♗d1–f3 b7–b6

Oder 45. ... ♘h5 46.♘e2 ♘f8 47.♗:h5 gh 48.♔f3 mit Bauerngewinn.

46.a5:b6 ♘d7:b6
47.♘c1–e2 ♘b6–d7
48.♔e3–d3!!

Eine gedankliche Umprogrammierung. Nach dem Tausch auf b6 soll der weiße König nach a5 dirigiert werden. In der Tat wäre nach 48.♘:g3 hg 49.♗e1 ♘h5 50.♗:h5 gh 51.♗:g3 ♘f8 52.♔d3 ♘g6 53.♔c3 ♔e7 54.b4 ♔d7 der Sieg sehr schwer zu erringen.

48. … ♗g3–f2
49.♔d3–c2 ♘d7–f8!

Schwarz verteidigt sich listenreich.

50.♘e2–c1

Der sofortige Königsmarsch 50.♔b2 scheitert an 50. … ♗e3 51.♔a3 ♘h5! 52.♗:h5 gh 53.♔a4 ♘g6, und Schwarz erobert den Bauern f4.

50. … ♗f2–e3
51.♘c1–d3 ♘g7–h5
52.♗f3:h5

Damit verabschiedet sich Weiß vom Läuferpaar. Die ruinierte schwarze Bauernstellung am Königsflügel und der anschließende Vorstoß b4 sind jetzt die Haupttrümpfe.

52. … g6:h5
53.b3–b4!

Zur richtigen Zeit wird ein Freibauer gebildet und Schwarz keine Zeit gelassen, entscheidenden Druck gegen den Bauern f4 auszuüben.

53. … c5:b4
54.♗c3:b4 ♔f7–e7
55.c4–c5! d6:c5
56.♘d3:c5! a6–a5

Nicht 56. … ♗:c5 57.♗:c5+ ♔f7 58.♗:f8 ♔:f8 59.d6, und Weiß trägt das Bauernendspiel ohne Mühe ab.

57.♗b4–a3 ♘f8–g6
58.♘c5–d3+ ♔e7–e8

Ein Fehler wäre 58. … ♔d7 59.♘e5+ ♘:e5 60.de ♗:g5 61.e6+ ♔e8 62.d6, und Schwarz steht dem Manöver ♗c5 und d7+ wehrlos gegenüber.

59.♗a3–d6 ♔e8–d7
60.♗d6–b8 ♔d7–c8
61.♗b8–e5 ♘g6:e5

Auf 61. … a4 gewinnt 62.♔c3, und der a-Bauer geht verloren.

62.f4:e5 ♗e3:g5
63.♔c2–b3 ♗g5–d2?

Damit wird Weiß die Gewinnführung erleichtert. Genauer war 63. … f4! 64.♘e1 ♔b7 65.♔a4 ♔b6 66.d6!, und Schwarz befindet sich in Zugzwang. Nach 66. … ♔c6 67.♔:a5 ♔d5 68.♘f3 ♗d8 69.♔b5 gewinnt Weiß. Remischancen bietet allerdings 64. … ♔d7.

64.d5–d6! f5–f4
65.e5–e6 f4–f3
66.e6–e7 ♔c8–d7
67.♘d3–c5+

Schwarz gab auf.

Partie Nr. 128
Uhlmann–Gligorić,
Hastings 1971
1.d4 ♘f6 2.c4 g6 3.♘c3 ♗g7 4.e4 d6 5.♗e2 0–0 6.♗g5 c5 7.d5 e6 8.♕d2 ed 9.ed ♖e8 10.♘f3 ♗g4 11.0–0 ♘bd7 12.h3 ♗:f3 13.♗:f3 a6 14.a4 ♕e7 15.♖ae1 ♕f8 16.♗d1! ♖:e1 (in Betracht kam 16. … h6 17.♗h4 ♘e5 18.b3 g5 19.♗g3 ♘g6 mit geringem Vorteil für Weiß) 17.♖:e1 ♖e8 18.♖:e8 ♕:e8 19.♗f4 ♕e7 20.♕e2 (nur wenn die Damen getauscht sind, kann Weiß auf die Kraft des Läuferpaares hoffen) 20. … ♔f8 21.♕:e7+ ♔:e7 22.a5! (in zweierlei Hinsicht ein wichtiger Zug: Einerseits soll der weißfeldrige Läufer über a4 zum Einsatz kommen, andererseits ist durch den Bauernhebel b4 die Bauernstruktur am Damenflügel zu öffnen) 22. … ♘e8 23.♗d2! (natürlich muß ♗:c3 verhindert werden) 23. … h5 24.♔f1 ♗d4 25.b3 ♘g7 26.♗c2 ♘e8 27.♘e2 ♗b2 28.f3 ♘g7 29.♔f2 ♗f6 30.♘c3 ♗d4+ 31.♔e2 f5 32.f4! ♘e8 33.♗d3 ♗:c3? (Schwarz beurteilt die Stellung nicht richtig und unterschätzt die weißen Möglichkeiten. Besser war deshalb 33. … ♘g7) 34.♗:c3 ♘ef6 35.♗e1 ♔f7 36.♔e3 ♔e7 37.♗c2 ♔f7 38.b4!

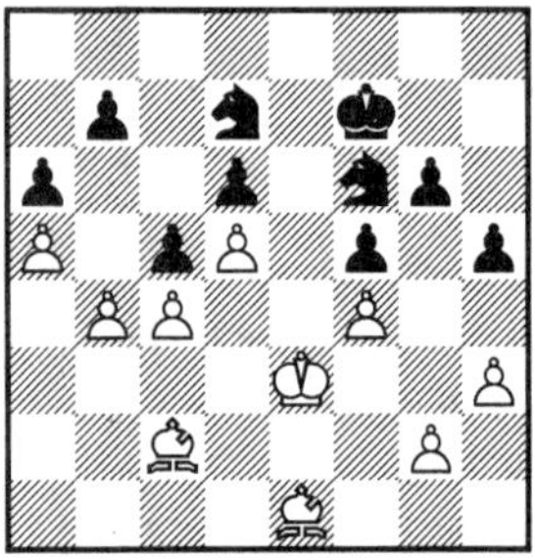

Einschätzung der Stellung: Ein hochinteressantes Endspiel, in dem sich Läufer- und Springerpaar gegenüberstehen. Nur wenn Weiß dank seiner Läufer Einbruchsfelder schafft, bestehen reale Chancen auf einen Sieg. Mit dem Textzug wird der erste Hebel in Bewegung gesetzt, um die Bauernstruktur zu ändern. Das Feld d4 muß für den König freigekämpft werden. Die zweite „Brechstange“ ist der Zug g4. Dadurch sollen entweder die schwarzen Bauern am Königsflügel „aufgeweicht“ oder ein Einbruchsfeld für den weißfeldrigen Läufer erzwungen werden. Das Problem für Schwarz besteht darin, absolut passiv zu bleiben, denn der kleinste Fehlgriff würde schon den K. o. bringen. Weiß steht natürlich besser.

38. … c5:b4

Die Aufgabe des Feldes d4 ist fast unvermeidlich. Auf 38. … ♔e7 39.bc dc 40.♗c3 (mit der Drohung ♗e5) ♔d6 41.♗d3 ist Schwarz in Zugzwang, da auf 41. … ♘e8 42.g4! folgt und die Blockade am Königsflügel sprengt. Ein Freibauer kann immer gebildet werden.

39.♗e1:b4 ♘d7–c5
40.♔e3–d4 ♘f6–d7

Damit ist ein wichtiges Teilziel erreicht. Schwarz muß c5 unter Kontrolle halten und kann den zweiten Schritt, der in g4 gipfelt, nicht verhindern.

41.♗c2–d1 ♔f7–e7
42.g2–g4! h5:g4
43.h3:g4 ♔e7–f6
44.♔d4–e3! b7–b6

Ein verpflichtender Zug, den Schwarz sicherlich nicht gern getan hat. Merkwürdigerweise befindet er sich aber bereits in Zugzwang. So verliert die passive Antwort 44. … ♔f7 wegen 45.gf gf 46.♗h5+ ♔e7 47.♗g6 ♔f6 48.♗h7! ♘e4 49.♗a3!, und gegen das Schach auf b2 nebst ♗:f5 gibt es keine Verteidigung. Das gleiche Schicksal erleidet Schwarz nach 44. … ♘e4 45.gf gf 46.♗h5 wieder mit der Drohung ♗a3, ♗b2+ und ♗g6. Die zwei Bauernschwächen f5 und d6 sind die Ursache der schwarzen Niederlage.

45.g4:f5 g6:f5
46.♗b4:c5!

Zur richtigen Zeit wickelt Weiß in ein Endspiel guter Läufer gegen schlechten Springer ab. Schwarz muß tatenlos zusehen.

46. … ♘d7:c5

Ganz chancenlos ist 46. … dc 47.♗a4 ♔e7 48.♗:d7 ♔:d7 49.ab ♔c8 50.d6 mit Gewinn oder 46. … bc 47.♗a4 ♔e7 (47. … ♘f8 48.♗c6 nebst ♗b7 bzw. 47. … ♘b8 48.♔f3 ♔g6 49.♔g3 ♔h5 50.♗e8+ ♔h6 51.♔h4, und der weiße König dringt auf g5 ein) 48.♔f3 ♘f6 49.♗c2 mit Gewinn.

47.a5:b6 a6–a5
48.♗d1–c2 ♔f6–e7

Wiederum eine Zugzwangsituation. 48. … a4 scheitert an 49.♗:a4, und falls Schwarz mit seinem König zwischen g6 und f6 pendelt, setzt sich der weiße König nach a3 in Marsch. Anschließend bereitet der Anziehende mit ♗a4 und ♗c6 den gewinnbringenden Bauernvorstoß b7 vor.

49.♔e3–d2! ♔e7–d8
50.♗c2:f5

Damit ist entscheidendes Material gewonnen. Die zwei Freibauern sichern im Zusammenwirken mit dem aktiven weißen König leicht den Sieg. 50. … ♘a4 51.b7 ♔c7 52.♗c8 ♘c5 53.f5 ♘e4+ 54.♔c2 ♔b8 55.♔b3 ♘d2+ 56.♔a4 ♘:c4 57.f6 ♘e5 58.♔:a5 Schwarz gab auf. Diese Partie erhielt übrigens einen Sonderpreis für das beste Endspiel des traditionellen Turniers von Hastings.

Partie Nr. 129
Uhlmann–Augustin,
Děčin 1977
1.c4 ♘f6 2.♘c3 e6 3.♘f3 ♗b4 4.♕c2 0–0 5.a3 ♗:c3 6.♕:c3 b6 7.b3 ♗b7 8.g3 d5 9.♗g2 d4 10.♕b2! c5 11.0–0 ♘c6 (oder 11. … e5 12.d3! – 12.♘:e5? ♗:g2 13.♔:g2 ♖e8 14.f4 ♘bd7 mit etwas Vorteil – 12. … ♘c6 13.e4 mit der Idee ♗d2 und b4, Weiß hat Initiative) 12.d3 ♕e7 13.b4! ♖fd8 (falls 13. … cb 14.ab ♘:b4 15.♘:d4 ♗:g2 16.♔:g2 ♕b7+ 17.f3, so steht Weiß etwas besser) 14.bc ♕:c5 (oder 14. … bc 15.♗f4 mit Vorteil) 15.a4! h6 16.♗f4 ♘h5 17.♗d2 ♖ab8 18.♕b5! ♘f6 19.♖fb1 ♘d7 20.a5! ♗a8 (nicht 20. … ♕:b5 21.cb ♘:a5 22.♗:a5 ♗:f3 23.♗:f3 ba 24.♖:a5 ♘e5 25.♗g2 ♖d7 26.b6! f6 27.b7! mit klarem Vorteil) 21.ab ♖:b6 (oder 21. … ab 22.♗f4! e5 23.♕:c5 bc 24.♖:b8 ♖:b8 25.♘:e5 mit Bauerngewinn) 22.♕:c5 ♖:b1+ 23.♖:b1 ♘:c5 24.♘e1 f6 25.f4! ♔f7 26.♘c2 ♔e8 27.♔f2 ♔d7 28.♖b2 ♔c7 29.♖b5! ♘b7 (auf 29. … ♘a4 gewinnt 30.♗:c6! ♔:c6 – 30. … ♗:c6 31.♗a5+ ♘b6 32.♖b2 mit der Drohung c5 – 31.♖a5 mit Bauerngewinn, oder 29. … ♔d6 30.♗:c6 ♔:c6 31.♗a5 ♖d7 32.♖b8 ♗b7 33.♖e8 nebst ♗b4, wiederum mit Bauerngewinn) 30.♗c1! ♘d6 31.♖b1 e5 32.♗a3 ♘f5 33.♗e4 ♘fe7 (schlecht wäre 33. … ♘ce7 34.♗:f5 ♘:f5 35.♗c5!, und der a-Bauer geht verloren) 34.fe! fe 35.♗c5!

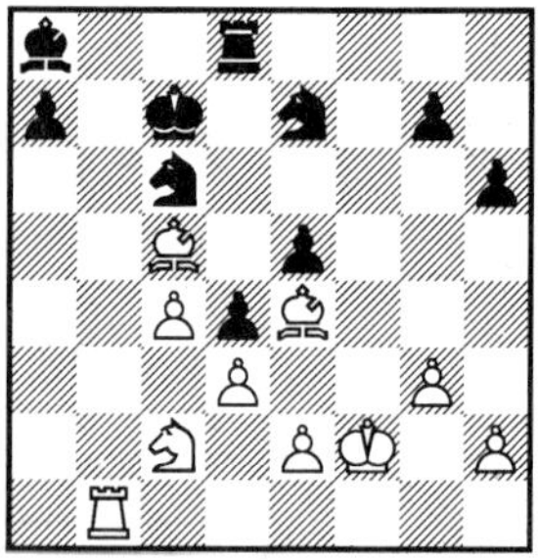

Einschätzung der Stellung: Weiß hat zwei Traumläufer, die im Endspiel das ganze Schachbrett beherrschen. Hinzu kommt eine gesunde Bauernstruktur mit dem Freibauern c4 an der Spitze. Auf Abruf stehen Turm und Springer bereit, die ebenfalls gute Positionen einnehmen und diese noch verbessern können. Auch der weiße König ist notfalls gewillt, über f3 und g4 schnell in das feindliche Lager einzudringen. Schwarz hat den vielen weißen Drohungen nichts entgegenzusetzen. Schlimmstes ist zu befürchten: Bauernschwächen auf a7 und e5, zwei lahme Springer und der weißfeldrige Läufer, der auf a8 nur ein Schattendasein führt.

35. … ♖d8–b8?

Verliert sofort, aber ein spielbarer Zug war bereits schwer

zu finden. 35. ... ♗b7 scheitert an 36.♗:e7 mit Figurengewinn, 35. ... ♖e8 wäre noch das beste gewesen. Nach 36.♖a1 a5 37.♘a3! mit der Drohung ♘b5+ wäre jedoch ebenfalls auf Dauer kein Widerstand zu leisten.

36.♖b1:b8 ♔c7:b8
37.♗c5–d6+! ♔b8–c8
38.♗d6:e7

Schwarz gab auf.

Partie Nr. 130
Gheorghiu–Timman,
Moskau 1981
1.d4 ♘f6 2.c4 g6 3.♘c3 ♗g7 4.e4 d6 5.f3 0–0 6.♗e3 e5 7.d5 c6 8.♕d2 cd 9.cd ♘a6 10.0–0–0 ♗d7 11.♔b1 ♘c5 12.♘ge2 b5 13.b4! (auf 13.♘c1 wäre 13. ... b4 sehr stark) 13. ... ♘a4 14.♘:a4 ba 15.♘c3 ♘e8 16.♗d3 (in Betracht kam auch 16.a3) 16. ... ♖b8 17.a3 a5 18.b5! ♘c7 (fehlerhaft wäre 18. ... ♗:b5 19.♘:b5 ♘c7 20.♕b2! ♕e8 – 20. ... ♕d7 21.♔a2 ♘:b5 22.♖b1 ♘c7 23.♕:b8! ♖:b8 24.♖:b8+ ♗f8 25.♗h6 mit Gewinn – 21.♘:c7! ♖:b2+ 22.♔:b2 ♕d7 23.♖c1 ♖b8+ 24.♔a2 ♖b7 25.♘b5 ♖:b5 26.♗:b5 ♕:b5 27.♖c8+ ♗f8 28.♗h6 ♕b3+ 29.♔a1 ♕:a3 30.♔b1 ♕b3+ 31.♔c1 ♕a3+ 32.♔d2 ♕b2+ 33.♔e1 ♕b1+ 34.♔f2, und die Schachs versiegen, so daß Schwarz auf f8 matt wird) 19.b6 ♘a8 20.♔a2! (mit dem Bauernopfer wehrt Weiß alle Gefahren für seinen König ab und übernimmt selbst die b- und c-Linie für Angriffsoperationen. Die schwarzen Sorgenkinder sind der Springer auf b6 und der Läufer g7) 20. ... ♘:b6 21.♖b1 f5 22.♖hc1 fe 23.♘:e4! ♗f5 24.♕:a5 (damit macht sich die Investition des Bauernopfers bereits bezahlt) 24. ... ♘d7 25.♕:d8 ♖f:d8 26.g4! (erobert das Läuferpaar. Gleichzeitig wird der weiße Bauer d5 durch die Bauernkette wieder natürlich gestützt) 26. ... ♗:e4 27.fe ♖:b1 28.♖:b1 ♖c8 29.♖c1 ♖f8 30.♗e2! (nimmt dem schwarzen Turm das Einbruchsfeld f3) 30. ... ♘c5 31.♖c4 ♘b3 (falls Schwarz jetzt mit 31. ... ♗f6 diesen Läufer aktivieren sollte, wäre die Abwicklung 32.♗:c5 dc 33.♖:a4 ♗e7 34.♖c4 ♖f2 35.♖c2 tödlich, da 35. ... ♖:h2 an 36.d6 nebst ♗c4+ scheitert) 32.g5! (damit wird der Läufer g7 zum Statisten. Weiß erhält seinerseits das Feld g4 für seinen weißfeldrigen Läufer. Schlecht wäre 32.♖:a4 gewesen, da nach ♘d4 der schwarze Turm doch eines seiner Wunschfelder – f3 oder f1 – erhalten würde) 32. ... ♘d4 33.♗g4 ♖f1 34.♖c1!

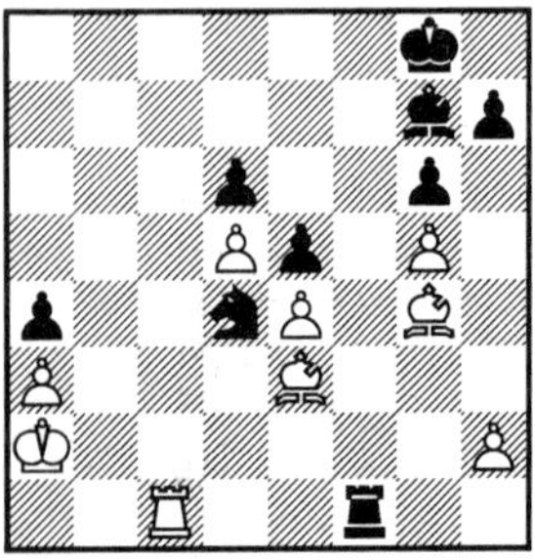

Einschätzung der Stellung: Mit dem erzwungenen Turmtausch wechselt der Anziehende in ein reines Endspiel über. Die Vorteile für Weiß sind klar ersichtlich. Zum einen hat er zwei aktive Läufer, die großen Raumgewinn sichern. Zum anderen kann auch die schwarze Bauernschwäche a4 angegriffen werden. Hinzu kommt, daß der weiße König schnell über b2, c3 nach b4 oder c4 gelangt, von wo Gefahren für die schwarzen Bauern a4 und d6 entstehen. Der Nachziehende hat als einziges Gegenpfand seinen guten Springer auf d4. Sonst überwiegen die Nachteile. Besonders der Läufer g7 benötigt viel Zeit, um über f8–e7–d8 und b6 oder a5 wieder ins Spiel einzugreifen. Neben der Raumnot steht zu allem Übel auch noch der schwarze König im Abseits.

34. … ♖f1–f8

Leider ist 34. … ♖f7 wegen 35.♗:d4 ed 36.♗e6 nicht möglich.

35.♖c1–c8 ♔g8–f7
36.♖c8:f8+ ♗g7:f8
37.♔a2–b2 ♗f8–e7
38.♔b2–c3 ♗e7–d8
39.♗g4–d1!

Natürlich nicht 39.♔b4 wegen 39. … ♘c2+.

39. … ♗d8–b6
40.♔c3–c4

Auch jetzt wäre 40.♗:a4 verfrüht, weil sich Schwarz nach ♘b5+ in ein ungleichfarbiges Läuferendspiel retten könnte.

40. … ♗b6–c5
41.♗e3–c1!

Damit sind die Vorbereitungen für den Bauerngewinn auf a4 abgeschlossen.

41. … ♔f7–e7
42.♗d1:a4 ♘d4–e2

Falls 42. … ♘f3, so 43.♗d1 ♘:h2 44.♗e2, und der Springer muß nur noch zuschauen.

43.♗c1–b2 ♗c5–g1

Nicht 43. … ♗d4 44.♗:d4 ♘:d4 45.♗d1, und wiederum ist der Springer vom Spielgeschehen ausgeschlossen.

44.♗a4–d1 ♘e2–f4
45.a3–a4!

Der Freibauer setzt sich im richtigen Moment in Bewegung. Weiß kann deshalb den Bauernverlust ohne Sorgen verschmerzen.

45. … ♗g1:h2
46.a4–a5 ♔e7–d7

47.a5–a6 ♔d7–c7
48.♔c4–b5 ♘f4–d3

Oder 48. … ♗g1 49.♗c3 ♗b6 50.♗b4!, und Weiß zwingt durch die Drohung 51.♗:d6+ den Läufer, das Feld b6 zu verlassen. Danach ist ♗a5+ und ♔c6 entscheidend.

49.♗b2–c3 ♘d3–c5
50.♗c3–a5+ ♔c7–b8
51.♗a5–b6! ♘c5–d7

Erzwungen, da auf 51. … ♗f4 52.♗g4! ♗:g5 53.a7+ ♔a8 54.♗:c5! dc 55.♔a6 folgt und Schwarz gegen ♗c8 und ♗b7 matt machtlos ist.

52.a6–a7+ ♔b8–b7
53.♗b6–c7!!

Dieser schöne Zug sichert erst endgültig den Gewinn.

53. … ♘d7–c5

Auf 53. … ♔:a7 gewinnt 54.♗:d6 ♔b7 55.♗g4 ♘b6 56.♗c5 ♘c8 57.d6 nebst d7.

54.♗d1–c2 ♗h2–f4
55.♗c7:d6 ♘c5–d7
56.♗d6–e7 h7–h5

Oder 56. … ♔:a7 57.♔c6, und der d-Bauer macht das Rennen.

57.g5:h6 e. p. ♗f4:h6
58.♗c2–d1! ♗h6–c1
59.♗d1–g4 ♘d7–b6
60.♗e7–c5!

Nach 60. … ♘a8 61.d6 mit der Idee ♗e6, bringt ♗d5+ das Aus.
Schwarz gab auf.

Partie Nr. 131
Horvath–Dorfman,
Lwow 1984

1.e4 c5 2.♘f3 d6 3.d4 cd 4.♘:d4 ♘f6 5.♘c3 a6 6.♗g5 ♘c6 7.♕d2 e6 8.0–0–0 h6 9.♗e3 ♗e7 10.f4 ♘:d4 11.♗:d4 b5 12.♕e1 ♗b7 13.♗:f6 ♗:f6 14.e5 ♗e7 15.f5 (besser dürfte 15.ed ♗:d6 16.f5 ♕c7 17.fe 0–0–0 18.ef ♗f4 19.♔b1 ♕:f7 sein, und Schwarz hätte Spiel für den geopferten Bauern) 15. … ♗h4! (ein ungewöhnlicher Läuferausfall, der durch die Diagonalwirkung in Verbindung mit dem Schach auf g5 möglich wird) 16.♕e2 0–0! 17.fe (17.f6 gf 18.♕g4+ ♗g5+ 19.♔b1 f5 20.♕g3 ♔h8 21.h4 – 21.♖d6 ♕c7 mit der Idee ♖ad8! – 21. … ♗e7 22.ed ♗f6 mit besserem Spiel für Schwarz) 17. … ♕g5+ 18.♔b1 ♕:e5 19.♕g4! ♕g5 (genauer als 19. … ♗f6 20.ef ♖:f7 21.♗d3!) 20.♗e2 (Vorteil ergibt 20.ef+ ♖:f7 21.♕e6 ♕e5!) 20. … ♕:g4 21.♗:g4 ♗:g2! 22.♖hg1 ♗b7 23.♖:d6 ♗f2! 24.ef+ (günstig für Schwarz wäre 24.♖f1 ef 25.♗:e6+ ♔h8 nebst ♗c5) 24. … ♖:f7 25.♖gd1 ♗c5 26.♖d7 ♖e8 27.a3 g6 28.b4 ♗f8 29.♖1d3 ♖:d7 30.♗:d7 (fehlerhaft ist 30.♖:d7 ♗c8! 31.♖d4 ♗g7, und Schwarz gewinnt) 30. … ♖e1+ 31.♔b2 h5 32.♔b3 g5 33.a4 ba+ 34.♗:a4 (besser war 34.♔:a4, um den Läufer im Zentrum zu belassen) 34. ... ♖h1! 35.h3? (besser 35.♖d2) ♗c8!

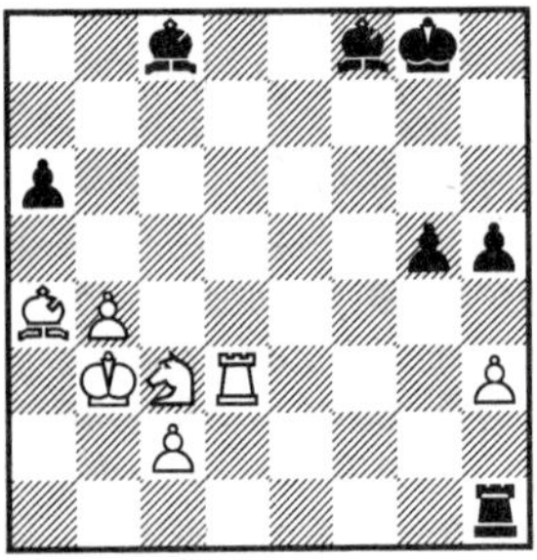

Einschätzung der Stellung: Der Textzug ermöglicht Schwarz, durch den Gewinn des Bauern h3 einen Freibauern zu bilden. Noch schlimmer wird aber eine Kreuzfesselung auf der dritten Reihe für Weiß sein, die der gegnerische Turm und der Läufer geschickt anvisieren. Für Weiß ist bei bestem Willen kein Weg zu finden, um die Niederlage abzuwenden.

36.♖d3–g3 ♗c8–e6+
37.♔b3–b2 ♖h1:h3
38.♖g3:g5+ ♗f8–g7
39.♖g5–c5

Auch 39.♗b3 hilft nicht mehr. Nach 39. ... ♗:b3 40.cb ♖:c3 41.♖:g7+ ♔:g7 verwandelt sich der h-Bauer im Eilschritt in eine neue Dame.

39. ... h5–h4
40.♗a4–c6 ♗g7–d4

Selbst diesen Tempoverlust kann sich Schwarz erlauben. Sofort gewinnt 40. ... ♖:c3.

41.♗c6–b7 ♖h3:c3!

Nun kann 42.♖:c3 h3 43.♗:a6 ♗d5! den h-Bauern nicht mehr an der Umwandlung hindern. Falls Weiß nicht auf a6 schlägt und 43.♗e4 spielt, gewinnt 43. ... h2 44.♗f3 ♔f7 45.♗e4 ♔f6 46.♗f3 ♔e5 47.♗g2 ♗d5.
Weiß gab auf.

Partie Nr. 132
Kasparow–Smyslow,
Vilnius 1984
1.d4 d5 2.♘f3 ♘f6 3.c4 c6 4.♘c3 e6 5.♗g5 ♘bd7 6.e3 ♕a5 7.cd ♘:d5 8.♕d2 ♗b4 9.♖c1 e5?! 10.a3! ♗d6 (gefährlich wäre der Bauerngewinn 10. ... ♗:c3 11.bc ♕:a3 12.e4 ♘c7 13.♗d3 mit großem Entwicklungsvorsprung) 11.de ♘:e5 12.♘:e5 ♗:e5 13.b4! ♗:c3 (eine erzwungene Abwicklung, um nicht noch größeren Nachteil zu erleiden. Zum Beispiel 13. ... ♕:a3 14.♘:d5 ed 15.♗b5+ ♔f8 16.0–0 mit Vorteil) 14.♕:c3! (ein starker Zug, der schon frühzeitig mit einem guten Endspiel liebäugelt. Unklar wäre 14.♖:c3 ♘:b4! 15.e4! – nicht 15.♖c5? wegen ♘d3+ mit Gewinn – 15. ... ♘a6 16.♗:a6 ba 17.0–0 h6 oder auch 15. ... f6!?) 14. ... ♘:c3 15.ba ♘e4 16.♗f4 0–0 17.f3 ♘f6 18.e4 ♖e8 19.♔f2 a6 (ein notwendiges Übel. Schwarz muß aufgrund der Bauernschwäche b7 selbst vor-

beugend zu a6 greifen. Andernfalls erhält Weiß klaren Vorteil, z. B. 19. ... ♗e6 20.a6 ba 21.♗:a6; oder 19. ... ♗d7 20.♖b1 b6 21.♗a6! ♗c8 22.♗e2 ♗d7 23.♖hd1) 20.♗e2 ♗e6 21.♖b1 ♖e7 22.♖hd1 ♖ae8 23.♖b2 ♗c8 24.♖bd2 ♖d7 25.♖:d7 ♘:d7 26.g4! ♘c5?! (genauer 26. ... h6, damit der weiße Raumvorteil am Königsflügel nicht beängstigende Dimensionen annimmt) 27.♗e3 ♘d7 (noch die beste Erwiderung. Auf 27. ... ♘e6 könnte Weiß seinen Raumvorteil entscheidend durch 28.f4 g6 29.f5 ♘c7 30.♗c4 ausdehnen, und auch 27. ... ♘b3 28.♗b6 ♗e6 29.f4 f6 30.f5 ♗f7 31.♖d7 ist im höheren Sinne eine Gewinnstellung) 28.g5!

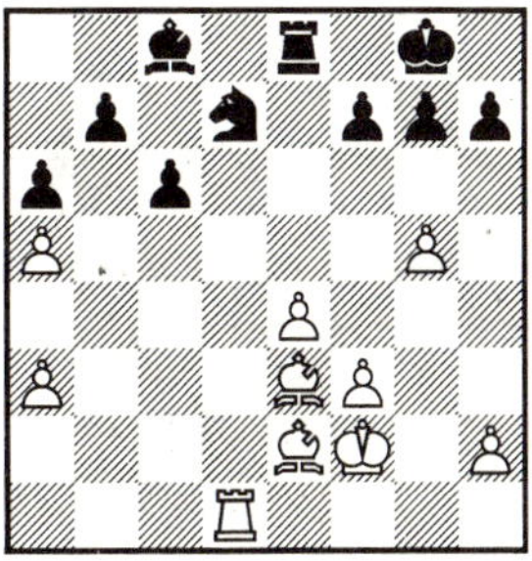

Einschätzung der Stellung: Mit seinem letzten Zug hat Weiß die wesentlichste Operation eingeleitet. Nachdem seine Figuren bereits die beste Aufstellung gefunden haben, besteht der weitere Plan darin, aufgrund der Bauernmajorität am Königsflügel entweder eine Bauernschwäche bei Schwarz zu provozieren oder einen eigenen Freibauern zu bilden. Schwarz hat bis zu diesem Zeitpunkt geschickt alle Einbruchsversuche abgewehrt. Auf Dauer ist mit seinen passiven Figuren nichts zu gewinnen. Erschwerend wirkt sich zusätzlich die Blockade der Bauernstruktur am Damenflügel aus. Somit ist Weiß klar im Vorteil.

28. ...	♘d7–e5
29.♗e3–d4	

Verhindert ♗e6 und eventuell ♗c4.

29. ...	♘e5–g6
30.♔f2–g3	♘g6–f8
31.h2–h4	♖e8–d8
32.f3–f4	♗c8–e6
33.♗d4–c3!	

Nach gelungenem Raumgewinn ist jetzt auch der Turmtausch nicht zu fürchten. Schwächer wäre sofort 33.f5, wegen 33. ... ♗b3 34.♖d2 c5! 35.♗c3 ♖:d2 36.♗:d2 ♘d7 37.♗c3 f6, und Schwarz hätte sich konsolidiert.

33. ...	♖d8:d1
34.♗e2:d1	♘f8–d7
35.f4–f5	♗e6–c4
36.h4–h5!	

In Betracht kam auch 36.♔f4 f6! 37.e5! fe 38.♗:e5 ♔f7 39.♗g4! mit Vorteil.

36. ...	h7–h6

Jetzt wäre 36. ... f6 schlecht wegen 37.h6! ♘c5 38.♗f3 ♗d3 39.♔f4 fg+ 40.♔e3! gh 41.♔d4 mit Figurengewinn. Wegen der Bauernhebel droht ständig die Freibauernbildung.

37.g5:h6 g7:h6
38.e4–e5! ♘d7–c5
39.♔g3–f4 ♗c4–d5
40.♗d1–c2 f7–f6?!

Damit kommt Schwarz dem weißen Wunsch nach einem Freibauern entgegen.

41.e5–e6 ♔g8–g7
42.♗c3–b4

Auch 42.♗d4 ♘b3 43.e7! ♔f7 44.♗:f6 ♘a5 45.♗h4 wäre stark gewesen.

42. ... ♘c5–b3
43.♔f4–e3 c6–c5

Oder 43. ... ♗c4 44.♗d3 ♗d5 45.♗e4 ♗c4 46.♗c3! mit Zugzwang ♗b5 (46. ... ♘c1 47.♔d4) 47.e7 ♔f7 48.♗:f6 mit Gewinn. Chancenlos ist ebenso 46. ... ♘c5 47.♔d4! ♘:e4 48.♔:c4! ♘d6+ (48. ... ♘:c3 49.♔:c3 ♔f8 50.♔c4 ♔e7 51.♔c5 ♔e8 52.♔d6 ♔d8 53.e7+ ♔e8 54.♔e6 c5 55. ♔:f6 c4 56.♔e6 c3 57.f6 c2 58.f7 matt) 49.♔c5 ♘:f5 50.♔b6 ♘d6 51.♔c7 ♘e4 (51. ... ♘b5+ 52.♔d7 mit Gewinn) 52.♔d8! ♘d6 53.♗b4.

44.♗b4–c3 ♔g7–f8

Es gibt keine Verteidigung mehr, z. B. 45.♗e4! ♗:e4 46.♔:e4 ♔e7 47.♔d5. Verloren hätte auch 44. ... ♘c1 45.♗a4! oder 44. ... c4 45.♗e4 ♗c6 46.♗:c6 bc 47.♔e4 mit Zugzwang. Schwarz gab auf.

Partie Nr. 133

Seirawan–Kortschnoi, Montpellier 1985

1.c4 e5 2.g3 ♘c6 3.♗g2 g6 4.♘c3 ♗g7 5.e3 d6 6.♘ge2 ♘ge7 7.0–0 0–0 8.d3 ♗g4 9.h3 ♗e6 10.♘d5 ♕d7 11.♔h2 f5 12.f4 ♖ae8 13.♗d2 ♘c8! 14.♖c1 ♘d8 (um mittels c6 den weißen Springer von d5 zu vertreiben) 15.b4 c6 16.♘dc3 e4! 17.de (das bessere Spiel hätte Schwarz nach 17.♘d4 ♗f7 18.de ♗:c4 19.♖g1 c5!) 17. ... ♗:c4 18.ef gf 19.♖g1 d5! 20.♗f3 ♘d6 21.g4 ♘e6 22.♘g3 ♗d3 23.♗e1 fg 24.♗:g4 (oder 24.hg ♗g6 25.f5 ♘g5 26.♗g2 ♗f7, und auf der geschwächten Diagonale h2–b8 entstünden Gefahren) 24. ... ♗g6 25.e4 ♖:f4 26.ed cd 27.♘:d5 (nicht 27.♕:d5 ♖:b4 mit Vorteil) 27. ... ♖d4 28.♕b3 ♘f7 29.♖d1 ♖:d1 30.♕:d1 ♕d6 31.♗f2 ♘f4 32.♘:f4 ♕:f4 22.♗e1 ♘e5 34.♗e2 ♘c6 35.♖f1 ♕e5 36.b5 (falls 36.♗f3 ♖d8 37.♕e2 ♘d4 mit Vorteil) 36. ... ♘d4 37.♗c4+ ♔h8 38.♗c3 ♖c8 39.♗:d4 ♕:d4 40.♕:d4 ♗:d4 41.♗b3 ♖c5 (präziser war 41. ... ♖c3 42.♔g2 ♗e5 43.♖f3 ♖c5) 42.♖d1! ♗e5 43.♖d5 (damit erzwingt Weiß den Turmtausch und kann erst einmal aufatmen, da die Gefahren durch eine doppelte Fesselung des Springers auf g3 gebannt sind. Trotzdem hat Schwarz etwas Vorteil, da der weiße König an die unmittelbare Verteidigung seines h-Bauern gebunden ist. Für Schwarz geht es nun darum, schnell seinen König aktiv ins Spiel zu bringen) 43. … ♖:d5 44.♗:d5 b6 45.♗c4 (notwendig. Schlecht wäre 45.♔g2 ♗d3 46.♗c6 ♗c4, und der a-Bauer würde verlorengehen) 45. … ♗e4 46.h4 (nur so kann sich Weiß aus der Umklammerung der Läufer befreien) 46. … ♗b1 47.♔h3 ♔g7 48.♔g4 ♔f6 49.♘h5+ ♔e7 50.♘f4 ♔d6 (nach 50. … ♗:f4 51.♔:f4 ♔d6 52.♔g5 ♔c5 53.♗g8 wäre alles wieder im Lot) 51.♘d3! (damit hat Weiß erreicht, daß der gegnerische König weder im Zentrum noch am Damenflügel Unruhe stiften kann) 51. … ♗f6 52.♔h5 ♗g7 53.♔g5 ♗c2 54.♔f5 ♗c3 55.♔g5 ♗g7 56.♔f5 ♗f8! 57.♔g5 (57.♔f6 ♗e7+ 58.♔g7 h5 59.♔g6 ♗d1 verliert, denn der Bauer h4 fällt) 57. … ♗d1!

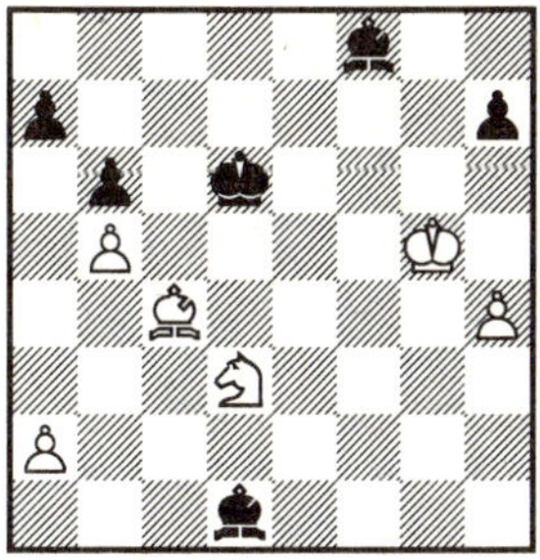

Einschätzung der Stellung: Nach langem Lavieren hat Schwarz mit dem Textzug Weiß in eine Zugzwangposition manövriert. Die aufgestellte Drohung lautet 58. … ♗e2, h5 und ♗e7+ nebst Bauerngewinn auf h4. Deshalb muß Weiß die Blockade aufheben und dem schwarzen König Einbruchsfelder gestatten. Der Raumvorteil und die Bauernschwächen b5, a2 und h4 sind im Endeffekt nicht allein durch einen aktiven weißen König zu kompensieren. Das schwarze Läuferpaar demonstriert hier besonders harmonisch, daß es im Angriff ebenso schnell weite Strecken bewältigen kann wie in der Verteidigung.

58.♘d3–f2

Falls Weiß 58.h5 spielen sollte, kommt er ebenfalls nach 58. … ♗f3! in Nachteil. Zum Beispiel 59.h6 (chancenlos wäre 59.♘f4 ♔e5! 60.♘e6 h6+ 61.♔g6 ♗e4+ 62.♔f7 ♗a3 mit großem Vorteil) 59. … ♗d5! 60.♗:d5 ♔:d5

61.a4 (schlechter ist 61.♘f4 ♔c4 62.♘e6 ♗e7+ 63.♔f5 ♔:b5 64.♘g5 ♗f8 mit Gewinn) 61. … ♗d6! (nur dieser Zug gewinnt) 62.♔f5 (62.♔f6 ♔d4! 63.♘f2 ♗f8 64.♘g4 ♔c5 65.♔f7 ♗:h6! 66.♘:h6 ♔b4, und beide Bauern gehen verloren, zumal erst noch der schwarze h-Bauer abgeholt werden will) 62. … ♔d4! 63.♘f4 ♔c4, und Schwarz verleibt sich a4 und b5 ein. Schließlich scheitert nach 61. … ♗d6! 62.♘f4+, weil das Bauernendspiel nach 62. … ♗:f4 63.♔:f4 ♔e6 64.♔g5 ♔e5 65.♔g4 ♔f6 66.♔h5 ♔f5 67.♔h4 ♔g6 verloren ist.

58. … ♔d6–c5!

Damit hat der schwarze König das Sagen im Spielgeschehen.

59.♗c4–d3 ♗d1–a4
60.♗d3:h7 ♗a4:b5
61.♗h7–g8

Die einzige Chance bestand in 61.h5, um nach ♗e7+ 62.♔f5 ♔d4 im trüben zu fischen. Der Bauer a2 geht verloren. Trotzdem ist äußerste Aufmerksamkeit notwendig, da der freie h-Bauer nicht unterschätzt werden darf.

61. … ♗f8–e7+
62.♔g5–g4 ♗b5–e2+
63.♔g4–f4 ♔c5–d4!

Sehr präzis gespielt. Der weiße König bleibt ausgesperrt, während es nach 63. … ♗:h4 64.♔e3 noch einige Remischancen gibt.

64.♔f4–g3 b6–b5
65.♗g8–f7 ♗e7–d6+
66.♔g3–g2 a7–a5
67.h4–h5 ♗d6–f4
68.♘f2–h3 ♗f4–e3
69.♘h3–g1 ♗e2–d1
70.♘g1–f3+ ♔d4–c3
71.♘f3–e5 a5–a4
72.♔g2–f1 b5–b4
73.♔f1–e1 ♗d1–c2
74.♘e5–c4 ♗e3–f4
75.♘c4–b6 ♔c3–b2
76.♘b6–d5 ♗f4–e5
77.♔e1–e2

Natürlich nicht 77.♘:b4 wegen ♗c3+.

77. … ♗e5–c3!

Fehlerhaft wäre 77. … b3 78.♘b4! ♔a3 79.ab ab 80.♘d3 mit Ausgleich.

78.♗f7–g6

Damit erleichtert Weiß den Gewinn. Am besten war noch 78.♘:c3 bc! (nicht 78. … ♔:c3 79.h6 mit Ausgleich) 79.♗g6, und Schwarz hätte den Problemzug ♗b1!! finden müssen. 80.♗:b1 ♔:b1 81.h6 c2 82.h7 c1♕ 83.h8♕ ♕c2+ 84.♔f3, und Schwarz hätte noch mit ♔:a2 ein theoretisch gewonnenes Damenendspiel.

78. … b4–b3!

Danach ist endgültig die schwarze Stellung gewonnen.

79.♘d5–e3 ♗c2:g6

80.♘e3–d1+ ♔b2–c2
81.♘d1–e3+ ♔c2–c1
82.a2:b3 a4–a3

Weiß gab auf. Ein mit vielen Nuancen gespicktes Endspiel, das durch Geduld und die Kraft des Läuferpaares noch siegreich gestaltet werden konnte.

Partie Nr. 134
Kasparow–Gligorić,
Luzern 1982
1.d4 ♘f6 2.c4 e6 3.♘f3 b6 4.♘c3 ♗b4 5.♕c2 ♗b7 6.a3 ♗:c3+ 7.♕:c3 d6 8.e3 ♘bd7 9.b4 0–0 10.♗b2 ♕e7 11.♗d3?! (besser 11.♗e2) c5! 12.dc bc 13.♗e2 (13.0–0 ♗:f3 14.gf ♘e5 15.♗e2 ♕b7! 16.e4 ♘g6 ergibt gutes Spiel für Schwarz) 13. … d5? (genauer war 13. … e5, um die Diagonale a1–h8 zu schließen) 14.cd ♗:d5 (fehlerhaft ist 14. … cb 15.ab ♖fc8 16.♕d4 e5? 17.♘:e5 ♘:e5 18.d6! mit großem Vorteil) 15.0–0 cb 16.ab ♖fc8 17.♕d4 ♘b6 18.♖fc1! ♖:c1+ 19.♖:c1 ♖c8 20.♖:c8+ ♘:c8 21.♘e5 ♘d6 22.f3! ♕c7 23.e4 ♗a8 24.b5! ♘fe8 25.♕a4! (dadurch wird die Bauernschwäche a7 anvisiert. Weiß könnte den Druck durch ♘c6 verstärken, nicht zuletzt, um sich einen gesunden Freibauern zu verschaffen. Schwarz startet deswegen das Ablenkungsmanöver f5. Schließlich will er sich auch nicht vollends einschnüren lassen) 25. … f5! 26.♕b3! ♕c8 (falsch wäre 26. … ♕c5+ 27.♔f1 ♘c7 28.♘d7 mit Damengewinn) 27.ef ♕c5+ (natürlich ist sofort 27. … ♘:f5 besser) 28.♔f1 ♗d5 29.♕a3!

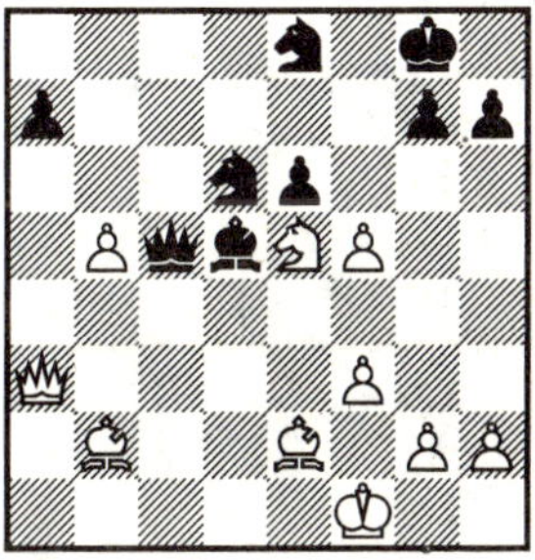

Einschätzung der Stellung: Damit sucht Weiß seine Chance im Endspiel, da er ja ein gesundes Läuferpaar an seiner Seite weiß. Schwarz indes muß sich schon um seinen Bauern a7 kümmern, der schnell ins Blickfeld des schwarzfeldrigen Läufers gerät. Und dann ist da noch jene unangenehme Raumnot, die dem Verteidiger das Leben nicht gerade leicht macht. In vielen Abspielen müssen sich die schwarzen Springer gegenseitig Beistand leisten. Die unliebsame Folge: akute Zugzwangpositionen. Klarer Vorteil ist somit für Weiß gegeben.

29. … ♕c5:a3
30.♗b2:a3 e6:f5
31.♗a3–c5 ♘d6–c8
32.♘e5–c6! ♔g8–f7

Mit einem Bauernopfer will Schwarz eine Barriere errichten: 32. … ♗:c6 ist natürlich hoffnungslos. Nach 33.♗c4+ ♗d5 (33. … ♔h8 34.bc mit großem Vorteil) 34.♗:d5+ ♔h8 35.♗e6 ♘ed6 36.♔f2! setzt sich der weiße König an die Spitze seiner Mannen. Der Erfolg wäre dabei durchschlagend.

33.♘c6:a7 ♘c8:a7
34.♗c5:a7 ♔f7–e6
35.♗a7–d4 g7–g6
36.♔f1–f2 ♘e8–d6
37.♔f2–e3

Eine kleine Ungenauigkeit, die den Gewinn erschwert. Richtig war 37.♗e3, damit die schwarzen Bauern weiterhin blockiert bleiben.

37. … g6–g5
38.g2–g3 ♘d6–c4+
39.♔e3–d3 ♘c4–d6
40.♔d3–c3 f5–f4!
41.♔c3–b4!

Ein klassischer Fehler wäre 41.gf gewesen. Nach 41. … ♗:f3!! 42.♗:f3 ♘:b5+ 43.♔d3 ♘:d4 44.♔:d4 gf könnte sich Schwarz in ein Remisendspiel retten, da Weiß das Feld h8 nicht mit seinem Läufer kontrolliert. Auch 41.g4 würde nur zum Unentschieden führen: 41. … h5!! 42.gh (42.h3 hg 43.hg ♘:b5+ 44.♗:b5 ♗:f3 45.♗a6 ♔d7 mit Ausgleich) 42. … ♗:f3!! 43.♗:f3 ♘:b5+ nebst ♘:d4, und wiederum gibt es keinen Sieger.

41. … f4:g3
42.h2:g3 h7–h5
43.♗d4–f2 ♘d6–f5
44.f3–f4!

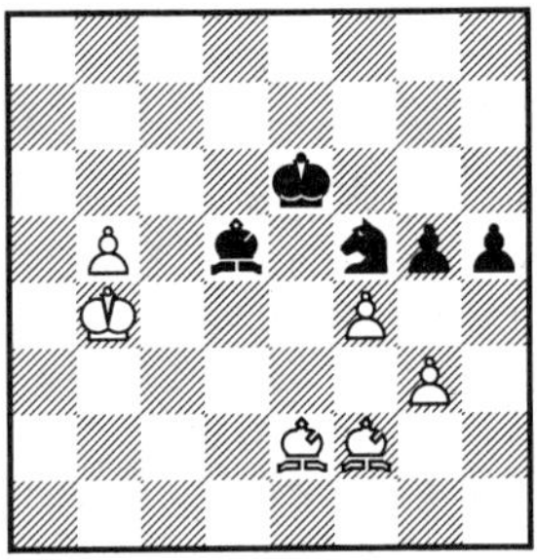

44. … g5:f4

Oder 44. … h4 45.gh gf 46.♗g4 ♔e5 47.♗:f5 ♔:f5 48.♔c5 ♔e6 49.♔b6, und Schwarz muß seinen Läufer gegen den b-Bauern opfern. Diesmal gewinnt freilich der Randbauer auf der h-Linie, weil der weiße Läufer das Umwandlungsfeld h8 in seinem Besitz hat und Pattstellungen somit nicht in Frage kommen. Auf studienhafte Art verliert 44. … g4: 45.♔c5 ♘d6 46.♗d3 ♘e4 (46. … ♗e4 47.♗:e4 ♘:e4+ 48.♔c6 h4! 49.b6! h3 50.♗g1 ♘d6 51.b7! ♘:b7 52.♔:b7 ♔f5 53.♔c6 ♔e4 54.f5! ♔f3 55.f6 ♔g2 56.f7 ♔:g1 57.f8♕ h2 58.♕c5+ ♔g2 59.♕c2+ ♔g1 60.♕d1+! ♔g2 61.♕:g4 h1♕ 62.♕e4+ mit Gewinn) 47.♗:e4 ♗:e4 48.b6 ♗b7 49.♗d4 ♗e4 50.♗e5 ♗b7 51.♗c7 ♗e4 (51. … h4 52.gh

♔f5 53.h5 g3 54.♗e5 g2 55.♗d4 mit weißem Sieg) 52.♗d8 ♗b7 53.♗h4! ♗e4 54.f5! ♔:f5 55.♔d6, und lokker landet der Anziehende einen vollen Punktgewinn. Diese Analyse zeigt übrigens sehr anschaulich die ganze Schönheit und die Möglichkeiten des ungleichfarbigen Läuferendspiels.

45.g3:f4	♘f5–g7

Nicht 45. … h4 46.♗g4 ♔f6 47.♔c5 ♗g2 48.b6 ♘g3 49.♗e1, und Schwarz bleibt angesichts von ♔d6 nur die Aufgabe, da ♔e7 an ♗c8 scheitert.

46.♔b4–c5	♗d5–g2
47.♗f2–d4!	h5–h4
48.♗d4:g7	h4–h3
49.♗e2–g4+	♔e6–e7
50.♗g4:h3!	♗g2:h3
51.♔c5–b6	

Es gibt keine Rettung mehr, da mit 51. … ♗f1 52.♔c6 ♔d8 53.b6 ♗g2+ 54.♔d6 der Widerstand endgültig zusammenbricht.
Schwarz gab auf.
Eine hochinteressante Partie, in der Weiß seinen minimalen Vorteil in der Endspielphase durch die Dynamik seines Läuferpaares in einen schönen Sieg ummünzt.

4. Partien mit Punktbewertung

In diesem Kapitel hat der Leser die Möglichkeit, sein Wissen zu testen. Wir bringen Partien, bei denen der Leser von einer bestimmten Stellung an mitspielen kann.
Man beginnt jeweils bei dem ersten Diagramm und beantwortet die Fragen zur Stellungseinschätzung und zu den strategischen Plänen. Danach ist die Partie mit den weißen bzw. mit den schwarzen Steinen (entsprechend der Aufforderung) unter partieähnlichen Bedingungen weiterzuführen.
Mit einem Stern ist im weiteren Partieverlauf gekennzeichnet, an welchen Stellen der Leser überlegen und den nach seiner Meinung besten Zug bestimmen soll.
Der nach dem Stern folgende Text ist dabei im Buch mit einem Blatt Papier oder einem Lesezeichen abzudecken. Nachdem der Leser sich für einen Zug entschieden hat, kann er die Antwort (den folgenden Zug) aufdecken und erhält für jede richtige Antwort einen oder mehrere Punkte.
Bei der Bewertung der Züge beschränken wir uns nicht auf die Partiefolge, sondern es werden auch andere gute Züge bepunktet. Selbst wenn der Partiezug oft der beste Zug ist, so halten wir es doch für gerechtfertigt, auch andere Züge mit Punkten zu bedenken. Der Bewertungsgrad für diese Züge ist abgestuft. Ist die Partie beendet, kann der Leser seine erreichten Punkte addieren und ermitteln, wie gut er die Aufgabenstellung gelöst hat. Bei jeder Partie können maximal 100 Punkte erreicht werden. Zur Orientierung und zur Einordnung der Leistung gibt die Bewertungstabelle Aufschluß.

Punktzahl	Spielstärke
0– 20	Anfänger
21– 40	Klasse 5
41– 60	Klasse 4
61– 80	Klasse 3
81– 90	Klasse 1 und 2
91–100	Meisteranwärter und Meister

Partie Nr. 135
Teske–Uhlmann,
Nordhausen 1986
1.e4 e6 2.d4 d5 3.e5 c5 4.c3 ♘c6 5.♘f3 ♕b6 6.a3 c4 7.♘bd2 f6 8.♗e2 fe 9.♘:e5 ♘f6 10.0–0 ♗d6 11.♘df3 0–0 12.♕c2 ♕c7

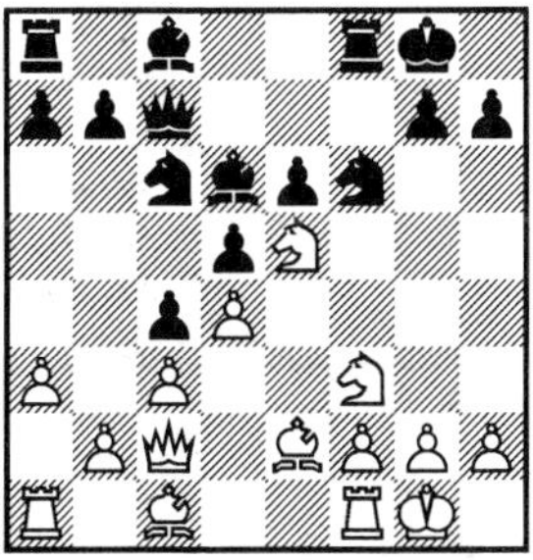

Schätzen Sie bitte aus der Sicht des Nachziehenden die Position ein! Erläutern Sie die Besonderheiten und bewerten Sie die Stellung!

✧

1. Der Kampf um das Feld e5 bestimmt das beiderseitige Handeln. 6 P
2. Die Bauern b2 bzw. e6 sind rückständig und somit Schwächen. 3 P
3. Die halboffene f-Linie ermöglicht Schwarz Aktivitäten. 4 P
4. Schwarz muß bemüht sein, das Sorgenkind, den Läufer c8, ins Spiel zu bringen. 4 P

Beginnen Sie die Partie als Anziehender!

13.♗c1–f4

✧

13. … ♘f6–h5 5 P
14.♘e5:c6

Bei der Berechnung des letzten Zuges mußte erkannt werden, daß 14.♘g5 g6 15.♗:h5 ♖:f4 16.♗g4 ♗:e5 17.♘:e6 ♕e7 18.♘:f4 ♗:f4 oder auch 17.♗:e6+ ♗:e6 18.♘:e6 ♕f7 jeweils zu schwarzem Vorteil führt.

14. … ♘h5:f4
15.♘c6–e5 ♗c8–d7
16.♖f1–e1

✧

16. … ♖f8–f5 4 P

Schwarz arbeitet daran, das Feld e5 unter Kontrolle zu bringen, und vergrößert seine Aktivitäten in der f-Linie.

17.♗e2–f1

✧

17. … ♘f4–g6! 5 P

Ein feiner stiller Zug, der Schwarz die Hoheitsrechte über den Punkt e5 sichert.

18.♘e5:g6 h7:g6
19.♖e1–e3

✧

19. … ♖a8–f8 2 P

Die halboffene f-Linie ist die Grundlage des schwarzen Spiels.

20.♖a1–e1

✧

20. … ♕c7–b6 4 P

Ein vorbeugender Zug, um 21.♘e5 zu unterbinden. Nach 21. … ♗:e5 22.♖:e5 ♖:f2 23.♕:f2 ♖:f2 24.♔:f2 ♕:b2+ steht Schwarz auf Gewinn.

21.♖e3–e2

✧

21. … g6–g5 3 P

Schwarz will weiteren Raum gewinnen und den Punkt f2 markieren.

22.♘f3–e5 ♗d6:e5
23.d4:e5

Wir wollen die nach dem 23. Zug von Weiß entstandene Position aus der Sicht von Schwarz betrachten und die Besonderheiten der Stellung nennen. Schätzen Sie die Stellung nach dem 23. Zug von Weiß ein! Wer steht besser?

✧

1. Schwarz hat den Kampf um das Feld e5 gewonnen. 4 P
2. Da Weiß mit dem Bauern auf e5 schlagen mußte, ist eine Schwäche des Bauern e6 praktisch nicht mehr vorhanden. 2 P
3. Weiß hat seinen rückständigen Bauern b2 behalten. 2 P
4. Schwarz konnte seine Aktivitäten auf der f-Linie vergrößern. 2 P
5. Die Schwäche des Punktes f2 ist ein Makel der weißen Stellung. 2 P
6. Die schwarze Dame ist optimal postiert. Sie wirkt auf dem Königsflügel und dem Damenflügel. 4 P

Schwarz hat Vorteil. 5 P

Mit welchem Plan kann Schwarz seine Stellung weiterhin verstärken? Finden Sie den nächsten schwarzen Zug!

✧

23. … ♗d7–e8 5 P

Damit ist der Wunsch von Schwarz Realität. Das Sorgenkind, der „französische" Läufer, greift entscheidend ins Spielgeschehen ein.

24.h2–h3

✧

24. … ♗e8–g6 2 P
25.♕c2–d2

✧

25. … ♖f5–f4 3 P

Die Drohung ♗d3 zwingt Weiß, den Königsflügel zu „durchlüften".

26.g2–g3 ♖f4–f3
27.♗f1–g2

Natürlich scheitert 27.♕:g5 an 27. … ♖:f2.

✧

27. … ♖f3:g3 3 P
28.♔g1–h2 ♖g3–d3
29.♕d2:g5

✧

29. … ♗g6–e4! 5 P

Hierbei mußte unbedingt erkannt werden, daß nach 30.♗:e4 de die schwarzen Schwerfiguren auf f2 oder f3 eindringen, z. B. 31.♖g1 ♖:f2+ 32.♖:f2 ♕:f2+ 33.♖g2 ♕f7 mit Bauerngewinn.

30.f2–f4

✧

30. … ♗e4–f5 2 P

Für das Endspiel wird ein neuer Schwachpunkt fixiert: f4!

31.♖e1–g1

✧

31. … ♕b6–d8 2 P

Auch 31. … ♖f7 war stark (2 P).

32.♕g5:d8 ♖f8:d8
33.♖g1–f1

✧

33. … d5–d4 3 P

Schwarz ermöglicht auch seinem zweiten Turm das Eindringen in die weiße Stellung.

34.c3:d4 ♖d8:d4
35.♖f1–f3

Schwächer ist 35.♗:b7 ♖:h3+ 36.♔g1 ♖h4 37.♖ef2 ♗d3, und der Bauer f4 geht verloren.

✧

35. ... b7–b5 3 P

Schwarz besinnt sich auf seine Bauernmajorität am Damenflügel.

36.♔h2–g3 a7–a5
37.♖f3:d3 ♖d4:d3+
38.♔g3–f2

✧

38. ... b5–b4 1 P
39.a3:b4 a5:b4
40.♗g2–e4

Falls 40.♖e3, so ♖:e3 41.♔:e3 c3 42.6c b3! oder 40.♖c2 c3 41.bc b3! 42.♖b2 ♖:c3 43.♔e2 ♗:h3 mit Gewinn.

✧

40. ... ♖d3:h3 1 P
41.♗e4:f5 e6:f5
42.♖e2–d2

✧

42. ... ♖h3–h2+ 4 P

Das Bauernendspiel ist an dieser Stelle für Schwarz gewonnen.

43.♔f2–e3 ♖h2:d2
44.♔e3:d2 ♔g8–f7
45.♔d2–e3

✧

45. ... g7–g5 2 P

Die entfernten Freibauern machen das Rennen.

46.f4:g5

✧

46. ... f5–f4+ 3 P

Weiß gab auf, da 47.♔:f4 c3 48.bc b3 leicht gewinnt.

Partie Nr. 136
Georgiew–Sax,
Warschau 1987
1.d4 ♘f6 2.c4 e6 3.♘c3 ♗b4 4.e3 0–0 5.♘ge2 d5 6.a3 ♗e7 7.cd ♘:d5 8.g3 c5

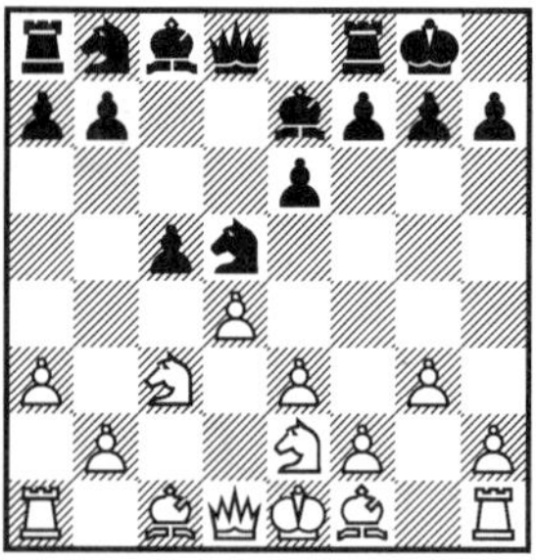

Die Eröffnungsphase ist noch nicht abgeschlossen, aber Schlußfolgerungen aus dem bisherigen Verlauf können bereits getroffen werden. Erläutern Sie bitte, ob Weiß den Anzugsvorteil nutzen kann, und nennen Sie die Besonderheiten der Stellung!

✧

1. Weiß ist nicht in der Lage, Vorteil zu erzielen. 5 P
2. Er hat bereits zu diesem frühen Zeitpunkt Entwicklungsrückstand. 4 P
3. Schwarz übernimmt die Initiative, mit Attacken gegen das weiße Zentrum. 4 P
4. Die Fianchettierung des Läufers erfordert Zeit und schwächt die weißen Felder des Anziehenden. 4 P

Beginnen Sie die Partie als Anziehender!

9.d4:c5

Mit welchem Zug konnte Weiß besser fortsetzen, obwohl auch damit kein Vorteil zu erzielen ist? Wie würde Schwarz dann seine Entwicklung beenden?

✧

1. Der bessere Zug war 9.♗g2. 3 P
2. Eine gute Aufstellung für Schwarz ist danach 9. … ♘:c3 10.bc ♘c6 gefolgt von ♕c7, b6, ♗b7. 5 P

9. … ♘d5:c3

10.♕d1:d8 ♖f8:d8
11.♘e2:c3 ♗e7:c5
12.♗f1–g2 ♘b8–c6
13.0–0

War es besser, den weißen König auf e2 im Zentrum zu belassen, oder bekommt er dort Sorgen?
Zeigen Sie bitte eine mögliche Variante und beurteilen Sie die Stellung!
Welche Strategie verfolgt der Nachziehende bei beliebiger weißer Königsstellung?

✧

1. Es muß erkannt werden, daß nach 13.♔e2 e5! der weißfeldrige schwarze Läufer aggressiv eingreift, z. B. 14.b4 ♗f8 15.♗b2 ♗g4+ 16.f3 ♗e6 17.♖hd1 ♗c4+ 18.♔f2 ♗b3, und Schwarz dominiert in der d-Linie, oder 14.♖d1 ♗g4+ 15.♗f3 ♗:f3+ 16.♔:f3 ♖:d1 17.♘:d1 ♖d8 18.♔e2 e4 19.♗d2 ♘e5 mit starkem Spiel auf den weißen Feldern. 7 P
Haben Sie eine Variante in ähnlicher Form mit dieser Stellungsbeurteilung gefunden, ist die volle Punktzahl erreicht.
2. Die Strategie des Nachziehenden ist auf die schwachen weißen Felder und die besseren Möglichkeiten in der d-Linie ausgerichtet. 6 P

13. … ♗c5–e7

Nennen Sie die Idee dieses Läuferrückzuges!

✧

Schwarz stört die Entwicklung von Weiß empfindlich. 4 P
14.b4 scheitert an 14. … ♗f6.

14.♖a1–b1?

Warum ist dieser Zug schlecht? Was mußte Weiß unbedingt anstreben, und welche Variante ergibt sich daraus?

✧

1. Weiß hat keine Zeit, die Entwicklung langsam voranzutreiben. 4 P
2. Er sollte in der d-Linie opponieren und so eine schnelle Entwicklung anstreben: 14.♖d1 ♖:d1+ 15.♘:d1 e5 16.♗d2 ♗e6 17.♗c3 f6 18.♗:c6 bc 19.♖c1 bot gute Remischancen. 7 P

14. ... ♗c8–d7
15.b2–b4

✧

15. ... ♖a8–b8 5 P

Bei diesem Zug mußte erkannt werden, daß Schwarz plant, mit dem Springer schnell die weißen Felder zu nutzen. Vorher ist der Bauer b7 zu schützen. Der Zug 15. ... ♖ac8, mit der Idee 16. ... b6 und danach Einsatz des Springers, bringt die gleiche Punktzahl.

16.♗c1–b2 ♘c6–e5
17.♘c3–e4

Was hatte Schwarz auf 17.♘d5 geplant?

✧

Nach 17. ... ♗d6 18.♘f4 steht der Springer im Abseits. 3 P

17. ... ♘e5–c4
18.♖f1–c1 ♖b8–c8
19.h2–h4 b7–b6
20.♖c1–d1

✧

20. ... ♗d7–a4 3 P

Die d-Linie bleibt für Schwarz von Interesse.

21.♖d1:d8+ ♖c8:d8
22.♘e4–c3

Woran scheitert 22.♗f1?

✧

22. ... ♗c2 23.♖c1 ♘:e3! gewinnt dann schnell. 5 P

22. ... ♗a4–c2
23.♖b1–c1 ♗c2–b3
24.♖c1–b1 ♗b3–c2

Wie konnte Schwarz sein Druckspiel noch verstärken?

✧

24. ... ♗f6 bringt die letzte schwarze Figur in eine starke Position. 3 P

25.♖b1–c1 ♖d8–d2?

Ein Fehler, der schnell zum Remis führen sollte. Mit welcher Variante kann Weiß dies bewerkstelligen?

✧

26.♘e4 ♗:e4 27.♖:c4 ♗:g2 28.♖c8+ ♗f8 29.♗c1 ergibt Ausgleich. 7 P

26.♗g2–e4?	♗c2–b3
27.♗b2–a1	f7–f5
28.♖c1–b1	f5:e4
29.♖b1:b3	♗e7–f6

Beide Spieler befanden sich in großer Zeitnot.

30.♖b3–b1	♘c4:a3
31.♖b1–f1	

Warum ist 31.♖c1? schwächer?

✧

31. … ♖c2 32.♖:c2 ♘:c2 gewinnt einen weiteren Bauern. 5 P

31. …	♗f6:c3
32.♗a1:c3	♖d2–c2
33.♗c3–d4	♘a3–c4
34.b4–b5	

✧

34. … e6–e5 3 P

Der weiße Läufer wird eingesperrt.

35.♗d4–a1	♔g8–f7
36.♖f1–d1	♔f7–e6
37.♔g1–f1	♘c4–d2+
38.♔f1–g2	♘d2–c4
39.♔g2–g1	♘c4–d2

Zeitgewinn!

40.♔g1–g2	♘d2–b3

Welches starke Feld strebt der Springer an?

✧

Die Marschroute geht über c5 nach d3, von wo der Springer optimal wirkt. 4 P

41.♖d1–b1	♘b3–c5
42.g3–g4	♘c5–d3
43.♖b1–f1	g7–g6

Welche Idee verfolgt Schwarz mit seinem letzten Zug?

✧
44. … h5 würde das Feld f5 freikämpfen. 4 P

44.h4–h5	g6:h5
45.g4:h5	♔e6–f5
46.♔g2–g3	♖c2–e2
47.♗a1–c3	♔f5–g5
48.f2–f4+	e5:f4+
49.e3:f4+	♔g5–f5!

Warum ist 49. … ♘:f4 ungenau?

✧
50.♖:f4 ♖e3+ 51.♔f2 ♖:c3 52.♖f7 oder auch 50.♗f6+ ♔:f6 51.♔:f4 beläßt Weiß mit guten Remischancen. 5 P

50.h5–h6	♖e2–a2
51.♗c3–d4	♖a2–a3
52.♗d4–e3	♘d3–b4
53.♔g3–f2	♘b4–c2

Es gehen weitere Bauern verloren.
Weiß gab auf.

Partie Nr. 137
Polyak–Uhlmann,
Kecskemét 1984
1.d4 ♘f6 2.c4 g6 3.♘c3 ♗g7 4.e4 d6 5.♗e2 0–0 6.♗g5 h6 7.♗e3 e5 8.d5 c6 9.♕d2 h5 10.f3 a6 11.a4 a5! 12.♖d1 ♘a6! 13.dc bc 14.♕:d6 ♕:d6 15.♖:d6 ♘b4! 16.♖d2 ♖e8 17.h4 ♗f8 18.♘h3 ♘d7 19.g4 hg 20.fg ♘c5 21.♗d1 ♘bd3+ 22.♔f1 ♖b8 23.b3 ♘c1 24.♖b2 ♘1d3 25.♖d2 ♖b7! 26.♘a2 ♘f4! 27.♘:f4 ef 28.♗:c5 ♗:c5 29.♖d3

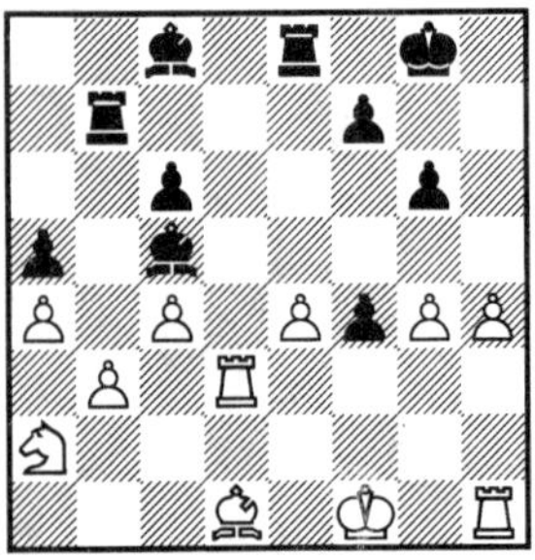

Schätzen Sie bitte aus der Sicht des Nachziehenden die Position ein! Erläutern Sie die Besonderheiten und bewerten Sie die Stellung!

✧

1. Weiß hat im Moment einen Bauern mehr, kann aber nur mit großer Anstrengung die Bauernschwächen g4, e4 und b3 überdecken. 6 P
2. Der Springer auf a2 ist passiv. Für ihn gibt es auf lange Sicht kein günstiges Einsatzfeld wie auch für den Läufer auf d1, der nur eine Verteidigungsfunktion ausübt. 5 P
3. Der weiße König steht gefährdet und kann schnell in das Schußfeld der schwarzen Läufer geraten. 3 P
4. Schwarz hat zwei aktive Türme, die die weißen Bauernschwächen e4 und b3 angreifen. Sie sind auch in der Lage, sich rasch in der e- oder b-Linie zu verdoppeln. 6 P
5. Der größte Aktivposten von Schwarz ist sein dominierendes Läuferpaar. Es strahlt auf den Diagonalen g1–a7 und h3–c8 große Kraft aus. 6 P
6. Schwarz verfügt über mehr Raum und besitzt auch wesentliche Einbruchsfelder. 3 P
7. Die Stellung ist als klar vorteilhaft für Schwarz zu bezeichnen. 7 P

Leiten Sie aus diesen Merkmalen den Plan für den Nachziehenden ab!

✧

Folgende Ziele sollte Schwarz anstreben:
1. Eroberung eines Bauern auf der e- oder b-Linie, damit die Türme auf einer offenen Linie zum Einsatz kommen. 6 P
2. Erhöhung der Wirksamkeit des Läufers c8. 5 P
3. Forcierung des Angriffs, ohne Weiß Gelegenheit zu geben, auf der h-Linie ein Gegenspiel zu organisieren. 3 P

Beginnen Sie die Partie als Nachziehender!

✧

29. … ♔g8–g7! 8 P

Ein stiller Zug, der einem möglichen Schach auf d8 ausweicht. Der Bauer e4 ist jetzt bedroht. Gut war auch 29. … ♖d7 30.♖:d7 ♗:d7 31.♗f3 ♖b8 32.♗d1 f3!! mit Vorteil (5 P).

30.♘a2–c3

Aktiviert wenigstens diesen Springer. Auf 30.♗f3 würde

♗e6 folgen mit der Drohung ♖:b3 und ♗:c4+. Falls Weiß darauf 31.♔g2 spielt, antwortet Schwarz 31. … ♖eb8, und der Einschlag auf b3 oder c4 ist nicht mehr zu verhindern. Die Verteidigung 32.♘c1 scheitert an 32. … ♗e3. Das Endspiel wäre durch die weißfeldrigen Bauernschwächen äußerst günstig für Schwarz.

✧
30. … f4–f3!! 10 P

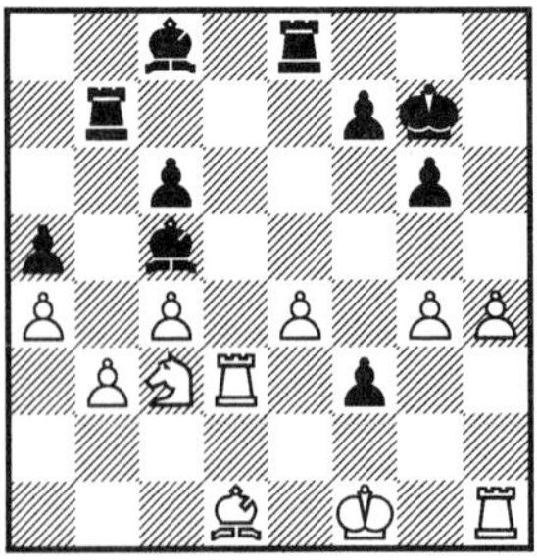

Ein Problemzug, der die Hilflosigkeit von Weiß unterstreicht. Der Raumvorteil kommt voll zum Tragen. So scheitert 31.♖:f3 an ♗:g4 und 31.♗:f3 an ♖:b3, jeweils mit großem Vorteil.
30. … ♗b4 31.♗f3 ♗:c3 32.♖:c3 ♖d7! (3 P).

31.g4–g5

✧
31. … ♗c8–g4! 8 P

31. … f2 (1 P).

32.♗d1–c2

Auf 32.♗:f3 gewinnt ♗:f3 33.♖:f3 ♖:b3, und nach ♗d4 bricht das weiße Spiel zusammen.

✧
32. … ♖e8–e7! 7 P

Ein stiller Zug, der das entscheidende Manöver ♖d7 vorbereitet. 32. … f2 (1 P).

33.♖d3–d2

✧

33. … ♝c5–b4 4 P

33. … ♖bd7 (3 P).

34.♖d2–d3

✧

34. … ♖e7–d7 4 P

34. … ♖bd7 (3 P).

35.♘c3–d1

Hoffnungslos ist 35.♖:d7 ♖:d7 36.♘b1 ♝c5, und Weiß befindet sich in Zugzwang. Auf 37.♖h2 gewinnt ♝d6 38.♖d2 (oder 38.♖h1 ♝g3, und Weiß ist gegen den schwarzen Königsmarsch ♔f8–e7–d6–e5–f4–e3 machtlos) 38. … ♝g3 39.♖:d7 ♝h3+ 40.♔g1 f2+ nebst Matt auf f1.

✧

35. … ♖d7:d3 3 P

35. … ♝c5 (1 P).

36.♗c2:d3

✧

36. … ♝b4–c5! 3 P

36. … ♖d7 37.♘f2 ♝c5 (3 P).

37.♘d1–f2

Chancenlos ist 37.♗c2 ♖d7 38.♖h2 ♝d6 39.♖d2 ♝h3+ 40.♔f2 ♝c5+ 41.♔e1 ♝b4 mit Figurengewinn.

✧

37. … ♖b7:b3 3 P

37. … ♝:f2 (2 P).

Weiß gab auf und ersparte sich die Züge 38.♘:g4 ♖:d3 39.♔e1 ♖c3 40.♔d2 ♖:c4, zumal noch der Bauer e4 oder a4 verlorengeht.

Partie Nr. 138
Uhlmann–Bellon,
Bukarest 1978

1.c4 e5 2.♘c3 ♘f6 3.♘f3 e4?! 4.♘g5 b5?! 5.d3! ♗b7 6.♘g:e4 bc 7.g3! cd 8.ed ♗b4 9.♗g2 ♘:e4 10.de ♕f6 11.0–0 ♗:c3 12.bc 0–0 13.♗f4 ♕c6

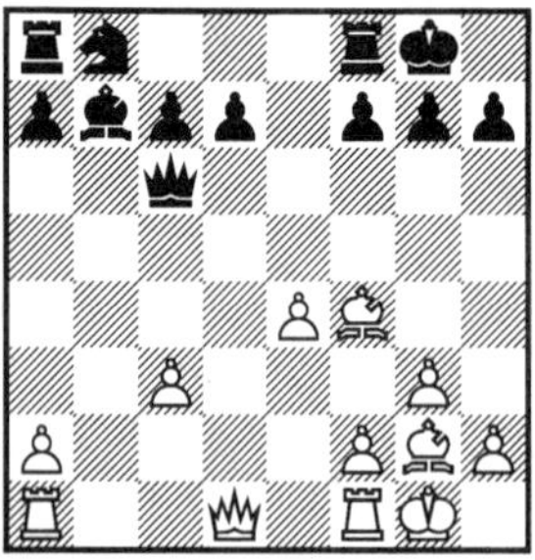

Schätzen Sie bitte aus der Sicht des Anziehenden die Position ein! Erläutern Sie die Besonderheiten und bewerten Sie die Stellung!

✧

1. Weiß hat ein starkes Läuferpaar, das auf den Diagonalen h1–a8 und h2–b8 Druck ausübt. 3 P
2. Weiß hat Entwicklungsvorsprung und Raumvorteil. 3 P
3. Die Erstbesetzung der offenen b-Linie ermöglicht taktische Einschläge. 3 P

Die Stellung ist vorteilhaft für Weiß. 4 P

Leiten Sie aus diesen Merkmalen den Plan für den Anziehenden ab.

✧

1. Weiß muß den Läufer g2 ins Spiel bringen, um mit dem starken Läuferpaar den geschwächten Damenflügel des Nachziehenden anzugreifen. 4 P
2. Einsatz des Turmes auf b1. 3 P
3. Dame nach d5 ziehen, um in Kürze die lange Diagonale h1–a8 zu öffnen. 4 P
4. Nach Möglichkeit auch die eigene Bauernschwäche c3 durch den Vorstoß des c-Bauern beseitigen. 3 P

Beginnen Sie die Partie als Anziehender!

✧
14.♖a1–b1 2 P

Schwächer ist ein Damenzug (1 P), da nach ♘a6 und ♘c5 Schwarz seine Entwicklung ohne Probleme vollenden kann.

14. … ♘b8–a6

✧
15.♕d1–d5! 7 P

Die logische Erwiderung. Mit dem Damenzug wird der Druck auf der Diagonale h1–a8 verstärkt und gleichzeitig ein Gegenspiel gegen den Bauern e4 verhindert. 15.♕c2 (1 P).

15. … ♘a6–c5

Ein Fehler wäre 15. … ♖fb8 16.♖b5! ♕:d5 17.ed ♗c8 18.♖fb1 d6 19.♗e3, und Schwarz ist klar im Nachteil.

✧
16.c3–c4! 3 P

Verhindert 16. … ♘:e4 und droht e5. Nur geringen Vorteil ergibt 16.♕:c6 ♗:c6 17.f3 d6 18.♗e3 (1 P).

16. … d7–d6

✧
17.e4–e5! 4 P

Damit wird der Damentausch erzwungen, die Reichweite des Läufers g2 erweitert und der isolierte Bauer von c4 veredelt. Schwächer wäre 17.♗e3 ♕a6! 18.♕f5 ♘e6 mit Ausgleich (1 P).

17. … ♕c6:d5

✧
18.c4:d5 2 P

Möglich ist auch 18.♗:d5 mit Ausgleich (1 P).

18. … ♗b7–a6

Die einzige Verteidigung. 18. … de verliert wegen 19.♗e3 eine Figur, und 18. … ♖fd8 19.♖fc1 ♗a6 20.ed cd 21.♗:d6! kostet einen Bauern.

✧
19.e5:d6! 7 P

Ein starkes Qualitätsopfer, das durch die dominierende Wirkung des Läuferpaares begünstigt wird. Dem schwarzen Springer fehlt jetzt der natürliche Halt durch den Bauern d6. Gut war aber auch 19.♖fc1 (3 P).

19. … ♗a6:f1

✧
20.♗g2:f1! 4 P

Die präziseste Abwicklung. Ungenau wäre 20.♔:f1 cd 21.♗:d6 ♖fc8 22.♗h3 ♘e4 mit der Drohung ♘d2+ (1 P).

20. … g7–g5!

Falls 20. … cd, so 21.♗:d6 ♖fc8 22.♗h3 mit Rückgewinn der Qualität bei Bauernplus.

✧
21.d6:c7!! 10 P

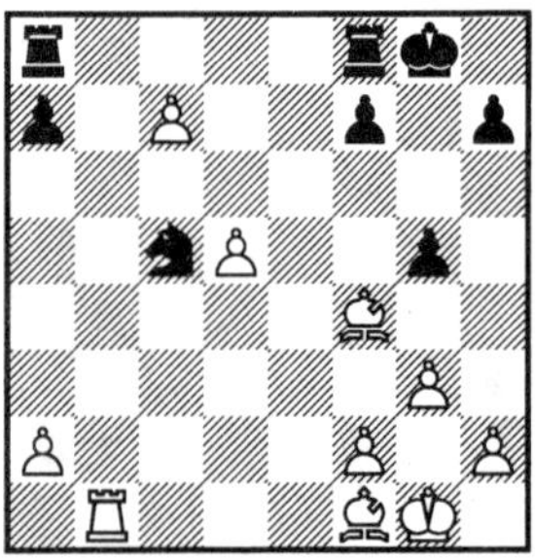

Dieses feine Figurenopfer macht die Verteidigungsidee von Schwarz zunichte. Auf 21.♗:g5 (2 P) cd 22.♗e7 hatte Schwarz 22. … ♖fd8 geplant. Nach 23.♗:d8 ♖:d8 wäre der Bauernvorteil nur sehr schwer zu realisieren. Der schwarze Springer c5 läßt sich nicht vertreiben. Er sichert das Einbruchsfeld b7 ab. Der weißfeldrige Läufer hingegen kann nur schwer Druck auf die schwarze Bauernformation ausüben. Für die geopferte Figur ist das entstehende Freibauernpaar auf jeden Fall ein Äquivalent. Jetzt wird nämlich der Springer zusätzlich Angriffsobjekt. Der weißfeldrige Läufer seinerseits kann wertvolle Hilfe bei der Umwandlung der Bauern in eine neue Dame leisten.

21. … g5:f4
22.d5–d6 3 P

Gut spielbar ist auch 22.♖c1 ♘b7 23.♗a6 ♘d6 24.♖c6 mit klarem Vorteil. Im 22. Zug antwortet Schwarz deshalb besser mit 22. … ♘d7 23.♗a6 ♘b6. Trotzdem steht die Sache tatsächlich chancenreich für Weiß (3 P).

22. … f4–f3

Hoffnungslos ist das Endspiel nach 22. … ♘e6 23.♗a6 fg 24.hg ♔g7 25.♖c1 ♘:c7 26.dc ♖ac8 27.♔g2 ♔f6 28.♗:c8 ♖:c8 29.♔f3 mit dem Marsch des Königs zum Damen- oder Königsflügel.

✧
23.♖b1–c1 3 P

23.♖b5 (1 P).

23. … ♘c5–d7

✧
24.♗f1–b5! 5 P

Geringe Chancen hätte Schwarz noch nach 24.♗a6 (1 P) ♖ac8 mit anschließender Heranführung des Königs.

24. … ♘d7–b6

✧
25.d6–d7 4 P

Selbst 25.a4 (2 P) kam in Betracht. Nach 25. … a6 26.♗c6 ♖a7 27.♗:f3 dürften im Endeffekt die Freibauern auch siegreich sein.

25. … ♔g8–g7

✧
26.♗b5–c6! 4 P

Eine solche Situation ist wahrlich selten. Der schwarze Turm hat kein Feld, ohne verlorenzugehen. Auch 26.♖c3 war gut (3 P).

26. … ♖a8–d8

Chancenlos ist 26. ... ♘:d7 27.♗:d7 ♖ac8 28.g4! mit der Idee, h3, ♔h2 und ♔g3 zu spielen.

✧

27.c7:d8♕ 2 P

27. ... ♖f8:d8

✧

28.♖c1–e1! 4 P

Auch 28.♖d1 und 28.g4 hätte gewonnen (2 P).

28. ... ♖e8–b8

Erzwungen. 28. ... ♘:d7 verliert nach 29.♖d1 eine Figur, und 28. ... ♔f6 scheitert an 29.♖e8.

✧

29.h2–h4! 5 P

Ungenau ist 29.♖e8 (1 P). Schwarz könnte sich mit 29. ... ♘:d7! noch in ein Endspiel Läufer gegen Springer retten, da sich 30.♗:d7 wegen ♖b1 matt verbietet.

29. ... ♔g7–f6

✧

30.g3–g4! 4 P

Schwarz gab den aussichtslosen Kampf auf, da im nächsten Zug ♖e8 Haus und Hof kostet. Sofort 30.♖e8 (3 P) hätte Schwarz nach 30. ... ♘:d7 31.♗:d7 ♖b1+ 32.♔h2 ♖b2 noch etwas im trüben fischen lassen.

Partie Nr. 139
Lukacs–Judassin,
Leipzig 1986

1.d4 ♘f6 2.c4 e6 3.♘f3 b6 4.g3 ♗a6 5.b3 d5 6.cd ed 7.♗g2 ♗d6 8.0–0 0–0 9.♘c3 (eine Verstärkung dürfte 9.♘e5 sein. Nach 9. ... ♖e8 10.♘c3! ♗:e5 11.de ♖:e5 12.♗f4 erhielt Weiß in der Partie Weingold–Judassin, UdSSR 1984, eine gefährliche Initiative) 9. ... ♘bd7 10.♘h4?! (eine kaum zu empfehlende Fortsetzung, da nach 10. ... ♖e8 der schwarze Läufer auf d6 immer das Feld f8 zum Rückzug zur Verfügung hat. Von großer Bedeutung ist jedoch für den Nachziehenden, daß er auf Grund das Angriffes auf e2 den Tempoverlust c6 einsparen kann) 10. ...

♖e8 11.♖e1 (nicht 11.♘:d5 wegen 11. ... ♗:e2 mit Vorteil) 11. ... ♘e4! (ein starker Zug, welcher durch den Entwicklungsvorsprung ermöglicht wird. So scheitert 12.♘:d5 an 12. ... c6 13.♘f4 ♗b4 14.♗:e4 – 14.♖f1? ♘c3 nebst ♘:e2+ mit Vorteil – 14. ... ♖:e4 15.♗d2 ♖:d4 mit Gewinn; oder 13.♗:e4 ♖:e4 14.♘c3 ♖:h4! mit starken Angriff) 12.♗b2 ♘df6 13.♕c2 ♘:c3 (durch den Abtausch des aktiven Springers auf c3, übernimmt der zweite Springer das Idealfeld e4 und ermöglicht der schwarzen Dame den aktiven Einsatz auf f6) 14.♗:c3 ♘e4 15.♗b2 (präziser war sofort 15.♘f3) 15. ... ♕f6!

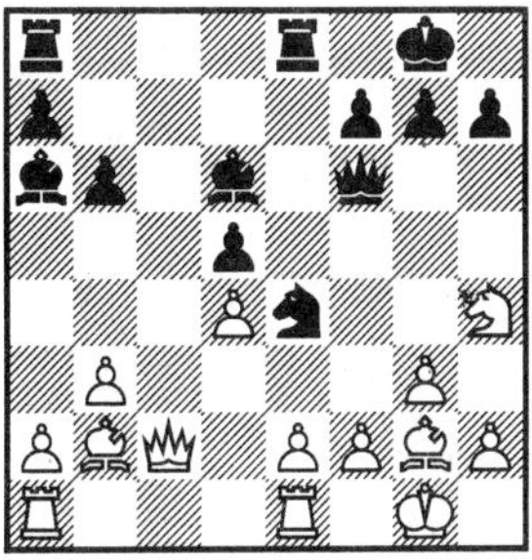

✧

Schätzen Sie bitte aus der Sicht des Nachziehenden die Position ein! Erläutern Sie die Besonderheiten, und bewerten Sie die Stellung!

✧

1. Mit dem Damenausfall nach f6 wird der Angriff verstärkt, da der Punkt f2 zur Schwäche neigt. 3 P
2. Das schwarze Läuferpaar ist eindeutig dem weißen Läuferpaar überlegen, da sowohl der Läufer auf a6 den Punkt e2 angreift, als auch der Läufer von d6 aus sehr schnell auf b4 für Unruhe sorgen kann. 3 P
3. Der Vorpostenspringer auf e4 ist dominierend und kann gegebenenfalls taktische Einschläge vorbereiten. 2 P
4. Die halboffene e-Linie mit dem Druck des Turmes auf den Punkt e2, garantiert für eine langanhaltende Initiative. 2 P
5. Schwarz besitzt Raumvorteil. 2 P

Die Stellung ist vorteilhaft für Schwarz. 4 P

Leiten Sie aus diesen Merkmalen den Plan für Schwarz ab!

✧

Folgende Ziele sollte Schwarz anstreben:
1. Da zunächst unmittelbarer Bauerngewinn durch ♘f3 vermieden werden kann, sollte als nächstes durch den Bauernhebel c5 die Öffnung der c-Linie vorbereitet werden. 3 P
2. Durch ♖ac8 kann die weiße Dame von e2 vertrieben werden und dadurch wird für den Anziehenden die Verteidigung des Punktes e2 problematischer. 3 P
3. Zur rechten Zeit ist auch immer der Läuferzug nach b4 im Auge zu behalten, um den Turm auf e1 zu vertreiben. 3 P

16.♘h4–f3

Ein grober Fehler wäre 16.e3? wegen dem schönen Ablenkungsmanöver 16. ... ♗d3!! 17.♕:d3 ♕:f2+ 18.♔h1 ♕:e1+ 19.♖:e1 ♘f2+ 20.♔g1 ♘:d3 mit Gewinn. Beginnen Sie die Partie als Nachziehender!

✧

16. ... ♕f6–f5! 5 P

Ein feiner Zug der stark 17. ... ♘:g3 droht, die Dame dabei aus der Fesselung des Läufers b2 a-Tempo befreit und gleichzeitig den Turmzug ♖ac8 vorbereitet, ohne durch ♗h3 gestört zu werden.

17.♖a1–c1

✧

17. ... ♖a8–c8 3 P
18.e2–e3

Weiß steht vor großen Problemen einen vernünftigen Plan zu finden. Es droht immer ♗b4 und auch c5. So scheitert bereits 18.♕b1, um aus der Demaskierung der c-Linie zu verschwinden, wegen 18. ...♗b4 mit anschließenden Bauerngewinn auf e2.

✧

18. ... ♗d6–b4! 5 P
19.♘f3–h4

Die einzigste Verteidigung um Materialverlust zu meiden; z. B. 19.♖ed1 c5! 20.dc ♗:c5 21.♕b1 ♗e2 mit leichten Gewinn für Schwarz.

✧

19. … ♕f5–h5 2 P

20.♗g2–f3

Wiederum die beste Verteidigung, da nach 20.♖ed1 ♗e2 die Qualität verloren gehen würde.

✧

20. … ♕h5–g5 2 P

21.♖e1–d1

✧

21. … c7–c5 7 P

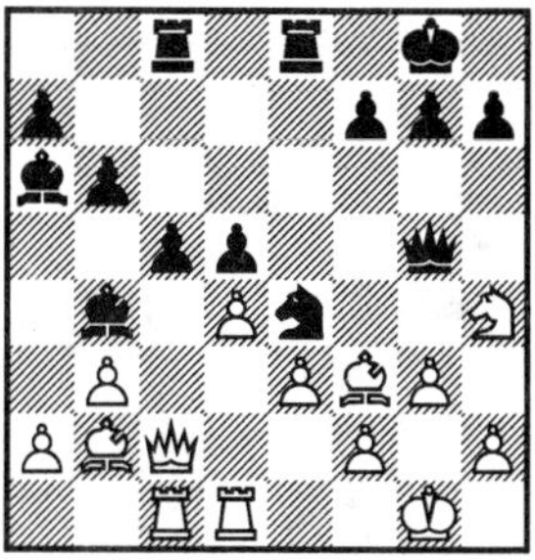

Nachdem alle Vorbereitungen abgeschlossen sind, folgt im richtigen Moment der Bauernvorstoß c5. Die unangenehme Drohung lautet 22. … cd und ist nur mit dem Textzug zu parieren. Verlieren würde 22.♕b1 (1 P) ♘d2 beziehungsweise 22.dc (1 P) ♖:c5 23.♕b1 und wiederum ♘d2.

22.♗f3:e4

Noch die beste Antwort.

✧

22. … ♖e8:e4! 7 P

Schwächer wäre 22. … de (1 P) 23.d5! ♗d3 24.♖:d3 ed 25.♕:d3 mit guten Angriffschancen für Weiß, zumal der Läufer auf b4 ausgesperrt ist.

23.a2–a3

Kosequent, aber unzureichend. Weiß spekuliert auf die Folge 23. … ♗a5 24.b4! weil jetzt 24. … cb an 25.♕:c8+ nebst Matt auf c8 scheitert. Ein guter Zug war bereits nicht mehr zu finden. So könnte auf 23.♘f3 folgen 23. … ♕h5 24.♘e5 f6! 25.♘d3 cd! 26.♕:c8+ 27.♖:c8+ ♗f8 mit leichten Gewinn, da zusätzlich der Turm auf d1 angegriffen ist. Unklar wäre hingegen nach 24.♘e5 der logische Zug 24. … ♗e2 wegen 25.a3 ♖:e5 26.de ♗f3 27.h4 ♗e4 (nicht 27. … ♕g4 28.♔h2 ♗e4 29.♖d4!! und Weiß würde sogar in Vorteil kommen) 28.♕:e4! de 29.ab und durch die Bauernreduzierung an Damenflügel, hätte Weiß in dem Endspiel Läufer und Turm gegen Dame ausgezeichnete Remischancen.

✧
23. … ♖e4:h4 7 P

Schlecht wäre 23. … ♗a5 24.b4 (1 P)

24.a3:b4?

Erst dieser schablonenhafte Zug bringt endgültig die Entscheidung zugunsten von Schwarz. Härterer Widerstand war mit dem Zwischenzug 24.f4! möglich. Nach 24. … ♕g4 25.ab cb! (nicht 25. … cd da nach 26.♕d2 anschließend Dame und Läufer auf der Diagonale a1–h8 zur größten Kraftentfaltung kommen würde. Gleiches Spiel wäre die Folge) 26.♕d2 ♖e8! ist noch viel Arbeit zu leisten, um den Sieg sicher zu stellen. Auf Grund des aktiven schwarzen Läufers, der über e2 nach f3 oder über c8–f5 und e4 zum Angriff überführt werden kann, wären reelle Gewinnchancen vorhanden. Sein Kollege auf b2 führt dagegen ein Schattendasein und hat im Augenblick nur die Kraft eines Bauern. Schließlich spielt der Mehrbauer auf b4 eine nicht unwesentliche Rolle, da er nicht sofort zurückerobert werden kann. Zum Beispiel 27.♕:b4 ♖:e3 mit der tödlichen Drohung 28.♖:g3, oder 27.♖e1 ♗c8! 28.♕:b4 ♖:h2!! 29.♔:h2 ♕h3+ 30.♔g1 ♕:g3+ 31.♔h1 (31.♔f1 ♗a6+ 32.♖c4 – 32.♖e2 ♕f3+ mit Gewinn – 32. … dc 33.bc ♕f3+ 34.♔g1 ♖e6 mit Matt in wenigen Zügen) 31. … ♗g4! 32.♖f1 ♗f5! und gegen das Läuferschach auf e4 gibt es keine Verteidigung.

✧
24. … ♖h4:h2!! 10 P

Geringen Vorteil ergäbe 24. … c4 (2 P)

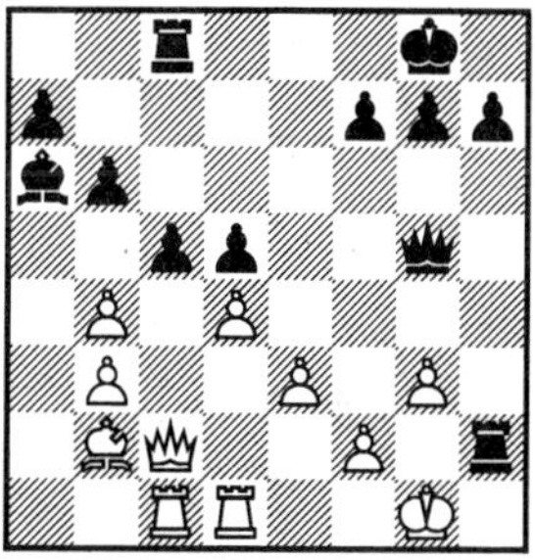

Dieses prächtige Turmopfer setzt den Schlußakzent in einer strategisch meisterlich geführten Partie. Held des Tages wird in den letzten Zügen der aktive Läufer auf a6, der entscheidend auf e2 eindringt und ein Mattnetz knüpfen hilft. Auch der schnelle Einsatz des Turmes über e6 spielt in einigen Abspielen eine wesentliche Rolle. Ermöglicht wurde alles, weil es Weiß während der ganzen Partie nicht gelungen ist, den Läufer auf b2 ins Spiel zu bringen. Ein typisches Beispiel für einen schlechten Läufer, der sowohl keine Bewegnugsfreiheit hat und auch keine feindlichen Bauern angreifen kann.

25.♔g1:h2

✧
25. … ♕g5–h5+ 2 P
26.♔h2–g1

Etwas hartnäckiger war 26.♔g2 um auf 26. … ♗e2 mit dem Damenopfer 27.♕:e2 zu antworten. Auf die Dauer sollte auch hier Schwarz die Oberhand behalten.

✧
26. … ♗a6–e2! 5 P
27.f2–f4

Neben dem Damenopfer auf e2 das einzigste, da ansonsten nach ♗f3 der König undeckbar auf Matt steht.

✧
27. … ♕h5–f3! 6 P
28.♖d1–d2

Es gibt keine Verteidigung mehr. Falls 28.♖f1 so 28. … ♕:g3+ 29.♔h1 ♖c6 nebst Matt auf h6.

✧
28 … ♕f3:g3+ 1 P
29.♔g1–h1

✧
29. … ♕g3–h3+ 4 P

Auch 29. … ♗f3+ 30.♖g2 ♖c6 31.♔g1 ♗:g2 32.♕:g2 ♕:e3+ 33.♕f2 ♖g6+ 34.♔f1 ♕d3+ 35.♕e2 ♖g1+ 36.♔f2 ♖g2+ hätte forciert gewonnen. (4 P)

30.♔h1–g1

✧
30. … ♕h3:e3+ 3 P
31.♔g1–h1

Wenn 31.♔g2 ♕f3+ 32.♔g1 ♕g3+ 33.♔h1 ♗f3+ mit Überlenken in das Abspiel der vorrangegangenen Analyse.

✧
31. … ♗e2–f3+ 3 P

Auch 31. … ♕h3+ mit Übergang in die erwähnte Analysenvariante gewinnt. (3 P)

32.♔h1–h2

Oder 32.♖g2 ♖c6! mit der Mattdrohung auf h6

✧
32. … ♖c8–c6 3 P

Weiß gab auf, da Widerstand nach 33.♕d3 ♕:f4+ 34.♔g1 ♖g6+ 35.♔f1 ♗e4+ hoffnungslos ist. Eine hochinteressante Partie, wo in der ersten Phase das Läuferpaar die entscheidenden Pluspunkte sammelte, und in der Endphase der aktive Läufer spielentscheidend war.

Partienverzeichnis

(die Ziffern geben die Nummern der Partien an)

Eröffnungsregister

Inhalt

Gesamtübersicht über die 24 Bände des Standardwerkes Moderne Eröffnungstheorie

A. Suetin

Spanisch
Rubinstein-Aufbau bis Breyer-System
(außerdem Möller-System, Marshall-Angriff, Tschigorin-System, Smyslow-System u. a.)
(Band 1 der Gesamtausgabe)

A. Suetin

Spanisch
Klassisches System bis Offene Verteidigung
(außerdem Steinitz-Verteidigung, Berliner Verteidigung, Jänisch-Gambit, Abtauschvariante, Verbesserte Steinitz-Verteidigung u. a.)
(Band 2 der Gesamtausgabe)

A. Suetin unter Mitarbeit von
E. Gufeld und W. Lepeschkin

Russisch bis Königsgambit

(außerdem Philidor-Verteidigung, Ponziani-Eröffnung, Vierspringerspiel, Italienisch, Zweispringerspiel im Nachzuge, Evansgambit, Ungarisch, Schottisch, Wiener Partie u. a.)
(Band 7)

L. Polugajewski
Erarbeitet von E. Gufeld

Sizilianisch Drachensystem bis Geschlossene Variante

(außerdem System 4.♕:d4)
2., stark bearbeitete Auflage
(Band 3)

L. Polugajewski
unter Mitarbeit von E. Gufeld und M. Judowitsch jun.

Sizilianisch Morra-Gambit bis Scheveninger System

(außerdem System 2.c3 und 2.b3, Klassische Systeme, Tscheljabinsker Variante, Boleslawski-System, Aufbau 2. ... a6, Paulsen-System)
2., stark bearbeitete Auflage
(Band 4)

L. Polugajewski
unter Mitarbeit von
M. Judowitsch jun.

Sizilianisch Rauser-Angriff bis Sosin-System

(außerdem Sizilianisches Gambit, Systeme 2.f4 und 2.g3, Rubinstein-System, Moskauer System 3.♗b5)
(Band 9)

L. Polugajewski

Sizilianisch Najdorf-System bis Polugajewski-Variante

(Band 23)

A. Suetin

Französisch bis Nimzowitsch-Eröffnung

(Band 8)

A. Suetin
unter Mitarbeit von E. Gufeld

Caro-Kann bis Aljechin-Verteidigung

(Band 14)

A. Suetin

Pirc-Ufimzew-Verteidigung bis Skandinavisch
(Band 13)

L. Polugajewski
unter Mitarbeit von
A. Mazukewitsch

Damengambit Orthodoxes System bis Wiener Variante
(außerdem Abtauschsystem, Tartakower-Variante, Cambridge-Springs-System u. a.)
(Band 20)

L. Polugajewski
unter Mitarbeit von E. Gufeld

Damengambit Tschigorin-System bis Tarrasch-Verteidigung
(außerdem Albins Gegengambit, die Variante 2. . . . ♗f5, angenommenes Damengambit)
(Band 21)

L. Polugajewski
unter Mitarbeit von
P. Kondratjew

Slawisch Abtauschsystem bis Slawisches Gambit
(Band 11)

M. Taimanow
unter Mitarbeit von E. Gufeld

Damenindisch bis Katalanisch
(außerdem Réti-Eröffnung)
(Band 24)

M. Taimanow

Nimzowitsch-Indisch Rubinstein-System bis seltene Fortsetzungen
(Band 5)

M. Taimanow

Nimzowitsch-Indisch Sämisch-System bis Leningrader System
(außerdem die Systeme 4.♕c2, 4.♕b3, 4.♘f3, 4.f3)
(Band 12)

M. Taimanow
unter Mitarbeit von E. Gufeld
2., stark bearbeitete Auflage

Modernes Benoni bis Wolga-Gambit
(außerdem Blumenfeld-Gambit)
(Band 6)

M. Taimanow
unter Mitarbeit von
P. Kondratjew

Holländisch bis Bird-Eröffnung
(Band 10)

A. Suetin

Grünfeld-Indisch Hauptsystem bis Schlechter-System
(Band 15)

A. Suetin
unter Mitarbeit von E. Gufeld

Grünfeld-Indisch bis Königsindisch
(Grünfeld-Indische Systeme mit der Läuferentwicklung nach g5 und g2–g3; Königsindisch mit Fianchettierung des weißen Königsläufers)
(Band 18)

M. Taimanow
unter Mitarbeit von E. Gufeld

Königsindisch Sämisch-System bis Vierbauernvariante
(außerdem die Systeme 5.h3 und 5.♘ge2)
(Band 17)

L. Polugajewski
unter Mitarbeit von M. Judowitsch jun.

Königsindisch Awerbach-System bis Petrosjan-System
(außerdem Systeme mit früher Entwicklung des weißen Damenläufers, Systeme ohne c2–c4, klassisches System mit 7.d5)
(Band 16)

M. Taimanow
unter Mitarbeit von E. Gufeld

Königsindisch bis Altindisch
(klassisches System mit 7.0–0, Königsindisch im Anzug, Klassisches Benoni, Altindisch)
(Band 19)

M. Taimanow

Englisch Klassisch bis seltene Systeme
(Band 22)